HERMES

在古希腊神话中,赫耳墨斯是宙斯和迈亚的儿子,奥林波斯神们的信使,道路与边界之神,睡眠与梦想之神,亡灵的引导者,演说者、商人、小偷、旅者和牧人的保护神……

西方传统 经典与解释 **HERMES**
Classici et Commentarii
地缘政治学丛编
Library of Geopolitics

刘小枫◎主编

地缘政治学的起源与拉采尔
—— 驳拉采尔持地理决定论之谬说

The Genesis of Geopolitics and Friedrich Ratzel
Dismissing the Myth of the Ratzelian Geodeterminism

[希]斯托扬诺斯 Alexandros Stogiannos | 著

金海波 方旭 | 译

张培均 | 校

华夏出版社

中国人民大学科学研究基金
（中央高校基本科研业务费专项资金资助）项目成果(20XNL026)

"地缘政治学丛编"出版说明

在一种观点看来,地缘政治学(Geopolitics)与政治地理学(Political Geography)是一门学科的两个名称,并无实质差异。① 人们显然不能说,地缘政治学是德语学界的惯用术语,而政治地理学是英语和法语学界的惯用术语。19世纪末的德国人文地理学家拉采尔(1846—1904)是地缘政治学的创始人,而他为这门学科奠基的大著就名为《政治地理学》(*Politische Geographie*,1897,715页)。1925年,德国的地缘政治理论家毛尔(Otto Maull,1887—1957)出版的地缘政治学教科书也名为《政治地理学》(*Politische Geographie*, Berlin,1956年修订版)。十年后,毛尔出版了一本同样性质的著作,却又名为《地缘政治学的本质》(*Das Wesen der Geopolitik*,1936)。②

地缘政治学与政治地理学这两个术语似乎可以互换,其实不然。仅仅从字面上看,这两个术语也有差异:政治地理学的基本要素是历史地理学,地缘政治学的基本要素则是政治学。瑞典的契伦(1864—1922)作为地缘政治学这个术语的发明者出身于政治学专

---

① 皮尔赛等,《世界政治地理》,彦屈远译,台北:世界书局,1975,页7。
② 比较 Rainer Sprengel, *Kritik der Geopolitik. Ein deutscher Diskurs. 1914–1944*, Berlin,1996。

业,而非像拉采尔那样出生于地理学专业。契伦凭靠拉采尔的政治地理学原理来建构现代式的国家学说仅仅表明,自18世纪以来,政治学越来越离不开对世界地理的政治史认识。

就学科性质而言,由于综合了史学、地理学、经济学、军事学、政治学,"地缘政治学"这个名称比"政治地理学"更恰切。毕竟,这门学问的重点在政治而非地理,地表不过是人世间政治冲突的场所。① 豪斯霍弗说得有道理:费尔格里夫的《地理与世界霸权》属于"政治地理学"要著,它为理解"地缘政治学"提供了必要的知识准备。② 换言之,政治地理学是地缘政治学属下的一个基础性子学科,没有某种政治学观念的引导,政治地理学仅仅是一堆实证知识。

拉采尔逝前一年出版了《政治地理学》的增订版(1903),这个版本添加了一个并列的书名"或诸国家及其贸易和战争的地理学"(*or die Geographie der Staaten, des Verkehres und des Krieges*)。这个副题准确解释了拉采尔所理解的"政治"现象的含义:"诸国家"是复数,"贸易"和"战争"是单数。这意味着,"政治"就是诸国家之间的贸易和战争。

显然不能说,这是什么了不起的新定义。自有文明记载以来,政治共同体之间的贸易和战争就是人类的基本生存经验。不过,古代与现代的地缘政治冲突有很大差别,除了"地理大发现"带来的整全的世界地理视野之外,商业技术文明的出现是这种差别的决

---

① 比较 R. D. Sack, *Human Territoriality: Its Theory and History*, Cambridge University Press, 1986; J. Painter, *Politics, Geography and "Political Geography": A Critical Perspective*, London, 1995。

② 豪斯霍弗,《〈地理与世界霸权〉德译本导言》,见娄林主编,《地缘政治学的历史片段》("经典与解释辑刊"第51辑),北京:华夏出版社,2018,页63–64。

定性原因。1750年,杜尔哥(1727—1781)写下了《关于政治地理学的论著纲要》,清晰地勾勒出一幅世界地缘政治史的演进图。①事实上,拉采尔的《政治地理学》中的所有基本论题,都可以在杜尔哥的这篇纲要中找到。

拉采尔在《政治地理学》的"序言"一开始就说:他的老师李特尔(Karl Ritter, 1779—1859)已经充分注意到地理学的"政治方面"。②史称李特尔为"人文地理学"的先驱人物,但我们应该知道,他因在其成名作《地球志》中探究了"黑非洲"而随即被当时的普鲁士王家军事学院聘为地理学教授。③由此看来,"人文地理学"这个名称虽然听起来颇为美丽,且如今已成为大学中的一门基础学科,但其诞生之初却是为欧洲各王国的世界性"政治占有"服务的自然科学。

作为古老的中国文明的后代,我们必须承认,古希腊人、罗马人乃至后来的日耳曼裔欧洲人,在地缘政治冲突方面的经历都远比我们的古人丰富。周代晚期七国争霸的内战状态,毕竟并未与西方式的地缘政治冲突交织在一起。20世纪40年代,在中国面临生死存亡之际,流亡陪都重庆的世界史学家也成立了一个"地缘政治学协会"(1941),还形成了一个"战国策派"。但因时势艰难,中国的政治地理学家很难有沉静的心态从世界历史的角度深入认识地缘政

---

① 杜尔哥,《政治地理学》,刘小枫编,《从普遍历史到历史主义》,北京:华夏出版社,2017,页99-118。

② Friedrich Ratzel, *Politische Geographie or die Geographie der Staaten, des Verkehres und des Krieges*, München, 1923 (E. Oberhummer 审读、增订第三版),页 V。

③ 迪金森,《近代地理学创建人》,葛以德等译,北京:商务印书馆,1980,页43。

治学。

"文革"时期关于"三个世界"的普及教育,也许算得上是一种地缘政治学教育,但是,且不谈相当粗陋,它实际上并不具有整全的世界历史视野。① 如今通过叙述"丝绸之路"的历史,我们也许可以铺展出一幅让中国史与世界史彼此交融的历史地图,毕竟,"把中国文明与西欧亚及地中海世界连接起来的通道,就是陆上和海上的丝绸之路"。②

然而"中西交通史"并不具有地缘政治学的视野。"丝绸之路"的历史与帝国兴衰密不可分:无论陆上还是海上的贸易通道,无不受帝国秩序掌控。何况,"'丝绸之路'根本不是什么道路,[罗马帝国和中华帝国]双方的军队无论从哪个方向都无法发动进攻"。③ 因此,叙述"丝绸之路"的历史若不能深度反映帝国间冲突的历史,难免流于商贾之谈。

太平洋战争爆发以来,美国的政治学家一方面把德国的地缘政治学说成替德意志第三帝国服务的"侵略性学科"或"伪科学",另一方面又通过大学教育以及传媒对国民普及地缘政治学知识。直到今天,美国知识界正是凭靠海上强国的地缘政治观纵论国际政治时局,才掌握着主导国际政治格局的话语支配权。

由于种种历史的原因,我国学界对世界地缘政治学的认识迄今

---

① 比较国营东光无线电器材厂工人理论组/吉林师范大学地理系73级工农兵学员编,《三个世界》,长春:吉林人民出版社,1975。
② 张国刚,《胡天汉月映西洋:丝路沧桑三千年》,北京:生活·读书·新知三联书店,2019。
③ 奎斯特,《国际体系中的进攻与防御》,孙建中译,上海:上海人民出版社,2008,页36。

仍然相当局促,这与我们缺乏相关的知识储备有关。为了改变这一情形,本工作坊开设了这个系列,聚焦于19世纪末以来形成的地缘政治学文献,原典和研究性著作并重,为我国学界在新的国际政治形势下进一步开阔眼界尽绵薄之力。

刘小枫

2018年春

古典文明研究工作坊

献给我的老师马齐斯。
为了在国际上确立系统的地缘政治分析法
及其科学理性主义,
他付出了诚实且富于科学精神的努力。
向他致以深深的敬意。

目　录

前　言 ·· 1

1　拉采尔与地缘政治学 ··· 1
　1.1　地缘政治学作为权力再分配的分析工具 ················· 1
　1.2　拉采尔：地缘政治学之父？ ······································ 16
　1.3　拉采尔的科学政治地理学 ·· 22
　1.4　研究拉采尔著作的一种方法论进路 ······················· 36
　1.5　确定拉采尔的"地缘政治学时期" ··························· 40
　1.6　本章小结 ·· 50

2　拉采尔提出的作为"社会有机体"的国家 ······················· 52
　2.1　拉采尔时代(1789—1900)占主导地位的国家观 ····· 53
　2.2　德意志民族大厦：特性和争议 ································ 55
　2.3　在两个时代之间：拉采尔的国家观 ························ 68
　2.4　驳拉采尔持一种有机的、形而上的国家观之谬说 ····· 75
　2.5　本章小结 ·· 100

2 地缘政治学的起源与拉采尔

3 生存空间：具有政治地理学所指的生物地理学能指？ …… 102
　3.1 生存空间：一个生物地理学术语 ………………………… 103
　3.2 有机体的驱动力 …………………………………………… 107
　3.3 生存空间的定义：其物质特征 …………………………… 110
　3.4 空间对物种发展的重要性 ………………………………… 113
　3.5 生物地理学作为实施迁移理论的领域 …………………… 117
　3.6 本章小结 …………………………………………………… 120

4 拉采尔国家分析中作为权力贡献因素的社会/文化方面与
　种族主义问题 ……………………………………………………… 123
　4.1 自然民族在人类中的地位 ………………………………… 124
　4.2 民族评估 …………………………………………………… 139
　4.3 民族与种族：一项人文地理学分析 ……………………… 160
　4.4 政治人种学的一些任务 …………………………………… 189
　4.5 种族主义者还是人文主义者？处于一个大的二律
　　　背反中心的拉采尔 ………………………………………… 204
　4.6 本章小结 …………………………………………………… 218

5 拉采尔的世界观与"莱比锡实证主义者圈子"；
　拉采尔"定律"的含义 …………………………………………… 221
　5.1 部分地还是完全地脱离达尔文？ ………………………… 221
　5.2 传播、演化论和社会达尔文主义 ………………………… 223
　5.3 宗教与科学之间 …………………………………………… 227
　5.4 "莱比锡实证主义者圈子"的实证主义和跨学科
　　　研究 ………………………………………………………… 231
　5.5 定律、规律性、规则 ……………………………………… 238

5.6　国家空间扩大定律:科学政治地理学文稿 ……… 243
　　5.7　本章小结 ……………………………………… 268

6　拉采尔、中欧与"欧洲联盟" ………………………… 271
　　6.1　中欧空间的组织模式 …………………………… 272
　　6.2　泛德意志的中欧 ………………………………… 277
　　6.3　中欧经济协会 …………………………………… 281
　　6.4　从拉采尔的视角来看中欧 ……………………… 283
　　6.5　本章小结 ………………………………………… 294

7　拉采尔与东方问题:国旗跟随贸易 …………………… 296
　　7.1　东方问题——进路 ……………………………… 296
　　7.2　巴格达铁路:连接柏林和巴格达的铁路 ……… 304
　　7.3　拉采尔《政治地理学》中的东方问题 ………… 307
　　7.4　支持奥斯曼帝国的需要 ………………………… 317
　　7.5　英俄在波斯的地缘战略争端 …………………… 319
　　7.6　苏伊士运河改变了更广大地区的平衡:一种地缘
　　　　政治学进路 ……………………………………… 320
　　7.7　展示拉采尔的分析:东方问题 ………………… 321
　　7.8　《达达尼尔海峡和尼罗河(1、2)》:地缘政治学
　　　　进路 ……………………………………………… 338
　　7.9　本章小结 ………………………………………… 355

8　结论 …………………………………………………… 360

参考文献 …………………………………………………… 366

前　　言

一想到要写一篇关于地缘政治学之父拉采尔（Friedrich Ratzel）的博士论文，我就兴奋不已，但很快又继之以忧虑和些许失望感。这种忧虑和失望之感是在我第一次阅读《生存空间》（Living Space, Der Lebensraum）的原文和希腊文译本之后产生的——该文不断提到动物、植物，还在某种程度上提到诸原始部落。于是，拉采尔的这篇文章与地缘政治学没什么关联（不同于我的初步印象），这一点变得明显。

随着时间的推移，进一步的困难表明，去探索拉采尔作品中迷宫般的道路可能不会得到任何幸运的结果。然而，我却从未向我的导师马齐斯（Ioannis Mazis）教授坦承过我的顾虑，他通过自己为《生存空间》的希腊语译本所写的前言，极为热切地向我推荐拉采尔的这部论著。我的顾虑还因一些困难而加剧，例如：拉采尔的部分专论（超过 1200 种）和文章无法获得；二手文献相对有限，其中包括极具争议和偶显极端的观点；他的写作具有多维度，涉及领域从动物学、政治地理学到生物地理学、人种学等。

鉴于以上种种因素，我以观察者身份参加的［德国］莱布尼茨区域地理研究所（Leibniz‐Institut für Länderkunde，简称 IfL，该研究所藏有拉采尔的档案）于 2004 年 11 月 18 日至 20 日举办的"拉采尔的地理学空间"（The Spaces of Ratzel's Geography）学术会议，从诸多层面为我的研究注入了活力。我得以与［德国］莱布尼茨区域地理研究所的科学家们建立起沟通渠道。在我接下来的两次研究之旅中,他们都非常热情好客,给予我极大的帮助。我还同其他科学家(主要是德国科学家)建立起联系。这一步除了为许多问题提供行之有效的解决方案,还打开了我的研究的第一部分。特别是,那次会议上提交的一篇稿子说,拉采尔的《政治地理学》(Political Geography)与[瑞典政治地理学家]契伦(Rudolf Kjellen)的《地缘政治学》(Geopolitics)之间存在不连续,这使得学界有必要对比研究拉采尔科学框架的总体指导方针与更当代的地缘政治权力分析系统——特别是我导师马齐斯教授的希腊系统地缘政治学派(Greek Systemic Geopolitics School)。这种比较路径将最终揭示出地缘政治学中术语使用上的巨大混乱,这是任何知识性讨论的最低要求。马齐斯教授时常在讲座中指出这种混乱的存在,诙谐地将其描述为"巴比伦聋人之间的对话"。

  二手文献中存在许多相互矛盾的进路,把拉采尔同时呈现为人文主义者和种族主义者,地理决定论者和多维分析者,有机论者和社会科学家,地缘政治学的先驱和同一观念的反对者。有基于此,我在与马齐斯教授多次讨论后,认为有必要研究并彻底分析拉采尔思想的结构要素(structural components)。本研究结合拉采尔的传记,相当详尽地呈现他的一些较鲜为人知的文章和他的完整文献目录(这个版本没有收入拉采尔的传记和文献目录),旨在为相关科学家或读者提供一份有充分文献根据的资料,以理解拉采尔的知识和哲学背景。马齐斯教授认为,我的这样一项研究对探析地缘政治学的理论背景和历史而言是原创性的,同时又很必要,它将同时还原地缘政治学的伦理自我意识和认识论上准确的地理学基础。对于我在这个问题上的诸多迫切疑问,马齐斯教授常引用他自己的老师沃尔科维奇(Maurice Wollkovitsch)[的话加以回答]:

亲爱的,地理学家就是一个"乐队指挥"(chef d'orchestre)。尽管他只会演奏他指挥的交响乐队的部分乐器,但是他清楚如何通过他的指挥来产生和谐!

本研究将分析两个关键问题:一个是拉采尔的观念对更当代的地缘政治分析系统的影响,另一个是通常归给拉采尔的地理决定论(后文会表明,这是错误的)。同时,我还将探讨以下更加具体的问题:

- 界定和确立政治地理学的科学性的必要性(详见第一章第3节)
- 研究他的异质且多学科著作的方法论进路(详见第一章第4节)
- 重新界定他思想发展中的地缘政治学阶段(详见第一章第5节)
- 他的国家概念以及对社会和文化参数作为国家权力因素的评价(详见第二、三、四章)
- 生存空间概念的生物地理学内容及其与政治地理学的界线(详见第三章)
- 他对当时盛行的种族主义理论的态度,以及对达尔文的理论即进化论和退化论的态度(详见第四、五章)
- 他的整体世界观及其与民族冲突时期兴起的世界主义(cosmopolitanism)的对抗(详见第四、五章)
- 他在分析社会和国际事务方面对跨学科的、实证的和科学的进路的贡献(详见第一、五章)
- 他对欧洲的架构的思考(详见第六章)

我对拉采尔的这项研究绝非面面俱到、详尽无遗。研究拉采尔无论如何都需要一支庞大的多学科团队。即便在严格的政治地理学/地缘政治学层面，仍然有许多问题需要研究。因此，本研究更应视为一个理论指导，以帮助阅读和研究拉采尔的政治地理学著作，甚至他的《政治地理学》一书。

这项同时带有个人、家庭和职业目标的研究，没有得到国家的任何物质支持，倘若没有诸多人的关爱、帮助和支持，不可能完成。我在此向他们公开致以诚挚的谢意。

当然，特别要感谢我的指导老师马齐斯教授，他确保我能完全自主地研究，为我减轻每个程序上的困难。他还是我真正的良师，他重视方法论，重视他的数学式分析结构，重视不偏不倚的分析态度，把这些传递到我的思维方式中。这些正是地缘政治学的基石，也是一般而言生活的基石。如他喜欢对形形色色的听众所说的那样，这就是"无菌分析思维"(sterilized analytical thought)的价值。

在我研究的各个阶段，来自德国的帮助至关重要。莱布尼茨区域地理研究所副所长沃登加(Ute Wardenga)教授和该研究所地理学图书馆和档案馆馆长布罗吉亚托(Heinz Peter Brogiato)博士对我慷慨相助。莱比锡实证主义者圈子(Positivist Circle of Leipzig)对我也有重要意义，同莱比锡大学教授米德尔(Matthias Middell)博士的交流对我的研究极具启发。同样，我要公开感谢科斯特(Klaus Kost)和穆勒(G. H. Müller)两位教授，他们欣然从私人藏书中为我寄来珍贵的资料。我的朋友特隆扎(Dionisia Trontza)也为我的研究作出了特殊贡献，作为一位语文学家，她欣然承担起编辑希腊文最终版本的艰巨任务。此外，特别感谢我的朋友兼同事马祖库(Hara Martzoukou)，她对此书的出版居功至伟，因为英文译本经过她的审阅。

最后，这一努力的成功，离不开我的爱妻索菲亚尼杜（Helen Sofianidou）对我的爱以及在各方面提供的支持，她对我的研究工作表现出极大的宽容。在我业已繁重的日常工作之外，这些研究工作更减少了我陪伴家人以及两个小女儿莉娜（Lena）和赞蒂普（Xanthippe）的时间。我不能忘记我的父母——迪米特里斯（Dimitris）和海伦（Helen）——对我无限的支持。

斯托扬诺斯（Alexandros Stogiannos）

希腊科孚

1 拉采尔与地缘政治学

拉采尔与地缘政治学之间存在千丝万缕的关系,但现代科学探讨往往集中在两个值得商榷的点上思考:拉采尔思想的当代相关性和这位德意志地理学家对创建现代地缘政治学分析方法所作的贡献。纵然绝大多数研究者都接受拉采尔是现代政治地理学的奠基人,但每当讨论拉采尔与现代地缘政治学的关系时,观点却大相径庭。

为忠实于前述研究意图,即为系统地研究拉采尔的著作奠定基础,本章将斗胆澄清拉采尔与现代地缘政治学的关系:首先界定地缘政治学的性质(第1.1节)和拉采尔的科学政治地理学(第1.2节),并消除(将证明是)因术语错误或不准确而产生的某些误解(第1.3节);然后就如何从政治地理学和地缘政治学的角度研究拉采尔提出几点建议(第1.4节);最后,本章将尝试界定拉采尔的科学阶段(第1.5节)。

1.1 地缘政治学作为权力再分配的分析工具

为了回答拉采尔思想对当代地缘政治学分析的永恒价值和贡献这个问题,首先必须界定地缘政治学这一概念。事实证明,由于文献中充斥着不同的分期和定义,对此概念的界定非常棘手。此外,还有一个表面上(prima facie)科学的悖论:

像拉采尔①和麦金德(Halford John Mackinder)②这样的科学家,作为地缘政治学界常被引用的人物,并未使用过"地缘政治学"这一术语。

1920年,[德国地理学家]豪斯霍弗(Karl Haushofer)写道,地缘政治学不仅是而且应该是国家的地理良知(geographical conscience),其主题是研究现代人在现代空间中的重要关联,其目的在于协调那些把国家与空间关联起来的现象(同上,页18)。同为德国人的毛尔(Otto Maull)认为,地缘政治学是政治进程中的领土关联理论。③[美国地缘政治学家]科恩(Saul Cohen)认为,地缘政治学的精髓在于研究国际强权政治与各自地理特征之间存在的关系,特别是那些权力之源赖以生长的地理特征。④[德国军事研究学者]哈卡维(Robert Harkavy)[博士]声称,地缘政治学是主要对立大国间的关系在地图上的表现(同上,页26)。[法国地理学家、外交官]傅谢(Michel Foucher)则将地缘政治学视为一种综合方法:对特定的社会-政治环境作地理学分析、在各自的地理背景中研究并结合各自特有的一般生物学视角(同上,页27)。根据[地理学家]克

---

① Kost,K.,《拉采尔:地缘政治学之父? 辩与驳》(*Friedrich Ratzel*: *Vater der Geopolitik? Redeund Gegenred*, Περίληψη διάλεξης στο συνεδρίου για τα 100 χρόνια από το θάνατο του Ratzel, Λειψία, 2004)。由于这篇文章并非已出版的文本,而是科斯特教授在拉采尔逝世一百周年莱比锡纪念会议上发表的演讲,因此对这篇文章的引用都无页码。科斯特教授友善地把他的笔记给了笔者。

② Mazis,I.,《地缘政治学:理论与实践》(*Γεωπολιτική. Θεορία και πράξη*, ΕΛΙΑΜΕΠ & Εκδόσεις Παπαζήση, Αθήνα, 2002),页18。

③ Petersen,J.,《意大利地缘政治的新吸引力》("Dieneue Attraktivitätder GeopolitikinItalien", *Geopolitik. Grenzgängeim Zeitgeist*. Verlagfür Berlin-Brandenburg Potsdam, S. 481-505, 2000),页481。

④ Mazis,I.,《地缘政治学:理论与实践》,前揭,页26。

里斯托夫(Ladis Kristof)的观点,一个现代地缘政治学理论家,审视大地的地图不是为了判断大自然指示我们做什么,而是为了判断基于我们的既定偏好大自然建议我们做什么(同上,页27)。斯普劳特夫妇(Harold and Margaret Sprout)则相信,国际政治在各个历史时期或多或少都表现出独特的强迫与屈服、影响与同化的模式,这些模式反映在政治术语上,透露出强烈的地理空间意识。① 顺着类似的理路,[英裔美籍战略思想家、雷丁大学国际关系与战略研究院教授]格雷(Colin Gray)指出,地缘政治学概论的优势在于将地方行动或互动置于全球背景中……而那些想了解国际安全的地缘政治维度的人必须掌握地缘政治学的基本概念。② [英国史学家]帕克(Geoffrey Parker)将地缘政治学理解为一门从空间和地理角度研究国际关系的学科(同上,页16);[学者]柯比(Andrew Kirby)将地缘政治学视为一种参考地理因素来制定政策的方式;③而科斯特将地缘政治学定义为应用政治地理学,目的是在政治领域发挥参谋作用,以避免全球或地区冲突。④ 马齐斯教授谈到一种地理学分析方法,其对象是以权力分配不均为特质的地理体系,其目标是在地理冲突的框架内,研究、描述并预测由种种对立且独特的重新分配权力的国际实践之间的关联,并由种种意识形态形而上学所导致的行为及其影响。这些国际实践的来源可以追溯到此类地理冲突,同时

---

① www.geo-mazis.gr.
② Mazis, I.,《地缘政治学:理论与实践》,前揭,页27。
③ Βέργος, K.,《国家地缘政治与全球化》(Γεωπολιτική των κρατών και παγκοσμιοποίηση, Παπαζήσης, Αθήνα, 2004),页59。
④ Kost, K.,《1945年之前德国地缘政治框架内的大城市敌意》("Großstadtfeindlichkeit im Rahmen deutscher Geopolitik bis 1945", *Geopolitik. Grenzgänge im Zeitgeist*. Verlag für Berlin-Brandenburg Potsdam, S. 169-188, 2000),页172。

也在冲突中发挥作用(同上,页30)。

[法国地理学家和地缘政治学家]拉科斯特(Yves Lacoste)及其主办的科学杂志《希罗多德》(Hérodote)的研究团队,则使用"地缘政治学"一词来指一切与不同种类且具有不同影响力的权力间的竞争相关的事物。这不仅涉及国家间的冲突,还涉及现存国家内部的领地竞争,政党或政客之间势力范围的争抢,或者多少有些非正式的秘密团体之间的冲突。这个维度也不排除不同类型的竞争相互交织。此外,至少在民主社会中,这些权力竞争——无论在内政还是外交事务中——引发关乎真实的国家利益的社会辩论,有时还关乎为维护国家利益而作出牺牲的必要。同时,这些权力竞争由于存在于权力状态不断变化的过程中,因此必须理解为不同价值观和不同地缘政治观点的表达。①

意大利杂志《边界》(Limes)②的科研团队将地缘政治学定义为对国家利益的讨论,这可以解读为一种关乎分寸和适度的实用主义和节制倾向。在以往,我们的做法要么不足,要么太过。没有什么可以防范侵略性的民族主义企图、仇外心理,防范……分裂分子的狂热,除了重新探索这一切与体现这一切的民族及国家之间的确定关系。③

在学界对地缘政治学的众多定义中,应特别提及美国地缘战略学家斯皮克曼(Nicholas John Spykman)的定义。他认为"地缘政治学"一词描述这么一个进路选择,即用地理学的术语来考虑国家问题,以便所得出的发现能直接、即时地为负责规划外交政策的政治

---

① Dussoy,《法国地缘政治的新吸引力》("Die neue Attraktivität der Geopolitik in Frankreich", *Geopolitik. Grenzgänge im Zeitgeist*. Verlag für Berlin – Brandenburg Potsdam, S. 507 – 519, 2000),页512。

② [校按]据该杂志官网介绍,杂志名出自拉丁语 limes,意为"边界"。

③ Petersen, J. ,《意大利地缘政治的新吸引力》,前揭,页491。

家所用。①在斯皮克曼的重要论著《和平的地理学》(The Geography of the Peace)中,他区分了三种思路:

- (大部分)德国学派的科学家将"地缘政治学"一词作为一整套历史哲学的轴心,将之转变成一种关乎国家性质(nature of the state)的理论并当作一种教条,以支持领土扩张的需要和愿望。
- 作为政治地理学的同义词使用该术语,意即基于政治分区来描述单个国家和世界的结构。
- 基于地理系数(geographical coefficients)的考量,在设计一个国家的政治安全时使用这一术语。就此而言,它回答了如下问题:在特定的地理形势下,哪种策略是实现安全的最佳策略?

显然,斯皮克曼采用第三个版本,把地缘政治学的目标等同于实现某一国家的和平与领土独立而非领土扩张,②亦非以世界其他地区的利益为代价凭借强权获得利益。③他将分析方法同设计、实施任何行动领域的政策之前的思维方式进行比较,这些行动领域包括选择地理位置和确定空间关系的性质。当然,他将外交政策视作地缘政治学的实施领域,强调后者独特的分析方法使用诸多地理因素,有助于制定合适的外交政策,以便达到某些合法的目标(同上,页45)。此外,斯皮克曼相信,具有特殊地缘政治利益(special geopolitical interest)的地区,不是由固定不变的地形决定的地理区域,而是由地理和权力中心的动态变化决定的区域。这意味着,权力斗

---

① Spykman,J. N.,《和平的地理学》(The Geography of the Peace,1944),页43。

② [作者注]显然,他试图将自己同两次世界大战之间的德国地缘政治学家区分开来。

③ Spykman,J. N.,《和平的地理学》,前揭,页44。

争本身会使某些区域处于突出地位,而其他区域暂时处于次要地位,从而导致所考虑的某些特定地区扩张或收缩。在此基础上,斯皮克曼得出严格的地理分析与地缘政治分析之间的区别,指出后者处理动态而非静态形势(同上,页47)。他最后指出,绝不能通过单一的、包罗万象的普遍物(如地理学)来简化制定外交政策的因素。相反,他指出地理学之外一系列或明或暗的因素,如人口密度、国家的金融结构、人口的种族构成、治理形式、外交大臣们的行为特征和偏见(syndromes and bias)、①人民的理想和价值观等。②

将如此多的定义并行列出(笔者丝毫无意认为这张清单是完整的),尽管在分析工具和应用领域上显示出相对广泛的认识论和方法论范围,③但仔细研究上述定义,可以从鸟瞰中分离出一个重要的常量(constant),该常量是上述每一种进路的内在部分,即权力(power)概念。

这个共同常量使我们能够以一种极简主义的方式,将地缘政治学定义为一种分析权力再分配的地理学工具,当然,这里是用孔季利斯(P. Kondylis)定义权力的方法——与暴力相对。他指出,权力概念由于在暴力层面受到限制而改变,无须考虑经济、文化、意识形态等将暴力转化为权力或通过(合法化的)权力关系部分地取代暴力的参数和因素。④

---

① [作者注]斯皮克曼提到一个特别合时的问题,即希腊外交政策的连续性受到外交机构和政治领导人之间合作水平的影响。
② Spykman, J. N. ,《和平的地理学》,前揭,页48。
③ 根据马齐斯教授的定义,希腊系统地缘政治学派认为地缘政治学不是一门独立的科学,而是一种地理分析方法。
④ Κονδύλης, Π. ,《战争理论》(Θεωρία του πολέμου, ΘΕΜΕΛΙΟ, 1988),页170。

根据马齐斯教授的观点,在系统地缘政治分析中,权力被定义为四个本体论上截然不同的支柱(pillars)的合力:(1)防御,(2)经济,(3)政治,(4)文化/信息。①

1.1.1　系统地缘政治分析②和批判地缘政治学

尽管对地缘政治学作为一种权力分析工具有上述结论性认识,但专家们之间仍然存在重大分歧,主要涉及分析方法和分析工具,从而形成两大③地缘政治学派:古典地缘政治学(亦称当代地缘政

---

① Mazis,I.,《地缘政治学:理论与实践》,前揭,页 48,111,140。在这一点上,必须注意,马齐斯教授明确地将地缘政治学与地缘战略学(Geostrategics)区分开来,他认为前者是一种中立的权力分配分析,导向受检验的地理综合体(Geographical Complex)中的权力重新分配模型(参见 Mazis,I.,《地缘政治分析的写作方法:结构、概念和术语》[*Writing Methodology of a Geopolitical Analysis. Structure*,*Concepts and Terms*,2008])。地缘政治学不以任何类型的区别对待为特征(例如任何国家视角),从不使用动词必须(must),而使用动词是(is)及其同义词。而地缘战略学则是地缘政治分析之中立结果的综合手段,旨在从偏颇的视角来设计战略,即从地缘政治模型使用者的视角(例如某种国家视角)。

② 该术语由马齐斯教授提出:www.geo-mazis.gr。批判地缘政治学家经常使用"古典地缘政治学"这一术语,目的显然在于从心理学上将(地理和实证分析的)地缘政治学与给人类带来诸多苦难的政治(而非分析的-科学的)实践联系起来。

③ 马哈茂德(Virginie Mahmoud)超越古典范畴,将当代地缘政治思考分为四类。1. 新古典地缘政治学(Neo-classical Geopolitics):地缘战略中的地缘政治学,被视作古典地缘政治学的延续,认为国家是唯一负责的政治主体,并寻求实际实施自己的结论。2. 颠覆性地缘政治学(Subversive geopolitics):一切都是地缘政治!与新古典地缘政治学不同,颠覆性地缘政治学在分析中涵盖其他学科,但也对认知产物的实际实施表现出兴趣。最具代表性的例子是——马哈茂德如此认为——法国地理学家拉科斯特及其属于传统左翼的政治作品。3. 非地缘政治学(Non-geopolitic):国际关系的政治地理学,由从地理学视角研究国家间关系的政治地理学家发展起来,旨在系统地批判古典地

治学或系统地缘政治学)和批判地缘政治学。

前一学派的主要特征有:(1)使用地理工具作为分析权力的手段;(2)科学地理方法的严格应用;(3)把地理学理解为一门以人为中心的学科。就此而言,系统地缘政治分析使用各种地理学科作为特定的分析工具,如经济地理学、政治地理学、文化地理学、国家地理学以及信息控制和传播地理学等。①

与系统地缘政治分析的地理分析方法不同,批判地缘政治学认为,应该在国际关系背景下分析地理表征。在此基础上,批判地缘政治学认为地理学并非绝对真理,而是社会生产出来的知识的一种形式。② 这一点在诸如福柯、德里达、利奥塔(Jean‐FrancoisLyotard)和索绪尔(Ferdinand de Saussure)等法国学者的后现代理论中固定下来,因为他们认为空间——即地缘政治学的基础——是通过语言构建的社会产物,而非客观"事实"。空间和领土不再被视为人类活动的被动舞台和社会进程的可能形塑背景(formative context),为实现政治目标而组织空间的方式则成为检验的焦点。语言、文本、言辞和交流是批判地缘政治学认知兴趣的基础,同时也是

缘政治学研究。马哈茂德把法国、德国、大不列颠和美国的约 250 种新出版物归入后一类。4. 后结构主义地缘政治学(Post‐structuralistic geopolitics):批判地缘政治学,主要发展于北美各大高校,把法国哲学家福柯(Michel Fouchault)和德里达(Jaques Derrida)的分析引入地缘政治思想,解构政治行为者的世界观(参见 van der Wusten,Hermann,《地缘政治学与国家秩序》["Geopolitik und staatliche Ordnung", *Geopolitik. Grenzgänge im Zeitgeist*. Verlag für Berlin‐Brandenburg Potsdam,S. 419‐432],页 419)。

① Mazis,I.,《地缘政治学:理论与实践》,前揭,页 41。
② Helmig,J.,《地缘政治学——接近一个困难的概念》("Geopolitik‐Annäherung an ein schwieriges Konzept", *Apuz* 20‐21‐2007,pp. 31‐37,2007),页 34。

认知兴趣的核心(同上)。

以上引述阐明两大思想学派之间的本质差异:系统地理政治分析通过使用特定的地理工具、在确定的空间和时间内分析并关联可测量数据来决定权力,批判地理政治学为此目的则诉诸对任何类型的文本的分析。

如果我们在上述讨论的基础上再加上地理学和国际关系学在如何处理地缘政治学上的根本区别[从地理学的视角看,地缘政治学试图批判地处理外交政策的实践和实例,而国际关系学则认为地缘政治学是从保守的、现实的视角看待国际问题][1]——二者的差异极不明显,特易混淆[2]——那么显然,我们对地缘政治学的理解以前没有,现在没有,将来也可能永远不会统一。对上述讨论的整理记录显示出不同层次的不同进路,例如:

- 认识论进路和分析工具,以及地缘政治学、政治地理学和国际关系学之间的一般界限;
- 分析中立性的潜力;
- 地理学与政治学的关系,一种空间与权力的关系,以及地缘政治分析的总体政治性质。由此产生的直接结果,就是对地缘政治学"适用性"的讨论;
- 界定地缘政治学的主题——既然存在希望强制推行自己的地缘政治学术语的各社会群体之间的冲突。科学家、政治精英和人

---

[1] Mamadouh, V. & Dijking, G.,《地缘政治学、国际关系学与政治地理学:地缘政治话语的政治学》("Geopolitics, International relations and Political Geography: The Politics of Geopolitical Discourse", *Geopolitics*, 11, 349-366, Routledge, Taylor and Francis Group, 2006),页350。

[2] Mazis, I.,《地缘政治学:理论与实践》,前揭,页41。

民①被模式化地视为相互冲突且不断相互作用的三方。

1.1.2 希腊系统地缘政治学派(研究计划)

希腊地缘政治学派在上述问题上立场明确。该学派的理论基础和方法论由马齐斯教授在伊奥尼亚大学(Ionian University)地理—文化分析实验室工作时引入,他于2002年创立此实验室,且一直担任该实验室领导。自2010年2月以来,马齐斯教授担任雅典国立大学(National University of Athens)经济地理学和地缘政治理论教授,他认为系统地缘政治分析是一种去意识形态化的分析,是一种方法论模型,既不受意识形态的束缚,也不受各种"叙事"的束缚,这些"叙事"导致分析家无法清醒地看待从而解读国际事件。②

至于地缘政治学的"适用性"问题,马齐斯教授把地缘政治学结论的实施阶段与中立和理性的分析(即地缘政治学)区分开来,并称之为地缘战略学。与地缘政治学不同,地缘战略学并没有摆脱种族中心主义的视角和进路,但这并非进路本身及其努力的缺陷。地缘政治分析应以冷静、透彻的地缘政治观察为目的,不应该出现任何不可欲的东西;不可欲的数据只能在地缘战略学中存在。马齐斯教授认为,这正是不可欲的数据不得不加以修正的地方,他强调,绝不应无视在地缘政治学上鉴别这些数据的必要性(同上)。

最后,马齐斯教授指出,国际事件的阐释者或协调员在任何情况下都应该明确自己的身份:到底是"地缘战略学家"还是"地缘政

---

① van der Wusten, Hermann,《地缘政治学与国家秩序》,前揭,页424。
② www.geo-mazis.gr.

治分析家"。①同样,他还认为,那些捍卫国家利益的地缘战略学家,只要他们能意识到自己的具体角色,而不将纯粹的地缘政治分析与不可避免地"带有偏见"的地缘战略行动混为一谈,我们无论如何且不管出于什么理由都不应该指责他们。②

最后一段引述间接地处理地缘政治学的两个解释问题:

- 首先,界定地缘政治行为主体(actors)这个问题。这些行为主体不受任何限制,也不局限于任何身份,而因每项地缘政治分析的数据和问题而有所不同。所以,将民族国家(national state)视为唯一的地缘政治因素/行为主体是错误的。分析层面这个问题也延伸到其他类型的行为主体,这取决于研究者对其主题的研究规模,也就是说,他的视野是微观还是宏观的,即选择的研究单元(units of study)是处于"微观"还是"宏观"层面。鉴于上述选择,可以区分出以下研究单元:(1)人民,(2)次国家集团,(3)民族国家,(4)非国家设立的跨国集团和组织,(5)由国家或其代表组成的国际集团和组织,(5)国际体系。③

- 其次,涉及科学理论与政治实施的关系时,马齐斯教授强调:④

——地缘政治学不是用于"宣传"或"鼓吹"政治精英或霸权主义/帝国主义势力的决策的意识形态话语或修辞;

---

① [作者注]这意味着,应该明确自己何时扮演客观的分析者,何时扮演政治顾问。
② www.geo-mazis.gr.
③ 国际力量的新极点 [*Νέοι Πόλοι Διεθνούς Ισχύος* (NE. ΠΟ. Δ. Ι.)]。参见 Mazis, I. ,《地缘政治学:理论与实践》,前揭,页 38 – 40,98,137 – 168。
④ Mazis, I. ,《批判地缘政治学中的批判或谁关心现代地缘政治学》(*Κριτική στην Κριτική Γεωπολιτική ή ποιος φαβάται τη σύγχρονη Γεωπολιτική ανάλυση; Επιθεώρηση Γεωστρατηγική*, τεύ. vo 12, pp. 139 – 160,2004),页 146 – 147。

——政治宣传家/传播者,甚至政客自己,使用额外的真实数据和虚构的数据,并不意味着这一现实本身有罪,只是因为这一现实……错误地……存在;

——地缘政治学在自己分析的基础上分析、描述和预测检验过的系统标准内部的发展。从分析中提取数据并将其用于政治宣传,并不会给分析本身造成任何负担。打个比方说,尽管教皇博尔吉亚(Cesare Borgia)和耶稣都是"基督徒",但他们之间能有什么关系?

——地缘政治学既不"推荐"某种政治话语,也不"推荐"某种意识形态模式或任何政治理论。地缘政治分析描述、记录某个系统及其子系统,构建检验过的系统的形象,将其从意识形态偏见的海洋中解脱出来,从每一个异想天开的集体幻想中解脱出来,从任何民族主义的刻板印象中解脱出来。地缘政治学是知识,本身对社会或政治行为主体对其的使用概不负责。

1.1.2.1 系统地缘政治分析方法论

凭借马齐斯的著作,希腊地缘政治学派提出一种非常具体的系统地缘政治分析方法论,该方法论是地理分析的科学工具,用于考察国际政治事件和相关的权力再分配(防御的、经济的、政治的和文化的)。系统地缘政治分析方法论适用于所有民族社会形态(民族的和种族的)和现象的系统,以及影响这些形态的形成、结构和权力相互作用的实体。该分析包括以下阶段:[1]

---

[1] Mazis,I.,《地缘政治分析的写作方法:结构、概念和术语》[中国国际战略研究所与国防分析研究所],*Defencor Pacis*,2008年5月,第23期,特刊,国防分析研究所。马齐斯教授的《系统地理政治分析的写作方法》一文发表时未改动。

A. 主题的标题及其阐释

一项地缘政治分析研究的主题的标题(应该)界定手头问题的事实和目标,尤其应界定:

(1)地理综合体的边界(boundaries of the Geographical Complex),这构成待分析的地理区域。

(2)该综合体的(内部或外部)区域,即由于受特定地缘政治因素影响而作为权力分配或再分配领域的利益区域。

(3)所述的特定地缘政治因素,其冲击会影响给定的地理综合体内部或外部区域的权力分配。

例如:

"大中东伊斯兰运动的地缘政治学"(Geopolitics of the Islamist movement in the Wider Middle East)

标题分析:

(1)地理综合体的边界由"大中东"界定。

(2)用 in 一词表示"在……的边界内",把所研究的综合体的区域限定在大中东这一地理综合体的"内部"。

(3)指定的地缘政治因素是"伊斯兰运动"。

B. 分析

第一阶段

在这一阶段,我们确定地缘政治系统的边界,主题的标题中所述地缘政治因素的行为(action or actions)将在该边界内得到检验。

根据涉及的地理区域范围,有三个系统规模(System scales):

(1)子系统,构成系统的子群。

(2)系统,所研究的主要地理综合体。

(3)超系统,把所研究的主系统以及本研究未涉及的其他系统像子系统那样包括在内。

为了从地理范围界定上述系统,需要一个定性要素(qualitative element),其存在本身、其形式、其行为及其影响该系统的程度,将确定上述系统涵盖的地理区域。倘若没有这个定性要素及其各个部分,定义三个系统规模不仅不可能,而且毫无意义。

下面我们通过一个例子来说明如何界定各系统。

在前文所述的主题中,系统规模的边界定义如下:

(1) 系统:

大中东地理综合体,不仅因其作为一个基本标准在标题中已提到,而且因为那个"地缘政治因素",即"伊斯兰运动",存在、影响并作用于该综合体的整个地理区域。

(2) 子系统:

a. 由于伊斯兰教在马格里布(Maghreb)这一地理区域内存在文化、经济、政治和组织方面的独特性,"马格里布的伊斯兰运动"构成一个子系统。

b. 基于上述同样的理由,"中东[根据杜勒斯(John Foster Dulles)在1977年的定义,即阿拉伯半岛、阿联酋、埃及、以色列、叙利亚、黎巴嫩、约旦、伊拉克、土耳其]伊斯兰运动"[构成另一个子系统]。

c. "阿富汗-巴基斯坦和伊朗伊斯兰运动"。

(3) 超系统:

国际伊斯兰之家(Dar al-Islam, House of Islam)可以指定为一个超系统,即在国际层面涵盖伊斯兰教之地的地理综合体,各伊斯兰民族居住的地方;以及和平之家(Dal al-Sulh, House of Treaty),伊斯兰散居者(Diaspora)多少不受影响地居住的地方,例如欧洲、美国或澳大利亚。

界定三种系统规模后,下一步是确定受标题中的该"地缘政治因素"影响的研究领域。也就是说,在所选系统规模的框架内,如在

"系统"层面,我们应确定将为四个领域(地缘政治支柱)的哪个组合来检验该"地缘政治因素"的影响。

例如:

我们将检验伊斯兰运动对上述三个子系统的影响,特别涉及防御、经济和政治,或者文化和经济,或者文化、政治和防御,或者所有四大支柱:防御、经济、政治、文化/信息。[注:这些支柱与四种权力形式有关:防御权力、经济权力、政治权力和文化权力。]

第二阶段

在这一阶段,我们将确定所研究的每个子系统的地缘政治趋势—动态。这些仅以"权力"来界定的趋势可以说明:

(1)所研究的"地缘政治因素"所属的那些支柱(在我们的例子中,这个地缘政治因素是伊斯兰运动),这个地缘政治因素在每个子系统内部已经随之界定或可能界定那些支柱的行为。这种形式的结论被界定为这个"地缘政治因素"在"系统内部"的"正子系统权力成分趋势"(positive sub-systemic component trend of power)。

(2)有些支柱作为这个"地缘政治因素的"影响的减震装置起作用,从而并不影响整个子系统。这种形式的结论被称为这个"地缘政治因素"在"系统内部"的"零子系统权力成分趋势"(zero sub-systemic component trend of power)。

C. 综合

综合指的是在一个最终的系统规模上,我们可以找到给定地缘政治因素的权力合成趋势(Resultant Trend of Power)的过程。当我们在子系统层面上发现并界定(那个地缘政治因素的)各个权力成分且目标是系统层面系统规模上的那个成分,那么综合阶段便始于系统层面。如果所需成分处于超系统层面,那么综合阶段则在系统成分经过分析后再开始。

D. 结论

研究的最后阶段致力于得出"结论"。这里要求我们描述地缘政治动态,以及所研究的"地缘政治因素"的"权力成分"如何影响所研究系统在超系统框架内部的表现。

必须指出,正如在一项地缘政治分析的任何其他阶段,在这一研究阶段,我们不提任何建议(proposals)。我们只力图发现并描述一个地缘政治因素的结构、行为、功能、影响、形式、动态以及系统因为这些而如何表现。

建议不是一项地缘政治分析的部分。如果有人要求,那么,利用之前得到的地缘政治分析结果,可以开展一项地缘战略进路。建议是一项地缘战略进路的部分。

1.2 拉采尔:地缘政治学之父?

尽管拉采尔的名字出现在绝大多数与地缘政治学有关的文献中,但也有人对此并不认可。科斯特在拉采尔逝世100周年纪念大会[①]上强调,拉采尔和契伦之间、拉采尔和现代地缘政治学之间在科学和认识论上的连续性尚未得到证实。科斯特的那次演讲促使我重新界定当前研究的部分内容,以便更加彻底地研究拉采尔政治地理学的认识论内容。科斯特的主要观点将在下文呈现。

---

① 会议主题为:"拉采尔逝世一百周年纪念大会:拉采尔的地理学空间"。该会议于2004年11月18日至20日由区域地理研究所(藏有拉采尔的绝大部分档案)组织。作者有幸参加了此次纪念大会。

萨利夫斯基(Michael Salewski)是第一种观点的支持者之一,他认为拉采尔的《政治地理学》是意识形态化的地缘政治学的圣经(Bible of ideologized Geopolitics)。① 马齐斯教授与萨利夫斯基持类似的观点,但不赞同"意识形态化"的提法。他的佳作《地缘政治学:理论与实践》(Geopolitics. Theory and Practice)第四章的标题"拉采尔:德国地理学与地缘政治学的诞生"表明,他认为拉采尔是地缘政治学的创立者。② [波茨坦大学近代史学教授]戈特马克(Manfred Görtemaker)间接地把拉采尔列为地缘政治学的先驱之一,强调后者把地理因素呈现为政治冲突的重要参与者。③ 沃特(H. Wolter)也认为拉采尔是地缘政治学之父,④舒尔茨(Hans-Dietrich Schultz)则相信,科学界更认可这位德意志地理学家是地缘政治学的精神导师(spiritus rector)。⑤ 斯特雷克(Bernhard Streck)⑥也持有同样的观点,认为拉

---

① Salewski, M.,《地缘政治学与意识形态》("Geopolitik und Ideologie", Geopolitik. Grenzgänge im Zeitgeist. Verlag für Berlin-Brandenburg Potsdam, pp. 357-380,2000),页367。
② Mazis, I.,《地缘政治学:理论与实践》,前揭,页147。
③ Görtemaker, M.,《政治时代精神与地缘政治学——论应用型科学的时代要求》("Politischer Zeitgeist und Geopolitik-Über die zeitbedingten Voraussetzungen anwendungsorientierter Wissenschaft", Geopolitik. Grenzgänge im Zeitgeist. Verlag für Berlin-Brandenburg Potsdam, pp. 15-36,2000),页18。
④ Kost, K.,《拉采尔:地缘政治学之父?辩与驳》,前揭。
⑤ Schultz, H.-D.,《19世纪的德国地理学和拉采尔的教义》("Die deutsche Geographie im 19. Jahrhundert und die Lehre Friedrich Ratzels", Geopolitik. Grenzgänge im Zeitgeist. Verlag für Berlin-Brandenburg Potsdam, pp. 39-84, 2000),页39。
⑥ Streck, B.,《拉采尔作品中的传播论与地缘政治学》("Diffusionism and geopolitics in the work of Friedrich Ratzel", Europe between political geography and geopolitics. On the centenary of Ratzel's Politische Geographie. Rom: Societa' Geografica Italiana, pp. 51-66,2001),页55。

采尔有一个有意保密的地缘政治学时期,①以便将他的科学贡献与他的政治著作和观念分离开来。他的这些著作和观念在德意志第二帝国的帝国主义观念中得到庇护,又在第三帝国时期重生。②

与上述观点相悖,科斯特③认为,拉采尔建立的某种地缘政治学,可能由契伦完善为一个传奇。科斯特声称,鉴于其他运动和思想家对于契伦创造那个术语至少有同样的贡献,拉采尔只能部分地算作地缘政治学之父(同上)。他强调拉采尔并未参与"地缘政治学"一词的创造,该词由契伦于1899年所创。科斯特指出,任何试图将"地缘政治学"一词转移到早期或古代的语境或事件中的努力都是不成功的,他否认存在任何前地缘政治学时期,因为在一个术语创造出来之前不可能存在这个术语的内容(同上)。科斯特发现拉采尔和契伦鲜有书信往来(即使有,也并非在交换理论和科学成果)。他注意到,尽管拉采尔有足够的时间,但他并未对地缘政治学这一概念发表任何评论。直到1903年,地理学家西格尔(Robert Sieger)才首次在德国使用这个术语。彼时,拉采尔已经达到生涯的巅峰,几乎不再发表文章。在科斯特看来,拉采尔和契伦都对国家和政治持真正保守的看法(前者是泛德意志联盟[Alldeutscher Verband]成员,后者是高度保守的瑞典民族党[Swedish National Party]成员),与其说是现代化的政治地理学——与当时是否叫"地缘政治学"无关——的共同愿景,莫不如说是这种保守看法把二人联系起来。他们的保守看法不是科学研究的主题,而更多是积极政治行动的触发因素。科斯特指出,契伦旨在创建一个政治体系,而非地

---

① 斯坦梅茨勒(Steinmetzler)提出这一进路,并把拉采尔的创造分为三个时期。更具体地确定拉采尔的地缘政治学时期,请见第2.5节。
② Streck, B.,《拉采尔作品中的传播论与地缘政治学》,前揭,页51。
③ Kost, K.,《拉采尔:地缘政治学之父?辩与驳》,前揭。

缘政治学体系……因此,在契伦看来,地缘政治学是政治学体系的一个分支,同时还有其他类别,其目标由专门的学科来实现。

科斯特教授把契伦著作《政治学体系概述》(*Grundrisse zu einem System der Politik*)中的政治学体系整理如下:①

一般政治科学（国家理论）		专门政治科学（国家理论）				
系统统一	假设	子系统	类别	现象	专门科学	最佳生命形式
国家等同于政治学	1. 国家是独立的实体和超个体的结构。2. 国家的本质首先且最终是权力,法律为其服务。3. 政策目标不是土地,而是领土上的政治组织,即帝国。	地缘政治学	帝国	帝国的位置	拓扑政治学	自然区域
				帝国的形式	形态政治学	
				帝国的领土	自然政治学	
		经济政策	帝国经济	经济领域	贸易政治学	自给自足
				自身资源	自给自足政治学	
				经济生活	财政政治学	
		人口政策	人民	人民的冲动	民族政治学	民族性
				人民的身体	大众政治学	
				人民的精神	心理政治学	
		社会政策	社会	社会身体	友爱政治学	社会性
				社会生活	生物政治学	
		国家政策	政制	国家形式	法律政治学	忠诚
				国家生活	实践政治学	
				国家权力	统治政治学	

---

① Kost, K.,《地缘政治学自创始至 1945 年对政治地理学研究和理论的影响》(*Die Einflüsse der Geopolitik auf Forschung und Theorie der Politischen Geographie von ihren Anfängen bis 1945*, Bonner geographische Abhandlungen, Heft 76, 1988),页 46。

科斯特相信,拉采尔并未在任何论著中以这种形式对"政治"这一术语作出这样的明确区分。他指责后来的地理学家和地缘政治学家,甚至现代政治地理学家(例如:洛索[Lossau],1996年和2002年),他们承认从拉采尔到契伦、豪斯霍弗、毛尔、奥布斯特(Erich Obst)等人的思想存在线性连续。科斯特(在我们看来错误地)相信,①拉采尔尚未为"政治地理学"一词作出明确定义。科斯特②援引拉采尔《政治地理学》一书引言中的段落,得出结论:根据拉采尔,政治地理学……只能在给定的土地上构建其国家理论。此外,政治地理学将国家视为一种人造物,只在大地的土壤上生长。③ 国家与土地合在一起是政治地理学的主题,政治地理学可以解释为国家-土地关系理论(同上)。这种认识论解释反映出一种自然主义进路,在后起学者中占据主导地位,并在指责地理决定论时起作用。④

　　为了进一步强化他的批评,科斯特提到魏特夫(Karl August Wittvogel),一位德国领先的社会科学家,在国家社会主义建立后移居美国。1929年,魏特夫对拉采尔的著作提出(在科斯特看来准确的)批评,将《政治地理学》讽刺地描述为"未受污染的概念的理论",未充分考虑社会领域……或经济领域的问题。这一批评至今尚未引起德国地理学家的严肃注意,因为他们认为魏特夫是个马克思主义者。在魏特夫看来,拉采尔没有充分考察国家复杂的总体内

---

　　① 然而,拉采尔明确界定过政治地理学及其研究对象。请见第1.3.2节。
　　② Kost, K.,《地缘政治学自创始至1945年对政治地理学研究和理论的影响》,前揭,页25。
　　③ 同上,页25,引自拉采尔《政治地理学》一书引言第IV页。
　　④ 把该段断章取义地用作政治地理学的定义,在第1.3.2节中有记载。

部发展,最终留下的是一个拼凑而成的神秘复合体,[只不过]在外部焊接在一起,从而助长科学上的错觉。①

与魏特夫的观点相反,第三版《政治地理学》的策划者奥伯豪姆(E. Oberhummer)相信,拉采尔把政治科学和经济科学的要素挪用并增添到地理学领域。他指出,政治科学家对拉采尔作品的理解和欣赏要早于地理学家,后者仅仅勉强接受[拉采尔添加进去的]新材料。②

上述这两种截然相反的观点决定本研究的一个重要方面。接下来将尝试从三个方面阐明这个问题:

- 拉采尔《政治地理学》的研究对象及其与第 1.1 节的定义的比较,后者将一种权力再分配的地理分析工具这一特征归于地缘政治学。
- 拉采尔的认识论取向,即他在多大程度上,通过将领土因素升级为排他性的分析因素(即地缘政治影响的支柱),③对其研究对象采取一种一元论的进路;或者相反,他在多大程度上通过考虑社会、文化、经济等其他参数,选择一种多变量的权力再分配分析。
- 他对后来乃至当代地缘政治学研究项目的影响程度。

---

① Kost,K.,《拉采尔:地缘政治学之父? 辩与驳》,前揭,提到魏特夫,1929,页 27 – 29。

② Ratzel,F.,《政治地理学》(*Politische Geographie*,R. Oldenburg,München und Berlin,1923),页 597。

③ 地缘政治影响的支柱是马齐斯教授引入的术语,指那些个别的领域(系统地缘政治学考察防御、经济、政治和文化四个支柱),对其进行地理学分析可创建一种尽可能完整的地缘政治分析模型。Mazis,I.,《地缘政治学:理论与实践》,前揭,页 48,111,140。

1.3 拉采尔的科学政治地理学

1.3.1 关于政治地理学的科学性

在尝试一种政治地理学的认识论进路之前,似乎适合用一段简短的题外话来强调形容词"科学的"(scientific),拉采尔在一个自然科学独占科学属性的时代,把这个词归于《政治地理学》一书。在那种情况下,如拉采尔的论文《国家空间扩大定律:科学政治地理学文稿》(*The Laws of the Spatial Growth of States. A contribution to scientific Political Geography*)①的标题所示,他将政治地理学归为科学。这篇文章发表于《政治地理学》出版的前一年,它提前展示了该书第三部分的几个完整段落,为学界接受该书奠定了基础。

拉采尔设想的政治地理学复兴符合科学主义的要素。这是因为[政治地理学]摆脱了迄今为止对数据的静态引用,并声称只有通过对国家与领土关系的比较研究才能实现彻底改革。事实上,政治科学时常回避各种空间理论,回避对国家及其各部分的测量、计算和比较,换言之,即拒绝使用可以量化数据的工具,进而加以比较,为实验测量和预测工具创造条件。拉采尔认为这一事实是政治地理学新的复兴性贡献。②

此外,应该指出,在二手文献中,几乎没有提到过包含"科学政

---

① Ratzel,F.,《国家空间扩大定律:科学政治地理学文稿》("Die Gesetze des räumlichen Wachstums der Staaten. Ein Beitrag zur wissenschaftlichen Politischen Geographie"),载《彼得曼通讯》(*Petermanns Mitteilungen*),1896年,第42卷,页97–107。

② Ratzel,F.,《政治地理学》,前揭,页III。

治地理学"这一术语的副标题。之所以出现这种情况,要么是因为人们没有研究过原始文本,常常基于二手资料对这些定律一带而过,要么是因为人们有意压制这一术语以试图证实假定的形而上学概念。当然,这样一个标题明确指向一种具体的、方法论上实证主义的、元理论的进路,使用它对那个方向没有太大帮助。

几年后(1899年),拉采尔在第二版《人文地理学》(*Anthropogeographie*)的序言中再次为政治地理学的科学主义辩护,他解释说,他之所以删掉第一版中的几个政治地理学要素,是因为他意识到需要一种独立的政治地理学,他在莱比锡期间看到这种政治地理学的实用价值。①由于上述自然科学与人文/理论科学之间的冲突也已进入地理学,拉采尔对此提出抗议。他在书中写道,他不能容忍这一矛盾:把研究地球某一部分的自然地理学视为科学,而把人文地理学(政治地理学是其中一个分支)视为非科学(同上)。

1.3.2　政治地理学的认识论进路与定义

尽管现代地缘政治分析家把现代政治地理学的版权归给拉采尔,②但当代文献中缺少一种定义——由拉采尔本人造成,这一点不可否认。这在解释拉采尔的思想时造成一个严重问题:一些学者显然在没有读过拉采尔原著的情况下研究(或仍在研究)他,他们要么基于片面的、有偏见的分析,要么基于各种自称的拉采尔著作"继承者"的观点。这些"继承者"在截然不同的科学、政治和社会

---

① Ratzel, F.,《人文地理学(第一部分):地理学在历史上的应用原则》(*Anthropogeographie. Erster Teil: Grundzüge der Anwendung der Geographie auf die Geschichte*, Dritte Edition, Verlag von J. Engelhorn, Stuttgart, 1909),页 IX。

② Kost, K.,《地缘政治学自创始至 1945 年对政治地理学研究和理论的影响》,前揭,页 22。

条件中工作,经常用自己的个人感觉丰富拉采尔的理论。

但这种震耳欲聋的失败真的可能吗?拉采尔真的没有确定这门公认(同上)由他复兴的科学的分析框架吗?

拉采尔的地缘政治学定义的惊人缺失(第1.1节),哪怕在一项专注于拉采尔本人的地缘政治学研究中,也并非巧合。这主要是因为拉采尔从未使用过"地缘政治学"一词,①而总是用政治地理学替代。即便在《政治地理学》一书中,拉采尔也未对政治地理学下明确定义。因此,如上所述,讨论起于一个由二手文献决定的主题,从而导致[学界]将拉采尔的政治地理学贬低为对国家－土地关系的机械调查(详见第1.2节)。

当然,由于拉采尔不可能把国家与领土分开看待,因此上述立场只是部分的现实。他明确指责那些政治科学家、社会学家和史学家,他们认为国家存在于空气中且将国家领土理解为一种更大的地产(land property)。②基于这一分析,并鉴于国家是一个人造物且仅生长于地面之上,政治地理学的理论只能建立在一块特定领土上的国家之上。然而,在同一文本的紧接着的一句话中,拉采尔着重补充说,介入社会学和政治科学的问题不可避免,政治地理学的因果关系应该被正常地视为历史因果关系的一部分。③

上一段清楚证明了孤立地提及国家－土地关系所造成的曲解,

---

① 该术语由瑞典人契伦创造。1898年,契伦首次使用"地缘政治学"这一术语,作为对瑞典政治边界的研究的一部分。他说该词是同年在乌普萨拉大学(Uppsala University)创造出来的。参见 Kost, K.,《地缘政治学自创始至1945年对政治地理学研究和理论的影响》,前揭,页42。

② Ratzel, F.,《政治地理学》,前揭,页 III。

③ 同上,页 IV。在对国家—土地关系作比较研究后,仅10行之后就提到这一点。在《政治地理学》第二版中,这句话实际上位于同一页,而在第三版中,这句话位于同一页的末尾和下一页的开头。

这种关系暗指生硬、机械地满足领土需要。因此,把拉采尔的政治地理学定义为探索国家-土地关系,缺乏充分的依据且具有误导性,因为如此定义没有包括拉采尔本人急切地考虑在内的其他地缘政治影响支柱(社会的、政治的)。

事实上,两年后(1898年),在他论美国的著作的第二版即修订版的序言中,拉采尔的观点显得更加清晰且更具分析性,他将政治地理学的首要任务界定为基于政治和经济现象对地球(telluric)①事实的探测和描述。他把第二项任务界定为对这些现象的规模、位置和特征加以描述;第三,他将政治地理学界定为一种应用人种学(applied Ethnography)。②

因此,这是拉采尔作为政治地理学的开创者对政治地理学下的定义,没有任何第三方的干涉或任意解释。这一定义阐明拉采尔建议在众多地缘政治影响因素的基础上解释历史发展。尽管拉采尔已对政治地理学作出明确定义,但由于土地-权力关联这一领域在理解他的思想时占据枢纽位置,我们在接下来的两个小节中将详细检验这一领域。

1.3.2.1 土地等于权力?

为了界定国家领土(state territory, Staatsgebiet)的概念,拉采尔

---

① tellurisch:源自拉丁语 tellus - telluris(= earth),指地球、地球系统。资料来源:Brockhaus,《布罗克豪斯会话辞典》(*Konversationslexikon*,1906)。

② Ratzel, F.,《美利坚合众国》第二卷:《政治地理学和经济地理学》(*Die Vereinigten Staaten von Amerika. Zweiter Band. Politische und Wirtschafts - Geographie*, R. Oldenbourg, München, 1893),第2版,页 VI:以政治和经济现象为基础建立和描述地球事实无疑是政治地理学的首要任务,其次是对这些现象的规模、位置和形式加以描述……政治地理学也是应用人种学。除了描述领土,政治地理学还试图在可能的情况下,以同样的详细和精确程度来描述人民。

举了国际法的例子,这门学科将地球上受一国主权管辖的陆地部分定义为该国的领土。他解释说,政治地理学可以从这个定义开始,尽管这个定义与国际法借以将国家领土扩大到一个不确定的高度和深度,并扩展到所有船只尤其战舰的那些附加条款几乎没有任何关系——他把战舰视为战舰悬挂的旗帜所属国家的国家领土[1]的海上部分。[2]因此,他进一步解释道,为了政治地理学的目的,与国家领土扩张到邻近海域以外相关的所有数据,以及为一国的利益而进入和穿过另一国领土的各种地役权(easements),[3]都非常重要。[4]作为此类进入和地役权的例子,拉采尔提到1823年和1828年签订的沙俄—波斯条约,通过这些条约,里海变成"沙俄海",迄今为止只有(exclusively)沙俄的舰船在这片海域航行,这一事实应以地图的形式反映为沙俄边界的扩张。[5]相应地,他认为政治地图应该反映德意志风俗对卢森堡的影响,也应该反映奥匈帝国在黑山海岸实行的海洋和公共卫生控制。

拉采尔说,这些关系难以在地图上描绘,导致在描述这些国家

---

[1] 拉采尔认为,早在中世纪,船只便作为国家表面的一部分得到认可,那时威尼斯人的商船队要么由官员统治,要么官员作为监督者下到各艘舰船。在拉采尔看来,此观念与商业公司或商业团体的观念有关,因为商业公司或商业团体是另一个国家的领土内极为重要的区域。Ratzel, F. ,《政治地理学》,前揭,页213,脚注1。

[2] Ratzel, F. ,《国家空间扩大定律:科学政治地理学文稿》,前揭,页97。

[3] [译者注]地役权:指按照合同约定,利用他人的不动产,以提高自己的不动产效益的权利。简言之,即对邻国领土的有限利用权,如经过他人土地到达自己的地界。此处作者使用地役权是借指一国在邻国同意的情况下,穿过邻国的领土、领海或领空,以实现自己的某种目的或需求。

[4] Ratzel, F. ,《国家空间扩大定律:科学政治地理学文稿》,前揭,页97。

[5] 当然,今天的情况并非如此,因为里海沿岸国家之间的边界已经确立。

的地理时需要特别说明。①于是,他的研究兴趣集中在权力投射(power projection)的案例上,这种情况基于国际协议或由于居民的流动而在国家间关系中占主导地位(同上):政治地理学必须特别集中在数以百计的这类案例上,因为这类案例具体地确定国家的哪一部分[严格地]与其陆地表面相连,并因此构成地理学的真实领域,即地理学意义上的领土(同上)。

因此,显而易见,拉采尔在对国家的政治地理学调查中引入多维视角,这种调查以新的术语解释国家领土。而在此之前,国家领土完全由土壤决定。"入侵权"(invasive rights)②或某一地区外国势力的权利(rights of foreign forces),③以联合铁路建设项目、终止于外国领土的公路或在另一个国家的河流中自由航行的权利的形式出现,反映出超越边界的扩张冲动,尽管经济动机与政治动机之间的明确区分尚成问题。④

上述观点阐明了拉采尔对边界流动性的思考:边界流动性不应单纯理解为领土上特定边界的空间位移,也应理解为一种扩张,理解为权力投射。⑤然而,他得出下述结论时似乎心里想的是后者,他说:欧洲内不可能发生边界改变,因为现存的欧洲相邻国家和各国边界几乎全部处于稳定状态,这阻碍改变的可能。⑥此外,考虑到德国在欧洲的地位,拉采尔赞成德国的非洲政策,因为德国只能在遥

---

① Ratzel, F. ,《国家空间扩大定律:科学政治地理学文稿》,前揭,页97。
② 引自原文:Ratzel, F. ,《政治地理学》,前揭,页124。
③ Ratzel, F. ,《美利坚合众国》第二卷:《政治地理学和经济地理学》,前揭,页44。
④ Ratzel, F. ,《政治地理学》,前揭,页123 – 124。
⑤ 显然,最近希腊国内关于贷款协议与主权问题的争论涉及的是理论问题,对此西方世界早已研究和回答过。
⑥ Ratzel, F. ,《政治地理学》,前揭,页232。

远的地方追求自己更大的使命。德国在欧洲的地位使德国依赖于自己的全球政策……(同上,页233)然而,他预言奥匈帝国将会扮演不同的角色,即拥有巴尔干半岛和爱琴海地区的霸权(同上)。支持这一想法的是奥匈帝国的位置以及巴尔干半岛的边界不像欧洲那样稳定这一假定。这一评估至少说明拉采尔超强的分析能力,结合巴尔干半岛最近发生的事件,该评估显得尤为及时。

根据上述分析,由于领土并非维持欧洲平衡的唯一标准,所以不能仅从领土变化的意义上理解权力的维持。看到新型国家从封建体系的废墟中出现,并在战后达到的均势(这一均势首先旨在保持国家间的领土平等,即使各国的实际权力是不对称分布的)中在整个欧洲蔓延,拉采尔强烈主张需要重新评估决定权力的标准,即地缘政治影响的支柱。①

因此,拉采尔明确反对通过等量分配土地以实现欧洲和平的可能。②他否认领土因素是国家地缘政治影响的唯一支柱,并指出与土地相比,其他参数不对称地分配权力。两年后(1898年),他进一步阐述了这个想法,指出近年来欧洲的政治地理学的特点与其说是政治位置(loci)的巨大改变,不如说是各国权力地位的重新排位。虽然旧有国家的领土几乎没有经历变化……但各国的权力已经发生许多变化,一切都表明这些变化只是更大、更严重变化的先兆。③

拉采尔以英国为例得出同样的结论,认为不列颠帝国之所以成

---

① Ratzel,F.,《国家空间扩大定律:科学政治地理学文稿》,前揭,页98。
② 拉采尔认为,欧洲和平可以通过大规模的经济合作来实现。参见第6.3和6.4节。
③ Ratzel,F.,《政治地理学回顾一》("Politisch - geographische Rückblicke I, Allgemeines. Mitteleuropa mit Frankreich", *Geographische Zeitschrift*, IV, S. 143 - 156,1898),页143。

为世界强国,不仅是因为领土规模、人口众多(2700万平方公里、超过3.6亿居民)及其全球政治存在,还由其优越的位置和大规模文化输出共同决定。①拉采尔认为,这证明英国在受到保护的各岛屿和半岛、各海运要道的存在,这些对全球运输位置起着最具决定性的作用。此外,他还把英国列为世界第一工商业强国,拥有和平时期和战争时期最强大的海军力量。他认为英国在所有文化领域的表现都是优秀的,英国人的精神和道德品质决定了他们是欧洲最杰出的民族之一(同上)。

1.3.2.2 政治评估中的自然地理和人文地理面相

拉采尔认为,反对将领土机械地等同于权力来源的另一证据是,废除民族特质(annulling of peoples' attributes)、整个民族受到的政治压迫。②此观点提取自罗马尼亚人的例子:几个世纪以来,人们在描述匈牙利和特兰西瓦尼亚(Siebenbürgen)时,都没有把罗马尼亚人算在内,因为在他们眼里罗马尼亚人属于比日耳曼人和马扎尔人(Magyars)劣等的社会阶层。然而,在拉采尔的时代,人口超过250万的罗马尼亚人是匈牙利王国(House of Stephan, Stephanskrone)的第三大民族,与[罗马尼亚]王国(the Kingdom)的500万罗马尼亚居民一起构成南欧最紧凑的民族体(同上)。

---

① Ratzel, F. ,《政治地理学回顾二》("Politisch - geographische Rückblicke II, Das englische Weltreich", *Geographische Zeitzschrift*, IV, S. 211 - 224, 1898),页211。

② Ratzel, F. ,《政治人种学的一些任务》("Einige Aufgaben einer politischen Ethnographie", *Kleine Schriften*, Bd. 2, R. Oldenbourg, München und Berlin, S. 402 - 419, 1906. First Publication: *Zeitschrift für Socialwissenschaft*. 3. Jahrgang, Nr. 1, S. 1 - 19, 1900),页405。

拉采尔认为,同一种混淆在年轻国家和殖民地甚至更为严重,政治地理学研究对待这些地方时往往只考虑和评估土地,仿佛那里空无一人,而且研究者认为土地会随着另一民族(不同于未经观察的原住民)的到来而获得价值(同上)。因此,拉采尔批评许多殖民大国将当地人从殖民地驱逐出去的糟糕决定。他赞同鲍曼(Oskar Baumann)的观点,因为鲍曼批评德意志官员和军官的妄想——他们低估黑人且希望在没有非洲人的情况下治理非洲(同上,页406)。

拉采尔甚至怀疑美国在地理上的统一——他曾在诸多著作中赞赏这个国家——他强调美国居民的种族多样性,认为这个美国特色在政治重要性上胜过美国实际的地理上的聚合(同上)。北美洲和中美洲之间最大的差别在于两地人民的起源和历史,这些差异导致的结论是:美洲尽管在地理上孤立,但永远不会成为一个统一体。他甚至得出结论说,从欧洲的视角来看,南欧和中欧为欧洲人的政治和经济创业精神提供了一个与北美完全不同的、更加开放的基础(同上)。

拉采尔进一步提到,有些民族对自己土地的利用超过其面积、位置和形式所允许的程度(例如古代的雅典和现代历史上的普鲁士)。他还把黑山呈现为一个政治重要性极低的国家的现时例子,因为黑山领土狭小(尤其就其1878年时的领土而言),又因远离海岸①而贫瘠,且不适合陆路运输。②所以,拉采尔声称,有些民族的历史和环境导致了对这些民族的一种毋宁说属于人种学而非地理学

---

① [译者注]此处应该是作者笔误。经译者查证,尽管历史上黑山政权几经更迭,国土面积也历经变化,但其西南部基本上始终濒临亚得里亚海。

② Ratzel, F.,《政治人种学的一些任务》,前揭,页406-407。

的认知,也有些国家从未与其领土紧密地联系在一起,以致有可能在设想这些国家时甚至把那些领土排除在外(同上,页407)。土耳其就是这样一个例子:土耳其人民在崛起或衰落的过程中从未与这片土地有过密切的联系,因此使用"土耳其统治"(Turkish rule, Herrschaft der Türken)比"土耳其帝国"(Turkish Empire)一词更加确切。拉采尔指出,在(非常依赖人的活动的)殖民史中也是这样,例如人们更多地谈论作为探险家和征服者的荷兰人,而非荷兰本身(同上)。

基于这些考虑,拉采尔得出结论:要了解一个国家,对其地理属性(位置、土地、气候)的描述永远都不够,因为我们最终会本能地转向居住在那里的人民。他认为,与描述这片土地的自然特征相比,专注于处于转变中的人民要困难得多。他相信,地理学和统计学(记录人口、城镇和城市的规模,公路的长度以及大量更多可测量数据的科学)可能有助于实现这一目标。地理学可以提供有关民族和语言分布的信息,这是地理学的政治运用的起点(同上,页408)。

因此,拉采尔的结论是:对一个国家的每一种描述都必须同时记录地理学特征和人种学特征;每一项政治评估都必须以这两种特征为基础。土地和水资源的性质和类型对国家有重要影响,其重要性等同于居住在这片土地上的人民的特征,这些与土地一起构建起我们理解的国家(同上)。

1.3.3 拉采尔与现代地缘政治学

根据上述分析,对第1.2节中的问题回答如下:

- 拉采尔的政治地理学可明确定义为权力及其再分配的动态分析系统,因此其主题与现代地缘政治学的主题不谋而合。

- 应用地理学工具时,拉采尔基于多种参数而非单一参数来分析权力。他并不认为领土因素是地缘政治影响的唯一支柱,而通盘考虑社会、文化、人种和经济过程。①
- 至于[拉采尔]对后续或当代地缘政治学流派的影响程度,以及科斯特教授论证的拉采尔与契伦之间所谓的不连续,应记录以下观察:

——契伦于1916年将地缘政治学定义为理解作为一个在空间中活动的地理有机体的国家的科学。② 契伦对地缘政治学的定义以及第1.2节中基于科斯特的论点呈现的图表,证明契伦的"地缘政治学"是一个更普遍的分析集的子系统,专门且自然主义地处理国家形成的领土表达。

——政治地理学(拉采尔)与地缘政治学(契伦)的比较,在逻辑上导致了科斯特指出的不连续,这仅仅是因为所比较的是异类的事物:比较的一方是一种在关键假设(政治的、文化的、经济的)方面一致的(即便方法论上较薄弱)的分析系统,另一方则仅仅是一个从契伦的完整分析系统中分离和孤立出来的子系统,即契伦的"地缘政治学"(即领土)维度,且仅此而已。

——根据上面的观察,契伦的地缘政治观与任何版本的现代地缘政治学无关,因为前者只涉及地缘政治影响的一个单一特征,即领土维度。由于这一术语混乱,在第1.1节中把契伦的定义排除在外不可避免,这并不是否定他(通过他的整体政治学体系)对地缘政治思想的一般演变的贡献,而是为了精确,并避免进一步的解释误解。

---

① 下面几章将详细介绍各权力因素的构成和实际应用,包括拉采尔的分析系统以及科学政治人种学的概念。这里主要记录理论参考文献。

② Mazis, I.,《地缘政治学:理论与实践》,前揭,页15。

——在一个(术语方面)已然混乱的框架中,科斯特的论点"拉采尔未使用地缘政治学一词"的说服力正在不可抗拒地减弱。

——最后,应在综合系统层面对拉采尔和契伦的著作进行比较研究,而暂且搁置术语困难和以下矛盾:事实上,把地缘政治学置于背景的同时,存在两个不同的分析框架(拉采尔的政治地理学和契伦①的政治学体系),这两个框架从未被独立地命名为地缘政治学!

通过比较上述资料,显然,"在前的"拉采尔的地缘政治学进路的主要成分,对多少更具当代性的契伦和斯皮克曼的系统论有明显影响,也影响到马齐斯的地缘政治分析的方法论建议。他们都分析了地缘政治影响的类似支柱:

诸地缘政治学进路的主要比较构成要素

拉采尔	契伦	斯皮克曼	马齐斯
自然地理学	地缘政治学	自然地理学	地缘政治空间
人文地理学 人种学 经济学 社会文化	人口政策	人口密度/国家人口组成	文化/防御支柱
	经济政策	经济结构	经济支柱
	社会政策	人口的理想价值观	文化支柱
	国家政策	治理形式	政治/防御支柱
		外交大臣们的情结和偏见	防御支柱

马齐斯提出国家行为主体指标(a state actor indexes)的一种典型等级结构,在此结构中,考虑到对特定地理综合体作系统地缘政

---

① Kjellen,R.,《政治学体系概述》(*Grundriss zu einem System der Politik*,S. Hirzel Verlag,Leipzig,1920)。

治分析的时期具有同质的历史特征,地缘政治学指示标(indicators)可据此分类:(1)国家行为主体的内部结构及其与环境互动的方式;(2)国家行为主体所属的地理综合体的结构及其与超系统互动的方式;(3)控制这个地理综合体的超系统的结构。

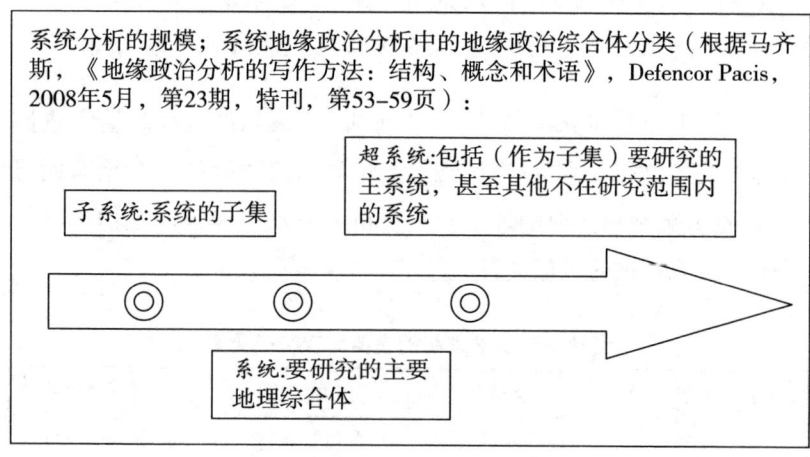

系统分析的规模;系统地缘政治分析中的地缘政治综合体分类(根据马齐斯,《地缘政治分析的写作方法:结构、概念和术语》,Defencor Pacis,2008年5月,第23期,特刊,第53–59页):

系统地缘政治指标的等级结构[1]

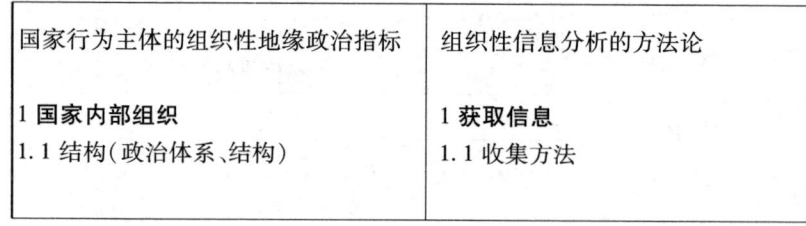

国家行为主体的组织性地缘政治指标	组织性信息分析的方法论
1 国家内部组织	**1 获取信息**
1.1 结构(政治体系、结构)	1.1 收集方法

---

[1] Mazis, I.,《国际关系学和地缘政治学的后理论批判》(Μεταθεωρητική Κριτική Διεθνών Σχέσεων και Γεωπολιτικής, Εκδ. Παπαζήσης, Αθήνα, 2012),页 404。这种结构主要是指示性的。为了分析的需要,每个分析者都可以构建一个特殊的指标组合和等级。

续 表

1.2 领导力(领导者个性) 1.3 教育 　1.3.1 语言研究 – 指标 　1.3.2 历史研究 – 指标 　1.3.3 地理学研究 – 指标 　1.3.4 科学研究 – 指标 　1.3.5 社会研究与人文学科 – 指标 1.4 传统 　1.4.1 社会实践 – 指标 　1.4.2 社会划分 – 指标 　1.4.3 社会群体的社会和文化特征：特殊性、民族性、种族 – 指标 1.5 等级 　1.5.1 权力等级(定义,描述 – 指标) 　1.5.2 机构等级(定义,描述 – 指标) 1.6 资源 　1.6.1 人力资源 　1.6.2 人力资源的人均技术 　1.6.3 物质基础设施 　1.6.4 自然资源和自然可用量 　1.6.5 研究与开发 1.7 合作水平 2 外部组织 2.1 防御事务 – 指标 2.2 财政事务 – 指标 2.3 政治事务 – 指标 2.4 文化事务 – 指标	1.1.1 可见的 1.1.2 不可见的 　1.1.2.1 信息的可靠性 　1.1.2.2 复制 　1.1.2.3 有效性 　1.1.2.4 历史延续性 　1.1.2.5 信息的单一源头 　1.1.2.6 信息的双重源头 　1.1.2.7 三角法(triangulation) 2 信息档案——地理信息系统 2.1 储存 2.2 访问 2.3 关联 2.4 恢复 3 分析方法论 3.1 进路 　3.1.1 直觉的 　3.1.2 结构的 　3.1.3 半结构的 3.2 信息的加工 　3.2.1 历史(分析,设置规格) 　3.2.2 当前信息 3.3 决策策略 　3.3.1 评估(定性) 　3.3.2 预测(计算数学模型) 3.4 报告 　3.4.1 书面的(保密等级) 　3.4.2 口头的

1.4 研究拉采尔著作的一种方法论进路

事实上,拉采尔有关政治地理学的主要理论进路集中于——尽管迄今未被学界发现——一本论美国政治和经济地理学的著作的导言中,①而当代研究者对这本书极为忽视。由于其主要理论进路未集中于其权威著作《政治地理学》,因此笔者需要概述一下本研究的方法论进路和本书的组织方式。

首先,概述和整合拉采尔的智识工作存在明显的实际困难。其中主要的限制因素是他的文本数量众多,而且他的作品跨越多个学科。拉采尔的20多部(有的是多卷本)著作和1200多篇文章,加上他的话题跨越多个学科(他本人多才多艺并受过良好教育,涉猎动物学、人种学、人文地理学、政治地理学、生物地理学等广泛领域),使全面审视他的作品特别困难,尽管并非不可能。②为此,很有必要运用诸如建立电子数据库之类的现代信息学技术。③

通过他的一些著作可以看出,他的世界观和科学理论在不断

---

① Ratzel, F.,《美利坚合众国》第二卷:《政治地理学和经济地理学》,前揭,页VI。

② Buttmann, G.,《拉采尔:一位德意志地理学家的生平和著作》(*Friedrich Ratzel. Leben und Werk eines deutschen Geographen*, Wissenschaftliche Verlagsgesellschaft, Stuttgart, 1977),页10。

③ Muscara, L.,《理解拉采尔与复杂性的挑战》("Understanding Ratzel and the challenge of complexity", *Europe between political geography and geopolitics. On the centenary of Ratzel's Politische Geographie*, Roma, Societa' Geografica Italiana, pp. 80 – 88, 2001),页80。

演化,①斯坦梅茨勒(Steinmetzler)②将拉采尔的思想分为三个时期:

1866—1876:地质学研究时期。充满达尔文(Darwin)的演化论和海克尔(Ernst Haeckel)的机械唯物主义思想。

1876—1900:地理学时期。他用地理学方法钻研生物学问题和演化问题。他一贯地奉行瓦格纳(Moritz Wagner)的迁移理论(Migrationstheorie),③运用他的批判精神反驳达尔文和海克尔,并全身心投入人种学和其他问题。

1900—1904:自然哲学时期,据他的批评者所说,他这段时期的思想带有神秘主义要素。这也是他的成熟时期——他试图深入事物的本质。

他的许多学生以及现代学者(他同时代的反对者除外)也都承认一个事实:他的论著在方法论进路上不明确。④此外,他论著中错综复杂的修辞往往掩盖了他话中的本质,⑤导致仅有极少的翻译尝

---

① Pagnini, P. ,《理论与实践:从人文地理学到政治地理学》("Theory and praxis: From Anthropogeographie to politische Geographie", *Europe between political geography and geopolitics. On the centenary of Ratzel's Politische Geographie*, Roma, Societa' Geografica Italiana, pp. 19 – 27, 2001),页 19。

② Steinmetzler, J. ,《拉采尔的人文地理学及其观念史根源》(*Die Anthropogeographie Friedrich Ratzels und ihre ideengeschichtlichen Wurzeln*, Bonner Geographische Abhandlungen, Bd. 19, 1956),页 69 – 74。

③ 迁移理论见第 3.5 节。

④ Schultz, H. - D. ,《"要是地球有更多空间!"拉采尔及其(政治)地理世界观》(" „Hätte doch die Erde mehr Raum! " Friedrich Ratzel und sein [politisch –] geographisches Weltbild", *Mitteilungen der Geographischen Gesellschaft München*. Bd. 89, München, 2007),页 7 – 9; Wardenga, U. ,《写在 2004 年 8 月 9 日拉采尔逝世 100 周年之际》(*Friedrich Ratzel. Zum 100. Todestag am 9. August 2004*, Jubiläen 2004 Personen – Ereignisse. Universität Leipzig. S. 47 – 51, 2004),页 49 – 50。

⑤ Overbeck, H. ,《从当代视野看拉采尔的政治地理学思想》("Das politischgeographische Lehrgebäude von Friedrich Ratzel in der Sicht unserer Zeit", *Die Erde*, S. 170 – 192, 1957),页 172。

试,其中不可避免地出现一些严重的翻译错误。①另一个问题是,学界对其较小文本的研究不够充分,使用这些资料有限。离开了这些文本,要正确判断他的整个人文地理学理论,注定会存在问题。②

最后(这可能是最重要的因素)需要指出的是有些人误解、篡改拉采尔的观念以支持纳粹意识形态,这同时妨碍了我们对他的思想和他所处的历史文化背景的理解。③由于显而易见的原因,后一因素尤其对德国科学家有决定性的影响(此影响至今仍在),这说明了他们为何试图与1945年前的事件保持距离。在此背景下,科斯特认为,实现一种新地缘政治学的先决条件是一种基于更多渴望的民主和自由的政治模式……摆脱生物学和有机理论……后者当然只允许非常有限地(批判且带有对传统的充分意识地)提到拉采尔。④相反,纽曼(David Newmann)从不同的起点去思考,并认为现在已有可能召开会议,实现对拉采尔和麦金德文本的展示和分析,同时不把他们自动地同豪斯霍弗的德国地缘政治学派的一切丑陋方面联系起来。⑤

由此可见,任何从整体上研究拉采尔作品的尝试都具有挑战性。为纪念这位德意志地理学家逝世一百周年,莱比锡曾举办了一次专场研讨会,吸引了地理学家、史学家、政治科学家和生物学家。这一事实说明,研究者的视角和兴趣不同,研究拉采尔作品的可能

---

① Pagnini, P.,《理论与实践:从人文地理学到政治地理学》,前揭,页20。
② Overbeck, H.,《从当代视野看拉采尔的政治地理学思想》,前揭,页171。
③ Muscara, L.,《理解拉采尔与复杂性的挑战》,前揭,页88。
④ Kost, K.,《拉采尔:地缘政治学之父? 辩与驳》,前揭。
⑤ Newmann, D.,《一种有见地和前瞻性的地缘政治学》("An informed and proactive geopolitics", *Forum – Is there a politics to geopolitics?* Organizing editor: Alexander Murphy. Progress in Human Geography, 28, 5, pp. 619–640, 2004),页626。

的进路也多种多样。拉采尔的名字甚至出现在社会学史概论中,①其中提到他的人文地理学和传播论。②

除此之外,拉采尔的研究工作的特征是典型的"大陆"(continental)和整体(holistic)进路,③这种进路表现为全球性的分析规模,以及渴望地理学统一的愿望;他将动植物地理学与人文地理学整合为"普遍生物地理学"(General Biogeography),即关于生命如何在地球上传播的理论。④

除了整合地理学外,拉采尔还关注诸科学的统一和系统化。事实上,在莱比锡的汉内斯咖啡馆(Hannes café),他与当时著名科学家(有时同参与的观众)定期讨论时主要争论的问题就是这个。这些科学家有:心理学家冯特(Wilhelm Wundt)、化学家奥斯特瓦尔德(Wilhelm Ostwald)、史学家兰普雷希特(Lamprecht)和经济学家兼新闻专家布希尔(Karl Bücher)等。⑤这些人组成所谓的莱比锡实证

---

① Timashef, N. & Theodorson A. George,《社会学理论史》(Ιστορία κοινωνιολογικών θεωριών [Sociological theory – Its nature and growth, 1976], Κοινωνιολογική βιβλιοθήκη – Εδκ. GUTENBERG,2005),页 223。根据季马舍夫的说法,拉采尔在 1892 年的《人文地理学》一书中记录过"背景非常不同的社会之间的文化相似性,这种相似性可以解释为接触的结果"。

② 拉采尔对传播论的贡献,见第 5.2 节。

③ Buttmann,G.,《拉采尔:一位德意志地理学家的生平和著作》,前揭,页 13。

④ Müller,G. H.,《拉采尔(1844—1904):自然科学家、地理学家、学者》(Fr. Ratzel ⟨1844 – 1904⟩: Naturwissenschaftler, Geograph, Gelehrter, Verlagfür Geschichte der Naturwissenschaften und der Technik. Stuttgart,1996),页 92。

⑤ Middell, M.,《拉采尔、莱比锡大学和诸史学家》(Friedrich Ratzel, die Universität Leipzig und die Historiker, Αδημοσίευτο χειρόγραφο από διάλεξη στο πλαίσιο του διεθνούς συνεδρίου για τα 100 χρόνια από το θάνατο του Ratzel, Λειψία,2004)。这是米德尔教授在拉采尔逝世 100 周年国际会议上的演讲,他欣然将文本交给笔者。

主义者圈子(Leipziger Positivistenkranzchen),①为一种具体的实证主义哲学学派奠定了基础。

　　这些参数的累积影响,可相当令人满意地解释学者们在诠释和评估拉采尔的论著时那种异乎寻常的多样化:形而上学、达尔文主义、种族主义、民族主义、纯粹的爱国主义、基督教热情和对人的爱等主张,组成一张由相异的、极为相互排斥的进路组成的网格。奥韦尔贝克(H. Overbeck)准确地指出这种无序的原因。②他谈及研究拉采尔的肤浅进路,以及有些人如何不加思考且支离破碎地引用和摘录他的不同著作。③因此,那些研究拉采尔的年轻人应该简单地遵循奥韦尔贝克的科学建议,即警惕、避免从孤立的句子中得出普遍的结论,而要从拉采尔的意图的整体特征来判断他。④

　　基于上述情况,似乎迫切需要一个结构化的方法论框架,通过考虑最近确定的所有参数,来促进对拉采尔著作的研究。从地缘政治学的角度看,我们首先要考虑的是考察拉采尔的人生中一段地缘政治学时期的存在,并尽可能准确地在时间上确定下来。而这正是下一节的目标。

1.5　确定拉采尔的"地缘政治学时期"

　　要从地缘政治学的视角研究拉采尔的著作,就必须从斯坦梅茨勒和斯特雷克的分期以及下述观点出发:拉采尔本人从未完全形成

---

①　莱比锡实证主义者圈子,见第5.4节。
②　Overbeck, H.,《从当代视野看拉采尔的政治地理学思想》,前揭,页172。
③　莱布尼茨区域地理研究所的图书馆馆长布罗吉亚托博士在与笔者讨论时表达过这一观点:"光引用拉采尔的文本,可能证实一种观点,也可能证实另一种观点。"
④　Overbeck, H.,《从当代视野看拉采尔的政治地理学思想》,前揭,页172。

整个政治地理学理论体系,我们只能借助他在一系列单篇政治地理学论文中提供的经过准确分析的成分将其重构出来(同上,页177)。

因此,对拉采尔的政治地理学研究作结构性的系统化就变得十分迫切。首先需要将他那些不太为人所知的论著——《政治地理学》除外——记录在册,因为他的科学政治地理学的主旨已在其中充分传达。

鉴于上述情况,斯坦梅茨勒和斯特雷克的分期导向如下工作框架:

斯坦梅茨勒　　　　　　　　斯特雷克

1866—1876:动物学研究时期
1876—1900:地理学时期
　　　　　　　　　　　　地缘政治学时期
1900—1904:自然哲学时期。

显然,斯坦梅茨勒认为拉采尔的地理学时期始于《美国的城市和文化形象》(*Cities and cultural images of America*,1876 年)和《中国移民:文化和经济地理学文稿》(*Chinese Immigration. Contribution to Cultural and Economic Geography*,1876 年)这两本著作。甚至从题目即可看出,这两者都是拉采尔早期在文化和经济领域的特殊兴趣的表征。在第一本书中,拉采尔本人坦承,由于篇幅所限,一些重要问题,诸如社会状况、城市管理、新闻界以及众多德国人生活在那里这一情况等,都只是肤浅地触及。①第二本书显然包含更宽泛的参

---

① Ratzel,F.,《美国的城市和文化形象》(*Städte – und Kulturbilder aus Nordamerika*. 2 Teile,F. A. Brockhaus,Leipzig,1876),页 VI。

数和参考因素(文化的、经济的、人种学的和政治地理学的)。拉采尔由此得出的结论是(在1876年!):中国的移民仅仅是一个经济学和人种学事实。再清楚不过的是,中国人当时并没有能力用军事手段征服和统治。他们在贸易和所有制造业领域的活动和成功,就像他们在政治问题上的软弱一样给人留下深刻印象。因此,我们认为,中国人广泛地向海外发展,①目标是积累财富和改变种族,而不是获得政治影响力和建立国家。②

最后一段尤其表明,政治地理学方面的考量和考虑从早期就影响着拉采尔的思想。③他的思想一开始缺乏理论背景,但逐渐发展并在1897年底达到巅峰,先后出版了《政治地理学》第一版及其他专著,如《海洋:国家的力量源泉》(*Sea, a power source for Nations*, 1900)和《论各民族领土扩张的法则》(*On the laws of territorial expansion of the peoples*, 1901)。他论美国的书也必须囊括在其政治地理学研究中,因为他在第二版即修订版的序言中表述了政治地理学的定义。

自19世纪80年代初以来,拉采尔加强了自己的政治学和地理学写作,分析他那个时代的地缘政治事件以及与殖民竞争有关的事情。

---

① [译者注]作者此处原文使用的是colonial expansion,直译则为"殖民扩张",但据上下文,这里译为"移民"应更加合理。

② Ratzel, F.,《中国移民:文化和经济地理学文稿》(*Die chinesische Auswanderung. Ein Beitrag zur Kultur – und Handelsgeographie*, J. LT. Kerns Verlag, Breslau, 1876),页252。

③ 1878年,拉采尔发表文章《对诸民族的评估》(*Die Beurteilung der Volker*,见第4章的详细介绍),在这篇文章中,他深入分析了促进一个民族强大的诸多社会因素。

杂志名称	年份	文章名称	卷	期	页
《外国》 Das Ausland	1882	《1881年的政治和经济地理评论》 ("Political and economic-geographical reviews of the year 1881")		第1期	8-11
《外国》	1882	《1881年的政治和经济地理评论》		第5期	81-84
《外国》	1882	《1881年的政治和经济地理评论》		第6期	109-112
《外国》	1883	《政治和经济地理评论》 ("Political and economic-geographical reviews")		第1期	8-11
《外国》	1883	《政治和经济地理评论》		第2期	27-31
《外国》	1883	《政治和经济地理评论》		第5期	81-84
《外国》	1883	《政治和经济地理评论》		第13期	247-254
《外国》	1883	《政治和经济地理评论》		第14期	266-271
《外国》	1883	《政治和经济地理评论》		第15期	286-292
《外国》	1883	《政治和经济地理评论》		第18期	341-347
1884年德国开始殖民活动					
《彼得曼通讯》 Petermanns Mitteilungen	1885	《建立非洲新政治地图》 ("Establishment of a new political map of Africa")		XXXI	245-250
《边境使者》 Die Grenzboten	1888	《历史的距离》("The distance in History")	第47卷	第37期	493-501

续　表

杂志名称	年份	文章名称	卷	期	页
1890年俾斯麦下台					
《边境使者》	1892	《论对黑人的评估》("On the evaluation of Negroes")	第51卷	第1期	20-24
《边境使者》	1892	《我国在西南非洲保护国的前景》("Prospects of our protectorate in SW Africa")	第51卷	第4期	171-175
《边境使者》	1892	《我们不要斜视!》("Let us not squint!")	第51卷	第8期	411-412
《边境使者》	1892	《非洲遭遇》("African encounters")	第51卷	第34期	373
《边境使者》	1893	《对俾斯麦的扭曲崇拜》("Distorted worship of Bismarck")	第52卷	第29期	141-142
《边境使者》	1893	《园林绿化公司》("The Landscaping Company")	第52卷	第38期	574-575
《边境使者》	1893	《德国和地中海》("Germany and the Mediterranean")	第52卷	第44期	196-206
《边境使者》	1893	《德国和法国》("Germany and France")	第52卷	第46期	289-294
《边境使者》	1894	《德国和法国》	第53卷	第2期	57-61
《边境使者》	1894	《人和地方》("People and places")	第53卷	第14期	1-10

续　表

杂志名称	年份	文章名称	卷	期	页
《边境使者》	1894	《揭开面具》("Down with the masks")	第53卷	第21期	337–340
《边境使者》	1894	《德国东非案例的启发》("Enlightening in the German East African case")	第53卷	第43期	167–177
《边境使者》	1894	《19世纪60年代的反犹太主义》("Anti‐Semitism of the 1860s")	第53卷	第45期	282–283
《边境使者》	1895	《英国国际政治概述》("Introduction to the international politics of England")	第54卷	第2期	49–59
《边境使者》	1895	《英国国际政治概述》	第54卷	第5期	199–204
《边境使者》	1895	《英国国际政治概述》	第54卷	第9期	393–400
《边境使者》	1895	《英国国际政治概述》	第54卷	第15期	62–71
《边境使者》	1895	《英国国际政治概述》	第54卷	第20期	302–313
《边境使者》	1895	《英国国际政治概述》	第54卷	第23期	449–457
《边境使者》	1895	《英国国际政治概述》	第54卷	第27期	7–21
《边境使者》	1895	《英国国际政治概述》	第54卷	第37期	489–505
《边境使者》	1895	《英国国际政治概述》	第54卷	第42期	105–111
《边境使者》	1895	《英国国际政治概述》	第54卷	第43期	153–160
《边境使者》	1895	《殖民地客栈谈话》("Colonial tavern talk")	第54卷	第44期	246–247

续　表

杂志名称	年份	文章名称	卷	期	页
《边境使者》	1895	《来自德属美洲》("From the German America")	第54卷	第47期	403－404
《边境使者》	1895	《达达尼尔海峡和尼罗河(1)》("The Dardanelles and the Nile")	第54卷	第50期	513－522
《边境使者》	1895	《达达尼尔海峡和尼罗河(2)》	第54卷	第51期	561－568
《地缘政治学月刊》 Geographische Zeitzschrift	1895	《政治空间研究》("Studies on political spaces")		I	163－182
《地缘政治学月刊》	1895	《政治空间研究》		第43期	286－302
《边境使者》	1896	《我们在德兰士瓦的义务》("Our obligation in Transvaal")①	第55卷	第2期	83－86
《边境使者》	1896	《殖民报纸上有关德国的谣言》("German scuttlebutt from the colonial newspapers")	第55卷	第24期	527
《边境使者》	1896	《德国人－中国人》("German－Chinese")	第55卷	第26期	622－623

---

① 德兰士瓦,南非东北部省份。

续表

杂志名称	年份	文章名称	卷	期	页
《边境使者》	1896	《德国的立场》（"Germany's position"）	第54卷	第42期	105–109
《边境使者》	1896	《作为有机体的国家》（"The state as an organism"）	第55卷	第52期	614–623
《彼得曼通讯》	1896	《国家空间扩大定律：科学政治地理学文稿》（"The laws of the states spatial growth. A contribution to the scientific Political Geography."）	第54卷	XL II	97–107
《边境使者》	1897	《彼得斯博士》（"Dr. Carl Peters"）	第56卷	第18期	252–256
《当代》 Die Gegenwart	1897	《希腊问题》（"The Greek issue"）	LII	第40期	112
《展望》 Die Umschau	1897	《论生存空间：一项生物地理学研究》（"On the living space. A biogeographical study"）	第54卷	XL II	363–367
《边境使者》	1897	《论德国领土与德国历史的关系》（"On the relationship between German territory and German history"）	第57卷	第39期	591–600

续表

杂志名称	年份	文章名称	卷	期	页
《地缘政治学月刊》	1898	《政治地理学述评：1. 概述，包含法国在内的中欧》（"Political-geographical reviews I. General. Middle Europe including France"）	IV		143-156
		《2. 大英世界帝国》（"II. The English world empire"）			211-224
		《3. 沙俄帝国》（"III. The Russian Empire"）			268-274
	1898	《德英关系》（"The German-English relations"）	LIV	第27期	1-2
《边境使者》	1904	《中欧经济协会》（"The Central-European Economic Association"）	第63卷	第5期	253-259

  从上述文献可看出，在19世纪最后20年，拉采尔致力于当时的德国政治问题研究，旨在突出和考察地缘政治影响的支柱，其中之一就是德国针对传统殖民列强和世界强国的殖民扩张。换言之，以上标题界定了他在研究当时超级大国之间的全球权力分配时的科学兴趣和政治兴趣。在那种语境中，英国成为一个关键的参照点，拉采尔在1898年便认为英国是一个全球帝国。

此外,拉采尔对经济生活的重视也变得明显。下文将表明,这一视野贯穿他的整个理论。在地理学方面,他集中于当时的热点国家和地区:非洲、巴尔干半岛、东地中海和中东,同时他对中国的研究兴趣也丝毫未减。

这里也反映出拉采尔的政治忠诚,尽管他是德国积极的殖民扩张的支持者,但在俾斯麦(Otto Eduard Leopold von Bismarck,1815—1898)于1884年羞怯地迈出第一步,把德国在非洲获得的第一块地置于德国保护下之前,①他力避就殖民扩张发表自己的观点。在俾斯麦解职之前,拉采尔的文章数量一直相当不起眼,直到1890年德国强行加入殖民地竞争,他的文章数量才激增。因此,拉采尔似乎与大多数德国民族主义者的立场一致,他们无法生出对俾斯麦的民族主义反对立场,因为俾斯麦既是德意志民族国家的创立者,也是德意志帝国的缔造者。②

在此背景下,斯特雷克认为拉采尔的作品中存在一段地缘政治学时期这一观点的准确性得到验证。在这一时期,拉采尔不仅在理论上,而且在适用的政策层面论述了国际上权力的分配问题,尤其是德国转变为一个大国的问题。就时间范围而言,必须指出,这段时期从19世纪70年代末、80年代初一直延续到他的晚年,并在1890年德国政治形势发生变化后达到顶峰。因此,拉采尔的地缘政治学时期在时间上不应置于斯坦梅茨勒(根据斯特雷克的建议)

---

① [译者注]早在1873年,时任德国宰相俾斯麦曾告诉德皇威廉,其对外政策是不在欧洲以外地区谋求领土的"欧洲政策"。后来俾斯麦调整了殖民政策,将殖民活动扩展到非洲、南太平洋地区。

② Walkenhorst, P.,《民族—人民—种族:1890年至1914年德意志帝国的激进民族主义》(*Nation – Volk – Rasse. Radikaler Nationalismus im Deutschen Kaiserreich* 1890-1914, Vandenhoeck & Ruprecht, 2007),页68。

界定的地理学时期与自然哲学时期之间,而应该确定为与后两个时期平行,如下所示:

	斯坦梅茨勒	斯特雷克	斯托扬诺斯的建议	
1866	动物学时期	动物学时期	动物学时期	
1876	地理学时期	地理学时期	地理学时期	地缘政治学时期
1880				地缘政治学时期
1900		地缘政治学时期		地缘政治学时期
1904	自然哲学时期	自然哲学时期	自然哲学时期	地缘政治学时期

1.6 本章小结

仅拉采尔对"政治地理学"一词的定义,就清楚地推翻了如下广为传播的观念:这位德意志地理学家相信"一个国家的权力只是其领土的直接结果"。相反,在他的分析进路中,他借助其最初的定义清楚地引入了更多地缘政治影响的支柱,如政治、经济和人种等现象。此认知构成了强有力的初步证据,至少可在理论层面上驳斥所谓的拉采尔用的是地理决定论分析法这一指责。

通过解决"地缘政治学"一词在使用上的相关误解,可表明(在理论层面上,因为深入的比较研究应该是下一步工作的主题)拉采尔、契伦、斯皮克曼和马齐斯的系统进路共同使用地理学工具来评估和分析相同的因素,即自然地理、经济、技术和精神文化、人口统计等。马齐斯教授领导的希腊地缘政治学派认同这些因素,并在地缘政治影响的支柱这一框架下加以细致分类。这种比较进路证明了拉采尔对后来的地缘政治学派的影响,尽管他的进路系统化程度极低,并因此极易受到误解和扭曲。

基于第一章的发现,笔者尝试了一种研究拉采尔的政治地理学/地缘政治学时期的新进路。这一时期自1876年以来逐步突显(当然不是以同样的速度,也不是以同样的理论依据),该时期比迄今为止学者们所认为的更长。

最终,本章以研究拉采尔论著的实用进路为中心,探讨的问题是产生曲解和误读的原因。导致这些曲解和误读的参数众多,其累积影响阻碍了对拉采尔的科学研究,因此不应视作无关紧要。

2 拉采尔提出的作为"社会有机体"的国家

我们在第一章中已大致确定地缘政治影响的支柱,这些支柱根据拉采尔的观点是国家权力的基础,第二章旨在解释拉采尔提出的国家(state)概念的含义。

大致勾勒拉采尔所处的时代即可表明,他是在欧洲动荡的时代成长起来的,其时代特征在于各重大变革同时发生:向工业经济的过渡和随之而来的社会变革;两个主要欧洲国家(德国和意大利)的民族融合(nationalintegration);强烈的民族对抗和殖民地冲突;20世纪初期从蒸汽经济向石油经济的过渡。

尤其在(1870年以来)统一的德国,伴随着第二次工业革命,19世纪初的爱国浪漫主义思潮的高涨有目共睹,它在[19]世纪末以民族主义的形式出现,随后于20世纪初和两次世界大战之间逐渐滑入生物学和种族主义理论。毫无疑问,德国作为例证令人尤为感兴趣的是此进程的经济方面,即民族主义和自由主义观点的独特会合。

在这种情况下,且鉴于国家是拉采尔政治地理学的基本分析单位,其国家概念可从两个层面探讨:

——在始终考虑德国特殊性的情况下,我们将在本章前三节(2.1、2.2和2.3)探讨他那个时代有关建立和维持一个国家的标准有哪些主要观点。

——第四节(2.4)将探讨他著名的有机体国家(organismic state)概念。

2.1 拉采尔时代(1789—1900)占主导地位的国家观

据"民族性原则"(principle of nationality)理论,国家与民族应当一致,此理论是19世纪欧洲盛行的民族融合论战的产物。①根据这一支持政治实体与民族实体间的和谐的理论(一种为民族主义奠基的原则),②民族运动在19世纪受到两个相互矛盾的概念的启发而发展起来:主要由法国和美国革命引起的对政治统一和独立的要求,以及共同的语言、宗教、历史等共同的过去要素的使用。③

对地理学视角而言重要的是国家(state) = 民族(nation) = 人民(people,尤其主权人民)这一将民族与土地联系起来的等式,因为国家的结构和定义本质上具有领土性,④并且同时符合如下两种认知(霍布斯鲍姆[Hobsbawm]分别称为革命的/民主的和民族主义的):对于民族主义者而言,政治实体的产生源于一个把自己与陌生人区分开来的共同体的存在;而在革命的/民主的进路中,占主导地位的概念是"占主导地位的公民/人民 = 国家"这一等式,这构成一个可与其余人类区别开来的"民族"(同上)。在革命的进路中,民族的首要角色是政治的,并且根据美国革命和法国革命的精神,人

---

① Bernstein, Serge - Milza Pierre,《欧洲史 2》(Ιστορία της Ευρώπης 2. Η Ευρωπαϊκή συμφωνία και η Ευρώπη των εθνών, Εκδόσεις Αλεξάνδρεια,1992),页31。

② Gellner, E.,《民族与民族主义》(Έθνη και εθνικισμός [Nations and nationalism,1983] Β' έκδοση, Εκδ. ΑΛΑΞΑΝΔΡΕΙΑ,1992),页13。

③ Bernstein, Serge - Milza Pierre,《欧洲史 2》,前揭,页30 - 31;Hobsbawm, E. J.,《民族与民族主义》(Έθνη και εθνικισμός από το 1780 μέχρο σήμερα. Πρόγραμμα, μύθος, πραγματικότητα [Nations and Nationalism since 1780:Programme, Myth, Reality,1990], Εκδ. Καρδαμίτσα, Αθήνα,1994),页33。

④ Hobsbawm, E. J.,《民族与民族主义》,前揭,页34。

民等同于国家(同上,页33)。根据这一认知,民族是由公民组成的主体,公民的集体主权使公民成为一个国家,国家则是他们的政治表达。最典型的是,法国1795年颁布的《人权和公民权宣言》(Declaration of Rights and Duties of Man and Citizen)在定义人民这件事上几乎没有任何进步,因为在由领土决定的国家的公民主体与民族在民族、语言或其他方面的认同之间,没有逻辑联系。因此,人种或语言之类的基本概念不能成为"民族"概念的共同属性,尽管这些标准表示某个群体承认属于其中。在这一语境中,语言在原则上与成为英国人或法国人无关,法国人顽固地反对任何会使口语成为民族性的一个标准的努力,如他们声称的那样,民族性由法国公民身份决定。①根据这一观念,国民(national people)的属性在某种意义上在于代表超出个人利益和特权的共同利益。②

与革命的进路不同,对民族存在的民族主义理解的出发点基于以下三个要素:

- 历史:体验为建立在民族共同体非常遥远的过去之上的神秘现实。
- 语言:语文学家和语言学家努力寻找语言的原始形式,而语言的传播则是作家们的责任。
- 宗教:当统治权力信奉不同于被征服民族的宗教时(例如生活在穆斯林土耳其人枷锁下的巴尔干半岛人民)。

---

① 霍布斯鲍姆认为,无论理论上如何,在法国,民族性的人种 – 语言这一标准随着时间的推移常常在实际上得到接受。见 Hobsbawm, E. J.,《民族与民族主义》,前揭,页37。

② Hobsbawm, E. J.,《民族与民族主义》,前揭,页34–36。

这个观念主要存在于中欧、东欧和地中海地区,那里仍然遵循古老的封建欧洲的标准,资产阶级的实力还不足以领导民族运动,不足以推翻旧制度的社会经济权力。①

在上述(普遍占主导地位的、两极分布的)画布上,德意志民族融合的某些特点将迅速、简要地得到展现,因为这些特点成了民族主义运动兴起的沃土。与其他欧洲民族主义相比,德意志民族主义运动发展得格外强大且始终更加激进。

2.2 德意志民族大厦:特性和争议

除了在19世纪后半叶多少改变了所有中欧和东欧国家的普遍的社会、经济、技术和政治剧变,以及德国社会从封建到工业化的转变,德意志民族统一这件事还受到独特的内部条件的影响:旧德意志帝国在政治上碎裂、在文化上异质、在经济上去中心化。②因此,各种发展受到激烈的内部分歧和冲突的影响,例如:

- 自由派和贵族派之间的内部冲突。后者阻止资产阶级(通过1848—1849年的革命)领导的民族融合。然而,俾斯麦在自上而下实施一项民族方案时,利用他众所周知的灵活手段,采取了使自由派、资产阶级、工人和贵族同等满意的措施,最终实现了民族融合。
- 普鲁士和奥地利之间的冲突。两个政权在各自领导下为各

---

① Bernstein,Serge – Milza Pierre,《欧洲史2》,前揭,页31 – 32。
② Hardach,G.,《德国的民族建设:经济维度》("Nation building in Germany:the economic dimension",*Nation,state and the economy in history*. Cambridge University Press,pp. 56 – 79,2003),页61 – 63。

自主张的那种民族统一而战。1849—1871年间,两种不同的民族观之间发生激烈的冲突:一方面,统一主义者意欲抛弃奥地利,建立一个小德意志(Little Germany);另一方面,部分人意欲通过联邦方案建立一个大德意志(Greater Germany)。①

● 信奉新教的北方和信奉天主教的南方之间严重的宗教和社会分歧。这实际上非但妨碍以宗教理由作为民族统一的借口,还使宗教成为矛盾和冲突的根源。由于俾斯麦与天主教的矛盾,这种矛盾和冲突在1872年至1880年间达到高潮。

● 普鲁士—奥地利的人口构成对大德意志计划不利。这是由于奥匈帝国的15个民族形同一盘散沙,他们唯一的共同参照只有哈布斯堡王朝。② 相反,普鲁士与西欧国家有更大的相似之处,尽管普鲁士有10%的人口属于波兰少数民族。③

● 经济和财政失衡。尽管奥地利的人口是普鲁士的两倍,但其工业增长率不到普鲁士的一半,债务倒是普鲁士的六倍。④

在这种内部特殊性——在此仅初步讨论,未曾穷尽——的影响下,德意志民族融合在政治和经济上都极其缓慢和复杂,但随着政策、习俗和货币的相继统一还是取得了进展。⑤这一进程的结果是

---

① Walkenhorst,P.,《民族—人民—种族》(*Nation – Volk – Rasse. Radikaler Nationalismus im Deutschen Kaiserreich 1890 – 1914*). Vandenhoeck & Ruprecht, 2007),页40 – 41。

② Schmidt,R.,《俾斯麦:现实政治与革命》(*Bismarck. Realpolitik und Revolution*,2006),页58。

③ Hardach,G.,《德国的民族建设:经济维度》,前揭,页60。

④ Schmidt,R.,《俾斯麦:现实政治与革命》,前揭,页58。

⑤ Hardach,G.,《德国的民族建设:经济维度》,前揭,页61 – 63。

一种反常民族主义的平行发展,它经历了类似于政治－经济进程的转变,但总是变得更加激进。德意志民族主义运动的产生、发展和激进化,除了一般的欧洲条件,还受到一些特殊因素的影响,例如:

● 德意志浪漫主义及与之相关的智识运动,作为对启蒙运动的一种反应出现,逐渐呈现出政治色彩。这些运动与反对拿破仑的斗争相结合,大有助于形成论证来支持全体德意志人的统一、回归自己的本根并最终发展德意志民族主义运动。

自18世纪末起,有关德意志民族文学、德意志民族戏剧和德意志民族语言发展的争论①拉开序幕,德意志的民族认同逐渐形成,它似乎源自:(a)共同的历史和语言;(b)拒绝法国的主权(1806年拿破仑获胜后)。②德国浪漫主义试图反对雅各宾主义观念,并在回归传统中寻找灵感。因此,在德国浪漫派看来,民族构成一个活生生的现实,其根在于德意志共同体的过去。民俗、神话、传说以及神圣化和理想化的民族过去(从哥特人到条顿骑士)成为民族精神(Volksgeist, people's spirit)的固有部分,德意志民族主义的基础;法学家和哲学家——比如黑格尔——则认为国家的责任是统一整个民族而非人民的各个团体(the communities of people),③并认为民

---

① Wehler, H. - U.,《民族主义:历史—形式—后果》(*Nationalismus: Geschichte - Formen - Folgen*, Beck, München, 2001),页63。

② [译者注]1806年,法国皇帝拿破仑率领强大的法国军队重创第四反法联盟,飓风般地席卷欧洲,轻而易举地征服位于欧洲中部的土地。德意志神圣罗马帝国中两个最大的邦国——普鲁士和奥地利——遭遇惨败。同年10月27日,拿破仑以征服者的身份进入勃兰登堡门,迫使普鲁士割让一半的国土。

③ Bernstein, Serge - Milza Pierre,《欧洲史2》,前揭,页32。

族在获得自己的国家之前不能进入历史。①

［德国哲学家］费希特（Johann Gottlieb Fichte）在《对德意志民族的演讲》（Addresses to the German Nation, 1807—1808）中已经揭示了使民族与语言产生联系的主要论点的哲学母体。在他的第13篇演讲中，他认为语言是界定民族精神意义的内在边界（inner boundary）。②此外，费希特（他出身卑微）也可以体现法国主权对德意志社会的影响。法国在1806年的胜利，加上费希特被任命为柏林大学的首任校长并在那里受到浪漫派圈子的欢迎，这一切戏剧性地改变了他的政治—意识形态背景：他从法国大革命理想的支持者变成了民族思想和民族复兴的热情仆人。③此外，费希特晚期的哲学观为一种早期的民族主义奠定了基础，④而他的"道德准则"（Law on Morality, Sittengesetz）绕开了康德有关适度尊重他人权利的观念，要求积极地奉献爱与支持。这种爱同时创造出特定的集体（collectives）：家庭、民族（Nation）、作为民族国家（Nationalstaat）的国家。⑤同样具有指示意义的是德国观念论的共同创始人赫尔德（Johann Gottfried Herder）的例子，他以几乎同义的方式使用人民（Volk）、国家（Staat）和民族（Nation）这几个词，从而描述了一个以地理区域为特征的人民组织，人民在此区域内活

---

① Gellner, E.,《民族与民族主义》，前揭，页259。

② Λάζος, X.,《语言与民族》("Γλώσσα και Έθνος", Ισχυρές και ασθενείς γλώσσες στην Ευρωπαϊκή Ένωση: Όψεις του γλωσσικού ηγεμονισμού (Πρακτικά Διεθνούς Συνεδρίου, Θεσσαλονίκη 26 - 28 Μαρτίου 1997), επιμ. Α.-Φ. Χριστίδης. Θεσσαλονίκη: Κέντρο Ελληνικής Γλώσσας, pp. 914-918, 1997)，页915。

③ Aster, Ernst von,《哲学史》（Geschichte der Philosophie, 17. erg. Auflage, Stuttgart, 1980），页306。

④ ［作者注］在将国家视为民族的意义上。

⑤ Aster, Ernst von,《哲学史》，前揭，页307。

动,仅仅通过使用一种共同的语言来和其他民族区分。①对赫尔德和费希特来说,建立公民社会并非一个棘手的哲学问题。人民把自己作为一个民族区分出来的自然统一,既不是领土上的,也不是政治上的,而首先是语言上的。因此,以稳定和持久为特征的公民社会的大厦,就可以建立在语言能够确保的理解和团结的基础之上。②

除了赫尔德和费希特,第一次世界大战前夕德意志民族主义者还经常诉诸其他浪漫派作家,比如阿恩特(Ernst Moritz Arndt, 1769—1860),他在达尔文主义达到极盛的前几年就主张大国征服小国的自然社会法则;史学家格瑞斯(Joseph von Görres),他呼吁依靠德意志种族的优越性,将德意志边界一路向东推移到亚洲;施莱格尔(August Wilhelm Schlegel),他支持德意志世界与斯拉夫世界之间的历史竞争这一观念。③

- 自由主义与民族主义的并存,出现于19世纪40年代初,一直持续到1878年,④设想建立一个自由的民族国家,摒弃把公民视为臣民的过时[社会]结构(同上,页76)。自由主义者于是常常不得不将俾斯麦视为一个宪法上和政治上的中间派政治家。⑤俾斯麦

---

① http://www.edu.uni-klu.ac.at/~jpichler/herder.html.
② Λάζος, X.,《语言与民族》,前揭,页917。
③ Wolff-Poweska, A.,《帝国主义时代》("Das Zeitalter des Imperialismus: Die Rolle geistiger Strömungen und Ideologien bei der Herausbildung einer imperialistischen Politik". Geopolitik. Grenzgänge im Zeitgeist, S. 85-102. Verlag für Berlin, Brandenburg-Potsdam, 2000),页91-92。
④ Wehler, H.-U.,《民族主义:历史—形式—后果》,前揭,页78。
⑤ Buch, F.,《新帝国的大政治》(Große Politik im neuen Reich. Gesellschaft und Außenpolitik in Deutschland 1867-1882. Kassel University Press GmbH, Kassel, 2004),页105。

推行一种受自由主义影响的经济体系,该体系预期建立现代制度、可能的自由贸易、国家的低度干预和公共支出。①民族主义-自由主义观凭借民族党(National Party,1866—1918)的成立在社会和政治上得到表达,该党在 1870 年至 1879 年的十年中发挥着重要作用,②以一种自由主义的视角支持帝国的建立,但也支持俾斯麦的政治。

德意志方面对亚当·斯密(Adam Smith)的古典经济自由主义的反驳,大大有助于自由主义观与民族主义观的会合。亚当·斯密提出的理论并未预测民族或任何其他比公司更大的集体的任何作用,只考虑在全球市场上追求盈利的单个业务部门、人员或公司。③

尽管美国人首先提出将国民经济(national economic)增长作为同强大的英国经济竞争的一个要素这一观念,④但[最终]还是由李斯特(Friedrich List)带领德意志经济学家将这一观念敲定并系统化。⑤

---

① Hardach,G.,《德国的民族建设:经济维度》,前揭,页 64。
② 1879 年,作为对俾斯麦的保护主义政策的回应,到那时为止帝国议会(Reichstag)最大的议会团体分裂了。在与天主教和梵蒂冈的冲突中,民族自由党(National - Liberal party)是俾斯麦在议会中的最大支持者(文化斗争,1872—1880)。
③ Hobsbawm,E. J.,《民族与民族主义》,前揭,页 44。
④ 霍布斯鲍姆认为,这个观念的先驱是苏格兰裔加拿大人雷(John Rae)和伟大的联邦主义者汉密尔顿(Alexander Hamilton)。后者将民族、国家和经济视为统一体,通过这种关系来证明他认为的需要建立一个强大的国民政府的观点,而政治家们则提出一些不那么中央集权的方案。见 Hobsbawm,E. J.,《民族与民族主义》,前揭,页 48。
⑤ 本书在某种程度上更密集地提到李斯特的著作,主要是基于如下事实:拉采尔在《政治地理学》第三节中已经提到这位德国经济学家,强调他对亚当·斯密理论的主要反对意见。李斯特对拉采尔的影响,见第 2.3 节。

19世纪20年代,李斯特在美国停留期间曾参加关于国民经济的辩论,并将"国民经济学"(Nationalökonomie)定义为这样一门科学:这门科学参考各国的(Nationen)实际利益和特殊条件,教导每个国家如何单独达到这一经济发展的水平,在此发展水平上,统一,以及作为结果的与其他同等发达的国家的贸易自由,是可能且有用的。①

面对一种全球经济,李斯特把国家(Nation)置于个体与人类之间,国民经济学需要把国家的意义和本质考虑在内,并教导一个国家在特定条件和特殊情况下可如何征税(impose)并改善其财政状况。这一参数将国民经济理论与世界或全球经济理论区分开来,后者要求所有国家建立和平共处的单一共同体(同上,页132)。

鉴于此,李斯特主要从以下三个方面批评亚当·斯密:

- 极端的世界主义:既不评估民族性的本质,也不评估满足其利益的需要。
- 刻板的唯物主义:只研究物质的交换价值,而不考虑智识和政治、当前和未来的利益,也不考虑国家的生产力。
- 破坏性的功利主义和个人主义:无视集体劳动的性质和联合力量的影响,且只解释私营经济的可能发展,而忽略经济在不同民族共同体内的划分(同上,页181)。

由于上述原因,除经济因素外,李斯特在构成国家(Nation)的

---

① List, F. ,《政治经济学的国民体系》(*Das nationale System der politischen Oekonomie*, Friedrich List's gesammelte Schriften. Dritter Teil. J. F. Gotta'scher Verlag, Stuttgart und Tübingen, 1841),页137。

因素清单上又加上如下因素：特定的语言和文学，特定的起源和历史，特定的风俗习惯，法律制度，生存的需要，独立、完善、永恒的连续且独特的疆域。他相信，这一共同体是通过成千上万共同的精神利益和经济利益统一起来的；这一共同体承认共同的法律，并在世界范围内利用自己的力量和手段，向其他类似的共同体主张自己的自由（同上）。

显然，李斯特不排斥浪漫派的国家观，并通过坚持使用"国民经济"一词①来讨好大德意志方案。他实际上为浪漫派的理论基础加上了经济参数，但将其置于主导地位，②因为文化（Zivilisation）、政治教育和国家权力（Macht）主要由其经济状况决定，反之亦然。一个国家经济越发达和成熟，就越强大和文明（zivilisierter）；其文化和权力指标增长越多，其经济学教育就越发达。③

从经济视角界定国家，并创立各国（而非个人）在建立全球金融联盟的道路上平等发展的理论之后，李斯特得出结论：国家实体的生存主要取决于金融因素，例如充足的人口、领土和自然资源多样化、工业（制造业、农业和商业）充分发展以及殖民地等（同上，页182－183）。从本质上说，他指的是需要最大可能地自给自足，因为他相信最富有的国家将是在自己的领土上充分发展自己的工业，且其领土和农业生产规模足以向工业人口提供大多数必需的食物和原料的国家（同上，页161－162）。

---

① 当国家或联邦政府将人口、领土、政治制度、财富等纳入整个国家时，"人民经济"（Volkswirtschaft）就升级为"国民经济"。在这种情况下，"人民经济"和"国民经济"是相同的，与"政府财政经济"（Staatsfinanzökonomie）一起构成国家的政治经济学。见 List, F.,《政治经济学的国民体系》，前揭，页 200。

② 拉采尔的国家定义中经济所处的首要地位，见第 2.3 节。

③ List, F.,《政治经济学的国民体系》，前揭，页 181。

由此可见,德意志的统一是德意志民族主义演化的一个里程碑,因为德意志帝国的建立并不意味着完成民族的铸造,而毋宁说标志着民族铸造的新进程的开始。①在此语境中,民族概念发展出三种基本观念:(a)帝国民族或国家民族(imperial or state nation, Reich‑or Staatsnation)的观念,即将德意志民族同德意志帝国等同起来;(b)人民的民族(people's nation, Volksnation),即根据想象的人种起源来定义民族;(c)文化民族(cultural nation, Kulturnation)的观念,指把共同的语言、历史和文化传统作为民族统一的基础(同上,页29)。

当然,在实践中,这些观念经常以不同的方式结合在一起,因为每次都强调不同的标准来定义民族(同上),引起了各种各样的反应(reactions)——下文将简要介绍。

2.2.1 德意志民族统一作为意识形态向社会达尔文主义和种族主义理论倾斜的起点

1871年德意志帝国建立后,许多政治和意识形态团体,如自由主义者②和激进的民族主义者,争先恐后地将帝国的建立界定为民族发展和履行更大职责的起点,而非德意志历史的顶点和整合。③这一起点,连同俾斯麦倾向于利用外交事务来解决国内争端的做法,④导致民族主义高涨,最终在1871年至1894年之间形成激进民

---

① Walkenhorst, P.,《民族—人民—种族》,前揭,页47。
② Fenske, H.,《俾斯麦帝国:1871—1890》(*Im Bismarrckschen Reich*: 1871 - 1890. Quellen zum politischen Denken der Deutschen im 19. und 20. Jahrhundert. Band 6. Wissenschagtliche Buchgesellschaft, Darmstadt, 1978),页3。
③ Walkenhorst, P.,《民族—人民—种族》,前揭,页12。
④ Schmidt, R.,《俾斯麦:现实政治与革命》,前揭,页120 - 122。

族主义运动。①

几个关键因素导致德意志民族主义运动在新建立的帝国内激进化,可以简述如下:

• 对建立小德意志(Lesser Germany)的反应,落后民族上升的情绪以及帝国内部出现的历史压力,而帝国试图在这个民族对抗激烈的时代在全球事务中发挥作用。

德意志民族借以达到统一的手段,以及帝国的最终形式,引起政治光谱上不同派别间相当大的争议。许多北方保守派和相当大比例的天主教徒认为新帝国过于中央集权化。相比之下,自由主义者似乎对某些联邦制要素感到不满,这些要素通过承认优先权为南方各州纳入"加入条约"(Accession Treaty)。②甚至作为贵族阶层极端保守派的史学家兰克(Leopold von Ranke),最初也表达过对新帝国的不满,认为新帝国的宪法将投票权扩大到所有人以及其他民主要素都过度迎合了自由主义的时代精神。③

最后,在政治上现实的小德意志选择也让设想以文化为基础统一德意志的人的想法落了空,那些人强调那些可以统辖生活在帝国边界之外的所有德意志人的要素。因此,除了赞扬俾斯麦政策的文学作品,一场反对小德意志观念的政治运动也发展起来,强调有助于所有德意志人统一的要素,不管他们在哪。1871年后,对大德意

---

① Walkenhorst,P.,《民族—人民—种族》,前揭,页38 – 79。
② Fenske,H.,《俾斯麦帝国:1871—1890》,前揭,页2。
③ Hardach,G.,《德国的民族建设:经济维度》,前揭,页60。当然,由于俾斯麦的铁腕命令,兰克把他的反对意见束之高阁了。

志的这些认知为民族主义意识形态(vöklische Ideologie)所利用,这种意识形态的追随者正在为"德意志"一词寻找新的内容,并迫切要求复兴那些据说因俾斯麦的现实政治(Realpolitik)而丧失的价值观。这些价值观把人民(Volk)描述成不仅是一个政治共同体,还是一个道德共同体、一种勇敢的力量,甚至是生命的祖传力量。①

• 对痛苦的现代化进程和对时代挑战的反应,起因于经济波动、残酷的阶级冲突和熟悉的世界理论衰落而新的意识形态尚模糊不清,如马克思主义和绝对权力主义(Ultramontanism)的意识形态。针对所有这些,德意志民族主义者应之以通过排除德意志帝国的所有敌人来获得内部巩固的理论,从而最纯粹的民族可以满足时代的要求。这一进程中的关键概念是德意志的文化(Kurtur)和教育(Bildung),两者受到一个注定要成为世界强国(Weltmacht)②的军事国家的强大力量的保护。③

神学家和东方主义者德拉加德(Paul de Lagarde)追求一种民族宗教(national religion)的例子就表明了这种特殊心态。他由于受到虔诚主义、浪漫主义、神学理性主义和文学批评的影响,同时批判天

---

① Wolff – Poweska, A.,《帝国主义时代》,前揭,页 88 – 89。

② 一个典型的例子是韦伯(Max Weber),他将帝国的建立与其代表并执行民族利益的能力联系在一起,认为 1870 年的统一只不过是一个年轻人的恶作剧,如果德意志不试图成为一个世界强国,那么这个恶作剧的代价是不值得的。

Hardach, G.,《德国的民族建设:经济维度》,前揭,页 65;Walkenhorst, P.,《民族—人民—种族》,前揭,页 47。

③ Wehler, H. – U.,《民族主义:历史—形式—后果》,前揭,页 79;见 Hobsbawm, E. J.,《民族与民族主义》,前揭,页 155。

主教信仰和新教信仰,相信两者已丧失宗教生活的能力。因此,他建议创建一种反映"上帝对德意志人本性的旨意"(God's will for the nature of the German people)的"民族－德意志宗教"(national-German religion),以免成为天主教徒和新教徒。①

- 社会达尔文主义者传播的国家概念的自然主义观念。他们推广达尔文的理论,并主张国家、民族和种族(Rassen)也是——就像在自然界中一样——生物,不断地在为生存而斗争。因此,德意志民族因其人民的高品质和(不断提升的)优越的生物学地位而被肆意地赋予特殊的意义,这种优越的生物学地位反过来又证明了德意志净化人民主体(body of people)的权利以及为其海外利益不懈斗争的权利。②这些错误概念和形而上学进路,包括优等民族(higher people)的观念,当然不该怪达尔文主义。

- 整个国际事务状态,即处于战争中的民族国家体系——新成立的德意志国家也在其中活动。在此语境中,经济和更广泛的战略利益被神圣化为不可妥协的民族利益(national interests),其损失将威胁人民的荣誉、威望和命运。③

以上内容旨在概述决定德意志民族主义演化的社会、经济和意识形态参数。德意志民族主义始于 18 世纪末、19 世纪初的爱国浪漫主义,并演化成对纳粹种族主义的痴迷。以上参数的范围及复杂性导致不可能完整描述德意志民族主义,何况在一项不以这一方向为目标的研究中。尽管如此,对于所谓的威廉时代的激进民族主义

---

① Walkenhorst, P.,《民族—人民—种族》,前揭,页 55-56。
② Wehler, H. -U.,《民族主义:历史—形式—后果》,前揭,页 80。
③ 同上,页 80-81;Hobsbawm, E. J.,《民族与民族主义》,前揭,页 155。

的一般特征,有两点需要特别注意:

- 激进的民族主义者并不渴望倒退至过去传统的政治、经济和社会结构,而是试图变革当下并改变事态的发展方向。①因此,不应该混淆民族主义者与传统的德意志保守主义者,因为那些政治上有组织的、社会上保守的社会群体对民族主义敬而远之,甚至在帝国建立之后也是如此,尽管他们在战术上用民族主义反对反民族阵营(anti-national camp)。从维护1871年的现状看,保守主义者的特征亦可归给民族主义者,但自认民族主义的那些社会群体并不是传统的倒退、保守的群体,而是主张一个由科学和工业资本主义发展来决定的新世界的社会群体。②

- 不过,将社会达尔文主义和种族主义描述为导致德意志民族主义质变的意识形态要素是正确的。③在这一变革时期的界定上,应该强调,反犹太主义变得"激进"④(相对于宗教-文化种族主义)是在1880年左右。⑤戈比诺(Arthur de Gobineau,1816—1882)⑥和张伯伦(Hauston Stewart Chamberlain,1855—1927)作品的德文版

---

① Walkenhorst,P.,《民族—人民—种族》,前揭,页308。
② Wehler,H. - U.,《民族主义:历史—形式—后果》,前揭,页81。
③ Krejčí,O.,《欧洲中部的地缘政治》(Geopolitics of the central european region,V E DA,Publishing House of the Slovak Academy of Sciences,Bratislava,2005),页124 - 125。
④ [校按]原文作 racial,疑当作 radical。下一句的"激进种族主义"原文作 racial racism,疑为同样的错误。
⑤ Hobsbawm,E. J.,《民族与民族主义》,前揭,页153。
⑥ [译者注]法国外交官、作家、人种学者和社会思想家,其著作《人种不平等论》(Essai sur l'inegalite des races humaines)所倡导的种族决定论,对后来在西欧发展起来的种族主义理论及其实践活动曾产生巨大影响。

分别出版于 1897 年和 1898 年,可见激进种族主义的观念占主导地位是在两个世纪之交,这给驱逐居住在德国的所有少数民族的过程带来了新的性质和动力。①

2.3 在两个时代之间:拉采尔的国家观

拉采尔详细论述这一问题是在其《政治地理学》的最初几章,其中以下观念首先在涉及国家的性质和职能时得到记录:

- 民族—国家之等同:拉采尔相信,民族扩张的具体规律也决定其国家的扩张;②因此,国家已随着人口的增加逐步扩展到地球上的所有地区,并已在数量和规模上得到扩大(同上)。
- 国家不可避免的领土表达:又一个通过人类活动和人与土地的联系来实现的条件,因为每个国家都由人和土地两部分组成,抛开土地就无从理解人,从而也就无法理解人在地球上最伟大的成就——国家(同上,页 2)。因此,每当我们谈论国家时,我们总会同时提到人的部分(或人的劳动的一个例子)和土地的部分,论及城市或街道时也一样(同上,页 3)。
- 需要对土地的主权:这种需要产生自一个事实,即国家必须生长自土地,且只能依靠国家对之拥有主权的土地的诸优势(同上)。

在此基础上,拉采尔将人和土地称为国家的成分,并在《政治地

---

① Walkenhorst,P.,《民族—人民—种族》,前揭,页 304。
② Ratzel,F.,《政治地理学》,前揭,页 1。

理学》中①将民族（Volk）定义为政治上有联系的群体和个人的集合，这些群体和个人不一定具有血统或语言上的亲缘关系，但通过共同居住的土地在空间上联系在一起。②鉴于(a)当时"国家"（Nation）和"民族"（Volk）的使用往往可互换，③(b)拉采尔将民族与国家等同，(c)上述定义见于《政治地理学》全面分析国家与土地关系的地方，我们可以可靠地得出结论：从本质上讲，拉采尔用"民族"一词来指国家，他认为国家是一个民族群体的共同利益在政治和经济方面的集中表达，他们决定在一个确定的地理区域内共同生活并不可分割地受到统治。

至于在19世纪理论家的讨论中出现的建立国家的标准（人种、共同的语言、宗教、历史和土地）（同上，页36），拉采尔把优先权给予经济维度中的土地这一标准，认为土地是社会群体和社会、贸易和宗教获得……政治权力和延续性的源泉，国家由此才得以建

---

① 舒尔茨记有更多拉采尔对民族的定义，其中包括对国家的经济和民族认知。在《赫尔莫特的世界历史》（*Helmodt's Weltgeschichte*）中，拉采尔认为民族是……移动的身体，因共同的起源、语言、道德而结合在一起，尤其还因为对保护的共同需求（1899, 69）；他在《地球与生命》（*Earth and Life*）中指出，一个民族是一个人类群体，其成员最初可能非常不同，但由于他们共同居住在同一区域并拥有高度相似的共同历史，因此该群体中的一群与另一群已无法清楚地区分开（1902, 607）。一个历史上的民族若无法在政治上开拓自己的存在，则永远只会是一个"民族"；若成功将自己转变为一个"国家"（1902, 667），"则这个国家是已经或能够获得政治自治的民族。国籍是一个民族在政治上不可自我维持的一部分"（1902, 674）。
参见：Schultz, H. - D.,《拉采尔是种族主义者吗？》(*Friedrich Ratzel*: (*k*) *ein Rassist*? Geographische Hochschulmanuskripte, N. F. 2, Geographische Revue e. V., Flensburg, 2006)，页7。
② Ratzel, F.,《政治地理学》，前揭，页3。
③ Hobsbawm, E. J.,《民族与民族主义》，前揭，页32。

立。①人(包括国家)受限于土地[抛开土地就无法理解人的概念,因此也无法理解人的最伟大创造——国家(同上,页2-3)],意味着国家与土地之间至关重要的生产/经济关系,因为国家必须生长于土地。这种关系对于建立新的国家至关重要,因为所有社会力量[社会团体和社会、贸易和宗教]都从土地获得地上的政治权力和延续性,由此建立国家(同上,页3)。

在同一段落中,他甚至试图在民族主义的理论基础内部辨认出空间/领土分析的要素,想找到一个真正独创的术语解释:在我们的世纪,民族观念也加入上述[关系]。每当谈及民族政策,许多人指的是与对土地价值的理解有关的政策,从而使用"民族的"而非"领土的"一词。"德意志人感觉需要建立一个单一的政治架构"这一表述暗含着政治-地理学的概念,即他们坚持不懈地寻求领土统一和划界,以确保他们在安全的、尽可能大的自己的领土上生存(同上)。

然而,拉采尔对国家的地理/领土维度的坚持,不应导致我们得出他持有地理决定论的国家观这一不成熟的错误结论,这一方面是因为国家的地理维度并未被他视为国家存在的唯一先决条件(见上面引用的定义……但也在空间上联系在一起……),另一方面是因为他看到土地(国家由此演化成涉及地球表面某个特定部分的一个有机体)②上的政治组织的干涉使土地的特性与民族的特性相结合。③在这些特性之上,拉采尔还加上土地的类型和形状,包括植被和水资源、与地球表面其他部分的关系、任何邻近的海洋和无人居住的(uninhabited, non-ecumanical)区域等。根据拉采尔的说法,这些

---

① Ratzel, F.,《政治地理学》,前揭,页3。
② 与在上一节中一样,拉采尔经常提到经济有机体的概念,下一节将讨论这个概念。
③ Ratzel, F.,《政治地理学》,前揭,页4。

特性构成"土地"(同上),但他并没有将其视为纯粹的地理空间数据,而看作人类活动的舞台。他解释道:谈到我们的"土地",我们脑海中会联想到人在这一自然背景上创造的一切或埋葬于其中的一切。由此可见,这个一开始纯粹的地理概念①充满政治内容,它创造出一种心灵和精神上的纽带,②与我们——其居民——以及我们的整个历史相连。③

随着将政治和文化方面纳入政治-地理学的土地观,拉采尔在其《政治地理学》中改变了古典地理学的土地观(视土地为一个中立地区),而认为土地与其居民密切地相互依存,土地赋予其居民特征(例如古希腊人和现代希腊人都是海员和商人[同上]),居民则把土地用作政治权力的来源(同上,页3)。拉采尔指出,这种相互依存表现为一条规则:每个民族,无论大小,在与土地的关系上都寻求采取政治形式,每个政治集团都寻求与土地的联系(同上,页17)。该规则清楚地表明,土地在任何发展阶段都不可或缺,即便没有以那个特定的政治形态的名字直接登记在册(同上)。

人与土地之间的这一密切关系(当土地被划界并允许全面监督、[行使]主权和经济开发时,二者间的关系就更加密切)还促进了民族意识(national consciousness, Nationalsinn)的发展,这种联系使拉采尔把国家的发展与通过土地与民族之间更密切的联系对土地

---

① 尽管这种对古典地理学的土地观的偏离是拉采尔政治地理学分析的基础,但必须指出,这一本质区别在二手文献中或多或少已遭到遮蔽。如果有人看一下以前的参考文献,该论点就变得清楚:《政治地理学》第三节导论段落的第一部分不断被拿出来用于证明拉采尔的地理决定论观点,但同一段落接下来的部分,与任何对地理决定论的指责相矛盾,却被想当然地遮掩了。

② 土地与人之间的精神纽带的意义,以及这种纽带并不包含先验认知的种子,见第2.3节。[校按]这里所指疑当为第2.4节。

③ Ratzel, F.,《政治地理学》,前揭,页4。

的渐进组织关联在一起(同上,页4-5)。因此,基于下述事实而非种族主义的标准,拉采尔找到了文化导向型民族(Kulturvolk)与野蛮民族之间的差异:前者对土地的组织比后者要先进得多(同上,页5)。

在这一点上,李斯特的种族中心主义思想的影响变得显而易见。拉采尔带着浓厚的历史主义色彩,并主要通过地理学路径接近这种思想,试图解读民族意识的政治意义。由此,他得出一个结论:地图只是一个生物体的外壳,政治观念(political idea, politische Idee)才是其灵魂(同上,页6)。另外,甚至在政治观念层面,他也看到一个演化进程,对应于民族的文化水平:在一个简单的国家中,政治观念仅局限于对主权的追求,且像人类生命一样短暂;而在文化导向型民族中,政治观念的载体是整个民族,因此国家的灵魂在世代更迭中不断更新。最强大的国家是那些身体各部位都充满政治观念的国家。而那些不受政治观念(即灵魂)影响的部位一旦被切开,则两个灵魂会撕裂政治体的凝聚力(同上)。

对于"政治的"一词,拉采尔实质上指的是内部的条件、过程和关联,其作用是建立并尽可能长久地维持民族意识这个概念。民族意识源于一个民族与其数世纪以来生活的土地等同,并创造出极为密切的纽带,以至于抛开土地就无法设想生活在这块土地上的这个民族。荷兰人没有荷兰,瑞士人没有阿尔卑斯山,黑山人没有黑山,甚至法国人没有法国? 谁能想象那种情况(同上)? 拉采尔问道。

他再次强调"政治观念"这个概念不仅包括民族,还包括土地。他在这里提到绝对领土主权的原则,根据该原则,一块土地上只允许一个(One)[①]政治力量(political power)发展壮大,以收获这片土

---

① 原文首字母大写。

地的全部政治价值。一个国家在另一个国家的土地上行使任何权利都会导致后者丧失独立。一个政治力量从土地本身收获什么，另一个政治力量就会失去什么。这不同于橡树的生长环境：杂草和其他植物在其保护下茁壮成长。国家不可能在不萎缩的情况下容忍自己的土地上有第二和第三方势力。①

这正是拉采尔对政治科学的松散表述(loose formulations of Political Science)加以批评的最终依据。根据那种表述，领土(Gebiet)属于国家的本质(Wesen)，主权(Souveränität)则被定性为领土法(Jus territoriale)，由此得出的法则是：领土变化只能通过法律途径来实现。与这种观点相反，拉采尔在国家的生命中辨认出密切得多的关系，因为在历史进程中，所有政治势力都占有土地，并通过这一占有建立国家(同上，页3)。

空间方面是拉采尔和李斯特的观念之间的调和点：拉采尔赞许地引用李斯特，因为李斯特是第一个在经济和政治意义上明确区分一个民族的空间领土的经济学家(同上，页7)。拉采尔简明扼要地举出李斯特与亚当·斯密之间的理论差异，指出直至当时仍占主导地位的那位英国理论家[亚当·斯密]的经济理论只承认"一个国家所有公民的私有经济体系"。②[李斯特]这位德意志经济学家(nationalökonom)则另外提出自己的理论，即在某种国际事务状态下，并考虑到其特殊情况，一个现存国家可如何征税或改善其财政状况。③拉采尔解释道，李斯特并没有拒绝向更高层次经济的转型，但对他来说，国民经济暂时构成从个体经济向世界主义经济的必要

---

① Ratzel, F.，《政治地理学》，前揭，页7。
② 原文有引号。
③ 见第2.3节。[校按]这里所指疑当为第2.2节。

转型。自由交易只有在平等的民族之间才有可能,在此之前,有必要征收保护主义关税。再次提及李斯特时,拉采尔强调,他得出这一结论,即[贸易]保护措施不仅增加一个民族的财富,在特定情况下还增强该民族的权力(Macht),是在研究过以美国体系(American system)知名的保护主义关税所带来的美国繁荣①之后。②

简言之,有可能支持这样一种观点:拉采尔在《政治地理学》中主要以地缘-经济学标准来理解国家,认为土地是或大或小的政治形态(民族)在经济上生存的先决条件。在同样的语境中,他在解释与土地的精神纽带时称,因共同居住的后天习惯、共同劳动和在外部因素面前保护自己的需要,这一纽带延伸到民族意识(Nationalbewusstsein)的层面。共同居住的习惯拓宽至民族意识的层面,共同劳动是国家特殊的有凝聚力的经济利益的根源,而自我保护的需要则保证统治者有权力以任何手段维持国家居民的凝聚力(同上,页12)。

最后,拉采尔认为社会群体是国家的终极构成要素,即基本的分析单元。对国家而言,个人由于极少单独作为土地所有者和占有者出现,只有在例外情况下才具有直接意义。这些属性通常涉及家庭、大家族、社区、移民群体、自然人的团体、军事组织、贸易公司、宗教团体等,这些群体在国家的保护下和有利于国家的情况下占有土地、耕种土地并拥有土地(同上,页12-13)。

由此可见,拉采尔用经济标准来界定国家,将土地列为确保民族生存从而促进民族意识发展的第一因素。此外,拉采尔显然非常了解李斯特的理论,并把李斯特的核心观点囊括在内。这些观点反

---

① 拉采尔和李斯特都研究过美国的政治经济和历史。除了这一共同点之外,还必须考虑到,李斯特是论及发展铁路运输需求的先驱,这一事实必定影响到年轻的拉采尔。

② Ratzel, F.,《政治地理学》,前揭,页7。

映出自由主义和民族主义的并存(即通往一个国家的全球经济联盟的道路)。为此,拉采尔强调交通(Verkehr)①的贡献,即人和货物的运输和流通(全球交通致力于将整个地球转变为一个单一的金融机构,各国和各民族在其中或多或少行使职员团体的职能;同上,页16),并合逻辑地呼吁德国从尽可能好的位置加入该进程,即使这意味着德国参与欧洲一体化进程。②

2.4 驳拉采尔持一种有机的、形而上的国家观之谬说

确定拉采尔研究国家的地缘-经济学和民族主义-自由主义的视角之后,下一个研究目标是阐明另一个关键问题,即被轻率且不加批判地归到拉采尔头上的有机国家观。

为弄清贯穿整个《政治地理学》的国家与有机体的比较的事实基础,至少需要考虑以下四个要素:(a)19世纪末的普遍趋势是在社会科学中接受社会达尔文主义和自然主义理论;(b)生物地理学概念的先决知识,这是研究地球上生命扩张的科学;③(c)拉采尔在各种论文中逐渐表达出对需要一种生物地理学的思考;④(d)拉采

---

① [校按]见第7.3.1节。
② 见第6章。
③ Ratzel,F.,《人文地理学:地理学在历史上的应用原则》,前揭,页5-6。参见 Müller,G. H.,《拉采尔(1844—1904):自然科学家、地理学家、学者》,前揭,页92。更多生物地理学的内容见第3.1节。
④ 对拉采尔的论著有更深入了解的科学家,认为他是一个系统的思想家(见 Müller,G. H.,《拉采尔[1844—1904]:自然科学家、地理学家、学者》,前揭,页119;Buttmann,G.,《拉采尔:一位德意志地理学家的生平和著作》,前揭,页88-89),同时也承认他无法将自己的思想以书面形式系统化,这就成了误解的根源。

尔作品的一般诠释问题。①

对上述要素的忽略,再加上对拉采尔的《政治地理学》及其他论文的肤浅研究,会以某种特定的方式让毫无戒心的读者预先产生倾向,因为他面对的《政治地理学》第一章的标题就是"国家是与土地密切相连的有机体",而随后第一节的标题为"地理学中的国家与生物地理学的国家观"。

在第一节中,拉采尔从纯粹的生物地理学视角(!)解释道,人类及其创造物(其中最伟大的是国家)②在地球表面的扩张具备一个移动的身体的一切特征(同上,页1)。在这个意义上,根据生物地理学,人类建立的国家是地球表面生命扩张的一种形式,受到与其他生命形式相同的影响。规范地球上民族扩张的规律也决定其国家的扩张(同上)。他以此解释这样一个事实:没有一个国家建立在极地或沙漠中,并且建立在热带、热带森林以及高山地区的国家规模都小。因此,他总结说,国家随着人在地球各地的活动而逐步扩张,其规模和数量随着人口的增长而增加。国家内外特征的不断变化恰恰证明它自己活着(同上)。

对上述部分(《政治地理学》第一节)的仔细阅读已经引起人们对国家的有机体幻象(organismic vision)的真实程度的怀疑,部分原因在于他明确自己表达的观点是生物地理学的(而非政治地理学的!)。此外,还因为他将人(且不说其他活的有机体)的自然和生物学的(而非他的社会-政治学的)存在界定为生物地理学的主要研究对象。拉采尔的下述主张更清楚地证明了上述解释,即土地是促进还是阻碍国家的发展,取决于土地如何促进或阻碍个人或家庭

---

① 见第1.4节。
② Ratzel, F.,《政治地理学》,前揭,页2。

2 拉采尔提出的作为"社会有机体"的国家

的移动(同上)。

此外,拉采尔在第一段中从未提及有机体(organism)这个词。该词首次出现在土地的政治组织这一语境中,国家通过政治组织变成一个有机体,土地的某部分则归这一有机体所有,因此人的属性和土地的属性共同构成国家的属性(同上,页4)。然而,国家未被视为一个有机体,① 不仅因为国家将移动的人与不动的土地联系起来,更因为国家通过这两种要素的相互作用建立起一种非常密切的关系,以至于人与土地成为一体且不可分开来设想。②

拉采尔提到土地的政治组织,已经表明他研究国家概念采用的是非生物学的进路,这种进路在《政治地理学》第6节(该节标题是"国家有机体的限制")中更加明显(同上,页8)。从比较标准开始,即动植物中最完善的有机体是其成员不得不为了整体利益而在自主方面做出最大牺牲的有机体(同上),拉采尔得出结论(基于此明确标准):人类建立的国家是一种高度不完善的有机体,因为人类的成员保留其自主的程度远高于动植物界的最低等物种(同上)。

拉采尔始终基于国家由人和土地两部分组成这一基本观念(同上,页2),明确强调文化和社会人际关系的演化,并指出导致这种不完善的(作为一个有机体)、我们称之为"国家"的人的联合的原因,以及它取得伟大而独特成就的能力,实际上在于国家是一个精神和道德的有机体。③ 正是精神凝聚力把在自然上分离的部分结合在一起,其他生物在此方面望尘莫及。④ [拉采尔的]这一观点得

---

① 在这一点上,《政治地理学》第三版的编辑提到帕奇(J. Partsch),他在1903年发表的东西中主张,拉采尔经常提到的国家与有机体的比较是一种隐喻。
② Ratzel, F. ,《政治地理学》,前揭,页4。
③ 作者的强调。
④ Ratzel, F. ,《政治地理学》,前揭,页8。

到[德国社会学家]舍弗勒(Albert Schäffle)①的支持,且显然源于舍弗勒,后者相信社会主体不是通过自然存在创造出来的,而是生命的精神结合,属于更高的自主等级,其结构超越有机和无机的存在。②

当然,这种纽带的发展导向更为复杂的国家形式,这一事实(正如自然导向型民族和文化导向型民族之间的区别)直接导向国家与有机体的比较。因此,拉采尔认为,一个国家越发达,其整个发展就越偏离其有机基础。因此,简单地将国家与有机体比较更适合原始国家而非先进国家。③

此外,拉采尔引用舍弗勒的观点,即"有机体"一词在比喻的意义上(metaphorically)可最准确地描述国家,并补充舍弗勒的评论说,这种比较不能作为政治科学的基础。他最终与舍弗勒的观点一致,即国家不是有机生命的现象,而是新的社会生命的现象,且"有机体"一词④肯定不能完全反映国家的本质。⑤ 人的灵魂的神圣方面毋庸置疑,他以人为例,在声称人是一个有机体的同时,也声称国

---

① 舍弗勒(1831—1903)是经济学家和社会学家,图宾根大学经济学教授(1860年)和维也纳大学政治科学教授(1868年),其著作对拉采尔影响深远。从1862年到1865年,他担任巴登-符腾堡州地方议会的议员;1868年,他被选入德意志海关议会(Zollparlament)。从1871年2月直至10月,他担任奥地利商务部部长。他主张需要进行有利于弱势群体的社会改革(见《讲坛社会主义者》第290个脚注),是俾斯麦和第一批研究社会保障制度的学者的亲密合作者。资料来源:Born, K. E.,《讲坛社会主义者》(*Kathedersozialisten*, Handwörterbuch der Wirtschaftswissenschaft Band 4, pp. 463 – 465, 1978);《布罗克豪斯百科全书》(*Brockhaus Enzyklopädie*, 2002)电子版。
② Schäffle, A.,《社会主体的结构和功能》(*Bau und Leben der sozialen Körpers*, 2. Auflage. Verlag der G. Laupp'schen Buchhandlung, Tübingen, 1896),页 IV。
③ Ratzel, F.,《政治地理学》,前揭,页 8。
④ 原文有引号。
⑤ Ratzel, F.,《政治地理学》,前揭,页 9。

家有机体这一概括并不排除国家是一个道德有机体。根据舍弗勒的说法,这一观念可意味着从较低形式创造出较高形式,并不构成障碍(同上)。

综上,拉采尔得出的结论是:将国家与高度发展的有机体比较并不特别有用(同上),将国家作为有机体加以研究的诸多科学努力的成果微乎其微,主要原因在于研究人类聚合体与生物结构之间的相似①并不充分。② 在一个准确的点上,即在结构条件(structural-conditions)上,拉采尔指出人的国家与有机存在之间最显著的区别。就国家而言,存在着最个体化的创造结构即人,人不会为了他融入的聚合体而牺牲他的毫发,这使他随时可以作为一个自主生物从中脱离出来。与此相反,在动物有机体中,可观察到部分对整体的服从,在那里,整体从部分中拿出一些自主的片段,使之为聚合体的利益而发生改变(同上)。最具理解力的动物在依赖性最大且最不可能有自主的场合显示出自己的结构要素。甚至在动物国家(Tierstaaten),我们也看到最初相同的成员变成非常不同的工具。与此相反,一个充分实现的人的国家,是其公民在服务国家时最自由地增强自己的独立的国家(同上,页 10 – 11)。拉采尔甚至拒绝任何将奴隶国家(Sklavenstaat)与这样的动物国家加以比较的想法:一个更有超凡能力的物种迫使另一个似乎较低的物种为自己的利益而工作。

他指出,在所有白人奴役过黑人的国家,奴隶制都已废除,而即使自由黑人的地位普遍低于③他们的白人同胞,也绝不能基于他们

---

① 相似的概念,见第 2.4.1 节。
② Ratzel, F.,《政治地理学》,前揭,页 10。
③ 这种比较不是基于生物学标准,而是基于获得技术的程度,因此应该从技术时滞的角度来理解"低"一词。见第 4.1 节。

在社会有机体中承担的功能作出严格的种族分配,更别提根据某个特定的演化[过程]。在此情况下,同样,无论一个人的能力如何,他都有重获个人生存的权利,这一权利决不容侵犯。①

1899年,拉采尔在《人文地理学》②第一章(题为"生命与生物地理学的统一性")第一节(题为"生命与地球的空间和物质统一")中得出相同的结论。他指出,动植物的部分为了整体不得不牺牲自身的巨大部分的独立,因此其有机体更加完整;与之相比,人则始终在自己内部保留着他们的自主,即使作为奴隶也绝不放弃,因此国家和民族的有机体明显不完整。作为民族有机体(Volksorganismus)的一员,人是这个创造的最独立的结构;他无须牺牲毫发,只须牺牲其意愿,即通过为整体利益让步或采取行动。他针对生物地理学的认识论基础评论说,民族和国家作为生物基于与动植物相同的基础,但两者的比较③证明民族和国家不是真正的有机体,而是在精神和道德力量的影响下才形成的聚合有机体(aggregate - organisms, Aggregatorganismen),④这种有机体并非简单地看似高等有

---

① Ratzel, F. ,《政治地理学》,前揭,页11。

② 本研究使用的第三版《人文地理学》(1909年),据出版者彭克(Albrecht Penck)所言,是对1899年第二版的忠实再现。

③ 我们应该记住,拉采尔的研究也涉及比较解剖学。

④ Aggregat 一词在许多领域都有整体表述的含义。经济学:Aggregat意为"总计,合计";Aggregation 意为"各个相关财务范围的总和"(资料来源:《德希经济学术语词典》[Γερμανοελληνικόλεξικόοικονομικώνόρων, I. Σόρτση])。社会学:该词描述人群或人的群体的特征,他们多数情况下没有单一结构,尽管在空间上暂时接近,但没有或只有有限(或个别)的社会接触,例如某场足球比赛的观众(资料来源:《布罗克豪斯百科全书》,前揭)。数学:意为"集,集合"(资料来源:George Samaridi,《现代德希词典》[Modern germanoelliniko dictionary - naturalist natural sciences and engineering])。技术:意为"组合"(资料来源:George

机体,而是在集体生活和效率方面变得更加优越。①

另外还须考虑到:

- 拉采尔的国家观主要以经济为中心;
- 以上观察是与生物地理学相关的独特片段,尽管出现在《政治地理学》和《人文地理学》中;
- "有机体"一词除在《政治地理学》第一章出现外,其他章节再未提及;
- "有机体"一词以往用来描述任何形式的有组织结构。②

由此可以合理地得出这样的结论:在拉采尔的政治地理学认知的任何层面上,都没有国家与有机体之间的生物学比较。

然而,拉采尔未用生物学进路研究国家不应让我们误入另一种歧途——由于他提到智识或道德有机体——即认为拉采尔据说支持一种神秘的国家观。亨特(James Hunter)试图证实这种观点,尽管他断然反对拉采尔用生物学比较的方法研究国家这一看法,并认为拉采尔的学生辛普(Elen Semple)对歪曲拉采尔的学说以及宣称拉采尔受到斯宾塞(Herbert Spencer)有机论的影响(同上,页284 -

---

Samaridi,《现代德希词典》)。科技:意为"工业园区"(资料来源:George Samaridi,《现代德希词典》)。在现代哲学术语中,Aggregat 指由内部非关联的各方组成的实体,与主体或系统不同(资料来源:Schischkoff,《哲学词典》[*Philosophisches Wörterbuch*,22. Aufl. ,1991], Aggregat und Regenbogen; Meyer,《哲学术语词典》[*Wörterbuch der philosophischen Begriffe*,2005], Aggregat)。

① Ratzel,F. ,《人文地理学(第一部分):地理学在历史上的应用原则》,前揭,页1 - 2。

② Hunter,J. ,《透视拉采尔的〈政治地理学〉》(*Perspective on Ratzel's Political Geography*,University Press of Amerika,1983),页46。

290)负有大责。但是,为了证明对拉采尔而言国家是①一个没有任何生物学内涵的有机体,亨特诉诸对"有机体"一词的词源分析,并区分活的有机体(具肉体的有机体,例如变形虫)与不活的有机体(不具肉体的有机体,如时钟),后者的性质和功能不仅取决于各个部分的性质和关系,还取决于整体的特性,而整体又由各部分与整体的关系构成(同上,页169)。此外,亨特将精神的和形而上的国家观念归于拉采尔,认为他的思想至少是凯里(Carey)、费希纳(Fechner)、舍弗勒和冯特的思想的精神影响的综合结果。他认为,拉采尔的学术风格和学术思想中存在同一种形而上的有机主义,这种有机主义与泛心论的(panpsychist)哲学派别有关(同上)。

姑且不论运用现代词源学和科学的数据②来解释一个世纪前的术语是否恰当,除了在第2.3节中发现的东西,即拉采尔的国家观建立在地缘-经济学的基础上,亨特对舍弗勒和冯特的引用只不过证实了一种形而上的认知。这一方面是因为亨特忽略了拉采尔对舍弗勒观点的认同,即国家是一个聚合有机体,不是有机生命的现象,而是新的社会生命的现象,不适合用"有机体"一词;③另一方面,他既没有考虑到冯特谴责一切形而上认知,也没有考虑到冯特力主建立一种只为科学家所采用的实证科学解释模型。④

在此,应该强调,以上解释并未考虑到拉采尔论国家观的原著,他在原著中把国家视为一个聚合有机体,其结构与机器的构造更加相似,其功能更像各个部件的组合,而非一个整体超越部分之和的有机

---

① 同上,页201。下划线出自原文。
② 同上:现代英语词典列出两种解释……亨特的分析基于1967年出版的一本词典。
③ Ratzel, F.,《政治地理学》,前揭,页9。
④ 见第5.4节。

体。当然,他指出,某一部分的任何积极或消极的功能都会对整体产生影响,这种特性会发展出一种归属感(Gemeinschaftsgefühl);拉采尔认为,当代国家通过领土标准和反应来增加的正是这种归属感,因为每一寸领土的损失都被视为对整体有害。①

在《政治地理学》中,拉采尔识别和分析的正是那种新的社会生命的构成因素,因为这些因素影响着国家的创建和动力。换言之,他分析的是地缘政治影响的支柱。在此语境中,政治观念这一概念,即智识或道德凝聚力,被理解为与其他因素共同塑造国家特性的一个要素。

2.4.1 评拉采尔的文章《作为有机体的国家》

出于几方面的原因,有必要对该文作更广泛的讨论。首先,这一讨论要纠正由文章标题产生的错误印象,因为这篇文章并非捍卫有机论观点,而是在述评舍弗勒的《社会主体的结构和功能》(*Structure and Function of the Social Body*)。② 其次,舍弗勒作为杰出的经济学家、社会学家和政治家,其观点无论在理论问题还是应用问题上③似乎都对拉采尔的整个哲学产生了巨大影响,并且大大有助于有机国家观的幻灭,也大大有助于将国家确定为一个复杂的社会聚合有机体。拉采尔经常援引舍弗勒的观点,这一点特别值得注意,因为舍弗勒曾加入所谓的讲坛社会主义者(Cathedra Socialists,

---

① Ratzel, F.,《政治地理学》,前揭,页16。
② 该书的第二版(共两册)于1896年出版,距第一版(1875年至1878年)约20年,第一版共四册。
③ 对拉采尔的国家概念的影响,见第2章,他还在考虑适用于东方问题的政策时援引舍弗勒(第7章)。

Kathedersozialisten)群体,①拉采尔参加的莱比锡实证主义者圈子②也曾触发对社会主义观点的怀疑。这可能是他们两人都拒绝别人指责他们持唯物史观的共同借口。第三,该文突显了拉采尔方法论上的模糊,因为他在政治地理学和生物地理学之间徘徊不定——这可能会让轻信的读者产生严重误解。第四,为了批评斯宾塞。

首先,拉采尔对舍弗勒《社会主体的结构和功能》一书的修订版表示满意,此时已是第一版出版20年后。如舍弗勒本人在第二版序言中所说,③由于斯宾塞的自然科学进路④在政治和社会科学中的影响,该书第一版在德国没有得到好的接受,与在意大利、英国和法国等国家不同。

然而,在拉采尔看来,这次再版表明,此书走着它自己的路,甚至斯宾塞的《社会学原理》(*Principles of Sociology*)的再版也阻挡不了。拉采尔认为斯宾塞的著作被高估,因此他敢于将斯宾塞与舍弗勒作比较。拉采尔的结论基本上赞成舍弗勒,并指出,那些不停留

---

① 讲坛社会主义者:19世纪后三分之一的时段里与历史学派(Historical School)联系在一起的学术经济学家群体,与曼彻斯特学派严格的经济主义不同,他们要求国家干预经济和社会生活,以缓解社会冲突,促进社会和平,并提高工人阶级的社会地位。"讲坛社会主义者"这个词本质上并不准确,因为他们不是社会主义者,而是社会改革者,1873年的"社会政策协会"(Association For Social Policy, Vereinfür Sozialpolitık)的创立者。该协会处理工业组织、工人的社会地位、社会立法和管理等问题。该学派的主要代表有[德国著名的财税学家、经济学家]阿道夫·瓦格纳(Adolf Wagner)、[德国经济学家]施穆勒(Gustav Schmoller)、布伦塔诺(Loreno Brentano)和舍弗勒等。资料来源:Born, K. E.,《讲坛社会主义者》,前揭;《布罗克豪斯百科全书》,前揭。
② 见第5.4节。
③ Ratzel, F.,《作为有机体的国家》("Der Staat als Organismus", *Die Grenzboten*, 55. Jg, Nr. 52, pp. 614-623, 1896),页614。
④ Schäffle, A.,《社会主体的结构和功能》(第一卷),前揭,页III。

于事物表面的人,会在舍弗勒的著作中发现真正德意志的、现实的、热情的要素,而且单凭他挑战斯宾塞的权威这一点,舍弗勒的贡献无论如何都值得称赞。①

接着,拉采尔极为热情地评论舍弗勒,认为论"普通社会学"(General Sociology)的第一卷表达出作者的活力人格(dynamic personaliby)。作者在该书的简短前言中论述了社会学知识的边界以及无机主体、有机主体和社会主体之间的关系,拉采尔评价说,这一前言是该领域有史以来最富智识的作品(同上,页615)。

接下来,拉采尔介绍舍弗勒的有机主体(organic body)的成分:被动成分(人的能力)和主动成分(个人、家庭),及其在大量经济、社会、政治团体中的精神联系和物质联系(社会结构理论)。然后是组织问题,从简单的社会和国家主体到主要机构或有机系统。第一部分以社会智识生活或社会心理学结束,舍弗勒在此研究人民的智识权力的鉴别、社会心理学的对照(Kontrast)法则、威权主义、舆论(如每日新闻等)、人民的智识和道德生活、政治活动(政党、人民主权)以及法律与伦理的关系。第二部分讨论一般演化论的要点,一般进化论的过程首先发生在物理学领域,随后就其对理解社会演化(分化、整合、技术文化[zivilisatorisch]进步)的重要性得到描述。在此之后,社会演化的各个要素得到呈现:作为演化等级(Ordnungen)的法律和道德,社会的多变性,适应和遗传,社会生存斗争,冲突的社会利益和导向决策的冲突(国内和外部战争、竞争、自由协议),由殖民引起的国家和国际发展,社会演化的结果,智识文化(Kurtur)和技术文化(Zivilisation)。

---

① Ratzel, F.,《作为有机体的国家》,前揭,页614。

拉采尔认为,这一卷的最后一部分表明演化定律①与一种宗教世界观并不相互排斥。这一要素,换言之,即调和科学思想和宗教世界观的尝试,构成了拉采尔思想的一个焦点,同时也确立了他的系统演算的基础。②

在《社会主体的结构和功能》的第二卷,作者舍弗勒首先介绍社会人类学(人口理论、种族、民族性),家庭和社会的演化。在论人的超宇宙(外在的、物质的)存在、人的尘世(terrestrial)存在、人的尘世生命、国家及其集体功能的章节中,时间和空间的社会意义、运输和安全、经济的主要概念、智识生活和教育制度、宗教和教会、国家及其国际事务[等内容]得到研究。最后出现的是第15卷(book):③社会主体在一个由各民族组成的世界中的演化(The social body's evolution in a world of peoples)。在拉采尔看来,这是该书最启发人的部分,因为得到研究的有民族与土地的关系,土地对民族凝聚力的重要性,民族性的概念,以及民族、种族和国家三者之间的关系。接着是概述民族生活的地方,更广泛意义上的、作为历史舞台的天下(Ecumene),文化区域,以及文化周期。④

拉采尔将舍弗勒的著作同斯宾塞的《社会学原理》比较,认为后者的出发点不同于前者,因为后者以社会演化的各种社会表现来呈现社会演化。因此,斯宾塞在引用片面的旅行、人种学、政治学和文学文本时,运用[人们]普遍理解为人种学和推论(putters)的东西,却缺乏赋予它们以生机的综合的个人观点。拉采尔问:如果一个地区的人与该地区的动植物的统一被视为可能,从而导致一个单

---

① 拉采尔对演化论的反对立场,见第5.1节和第5.2节。
② 拉采尔对宗教与科学间冲突的调和态度,见第5.3节。
③ [校按]原文如此,疑当作"章"(chapter)。
④ Ratzel, F.,《作为有机体的国家》,前揭,页615–616。

独有机体的各要素再次密切关联起来,那我们又该如何大量提及社会有机体各要素的独特的自主?(同上,页616)

然而,最重要的是,拉采尔批评斯宾塞对"土地"这一自然常数竟一无所知,他将这一罅隙归因于达尔文和华莱士(A. R. Wallace)就此问题未置一词。此外,拉采尔在斯宾塞的作品中没有看出舍弗勒思想的任何架构,认为出现在两人作品中的某些一致仅仅是表面的,比如以支持、分配和调节功能看待各社会组织系统的区别,质疑其是否相互影响。拉采尔认为演化论观点是舍弗勒和斯宾塞思想的共同点,此观点构成二者的社会学体系的轴心。他认为,斯宾塞通过在其东拼西凑的引用中引入一些达尔文主义的要素,才得以在一些概括上有大幅提升,而此前由于只基于对表面的相似性的比较,这些概括部分地受到了抑制(同上)。

拉采尔总结道,与斯宾塞相反,舍弗勒没有草率地堆砌那些无关紧要且没有可比性的引文。舍弗勒有更多的个人风格和清晰的研究思路,尤其在《社会主体的结构和功能》四卷本初版之后的简明的二卷本中。然而,让拉采尔感到遗憾的是,第一版①的节略源于省略了大量涉及生物生命与国家生命之间相似性的内容,而且他认为舍弗勒高估了这种比较所引起的反应。提到第二版的序言时,拉采尔相信舍弗勒无需向德意志内外的任何他的智识能力的追随者保证,他构想的社会主体(Gesellschaftskörpor)是一种智识的而非自然的(physiologisch)、持续的生命关系,是一种建立在有机或无机要素之上的自主的、更高级的关系。②

---

① [校按]原文如此,疑当作"第二版"。
② 同上。这里又是"社会有机体"一词的隐喻用法,舍弗勒如此认知,拉采尔也这般接受。

但是，为什么政治科学不应该用有机概念来谈论国家和社会呢？拉采尔问。舍弗勒在《社会主体的结构和功能》第二版序言中写道，有机和无机世界的"共同环境"（common environment）需要两者之间的"真实的相似"（real analogies），①而且共同环境在社会开发有机世界的自然资源和力量的过程中不可缺少。拉采尔对舍弗勒在此淡化自己的观点感到遗憾。"相似"一词描述植物、动物和人类共同体之间根深蒂固的类似之处的独特用法，引起了对如何认知这些类似之处的怀疑。②

基于上述观察，拉采尔描述了自居维叶（Georges Cuvier）③的时代以来形态学中存在的相似（Analogy）与同源（Homology）之间的区别。他因而解释说，鸟类和蝴蝶的翅膀是相似的，即使两者通过相

---

① 引自原文。
② Ratzel, F. ,《作为有机体的国家》，前揭，页617。
③ 居维叶男爵（1769—1832），法国博物学家和动物学家，有时被称为"古生物学之父"。他是19世纪初自然科学研究中的一个主要人物，通过比较活体动物和化石的工作，他对建立比较解剖学和古生物学领域至关重要。居维叶的《器官相关法则》（Principle of Correlation of Parts）一书阐明动物体内的所有器官都深度相互依存。物种的存在依赖于这些器官相互作用的方式。例如，如果一个物种的消化系统最适合消化肉食，但其身体却最适合获取植物，该物种就不能生存。因此，在所有物种中，各个身体部分的功能意义必须与其他部分相关联，否则物种就无法自我维持。最终，居维叶发展出四个分支，并根据他的分类学和解剖学研究对动物分类。后来，他通过细分每个类别，把动物分成脊椎动物和无脊椎动物，获得突破性进展。例如，他提出将无脊椎动物分为三类：软体动物、辐射对称动物和关节动物。他还明确表示，物种不可能跨越这些类别，即［他反对］转化论（transformation theory）。他推理说，有机体不可能随着时间推移获得或改变自身的生理特性，同时仍然保持最佳的生存状态。因此，他的理论经常与圣希莱尔（Geoffroy Saint‑Hilaire）和拉马克（Jean‑Baptiste Lamarck）的转化论相冲突。见 https://en. wikipedia. org/wiki/Georges_Cuvier。

同的机械调整聚焦于同一目标,它们在起源和演化上也完全不同。人的头骨和椎骨是同源的,虽然两者的功能完全不同,然而如歌德(Johann Wolfgang von Goethe, 1749—1832)最早揭示的那样,它们具有相同的起源。他得出的结论是,显然,当你比较人类社会与有机体时,你会有不同的出发点,这取决于你能否辨别是相似还是同源。①

拉采尔因舍弗勒没坚持"生物学相似"而继续对他给以温和的批评,进而提到了《社会主体的结构和功能》第一版的序言。在该序言中,舍弗勒相信自己已避免相似带来的风险,即消除差异或滑入不科学的比方,因此在描述社会结构和社会进程时,他系统地回避"有机体"(organism)和"有机的"(organic)这两个术语。此外,拉采尔还特别聚焦于第二版的序言。舍弗勒在此强调,相对于第一版的四卷本,第二版缩减至两卷本,大大减少了生物学相似的内容,因为表述这些相似已引起极大不满。舍弗勒认为,在那些不熟悉其思想的人看来,这一删减似乎是对那些以门格尔(Menger)为榜样的政治科学家的让步。这些政治科学家认为国家与其他有机存在的相似非常有限且不完整,因此只能赋予这些相似以外部价值。相反,在拉采尔看来,舍弗勒支持这样一个观点:相似深度地存在于一致的物质基础、人类的演化条件以及其他一切有机体的特性中。因此,他指的是真实的相似,它显然旨在表征与外部的、示意性的比较的对立,后者即完全隐喻性的相似概念。拉采尔说,舍弗勒在此意义上拥有统一的世界观,即他在自然内部理解在共同的土地上发展的人和国家的生命和活动。但对舍弗勒来说,土地并不是由不可移动的土壤和岩石构成的单一基质,而是一个围绕着我们的无机世

---

① Ratzel, F.,《作为有机体的国家》,前揭,页617。

界,它可以被合理地看作是无组织的,①即一个充满丰富活动但绝不接近——尽管这是其终点——有机层面的世界。②

上述情况表明,拉采尔实质上将斯宾塞的有机相似(organic analogy)纳入了考虑。根据这一相似,出于某些目的将社会等同于一个生物有机体是正当的,旨在找出对有机体和社会的概括之间的联系,作为迈向一般演化论的第一步。③对于这种外部的、形式主义的比较,舍弗勒和拉采尔结合更深层次的整体哲学观,认为有机和无机物质的整体是统一的。

因此,对拉采尔来说,支持舍弗勒反对单方面地、唯物主义地使用"死亡"一词是合乎逻辑的。有生命的自然与无生命的自然的比较,就像一块覆盖着常春藤的"死"岩石,亦即一个完全活着的即运动的④有机体围绕着一个永远不动的物体。然而,他指出,没有一个物理学家愿意用这个词来形容某些死物质,因为整个无机世界对他而言更像是个体旋转而成的大漩涡。当然,他承认,这些和谐(harmonies)——其典型例子是水晶——如何转化为有机自然仍不为人知。然而,普遍接受的观点——就有机体而言,同样的物质关联于同样的法则,与无机物的情况一样——让拉采尔得出结论:社会的基础,即有生命的、相互作用的各部分统一成一个整体,早在人进入自然界之前就已经实现。甚至在生命于内部环境和外部生活条件之间形成不间断的一系列张力和平衡之前,天体就已通过重力、光、温度和电荷从浩瀚的距离外相互作用。在一块被认为没有生命的石头中,数以百万计的相反的力正梦想着石头的瓦解。因此,他的结论是:人类

---

① 在这一点上,显然,有机认知更多反映一种有组织的结构。见第2.4节。
② Ratzel,F.,《作为有机体的国家》,前揭,页617-618。
③ Timashef,N.,《社会学理论史》,前揭,页64。
④ 生命在于运动。见第3.2节。

社会中的大量互动并不是完全新鲜的事。①

因此,将社会或某个人类共同体置于一个无生命自然的非共同体中是错误的,因为自然在整体上是由相互作用的部分组成的独特的连贯系统(费希纳)。最后,拉采尔认为洛策(Rudolf Hermann Lotze)在讨论所谓无生命的世界时,已准确地描述了人类社会的内在关系:每个要素在改变自身状态的过程中,都能感受到自身对世界整体状态的瞬时影响,无论这一影响是大是小。当然,拉采尔相信,与行星间的关系相比,人类社会的关系微不足道。在这种语境中,他认为相比于北美的一场龙卷风在整个欧洲引起降雨这样的影响,一个商人在汉堡通过电报将他的船只运到印度或美国的能力可以忽略不计。在任何社会主体与其生长、衰败、重生于斯的自然之间存在矛盾的地方,也可发现这种转变,这种转变无非是将其更深地整合到环境中。②神圣元素也存在于每个个体中,而且社会为自身的更大发展创造更多机会。理性(Vernunft)水平不是社会的成就,而已经分别存在于每个人之中。不过,不同的组合创造出来时,理性水平便会提升。然而,只有通过理性的提升,各种形式的社会和国家的组合才有可能,但理性的进步是否需要外部刺激则不清楚(同上)。

这些观点③似乎带有洛策的目的论唯心主义的印记,其核心问题是机械论(mechanistic theories)与目的论概念的协调,这是德意志唯心主义与自然科学之间的一种妥协。作为这一努力的一部分,洛策将机械论理解为解释有机体运行和维持的一项基本原理。但是,

---

① 这显然受到洛策(1817—1881)的目的论唯心主义(teleological idealism)的影响。洛策最初是生理学家和医生,后来成为哲学家,曾在莱比锡大学(1842)、哥廷根大学(1844)和柏林大学(1881)任教授。
② Ratzel, F.,《作为有机体的国家》,前揭,页618-619。
③ 拉采尔的世界观,见第5章。

鉴于无法充分解释有机体的产生这一限制,他将机械论定义为一种实现更高秩序(Zweckordung)的手段。换句话说,他相信自然从属于一种严格的机械决定论,但甚至这种机械论的自然最终也必须为一个更高的目的服务;机械论的世界观必须纳入一种目的论的世界观。①这些观点还导向莱布尼茨(Gottfried Wilhelm Leibniz)的单子论(Monadologie),根据该理论,世界是一个由有意识的智识和动态单元组成的和谐整体;②也导向费希纳的泛心论(Panpsychism),泛心论的目标是利用物理学研究的基本原则,在与物理学研究的经验相协调的情况下,发展出一种超越意识的实在。此过程与基督教教义有非常密切的关系,因为更高的真理是信仰的对象。费希纳的研究工具是相似原理,他只将自然科学的本质理解为事物的表面,而他旨在穿透这层表面。③

结合唯心主义和科学主义的观点,拉采尔指出,人类社会不可能脱离尘世环境而得到理解,因为人体不仅是动植物一生所产生的、堆积在成千上万种物质中的温度和运动的接受者,而且还需要太阳的光和热。即使人类不像植物那样通过溶解和分解有机质来将其吸收入体内,但是人类需要水和空气来生存。人的这种依赖导向生物地理学④

---

① Häussler, J. N. ,《洛策》,见 www. deutschebiographie. de/pnd118574574. html;Aster, Ernst von,《哲学史》,前揭,页 365 – 366。

② Γκίκας, Σ. ,《哲学辞典》(ΦιλοσοφικόΛεξικό, 1988),页 172。

③ Hennemann, G. ,《费希纳》,见 www. deutsche – biographie. de/pnd118532154. html。

④ 由于拉采尔根本没有按页引用舍弗勒的著作(1300 页),因此不可能——[只]经过快速研究——覆盖舍弗勒对"生物地理学"一词的使用。不过,这一重要观察证实了第 1.4 节的评论,因为这一复杂概念应当完全整合进拉采尔的生物地理学概念和研究,既然他的目标是解释作为一个整体的生物的传播。见第 3 章。

表达的那种更为密切的关系。生物地理学将个体的人置于生活在地上的所有生物之中,与哺乳动物、爬行动物、甲虫或蜗牛一起,他在那里表现出非常特定的扩张条件,即类似的容量分析法和一种相应的对地面的依赖方式。当然,与其他有机体不同,人展示出针对这些依赖的自我激励。通过这种自我激励,他还创造出另一组联系,因为他改造地球表面,作用于不动的物质和非人的有机世界,引起转化(transformation)和灾难。① 通过突出"转化"一词,他表明人类对土地的依赖,这是由于人只能转化现有的物质和成品,因为他从来不曾创造出一种新物质,也从来不曾为地球的能源资源贡献丝毫。这种对现有资料的依赖已变得如此习以为常,以至于似乎连想想相反的看法都不可想象。人依赖地球给予自己的东西,甚至他更高的要求也有同样的依赖性,这一事实尤其使人成为地球的一部分。但如果我们想象演化社会观被从其他生命领域转移过来的普遍法则重新激活和强化,那么,不断演化的、前进的人类与注定停滞不前的、在某种意义上不动的自然这个曾经受到重视的对立就会消失。②

我们在此再次清楚地看到,任何有机的相似都是从生物地理学的视角引入的,并且基于人类和其他有机存在对自然的共同依赖,而最后一段的结论旨在针对人类的功能提升自然的有机地位。此外,应当强调,作者在提及生物地理学时,指的是一般意义上的人类,他不仅谨慎地避免使用"国家"一词,而且避免将国家与有机体

---

① 这是人类界与其他界之间的文化差异,因为人通过理性过程从技术上介入自然。此外,我们已经看到拉采尔的观点:地理条件的影响相同——只要人的本性和能力保持不变(Ratzel, F.,《政治人种学的一些任务》,前揭,页419)。关于所有人都承认的理性存在的特定价值,见第4.2节。

② Ratzel, F.,《作为有机体的国家》,前揭,页619-620。

直接比较。

根据拉采尔的说法,消除人类与自然之间的边界带来进一步的后果,因为这首先将注意力重新转向以前完全不为人知的人类社会的演化过程。根据以人种学为主的经验,可以判别家庭、社会和国家从直到当时都未知的一些起点开始的演化方式,然而人类交往形式的意想不到的多样性,使人们对存在于这一领域中的能力有了全新的看法。拉采尔指出,这不仅具有学术意义,而且还阐明了可能发生的事情,他表示需要辨别能创造预测条件的因果关系。正是这种需要引起马克思主义者和实证主义者的强烈兴趣,让他们主要关注家庭和社会的演化史,并本能地要将普遍的演化定律有效地实际应用于社会。拉采尔认为他们所有人都进了死胡同,因为他们认为摩尔根(Lewis Henry Morgan,1818—1881)不成熟的体系是一种演化定律。当然,他承认他们的贡献:在广泛的圈子里点燃对一种自然的社会观的兴趣,并为富有成果的讨论铺平道路(同上,页620)。

拉采尔引用了舍弗勒的下一个观察:从造成太阳系的物质的长期引力以及细胞质与细胞间隙的有机连接,一直到大范围的民族和个体中个体与物品(goods)的更广泛结合,反之亦然,从社会群体的瓦解到明显可预期的碰撞天体的再气化,可观察到永恒的演化与分解、生与灭的同一个过程。拉采尔想知道,是否有人可以在20年前表达类似观点而不被视为痴人说梦。相比之下,他相信在撰写这篇论文的时候,这样一种认知已为人所熟悉,因此不久将会被确立为一种正常的、在日益增大的范围里思考的方式,就像地球绕太阳转或万有引力定律那样(同上)。

拉采尔接下来谈到他最喜欢的问题之一,即土地的重要性。他希望这部作品最显著的效果之一是土地的重要性将在政治和社会发展中得到越来越多的承认,而不仅得到科学的承认。① 他在"影响民族凝聚力的因素"这一章中识别出几个有用的要素,但让他感到遗憾的是,该章用整个段落论"各民族生活中社会主体的演化",却放在第二卷的末尾。拉采尔指出,至少土地的实际重要性毋庸置疑。这话指向当时的争吵,即是否存在过一个没有土地的国家。自然,拉采尔认为这个问题完全无用,就像声称人类以前可能住在空气里或水里一样。他以一个前提作结,即土地属于人民;又因为人民即国家,所以他们把这一原则带到国家,并使国家成为某个人类社会与一片土地之间牢不可破的纽带,即"他们的国土"。②

上述问题,即对土地与国家主体之间关系的认知,非常适时,因为许多现代主义和后现代主义的认知以全球化和全球化经济的名义质疑国家边界的重要性。特别在地缘政治学中,这种认知是当代/古典地缘政治学派(包括系统地缘政治分析)与批判地缘政治

---

① 拉采尔不失时机地反驳了那些认为可能存在没有领土的国家的人,以下是他的一个重要脚注:

"非领土"的国家概念有没有根据,这一点在现代文献中得到明确说明,如保尔森(Friedrich Paulsen)在《伦理学》(*Ethics*,1894 年)的"国家"一节中提到国家实体(state entity)时说:"国家是由拥有共同起源或共同历史的人口和上层的意志及权力单位结合起来的综合体形式,能够决定和行动。"根据这种解释,德意志联邦有可能位于西伯利亚,荷兰也有可能在阿尔卑斯山。我可以在不考虑生物群落的情况下描述一种植物吗?一个国家与其领土的纽带,比如德意志在超过一千年的时间里都大致占据同一片土地,相比于植物与其领地的纽带,要更加深刻或丰富多少?(Ratzel,F.,《作为有机体的国家》,前揭,页 620 – 621)

② Ratzel,F.,《作为有机体的国家》,前揭,页 621。

学之间的关键区别之一。①

对拉采尔来说,更有趣、更实际的问题是各民族对土地的不同政治评估。② 他认为,在过去,没有什么类似于现在的人们对领土的贪婪的东西,这种贪婪让每个拥有必要手段的权力变成一个(绵延数百万平方米的)土地的大投机者,因为土地的攫取(在古代是一个完全不为人知的概念)在将来可能对不断增长的人口有利。拉采尔认为腓尼基、迦太基或罗马从来不是这种意义上的征服者,尽管罗马明确地实施扩张政策——即便不情愿——并逐渐征服了自凯撒(Caesar)时代以来出于经济和军事目的获得的大片地区。拉采尔将罗马与他那个时代沙俄或英国在亚洲的征服,或者西班牙、法国和英国在短短一个世纪内占领整个北美并置,并评论道,这个活跃在德意志和多瑙河的普世权力多么克制! 他谈到古希腊时说,希腊各邦未能实现自己的政治计划和希望,是因为将自己限制在自己的城邦内,没有及早意识到土地的价值,也没有在政治上加以利用。所以,雅典一边想要成为一个强权,一边却把家门口的墨伽拉(Megara)留给外人之手! 他相信,德意志诸位皇帝和国王的评估同样未得如愿,他们认为自己可以在一块支离破碎的、中等规模的领土上维持自己的权力。然而,随着新世界和太平洋的发现,新的、更大的区域靠得更近,所有那些飞舞的幻想都消失在稀薄的空气中。德意志和意大利到最后才通过其姗姗来迟的殖民政策,强调了大国必须应该拥有广阔的基础这一原则的效力。③

土地对社会的重要性部分在于国家在乎自己的生存,因为国家

---

① 见第1.1.1节。
② 见第1.3.2.1节和第5.6.3节的国家领土生长的第三定律。
③ Ratzel, F.,《作为有机体的国家》,前揭,页621。

的根本关切是为公民提供土地。然而,这种思想一旦演变为盲目的征服狂热,就会像各东方古老帝国有计划的殖民一样导致国家的衰亡。同样,拉采尔相信,罗马帝国之所以能在意大利这个中心地区延续,是因为罗马人先用刀剑攻城略地,再用犁耙守护土地,或者二者几乎同时发生。①当过度拥挤的感觉在欧洲变得更加强烈时,拥有特定人口的国家需要一片特定面积的土地这一观念便得到普及。②而在西伯利亚和北美的广袤地区,可听到这样的抗议:对拥有丰富文化的地区的征服和开发过快,父辈们在牺牲子女和孙辈的希望。当然,在每个国家内部,在农村和城市地区,也都可听到同一种对土地分配不公的抱怨:征收最好的土地并在上边建房子,这种行为是在剥夺弱势群体的阳光和空气。③

　　拉采尔认为,以上例子证明人类和土地之间关系非常密切,科学分析不能忽视之。但是,这并不能证明拉采尔持一种唯物④史观:由于人类社会与土地之间这种真正的有机关系,就该因为一个人认为抛开地球就不能理解人类、抛开土地就不能理解一个民族,而指责此人持唯物史观吗?

　　拉采尔显然在批评兰克史学流派,⑤并强调该观点构成一种更有说服力的认知,即视整个民族为一个完整的、有助于历史进步的生命体。同时他也毫不犹豫地指责那些柏林的史学家奉行唯物主义:从

---

① 在这一点上,征服和殖民之间的区别显而易见:后者是指(通过经济、文化等手段)对自由的或被征服的土地加以巩固。
② 该观念明显受马尔萨斯(Malthus)的影响。
③ Ratzel, F.,《作为有机体的国家》,前揭,页621。
④ 对唯物主义观点的指控也有力地驳斥了舍弗勒。详见第5.3节。
⑤ 这涉及史学中的描述学派(Descriptive School of History),该学派的观点与兰普雷希特的系统学派(莱比锡实证主义者圈子)对历史事件的动态解释相冲突。另见第4.1.4节。

根本上说,只看到主要人物和领导人物,而对领导人物所出自的群众的生活以及空间条件一无所知的史观,要更加唯物主义得多。①

如导言段所述,反驳唯物史观指控的需要可能与舍弗勒参加讲坛社会主义者团体有关。特别是,拉采尔思想的起源可能在于德意志史学家之间的认识论争端(Methodenstreit),其主要代表人物是支持描述史观的兰克和主张动态史观的兰普雷希特,后一种主张不限于对事实的简单记录,而且寻求贯穿历史发展的规律性。拉采尔与兰普雷希特保持着密切的科学关系。兰普雷希特是莱比锡实证主义者圈子②的成员,兰克学派的继任者们指责他持唯物主义。③

赞扬过"与发展进程相关的空间和时间"段落中舍弗勒对空间重要性的恰切讨论后,拉采尔回到批评。他观察到,当舍弗勒对进步和发展加以评论时,对空间的提及便[逐渐]淡化,不是作为更好地理解的权宜之计。他再次批评进化论者,即永恒进步(perpetual progress)④的支持者。他强调,在我们怀着同情心不断关注的有关发展和进步时机的讨论中,缺少一些非常重要的东西。地球向人类提供的空间有限,人类必须把自己限制在几个大陆和岛屿上,根据这一事实,不可能存在无限的进步。为了获得空间,必然会是一种文化(Zivilisation)取代另一种文化,将其摧毁并占据其位置。这种空间限制日益提升各民族的表现,⑤就像在地球上的生命过程中,

---

① Ratzel,F.,《作为有机体的国家》,前揭,页622。
② 见第5.4节。
③ 在这场争论中,拉采尔明确支持兰普雷希特。
④ 自1882年以来,拉采尔就反对人的永久进化和生物学退化理论。见第5.1节。
⑤ 在这里,这一点再次变得明显:这位德意志地理学家意识到,除了领土参数,其他参数也共同塑造着一个民族或国家的力量。

由给定的空间紧张度导致了大量争端和冲突,因无瑕疵的、选择性的相互作用而构成了永远不会让前进运动停止的飞轮。除了土地的质性以及争取最佳土壤和位置(Lagen)的努力,拉采尔指出,当时已经完成探索的地球的可渗透性(earth's permeability)是一个关键事实,而且地球表面显然只有920万平方英里的有限陆地可用于生命的发展。①

拉采尔在这个点上处理第二卷中题为"空间斗争"(Struggle for Space, Kampfum Raum)的章节,总体上捍卫舍弗勒的整个思想冒险——谁也不要指望从中分离出社会学中的一种驱动力,尽管这种驱动力对所有创造领域都具有决定性的影响,但生物学家是无法辨认出来的。此外,他遗憾不得不忽视领土在这儿那儿的影响力的这种有趣的平行对比。这一自白再次不可辩驳地证明拉采尔绝没有将人类社会等同于有机体的功能,因为他已清楚并彻底地理解在多个层面上支配一个社会主体的功能的那种复杂性。但与此同时,上述说法宣称需要并希望有朝一日将更加精确地确定空间斗争在生存斗争中的重要性,②同时它也构成了建立生物地理学的纲领性宣言,这一领域将回应社会科学无法解决的问题,以及那些未被界定为生物学问题的问题。③

总结时,他提到创造中的另一个空间问题,这里说的是基于有机体的迁移和空间隔离能力以及由先前物种引起的新物种创造。瓦格纳多年前在其经典著作《有机体迁移法则》(*The immigration law of organisms*, 1873)中已解决这一问题。拉采尔说,瓦格纳的法

---

① Ratzel, F.,《作为有机体的国家》,前揭,页622-623。
② 空间斗争与生存斗争的关联——拉采尔认为在1896年显然没有得到回答——见第3.4节。
③ Ratzel, F.,《作为有机体的国家》,前揭,页623。

则没有纳入选择过程的特征清单,也没有纳入社会发展法则的措辞,后者认为社会的逐步创造(Zivilisation)①是人类生存斗争的全面选择的最高结果,即所有为生存和维护利益而进行的斗争的最高结果。然而,拉采尔赞扬瓦格纳在某些观察以及题为"演化法则和道德世界观的能力"(The law of evolution and the ability of a moral worldview)的出色的最后一章中的影响。该章探讨社会和国家的空间条件,但相比于生存斗争中的选择法则,未能适当对其加以强调。

尽管如此,他的结论是:有可能,各民族生活中的矛盾——由此产生冲突和进步——只在空间收缩和分离的条件下产生并持续,在这种条件的影响下,群众被鼓动起来为自己的生存而斗争。②

2.5 本章小结

本章尝试从以下两个主要方面来研究拉采尔的国家观:

- 作为两极的革命/民族主义国家观;
- 有机国家观。

基于对拉采尔著作的细致研究得出的结论是:拉采尔主要接受法国和美国革命的革命观念,据此,同化(naturalization)构成一种政治选择;但他不那么赞同当时在德意志和东欧广泛传播的民族主义国家观,这种国家观将共同的历史、宗教和语言吸收为国家实体存

---

① 这个术语和括号均来自原文。"文明"(Zivilisation)这一术语指社会过程,这一事实给"文化"(Kultur)和"文明"两个术语的使用造成了混乱。

② Ratzel,F.,《作为有机体的国家》,前揭,页623。瓦格纳迁移理论的实施领域,见下一章。

在的先决条件。

他认为国家的领土表达是其居民生存的经济基础,因此他的观点高度以经济为中心。这种生存需要不可避免地在人民和土地之间创造出纽带,并建立起保护领土主权的结构和土地的政治组织,这些是国家意识的组成部分。

变得清楚的还有,人们归到拉采尔头上的"有机"国家观是一个根本的解释错误,除了对原始文本的研究不足,契伦也对此负有重大责任。尽管他对拉采尔作品的洞见广为人知,但他也认为,根据拉采尔的政治理论,一切国家在演化的一切阶段都应当表征为自然有机体(Naturorganismen),即使国家以更高的形式接近一种精神-道德的存在形式。①

与上述一直占主导地位的观点相反,拉采尔遵循舍弗勒的思想,认为国家是一个有组织的社会主体,是由相互关联的社会过程和联系构成的整体。他在几个点上谴责将国家与一个活的有机体比较或等同的尝试,与此同时,他显然更喜欢使用社会学、人种学和地理学的工具来解释支配社会现实和历史演化的关系。

当然,这并不意味着他放弃以整体方式解释地球上生物的运动的意图。但是,他认识到(即便不是特别明显)这样一件事情哪怕使用社会学工具也行不通,因此他将此主题置于生物地理学的研究领域。

本研究的下一章将集中讨论政治地理学与生物地理学的区别。拉采尔极不系统的写作方式②也是让两者界线不清的原因。

---

① Kjellen, R.,《作为生命形式的国家》(*Der Staat als Lebensform*, S. Hirzel Verlag. Leipzig, 1917),页 21。

② 在《社会主体的结构和功能》的题为"作为有机体的国家"的一章中,拉采尔典型地将研究主题界定为生物地理学。

3 生存空间:具有政治地理学所指的生物地理学能指?

我们在前一章,尤其在介绍《作为有机体的国家》这篇论文时,首次探讨了拉采尔的生物地理学。拉采尔在论文中指出,人(对水和空气)的依赖表明了由生物地理学表达的那种更密切关系。生物地理学将人置于生活在地上的生物之中,与哺乳动物、爬行动物、甲虫和蜗牛一起,人在其中表现出非常特定的扩张条件,即类似的容量分析法和一种相应的对土地的依赖方式,只不过人在某种程度上能够干预和改造自然。①

发现有机体的共同驱动力是生物学家而非社会学家的工作(同上,页623),这一前提表明,拉采尔生物地理学的主要研究对象(除了其他活的有机体)是人的自然存在和生物存在(而非社会-政治存在)。

这两个方面构成了生物地理学,它是研究生命在地球上的传播的科学,②亦即指向(根据马齐斯教授的地理空间分类系统)主要因果基础结构空间(primary causal infrastructural spaces)、自然空间和人类空间。③这明显不同于研究政治、文化和经济过程的影响的政

---

① Ratzel,F.,《作为有机体的国家》,前揭,页619。
② Ratzel,F.,《人文地理学》,前揭,页5;参见 Müller,G. H.,《拉采尔(1844—1904):自然科学家、地理学家、学者》,前揭,页92。
③ 按照地理区域的不同加以划分。Mazis,I.,《地缘政治学:理论与实践》,前揭,页34-37。

治地理学,后者指向完整和特殊的上层建筑综合空间(Superstructural Synthetic Spaces)——被定义为辩证地分为第一、第二和第三级空间的集合(同上,页37)。

作为阅读或研究拉采尔著作的基础,尤其作为理解"生存空间"(Lebensraum)概念的基础,上述区别是本章的研究假设,其有效性将主要基于他的同名著作加以验证。①

3.1 生存空间:一个生物地理学术语

虽然拉采尔的早逝中断了计划中的《普通生物地理学》(General Biogeography)的撰写,但他对生物地理学问题,即有机体的地理扩张感兴趣的最初迹象,在他早期的著作中已见端倪。②科学和文化环境,以及莱比锡的理想工作条件,使他能够在进行其他重要研究项目的同时,为写《普遍生物地理学》做准备。这本书的目标,他在《人文地理学》第二卷中正式介绍过,强调需要将动物地理学、植物地理学和人文地理学结合成一种普遍生物地理学,一种生命扩张理论……创建人文地理学的那同一种地理学,不应拒绝这一义务,即从总体上处理人、动物和植物在地理传播过程中具有的共同属性。③这种整体

---

① 见 Ratzel, F.,《生存空间》(Ο Ζωτικός Χώρος, Εισαγωγή I. Μάζη, εκδ. Προσκήνιο, Αθήνα, 2001)。

② Müller, G. H.,《拉采尔(1844—1904):自然科学家、地理学家、学者》,前揭,页83。

③ 同上,页92。摘自 Ratzel, F.,《人文地理学(第二卷):人的地理分布》(Anthropogeographie. Zweiter Teil: Die geographische Verbreitung des Menschen. Verlag von J. Engelhorn, Stuttgart, 1891),页 VI。

生命观(holistic view of life, hologäische Erdauffassung)①在某种程度上模糊地反映出拉采尔的思想和研究工作背后的方法论。② 因此,认真研究过拉采尔《生物地理学》写作过程的穆勒,认为他是生物地理学的先驱……在此只需提及他对一种"全球思维"(global thinking, zusammenfassendes Denken)的呼吁以及他对生物圈的认知。同时穆勒也认为,是拉采尔创立了包括空间、时间、交通和环境的地理学关系综合体,因此"他的学说的范围超出个别科学的边界,尤其地理学的边界"。③

当然,拉采尔早就同他的学生和学界分享过他的研究意图,因为生物地理学的一般原则在1891—1892年冬季学期首次列入他的开课表,他在1896—1897年冬季学期又重开这门课,此后相关课程的频次开始增加(1899年夏季学期、1902年夏季学期、1904年冬季学期)(同上,页134-138)。

拉采尔的生物地理学的预备研究和笔记保存在莱比锡区域地理研究所的第146、153和172号档案夹中。在第一个档案夹中,记录有对生物地理学的地理学本质的雄辩描述:生物地理学是一门地理科学。无论研究什么,只要与土地有关,就属于土地,从而构成生物地理学研究的对象。动物学家描述动物及其演化,并研究一种动物与其他现存或灭绝动物的关系。但动物学家也可能会问问:动物生活在哪里?那里的土地和气候对其有什么样的影响?动物生活

---

① "整体"一词有地理学语境,指整个地球。Ratzel, F.,《人文地理学(第二卷):人的地理分布》,前揭,页5。
② Buttmann, G.,《拉采尔:一位德意志地理学家的生平和著作》,前揭,页13。
③ Müller, G. H.,《拉采尔(1844—1904):自然科学家、地理学家、学者》,前揭,页119。

的地方有哪些维度,形式是什么,大小是多少,所在之地与其他动物的栖息地有什么关系?被研究的物种是均匀地居住在其区域内,还是存在间隔?边境地区有哪些特殊的生活环境?一旦提出这些问题,这位动物学家就进入了地理学领域。这容易理解,因为他用地图和地理学手册代替了他的解剖刀和显微镜,他将调查结果记录在地图上,并且在描述时为了让人觉得值得注意,还必须给出一系列地理数据。就此而言,生物地理学,以及所有以土地为研究对象且由于这层联系决定性地或至少在某种程度上受到土地影响的科学,都具有地理学的特征。地质学和人类史(Human History)都具有这同一种特征。这些学科的研究领域是土地,因此,土地永远在场。正因为如此,这些学科的法则也同样埋在土地里。①

根据穆勒的说法,拉采尔在科学文献中首先引入了形容词生物地理学的(biogeographic),然后引入名词生物地理学(biogeographie)。第一个记录见于1888年1月31日拉采尔写给那不勒斯的艾希格(H. Eisig)的一封信,"生物地理学的"一词首次印成铅字,则是拉采尔于1888年在萨克森皇家科学院发表的论"当前地理学问题中Ecumene[天下]一词的使用"的演讲的书面记录。

然而,把"生存空间"一词的创造归给拉采尔是完全错误的,因为(根据斯坦梅茨勒)歌德②早先就使用过该词,(根据赫弗曼[Hefferman])生物学家佩舍尔(Oscar Peschel)③在1860年也使用过。拉采尔于1897年(而不是1901年,即同名书出版的那年)才在德国地理学中引入"生存空间",那是在一篇名为"论生存空间:一项生

---

① 拉采尔档案,K146,页4。
② Steinmetzler, J.,《拉采尔的人文地理学及其观念史根源》,前揭,页43。
③ Βέργος, K.,《国家地缘政治与全球化》(*Γεωπολιτική των κρατών και παγκοσμιοποίηση*, *Παπαζήσης*, *Αθήνα*, 2004),页65,脚注9。

物地理学研究"("On Living Space: A biogeographic study, Über den Lebensraum. eine biogeographische Skizze")的文章中;另外,他于1899年在《人文地理学》第一卷的第二版中对该词作了深入探讨。①在地缘政治学方面,还应当澄清,任何版本的《政治地理学》都从未包含"生存空间"这一术语。②

此外,要在拉采尔那里为"生存空间"找到一个明确的定义纯属徒劳,尽管拉采尔热衷于表述定义。不管这是有意还是无意,记录下来的定义都无一例外地来自研究其著作的学者:

- [德国著名生物学和地理学家]特罗尔(Carl Troll)将"生存空间"定义为活的有机体发展的地理区域。③
- 施雷弗(Susan R. Schrepfer)更深入的分析将拉采尔的"生存空间"概念定义为:生命所占据的地理区域,有机体在该地理区域中出生和死亡、生长和繁殖,能够区分活体和无生命物质的性质和现象——新陈代谢、移动能力和对外部影响作出反应的能力——限于这片区域。④
- 最后,史密斯(William Smith,1980:53)将"生存空间"描述为:在当前种群规模和生存模式下维持一个现存物种所需的地理区域。⑤

---

① Steinmetzler, J.,《拉采尔的人文地理学及其观念史根源》,前揭,页43,脚注216。
② 这一点也得到穆勒的证实,见 Müller, G. H.,《拉采尔(1844—1904):自然科学家、地理学家、学者》,前揭,页101。
③ Steinmetzler, J.,《拉采尔的人文地理学及其观念史根源》,前揭,页43。
④ 同时,页43-44。
⑤ Mercier, G.,《比较分析拉采尔和白兰士的地理学》("The Geography of Friedrich Ratzel and Paul Vidal de la Blache: A comparative Analysis"),见 http://www.siue.edu/GEOGRAPHY/ONLINE/mercier.htm。

大体可以说，以上定义都反映了拉采尔的精神，不过史密斯在定义中引入诸如种群规模、现存物种的生存模式等更清晰的参数，潜在地从量上界定了"生存空间"这一术语。

基于上述梳理以及上一章（拉采尔的非有机国家观在那里展示出来）的结论，显然，他的《论生存空间：一项生物地理学研究》(*Lebensraum – eine biographische Studie*)一书，就其概念和认识论立场而言，不是一个政治地理学文本，而是一个生物地理学文本。基于此，也考虑到拉采尔本人（尽管有第二章中描述的总体上有利的条件）对把"生存空间"一词挪用至德意志政治修辞和分析（可能通过偏离纯粹的生物地理学研究领域）可能负有责任（甚至希特勒本人后来也在《我的奋斗》中用过该术语），本章要研究生存空间的某些概念方面，例如有机体的驱动力、生存空间的决定因素以及空间对物种发展的重要性。

3.2 有机体的驱动力

拉采尔总结道：生命在于运动，①事实上，这是由外部刺激引起的一套内部运动（同上）……那么，生命首先是有机体内部的一种给定事实。但是，内部的生命总是会创造外部的运动（同上）。从这个意义上说，这位地理学家相信，每个有机运动都有两种不同的驱动力在起作用（相互作用）：内力（internal force），属于活的有机体本身；机械的、外部的影响，主要来自土地。②

---

① Ratzel, F.,《论生存空间：一项生物地理学研究》(*Der Lebensraum – eine biogeographische Studie*, Verlag der Laupp'schen Buchhandlung, Tübingen, 1901)，页114。

② Steinmetzler, J.,《拉采尔的人文地理学及其观念史根源》，前揭，页26。

但这种内部运动是什么？其起源和目的（如果有的话）是什么？在《生存空间》中，拉采尔经常从以下方面指出有机体的内部驱动力：

- 迁移的本能,可解释许多物种在空间上的自我约束或快速扩张。这种本能要求维持特定的边界,或(有时)导向占领大片土地。①
- 有些案例指出导致运动爆发或停止的隐藏原因；由于这些案例只偶尔出现,因此应广泛研究(同上,页137)。
- 总为运动提供条件的自然(同上,页128)。

我们可以将上述观点与他的以下观察结合起来：

- 许多动物有避免水障碍(water obstacles)的神秘倾向(同上,页150)。
- 空间影响的存在……其本质对我们来说是未知的,因为除了空间,某些重要但不完全可理解的过程也在发挥作用(同上,页151)。

可以看出,拉采尔显然无法用科学术语来解释有机体的这种连续运动。他本人承认这一点,说几乎没有机会研究这种现象。同时,他毫不犹豫地将有机体的这种属性与超越地球生命并触及形而上学领域的过程联系起来:应该广泛研究那些指示某些支配运动的爆发或停止的隐藏因素的案例,因为这些案例现在偶尔出现。然而,如果这类案例激增,我们就可以触及促进或阻止运动的更深层次原因,因此,也许有一天我们将不惧怕将其与我们这个星球的终极边界之外的过程联系起来(同上,页137)。

上面明确提到一种超越的力量,再加上他说"动物形式的运动

---

① Ratzel, F. ,《论生存空间：一项生物地理学研究》,前揭,页136–137。

只是机械的,这一观点是错误的"(同上,页134),这些再次指向洛策的①目的论唯心主义以及相对目的论(relative teleology),后者指向有意的条件,即促进某些事件发生的故意的或有利的条件;②而对内力的提及则可能(就像与运动有关的生命定义)源于亚里士多德的圆满(entelechy)。

在拉采尔所处的时代,内力的存在也得到活力论者(vitalist)德里施(Hans Driesch)③的支持,他试图把自己的思想从形态发生学(morphogenetic)领域转移到一般的生物学领域——④再次采用亚里士多德的观念和措辞,他接受一种特殊的生物"自然因素"的存在,称之为"圆满"。⑤

对有机体要运动的本能倾向以及超越因素的依赖,本质上正是拉采尔五年前描述过的问题的答案,即需要分离出一种单独的驱动力。⑥同样,这也是拉采尔理论的关键组成部分,再结合每个运动都是与空间的对抗这一原理,⑦生存空间理论的基础就此奠定:每个

---

① 见第2.4.1节。

② Γκίκας,Σ.,《哲学辞典》,前揭。

③ 德里施(1876—1941),生物学家、哲学家、活力论者,认为有机体内存在一种秘密的、与物质因素无关的动力力量。他是生物学目的论的追随者。在哲学方面,他依从归纳的或科学的形而上学。他先后在弗赖堡、慕尼黑和耶拿学习动物学,并在海克尔的帮助下完成博士学位论文,但二人的关系在1891年破裂。资料来源:Γκίκας,Σ.,《哲学辞典》,前揭。

④ www.philosophenlexikon.de/driesch.htm#vitalismus.

⑤ Oesterreich,T. K.,《当代哲学流派》("Die Philosophischen Strömungen der Gegenwart", *Systematische Philosophie*. B. G. Teubner. Berlin und Leipzig, 1921),页383。

⑥ 见第2.4.1节。

⑦ Ratzel,F.,《论生存空间:一项生物地理学研究》,前揭,页137,114-115。

有机体本能地运动以确保其生存所需的空间。故此,空间斗争的必要性是合理的,因为地球上的空间有限,不够给每个有机体。

在这一点上,应该注意,拉采尔指的是有机体,而且这种本能运动不应随意嫁接到政治地理学的领域,在该领域土地没有独立的价值,而由与文化因素的关系决定。这一认知在《政治地理学》第 20 段的标题中已经显明:土地评估差异方面的矛盾是各民族生活的驱动力。[①]正是在这一段中,拉采尔通过对土地的不同评估来解释欧洲人如何轻松地渗透到各自然导向型民族所生活的土地上:凭借自己对土地价值的认知入侵自然导向型各民族所生活的土地的欧洲人,能轻易满足自己对土地的渴望,是因为他们发现,与自己打交道的民族认为获得任何超出严格必要范围的土地都是奢侈的(同上,页 26)。

3.3 生存空间的定义:其物质特征

由于空间完全可测量,因而根据所有现存物种(单个有机体或群体)的特定需求或其他参数来确定其生存空间的尝试是可预测的,并且符合拉采尔的科学的、实证主义的思维方式。

接近这一问题时,拉采尔将住所、食物和繁殖定义为三种基本的生命需求:住所、食物和繁殖这三种基本生命需求与空间问题有着无法摆脱的联系,发现这一点不应使我们感到惊讶。没有必要诉诸存在(being)的哲学定义"占有仅与自己相对应的一份空间的某物",以证明生命需求全然与空间相关。每个生物如果都有权居住在一个空间里,那么也同样需要另一个空间来寻找食物。繁殖的过程是

---

① Ratzel, F.,《政治地理学》,前揭,页 VII.

3 生存空间:具有政治地理学所指的生物地理学能指?

实现每个生物的空间需求的全部范围的手段。繁殖,要么遵循生长的速度,要么通过分裂、开花和分枝,来支持对繁殖体周围区域的占领。①

特别提到人时,拉采尔提出,确保食物需求是民族发展的最重要前提。他相信,证据清楚地证明,生存空间的限制造成了许多民族的衰退,因为这导致狩猎、打鱼和放牧无法维持,从而触发社会衰落、经济衰退以及贫穷和饥饿(同上,页160)。

事实上,拉采尔避免将人的生物学发展与其居住条件明确联系起来,他认为这一过程更可能出现在植物中:生活在边界上的一些民族,如南非人、澳大利亚人、火地岛(Tierra del Fuego)居民和北亚各民族,他们的自然发展水平较低可能与他们居住在地球上气候条件恶劣、食物匮乏和远离贸易中心的地区有关。[德国人类学家、古生物学家]菲尔绍(Rudolf Ludwig Karl Virchow)②比较了拉普人(Lapps)和非洲俾格米人(pygmies)部落,辨别出身体不足(body deprivation)的影响。植物和动物有类似的现象,但更加明显(同上)。

关于本章的主要问题,上述段落导向对拉采尔的以下观察:

- 对人的论述基于集体层面(民族)。
- 生存空间缩小的可能副作用见于社会层面(社会衰落、贫穷等)而非生物学过程(同上)。

---

① Ratzel, F. ,《论生存空间:一项生物地理学研究》,前揭,页146 – 147。
② [译者注]根据译者多方核实,并无名为 Birchow 的相关学者,故此处应该是作者笔误,把字母"V"误写为"B"。[校按]在现代希腊语中,"B"即发"V"的音。

再结合以下事实：

- 在单元层面，他用单个通用参数处理所有有机体(但没有使用任何来自人类空间的例子!)，①先识别不同现存物种(例如变形虫、珊瑚、水母、蜗牛、鸟或狮子)的不同空间需求，再集中于相同物种的生物的需求：生物要求不同的生存空间，而同一物种的所有生物具有相同的需求。②
- 在群体层面，他指出同一物种的生物对生存空间的相同需求——然而在这种情况下，他再次没有(!)从人类空间举例——甚至更大的群体，如树木、鸟类和哺乳动物，对空间的需求也是一致的(同上)。

显然，由于无法通过经验手段得出一致的例子，拉采尔未能提出统一的共同标准来定义人类、动物和植物的生存空间。

总而言之，既然这三个成分中的一个表现出如此的文化多样性，拉采尔又怎么能把这一个当作统一的整体来处理呢？拉采尔本人把这个参数记在这篇文章里，观察到每个文化群体保留给自己的空间的差异：南美洲雨林中的一个印第安小部落的空间需求和表现与一个欧洲人不同，因为欧洲人以整个星球为棱镜看待自己民族的幸福(同上)。这明显弱化了生物学因素对人类生存空间的决定，因为每个民族的需求都与自己的文化特征直接相关。

---

① 这显然受到赫尔德的影响，他认为群体而非个体才是人类的最小单元(Pichler, 1998)。同样，在《政治地理学》中，拉采尔认为家庭是基本的分析单元。

② Ratzel, F.,《论生存空间：一项生物地理学研究》，前揭，页147。

3.4 空间对物种发展的重要性

在《生存空间》一书中,拉采尔从概念和数量上定义空间斗争,规定空间斗争不仅包括对植物扎根、鸟儿筑巢的居住空间(Wohnraum)的争夺,还包括对远大于居住空间的食物供应空间(Ernährungsraum)的争夺(同上,页158)。

他还引入居住密度(Intensität des Wohnens)的概念(同上,页130),其大小对应于食物收集空间:居住密度越大,居住空间与食物收集空间之间的距离就越大,或者说确保食物基本供应的需要就越迫切(同上,页139)。提及这些当然引起与殖民问题的联系,尽管拉采尔在这部作品中只有一次简明但次要地提及该问题:谁没有考虑到那些居住在人口密集的大城市里剥削着广大殖民地的人(同上,页140)?

此外,拉采尔批评达尔文的理论,①他认为这位英国研究者没有考虑到空间因素:他的发现清楚地表明人类的生存斗争<u>大部分</u>②是空间斗争。尽管如此,非常奇怪的是,问题的这个方面从来没有得到应有的重视。③通过引入地理参数,他甚至试图从他自己的空间斗争的视角重新定义达尔文的生命斗争(struggle for life)的内容……经常被不准确地使用甚至更经常被误解的术语"生存斗争"

---

① 穆勒在《拉采尔(1844—1904):自然科学家、地理学家、学者》一书第92页第53个脚注中评论说,达尔文在1845年论及植物学家胡克(Joseph Dalton Hooker)时,就早已表达过拉采尔可能知道或设想的这样一种进路:地理分布将是解开物种奥秘的钥匙。

② 下划线由笔者所加。

③ Ratzel, F.,《论生存空间:一项生物地理学研究》,前揭,页150。

主要是"生命斗争"。①

正是在这一点上，可观察到拉采尔思想的一个重要转折点，因为 10 年前（1891 年），他曾在《人文地理学》中指出生存斗争（Kampf ums Dasein）与空间斗争之间的关系相当有限：各种形式的运动导致……奇怪的地理扩张事件，这是因为空间斗争——其本质被误解为与生存斗争是同一回事。②

上述内容清楚表明，空间被提升为有机体生存和发展的首要（而不是排他的或唯一的）标准。但仔细阅读前面和后面的段落可以发现，拉采尔坚持认为还有其他因素也涉及其中，但没有（在这本书中）提到名字：

- （同人一样）任何植物或动物都有其居住地（ecumene），③即其占据的空间，该空间的大小和结构④决定了其生存能力的<u>一部分</u>。⑤即使我们不能清楚地区分这个空间，我们也确信这个空间属于一个植物、动物或人。⑥

- 因为空间是生命的<u>基本</u>前提条件，其他条件的规模，尤其食物，都取决于空间[的大小]（同上，页 153）。

- 有人可能会说，一个旧物种的消失是因为其空间被占。这一

---

① 同上。在这个点上，拉采尔部分回答了 1896 年的问题。见第 2.4 节。
② Müller, G. H.，《拉采尔（1844—1904）：自然科学家、地理学家、学者》，前揭，页 93。
③ 拉采尔将生存空间等同于居住地。
④ 拉采尔在此引入评价空间的可操作性和功能性的两个基准，一个是定量的（大小），另一个是定性的（结构）。谈到空间的结构时，他可能同时指自然特征和政治组织。见 Ratzel, F.，《生存空间》，前揭，页 36。
⑤ 下划线由笔者所加。
⑥ Ratzel, F.，《论生存空间：一项生物地理学研究》，前揭，页 147。

3 生存空间:具有政治地理学所指的生物地理学能指?

结论是在研究文明民族入侵原始民族并导致后者消失的某些历史事件后得出的。但下此结论为时尚早,因为旧物种的土地损失在什么程度上是由其生存力量普遍下降的内部原因造成的,在什么程度上是由新物种的胜利入侵造成的,仍然存在广泛的争议。换言之,有没有可能通过空间的丧失来证明曾经在地球上相继居住过的数百万物种的灭绝是合理的呢? 至少就这个过程本身而言,空间扮演着主要①角色。已有可靠的事实证实这一点。在历史的长河中,任何拥有足够空间的物种和种族都没有突然消失,但其转移至永远更受限的空间无论如何都是这种衰退的外部表现。该空间往往提供更恶劣的生活条件。②

- 创造一个全新种族的缓慢过程主要需要空间。时间丰度(abundance)应与空间丰度相对应(同上,页 171 – 172)。

以上清楚说明了空间在拉采尔的整体生物地理学体系中的重要性,但是无论如何都不应将空间维度提升为生存和生命扩散的单独因素。作为一名地理学家,拉采尔的研究自然主要集中在这一领域,但是他显然认识到除空间因素以外的其他因素的存在。所以,从生物地理学的观点出发,也可以拒绝任何地理决定论的嫌疑。

声称在生物地理学中空间是生命发展和维持的首要因素——尽管不是绝对因素——这让人想起关于国家与土地关系的相应结论:土地是最重要但非唯一的权力因素。③当然,就国家而言,拉采尔在研究过程中也考虑到其他有助于维持国家权力的因素(政治的、文化的、经济的);而在生物地理学中,他并未试图对土地以外的因素作任何系统的分析,发现其他因素显然是生物学的任务。

---

① [作者注]是首要的,但不是决定性的。
② Ratzel, F. ,《论生存空间:一项生物地理学研究》,前揭,页 161 – 162。
③ 见第 1.3.2 节。

上述区别还体现在生物主体和政治主体与土地的联系上,因为前者与空间的联系服务于生命的基本需要(即住所、食物和繁殖),①而政治上组织起来的群体与土地的纽带则不同,这是一种智识纽带,它乃是基于共同生活获得的习惯、共同工作以及防范外部因素的需求,②这一切都促进民族意识的发展。

至于物种的运动,拉采尔采纳雅可比(Carl Gustav Jacob Jacobi)的建议,用扩张区域(area of expansion)一词及其解释取代行进路线(travelling route)或运动路线(line of movement)等术语:一个生物的运动的结果旨在增加其占据的地表,而非为较短的运动设计路线。③对雅可比术语的接纳源自下述观察:重要的不是运动,而是在另一个地方定居下来或扩张到另一个地方。自然为运动提供条件。困难在于保住为积极或消极运动所占据的土地(同上,页128)。因此,拉采尔至少基于两个维度界定生存空间,并坚持认为,以植物或动物个体的运动为基础,通过由各个起点和终点连成的相交的线束来绘制简单的行进路线是不合理的。民族、族群和物种的传播与此不同,它们仅通过移殖(占据地表并在上边定居)的方式传播。④

对于一个物种或种族的发展,拉采尔将其分为三个空间发展阶段,其特点是中间有巨大的时间间隔,并且需要确保有广阔的区域。首先,在一个特定区域建立一个移殖地,该地位于有着共同起源的部落家庭所占据或包围的空间。其次,这种新形式如果证明可行,就向外传播,新获得的区域与第一个区域是一致的,且比第一个更大。新的区域被边境或边缘包围,伴随着一些过渡形式和分支[缓

---

① Ratzel,F.,《论生存空间:一项生物地理学研究》,前揭,页145。
② Ratzel,F.,《政治地理学》,前揭,页12。
③ Ratzel,F.,《论生存空间:一项生物地理学研究》,前揭,页128-129。
④ 他再次避免把人作为个体包括在内。

冲区域]。随着时间的推移，边界消失，因为过渡的形式[缓冲区域]要么被吸收，要么以自主部落或物种的形式存在，这样一来，新物种的区域便触及住着极为不同的[生命]形式的区域。后者可能超越第一个地区的界限，并破坏其凝聚力。最后剩下的只是少量飞地，那块独特、巨大且一致的区域中的一些小岛。如果从整体上研究该过程，就会发现，一个在早期阶段受到限制的发展区域，随后成为一个具有倾向于联合的过渡形式的单一广袤区域，最后又变成受到限制的各个衰退区域。但我们不要忘记，我们正在研究的[空间发展]过程需要数千年才能完成。

新的生命形式的发展在许多情况下取决于一系列的空间收缩或扩张。新变种和新物种往往寻求狭窄的空间以进行隔离和分化，但一旦获得新的特性，就将需要广阔的空间，以增强其抵抗混种和气候影响的适应力。①

以上揭示出瓦格纳的移殖理论(又称迁移理论，是通过有机体的迁移和地理隔离创造新物种的理论)对拉采尔的深远影响。他在《人文地理学》第一版(1882年)的序言中将此书献给瓦格纳，这并非巧合。这一深刻的影响引发了将生物地理学理论转移到政治地理学领域的尝试，然而，这一尝试在几年后即被放弃(!)——如拉采尔[本人]所说——后文也将表明这一点。

3.5 生物地理学作为实施迁移理论的领域

诚然，在献给瓦格纳的《人文地理学》第一版(1882年)的序言中，拉采尔热情地提到瓦格纳，他承认说：当时你的移殖理论让我非

---

① Ratzel, F.,《论生存空间：一项生物地理学研究》，前揭，页173-174。

常兴奋,这本书的根源可以追溯到那个时候,而记在这篇文章或其他地方的单独研究和思想,则源自 1872 年和 1873 年,在此期间我已经获允与你一起思考你的理论在各民族生活的诸方面的应用。①

这一引用典型地揭示出拉采尔的最初意图,即运用生物学理论来解释各民族的运动。然而,1899 年,在整体修订后出的第二版中,他已就把迁移理论应用于研究各民族生活的诸方面改变论调。他在序言中指出,瓦格纳的理论无法应用于人文地理学,而只能应用于生物地理学:事实上,我没有详细讨论瓦格纳的迁移理论,这并不意味着我不如以前那样尊重该理论;读者将尤其在导论章节和第 9 章中碰到其基本原则;尽管如此,我认为我不应该将其——作为一种物种创造的理论——同人文地理学更密切地联系起来;该理论更多是未来的一般生物地理学的基础(同上,页 X)。

事实上,拉采尔后来逐渐疏远了瓦格纳的理论,在《地球与生命》(The Earth and Life, Die Erde und das Leben)的手稿中,他对瓦格纳的分裂理论(theory of division)至少部分地提出了质疑……该理论当然非常重要,尽管并不能完全决定物种的创造。然而,出于对他这位伟大老师的极大尊重,拉采尔在手稿中用红墨水删掉了这条评论,所以它不见于出版的文本。②

从上面可以清楚地看出,拉采尔极为正式地驳斥过瓦格纳的生物学理论在人文地理学中的任何应用。当然,第一版到第二版之间隔了很长时间(1882—1899),致使科学界和公众得以巩固对拉采尔最初声明的接受,但他对起初这一声明的驳斥却显然未能在他余生

---

① Ratzel, F.,《人文地理学》,前揭,页 V – VI。
② Steinmetzler, J.,《拉采尔的人文地理学及其观念史根源》,前揭,页 76。

中足够有力地传播出去。

这种曲解再次说明对拉采尔的研究是多么复杂,同时表明他在同一本书(《人文地理学》)两个连续版本的前言或序言中表达的观点其实是有摇摆的。

毕竟,见于上一节的拉采尔论一个物种或种族的空间发展阶段的最后一段话表明,拉采尔不可能考虑将迁移理论直接转移到人为的、政治上组织起来的群体,因为:

- 在部落和物种的扩张过程中,他引入一个时间因素来完成改变(几千年),其尺度几乎排除了那一解释模型在国家层面的直接应用。政治乃至长期的历史过程显然以更快的速度发生。
- 上述过程的发生与边境有关,拉采尔认为边境是发酵场所(机构),物种的传播和隔离过程都围绕此地发生。换句话说,根据瓦格纳的观点,扩张是对毗邻现有边境的一块区域的征服。坚持将这一过程直接转移到国家层面,将导致拉采尔提议占领德意志周边的领土(就像纳粹在几十年后所做的那样)。但与此相反,拉采尔认为改变欧洲的边境是不可能的,因为欧洲的邻近区(adjacencies),就像边境一样,几乎到处都处于僵化状态,这使得改变更加困难。① 考虑到德意志在欧洲的地理位置,他赞扬德意志在非洲的政策,因为德意志只能在遥远的地方寻求实现其伟大使命(同上)。德意志在欧洲的位置决定了德意志需要全球政治(同上)。拉采尔为奥匈帝国保留了另一个角色,即巴尔干半岛和爱琴海地区的主导地位(同上,页233),因为奥匈帝国的位置以及濒临瓦解的奥斯曼帝国土地上明显的流动性对此有利。②

---

① Ratzel,F.,《政治地理学》,前揭,页232。
② 一项非常当前的分析,想想巴尔干近年来的发展。

3.6 本章小结

就讨论的主题,即生物地理学理论向政治地理学的可能转移,根据本研究以及在此呈现的《生存空间》的摘录,可得到以下观察:

- 调用的例子是高度单方面的,因为读者看到数百个来自动物界和植物界的例子,而来自人类空间①的例子则少得多。
- 就人类而言,拉采尔的[研究]视角并没有集中于适应环境的生物因素,而集中于自然导向型和文化导向型民族对土地意义的不同认知方式。因此,不可能通过统一的标准为人类定义一个生命空间。
- 除了作为首要但非唯一因素的领土因素,他没有确定保护物种的任何其他因素。
- 他甚至一次也没有提到现代国家。甚至当他试图证明前一点的区别是合理的,他在表述时也非常谨慎,指的是人类而非国家:……新居住区聚集在旧居住区之上和之间。这一事实在美洲殖民史上表现得淋漓尽致。西班牙人早先定居在印第安人[建立]的城镇里,也就是在他们[到来]之前印第安人占据的土地上。他们从这些城镇统治、改造和剥削土著,允许这些人不受干扰地拥有土地。相反,在北美,德意志部族和法兰西殖民者早先接管土著人的土地,

---

① 出现在希腊文译本的第 100、130[校按:原文如此,或当作 103]、112、113、119、121、125、127、128、130、131 – 132、136 – 141、145、147、149、154 页(总页面跨度从第 81 至 154 页)。

并在那里以狩猎和农业为生。结果是一场灭绝之战,胜利者的奖品就是土地。印第安人是失败的一方,因为他们仅对土地有弱支配。①

上述观察之外还可再加上：

- 拉采尔在《生命与地球》的第三部分将生物地理学和人文地理学分为两章处理,基于这一事实,穆勒和斯坦梅茨勒认为,②拉采尔未能就人类、植物和动物的地理扩张得到一致的结论。③
- 第二章的结论是拉采尔不接受国家的有机性质。
- 最重要的是,拉采尔承认迁移理论不适用于人文地理学(我们要补充,迁移理论因而也不适用于政治地理学)。

如此就以强有力的证据表明,生存空间理论在控制生物演化以及植物、动物甚或原始人类群体(Naturvölker)④的可持续性的本能生物进程层面找到了参考和应用,这些群体完全依赖于生物和地理因素。也就是说,拉采尔提到马齐斯教授的地理空间分类系统中介绍的主要因果基础结构空间、自然空间和人类空间。

斯坦梅茨勒的观点遵循同样的逻辑,根据该逻辑,后来在地缘政治学的进程中,以下结论被错误地引入:生命空间和政治空间必须重合,当一个民族的政治空间较小时,为达到这一目标,[空间]

---

① Ratzel, F.,《论生存空间:一项生物地理学研究》,前揭,页 158。
② 该观点首先由斯坦梅茨勒提出,后来为穆勒所接受。
③ Müller, G. H.,《拉采尔(1844—1904):自然科学家、地理学家、学者》,前揭,页 112;Steinmetzler, J.,《拉采尔的人文地理学及其观念史根源》,前揭,页 20。
④ 自然民族与文化民族的区别,见第 4.2 节。

边界不得不向外推移。①

然而,拉采尔提到(即便次要地)基本上在社会上组织起来的群体——他们有意识地根据他们的文化特性来定义他们的生命空间——的功能,这一事实指示出(即便模糊地)一种政治地理学所指,其极端的推进(projection)完全为历史巧合所证明。

政治地理学和生物地理学研究领域的区别尽管不那么明显,但不可置疑且易懂,②加上他处在一个强烈以自然科学为导向的时代,一个对科学理论的普及、曲解或政治利用是普遍做法的国家,且借用自然科学和解剖学领域的专业术语,再加上当时主导的期望是把殖民扩张作为生存的前提,这些都使拉采尔部分但无可争辩地对这种曲解负有责任。这种曲解对他的声誉有负面影响。

但是,作为一位有大才的思想家,拉采尔有没有意识到自己的政治地理学和生物地理学理论遭到误读和政治利用的风险,或者他是否因为政治原因未能消除他的特别的(ad hoc)科学工作的歧义,还有待证实。

---

① Steinmetzler,J.,《拉采尔的人文地理学及其观念史根源》,前揭,页44。上述观点的典型例证就是拉采尔对生活在德意志以外的讲德语的人口的表述。他相信:德意志人应该为那些人感到高兴,因为我们的民族体的自主活动的、多产的部分保存在瑞士、奥地利和俄罗斯的东海各省。那些在政治上分离但在精神上有联系的成员生活在完全不同的条件下,他们的思维和感知处于一种与我们不同的平衡中。尽管他们在政治上的加入会对我们有多大帮助尚存疑问,但可以肯定,他们不会让我们的德意志精神生活更加丰富而会更加统一。Ratzel,F.,《对诸民族的评估》("Die Beurteilung der Volker", *Nord und Süd*, Bd. VI, S. 177 - 200, 1878),页 198。

② 作为一个例子,他在《政治地理学》第一章谈到国家的生物地理学概念,但没有预先告诉读者生物地理学的内容。

4 拉采尔国家分析中作为权力贡献因素的社会/文化方面与种族主义问题

将国家视为一种新的社会生活现象,①将政治地理学视为分析权力的工具,②再加上对民族作"自然民族"(Naturvölker)和"文化民族"(Kulturvölker)的区分,这些都不可避免地导向把社会和文化现象确定为决定一个民族之权力的因素这一任务。换句话说,当拉采尔把分析聚焦于"文化上先进的民族"而非"自然导向型民族"的时候,他已认为那些因素对一个民族的生存和进步具有决定性作用。

我们将通过四篇拉采尔不怎么出名的文章来尝试上述任务,旨在阐明拉采尔在其主要作品中使用的概念和术语。但他的大多数读者往往忽略这些概念和术语,或仅仅武断地加以理解。同时,关于拉采尔备受诟病的种族主义问题,[我们]也将得出一些有趣的结论。

以下文章并非按时间顺序而是按逻辑顺序呈现,我尝试以此重建拉采尔的理论建构框架。

- 1882年,他在《外国》(Das Ausland)杂志上发表题为"自然民族在人类中的地位"(The position of nature – orientated peoples in humanity, Die Stellung der Naturvölker in der Menschheit)的文章,在这篇文章中,他明确且毫不含糊地阐明了经常使用的自然民族一词的含义。

---

① 见第2.3节。
② 见第1.3节。

- 1878年,拉采尔以《对诸民族的评估》(Evaluation of the peoples, Die Beurteilung der Völker)为题,向《北与南》(Nord und Süd)杂志投稿,展现他用以评估文化上成熟的民族的评估体系。
- 1904年,他在《民族与种族》(Ethnicities and Tribes, Nationalitäten und Rassen)一文中非常详细地描述过民族问题与种族问题之间的关系,以及他对戈比诺和张伯伦的种族主义理论的看法。
- 1900年,在成熟岁月里,他在其论文《政治人种学的一些目标》(Some objectives of the Political Ethnography, Einige Aufgaben der politischen Ethnographie)中讨论过建立这门特殊科学,将其作为获取和执行权力政治的工具。①

4.1 自然民族在人类中的地位

拉采尔意识到时机正有利于探讨那些主要的人种学问题,因为他在关于人类演化的两种矛盾且激进的解释中(作者注:他指的是进化论和退化论)发现了一个居间但极具吸引力的真相。

人种学与所有科学一样,是那些自称以文化为导向的民族的创造,②因此其中最重要的往往是文化民族与自然民族的关系和地位

---

① 回想一下,应用人种学是政治地理学定义的第三部分。见第1.3.1节。
② 人种学与人文地理学之间的区别对于理解拉采尔的认识论进路同样重要:地理学即便与其他科学探索同样的现象,其方法论也每次都因其对扩张的自然追求而有所不同,我想称之为整体的[方法论],即囊括整个地球的竞争。人种学可能试图根据语言、举止和习俗来区分民族,忠实于地理学的人通过在人种学地图中分别记录每个国家来支持这一努力,但人文地理学的认知始终旨在把诸民族理解为一个整体,理解为相互联系的各个主体。[人文地理学]主要面向整体,而人种学则主要针对产生差异的内容。Ratzel, F.,《人文地理学》,前揭,页59。

问题——人类中的后者是人种学的主要研究对象。但是,拉采尔批评人种学,认为人种学在描述层面已经穷尽,①且怠于研究那些民族,认为人种学可以满足学习案例、叙述和描述的欲望,而没有感觉到需要去调查"野蛮人"②的生活规律以及他们与人类中其他部分的关系。因此,拉采尔反对他那个时代的人种学家,认为他们只满足于用他们的游记取悦公众:越不开化,越令人兴奋!③ 评论那些希求更深入地了解各民族生活的调查(库尔[Cool]、福尔斯特[Johann Georg Adam Forster]、勒瓦兰特[Levillant]、利希滕斯坦[Lichtenstein])时,他指出,这些调查主要出于他的同时代人的浪漫主义旨趣,几乎没有引发任何哲学观察。因此,根据拉采尔的说法,19世纪末游记的增加和流行所产生的唯一更深刻的刺激,是弱化了卢梭提出的流行观点,即自然状态(人们可以通过生活在热带森林和令人愉快的岛屿回到这一状态)导向幸福:追求这种状态徒劳无功。拉采尔略带反讽地承认,那些多愁善感的心对此会多么失望啊。他注意到,结果正好相反,因为人们的沮丧往往导致对过去心心念念的理想持否定态度。拉采尔批评舆论针对各自然导向型民族的这种转向,并认为与他们的善良天性形成对比,某些令人不悦的体验(如海地黑人的反叛或北美西部土著美洲人的盗窃行为)更加强化了这种态度转向。拉采尔说,这样一来,野蛮人就不再被视为"更好

---

① 他对地理学的作用也提出了同样的批评。那些满足于描述事件的史学家同样适用这种批评。在这里需要提及,拉采尔的同伴、莱比锡实证主义者圈子的成员兰普雷希特也持同样的看法。

② 原文中的引号明显表示与他那个时代占主导地位的行话保持距离。

③ Ratzel, Fr,《自然民族在人类中的地位》("Die Stellung der Naturvölker in der Menschheit", *Das Ausland*, Nr. 1, S. 3 – 8; Nr. 2, S. 21 – 25; Nr. 4, S. 61 – 64, ohne Namen, 1882),页3。

的民族",因为他们与想象中不一样。总之,拉采尔相信,正是对自然民族的这种贬低(degradation),促成了为奴隶制(从本世纪伊始便一直遭到越来越大的挑战)作看似科学的辩护的需要——即通过接受每个种族在能力上的差异来为奴隶制辩护(这不可避免地会将一切种族界定为要么"主"要么"从")。显然,他没有指名道姓地抨击种族主义理论家,仅指出这个问题未经科学验证便愉快地在实践中获得了解决,在此,科学成了伪科学。①

除了抨击他那个时代的种族主义伪科学观点,拉采尔也批判达尔文主义贬低自然导向的民族。这一理论也需要低等种族……因为在现实世界里支撑这一大胆观点的需要近乎迫切。尽管拉采尔声称不同意达尔文的观点,但他承认,与其他所有理论一样,这种对民族的认知引发了某种能揭示丰富真理的流动性。他承认对民族起源的调查一直是最困难的任务,但指责达尔文主义者在人种学中带着一种明显的"独特意图"转向[民族起源]这一艰深问题,这个问题先前可能由于受限于调查视野而遭到忽视。拉采尔对达尔文主义科学家的贡献(无论是消极的还是积极的)深表感谢。他解释说,他致谢的不是达尔文的观点,而是达尔文主义者对数据收集的贡献:无论他们研究民族生活的初衷是什么,必须承认,他们将丰富的事件材料摆到科学研究面前,尽管他们显然略显仓促地将这些材料命名为"人类的原始状态"(Urzustand der Menschheit),并根据他们自己的活动给他们的整个调查确定年代。②

对于任何初步研究,拉采尔再次表达谢意,但他也重申自己不

---

① 拉采尔显然对戈比诺和张伯伦持批评态度,除了他们之间的实质分歧,他还认为他们是伪科学家,因此反对他们。他的文章《民族与种族》也使用"伪科学"这一同样的描述来抨击他们。

② Ratzel, Fr,《自然民族在人类中的地位》,前揭,页3。

赞同这些研究最后的结论。在他看来,这些结论正是那些到处寻找"原始状态"和"演化"的人有意得出的。他对那些事先知道要找什么的研究表示科学上的不信任,并从自己的经验出发,认为这些结论可能存有偏见。拉采尔澄清说:我们无意抱怨不偏不倚会消退,会消退的是思想的自由,即当某人对某种解释感到满意时,他就会低估其他解释。他的批评集中在达尔文主义者身上:如果一个饱受演化观念浸淫的研究者发现一个民族在某些或许多领域落后于其邻居,他就会本能地用"低等"来替换"落后",①即认为这个民族处在人类从原始状态向最高级文化攀爬的阶梯的较低台阶上。

在这一点上,有必要理解落后和低等这两个术语的含义,这两个术语对接近拉采尔的认知至关重要,因为拉采尔所指的分类的坐标轴——后文将表明——主要是时间的而非定性的。甚至达尔文也考虑到时间参数,把高等(high)和低等(low)概念理解为一种自然尺度,并强调高等形式更年轻且优于较老的低等形式,因为前者在生命斗争中获得了一些竞争优势。同一时期,古生物学中已在使用术语较高(higher)和较低(lower)。在地层学中,描述岩层时,术语"晚近"表示"高级"。②

拉采尔将这种达尔文的观点与另一个极端(退化论)对比,后者也是一家之言,认为人类生而文明,但有些民族之所以不文明[不开化],是因为自那时以来经历了一种"退化"过程而堕入现在被误称为"自然导向型民族"的情形。③

---

① 原文有引号。
② Kradolfer, C. A.,《演化即进步?》("Evolution gleich Fortschritt?", http://socio.ch/evo/t_aubry.pdf, 2004),页19–20。
③ Ratzel, Fr,《自然民族在人类中的地位》,前揭,页3。

拉采尔相信，进化论在自然科学家中得到合理的接受，而退化论①则分别对研究各民族的宗教和语言的学者极具吸引力。尽管如此，他还是认为退化论已被不可逆地推翻，且源于该理论本身的危险也远低于进化论释放出的危险。因此，拉采尔预见将来的危险在于我们轻易屈从于这样一种根深蒂固的、在某种程度上自然的趋势，即将"不完全"概念等同于某种"更年轻"、尚未达到进化的高级阶段的东西；由此，在这种未经证实的思路下，我们提前将不寻常且遥远的事物拒之门外，将可能由这一阶段通过退化或退步创造出来的东西（因而可能是某种古老的东西）拒之门外。换言之，拉采尔所批判的那种观点，他更全面、更无保留地重述如下：人类只呈现升级、进步、进化，而不存在退步、退化和死亡。这种观点是否明显也是一种一家之言呢？的确，只有极端的分析家才如此沉浸于这个方向，而达尔文自己，与所有伟大的理论家一样，则非常谦虚地阐述自己的思想，并承认"毫无疑问，许多民族的文化可能已经倒退，陷入野蛮状态"，不过他谨慎地补充说，"我还没有找到这最后一点的证据"。②

从此行文中，我们容易觉察到拉采尔对伟大的达尔文的尊重，同时也容易觉察到对后来的达尔文主义者的批评，因为他们会挪用达尔文的观念并形成极端的解释。③当然，拉采尔并未放弃公开批

---

① 戈比诺也支持退化理论，他试图解释一种他视为倒退的情况，并强调种族构成是一个基本因素。Timashef, N.,《社会学理论史》，前揭，页88。

② Ratzel, Fr,《自然民族在人类中的地位》，前揭，页4。

③ 这里需要指出，根据季马舍夫（Timashef,《社会学理论史》，前揭，页102）的观点，达尔文其实倾向于强调生物过程和社会发展过程之间的区别。拉采尔自己就是这样一种处理方式的受害者，因为显然后来的有些科学家在谈及他时，甚至连他的主要著作都没有读过。

评达尔文的机会,他认为达尔文在其《物种起源》(Origin of Species)中多次未能避免一个诱惑,即错误地将人类本身及其所谓的低等成员贬损到动物界的层次,超过一种更加超然的进路所能允许的程度。①

在认知自然导向型民族并评估他们的过去和未来时,我们可以看到两种极端的状况,它们进而产生两种截然不同的结果。在追踪这些结果的过程中,拉采尔也在思索如下两种观点之间是否还有第三种选择:一种认为自然导向型民族比我们低等,特点是无法发展出在长期且艰苦卓绝的过程中成熟的技艺(我们的进程的核心就是这些技艺);另一种则认为自然导向型民族与我们的发展水平大致相当,获得过相同或类似的高度发展,但由于某些不利的情形,他们的文化成就被盗取,进而陷于贫困和退步(同上)。

拉采尔试图找到一种中庸之道,在他看来这才是真相所在。他提出下一个关于固有的生理差异(inherent physical differences)②的问题,借此可得出关于人类中存在的普遍差异的类型和大小的可靠结论。他强调这是纯粹的人类学假设,即与生理学有关的解剖学假设,是一项独立研究的可能主题,因此他止于一般的观察,希望某位专家能讨论这一关键问题。

最初,拉采尔思考过对"文化种族"(culturetribe, Kulturrasse)这一术语的彻底重审和使用是否会更合适,还构想过一种易于证实的预测:文化导向型民族的身体结构呈现出主要由文化诱发的某些特征;相反,自然导向型民族的身体结构则清楚地呈现出因生活方式缺乏我们通常称为文化的几乎一切要素而造成的某些特征。为支

---

① Ratzel, Fr,《自然民族在人类中的地位》,前揭,页4。
② 原文有强调。

持上述观察,他援引解剖学家弗里奇(Gustav Fritsch)[的观点],后者有机会在自然环境中研究自然导向型民族,并认为只有在文明的影响下人体才有可能和谐发展。按照拉采尔的说法,弗里奇对非洲的卡夫拉人(Kafras)、科伊科因人(Khoi-Khoin)和桑人(San)①的叙述,给人的印象是他们中间极少有发育良好而健壮的身体,比我们(可能为时间所侵蚀的文明民族)中间更少。弗里奇还显然相信,一个健康的、正常发育的德意志人,在身体比例、力量和健壮方面实际上都优于阿班图(A-Bantu)部落男性的一般形态。当然,拉采尔指出,阿班图部落是公认最强大、最顽强的非洲部落之一卡夫拉人的一个分支。因为这样的比较研究越来越多,他预料,如一位美国人种学家主张的土著美洲人是贝尔韦代雷的阿波罗(Apollo of Belvedere)[神像]的绝佳模型,这类观点不再可能不加质疑地得到接受。②

他用两行半简明扼要地勾勒出文化与文化界限之外的生活的差异,阐明了他最独特的人文地理学的、人类学的、人种学的、文化的、反种族主义的观点。根据此观点,确定种族差异的价值的最重要实验——对于实施该实验而言,科学其实过于弱小——正在进行,他这一代人不应指望看到该实验的任何发现:把所谓的更低等种族纳入文明的、更高等的圈子,打破过去作为这种纳入的条件的壁垒,不仅是我们这个世纪最大、最辉煌的成就,同时也是最具科学意义的事件。数以百万计被视为较低等种族的黑人,将首次享受较

---

① 字面意思为"待在丛林后面的人",在科学文献中也叫"桑人"。他们居住在非洲南部和西南部,由于人类学和语言学上的相似性,他们在人类学上与霍滕托滕人(Hottentoten)一起归类为科伊桑人(Khoisan)[科伊桑人:霍滕托滕人(科伊科因人)和丛林人(桑人)]。资料来源:《布罗克豪斯百科全书》,前揭。

② Ratzel,Fr,《自然民族在人类中的地位》,前揭,页4。

高等文化的所有好处和义务,没有任何东西会阻止他们使用所有的教育手段,而这势必导致他们去接受更进一步的训练——这就是人类学对这一过程的兴趣所在。如果我们可以预测(至少带有相对的确定性)过去15年在美国获得解放的1200万黑人奴隶经过几代之后(那时,他们必将倍增到1亿人)会是怎样享受着他们的自由和最现代的文化成就,我们便能确定地回答文化对种族差异的影响这一难题(同上,页4—5)。

从上述可以明显看出,拉采尔在评估一个民族时毫不关注解剖学特征。① 相反,他分析的重点是文化的概念与获得文化带来的好处的途径。最后这句引文表明了拉采尔的研究中的无私,亦表明了他的思想和他的雄心勃勃的思考背后的理性。当然,在这篇文章写完大约120年后,他的问题得到了最有力的回答,那就是有色的非洲裔美国人奥巴马(Obama)当选为美国总统。

由于无法带着实验的确定性来预测在美国获得解放的奴隶融入文明民族的过程,他被迫使用一些指征和假设来解决这一问题,其中最重要的便是文明民族中男女大脑的形状和大小差异,他将这种差异归因于智识劳动的量。鉴于这种两性大脑在生理上展现出来的差异,拉采尔想知道是否对大脑的类似影响也可能存在于黑人身上,因为他们的生活状态已经发生变化,尤其因为这种变化的本质的顶点是长期更频繁地使用扎根于大脑的技能。

拉采尔并不关注由外部条件变化导致的其他种族差异的变化,例如黑人在较为温和的气候中变白等。他仅仅指出,最近所有的种族比较研究似乎都不再认为人类中所谓的较低等种族是从动物到人的过渡阶段,从而淡化而非强化了传统所谓人类学的种族差异的

---

① 同一话题,也可参看第4.3.7.1节中他对种族主义理论家的批评。

重要性。

拉采尔并不否认人与动物在生理上的普遍相似性,但他完全反对某些人类群体比其他群体更像动物的观点,并强调在研究中能在每个种族的民族身上发现那些可能被视为与动物类似的外部特征。①他相信,人和猿在生理上的相似性,难免导致许多只强调这一点的青年学者依据更早的林奈(Carl von Linné)②的分类将二者归为同类。他说,由此种观点出发,只要抽离人性中的精神要素,就足以走向歧途,进而以一种令人厌恶的傲慢方式把人的血肉之躯视为动物性。拉采尔指出,遗憾的是,我们都深谙这样一种观念,即每个人的内心都潜伏着一头野兽:诸如"狂野"的喜悦、"野蛮"的行为或"兽性大发"等日常用语均表明,这类将人与动物放在一起的比较无时无刻不在挑逗着我们的想象力。他以此解释探险家们看到饥饿的澳洲土著吓走秃鹫自己大啖腐肉时,或者他们把一群在白人或黑人面前都胆小羞怯的非洲丛林人比作一群猿猴时的态度。然而,拉采尔警告说,那些不幸的自然导向型民族,其与动物的相似性不亚于我们,不应受到伤害。他进而解释说,所有人或多或少都可能不幸地处于与动物(在生存或进化上)相像这一悲惨处境,而这种处境的悲惨程度或发生几率主要取决于文化发展的程度。拉采尔认为,只有文化能将我们与自然导向型民族区别开来,并着重强调"自然导向型民族"一词不包含任何人类学的、生理学-解剖学的意味,而是一个纯粹人种学的、文化的术语。自然导向型民族是文

---

① Ratzel,Fr,《自然民族在人类中的地位》,前揭,页5。
② 林奈(1707—1778):瑞典博物学家,乌普萨拉大学(Uppsala University)植物学教授,第一位伟大的系统论教师,提出对自然中的三大界的理性分类。他引入二名法(binomial nomenclature system),使用至今。资料来源:《布罗克豪斯百科全书》,前揭,$\Delta o\mu\acute{\eta}$。

化上贫瘠的民族,可以属于任何种族,无论其自然供给情况怎样;他们是尚未发展出文化或已经在文化上倒退的民族。在此语境中,拉采尔以古代的日耳曼人和高卢人为例,他们与罗马人比表现出一种文化上的落后,相似于今天的卡菲尔人(Kaffirs)和波利尼西亚人(Polynesians)与他们的同时代人比。同样,在彼得大帝(Peter the Great)时代,许多沙俄人虽然属于文化导向型的俄罗斯民族,却被明确地归类为自然导向型民族。①

实际上,拉采尔相信自然民族与文化民族的文化差距完全取决于两者在倾向和能力上的差异程度。当然,他也相信一个民族的文化的水平即其所有的文化成就由许多巧合决定,这些巧合应该促使科学家每次试图对一个民族的身体、精神和心理技能下定论时采取特别谨慎的态度。因此,他认为,有较高天赋的民族若缺乏文化底蕴,那么有可能给人的印象就是他们在人类中的地位通常较低。为了支持此观点,他举出中国人和蒙古人的例子,二者属于同一种族,但呈现出巨大的文化差异! (同上,页 5-6)

拉采尔坚决反对他那个时代的种族主义理论,相信种族与文化成就本质上无关。然而,他也认为,想要否认当时最高的文化成就主要来自所谓的高加索人或白人的任何企图都是幼稚的。另一方面,他愉快地证实了一个重要事实:几千年来,历史运动的主要趋势倾向于促使一切种族反思自己的天命和义务,并真诚地看待"人性"一词,②该词的使用被普遍赞誉为现代世界的一项优美品质,即便并没有许多人相信其实施。

但是,导致自然民族和文化民族之间的距离的差异的本质是什

---

① Ratzel, Fr,《自然民族在人类中的地位》,前揭,页 5。
② 拉采尔相信人性的统一,并认为"交通"对此有贡献。见第 4.4.3 节。

么? 对于这个问题,拉采尔坚决反对演化论者长期以来的论调,他们认为没有人可以怀疑自然民族是"当今人类中现存的最古老的层次",并声称自然民族是未开化时期的残渣,当他们还在为生存而斗争的时候,其他民族已经超越那些时期而步入了更高的能力水平。

拉采尔试图极其谨慎地接近这个问题,他首先提出这样一个修辞性疑问:拥有什么样的东西才算有文化? 所有人都认为语言、宗教、政治制度和经济制度这四个部分能够承载文化或由文化创造的一切活动和东西。然而,理性是所有这四个部分的基础,而且就像理性一样,这四个部分构成全人类共有的智识财富而无基于高下文化的区别。

这种观点是最有力的证据,证明拉采尔并没有从生物学的角度研究人,把人看作一个像动物那样为本能的、基因的、细胞的程序所驱动的对象。援引理性作为全人类的共有特征,直接意味着他承认所有民族都能创设[自己的]习俗,即他们自己的意志的产物而非生物学强加的法则。① 这种智能对创造其他习俗(语言、宗教、政治制度和经济制度)至关重要,他随后便检查这些习俗。

在此语境中,拉采尔把语言和宗教放在首位,认为语言和宗教在某种程度上是最高尚的表达,且与理性的关系更紧密。为此,他引用哈曼(Hamann)的话:没有语言,我们就没有任何理性;没有理性,我们就没有任何宗教;没有这三种构成我们本性的必要之物,就不会有任何社会生活、智识生活或社会凝聚力。②

拉采尔指出,语言确实对人类智识的形成有不特定同时却强烈

---

① Savater F.,《跟我的儿子谈政治和民主》(Μιλώντας στον γιο μου γι α την πολιτική και τη δημοκρατία,[Política para Amador, 1992],Εκδόσεις Πατάκη, Αϑήνα,2010),页29-30。

② Ratzel,Fr,《自然民族在人类中的地位》,前揭,页6。

的影响,他相信——就像赫尔德一样——我们必须将语言工具称作我们的理性的舵,把语言称作逐渐点燃我们的心智和思想之火的神圣火花。此外,拉采尔也相信,文化贫瘠的民族的宗教中包含一切种子,后来将创造出文化民族在艺术与科学、神学与哲学领域的智识生活的茂密森林,从而给这种更简单的生活形式并入一切可欲的理想。至于这些民族的祭司们捍卫和守护的神秘信仰,拉采尔认为,从广义上讲,这些神秘信仰的传播是文化进步最明显、深刻的特征。

在这一点上,拉采尔试图分析语言的功能。不管对语言起源的个别看法如何,尤其不管语言如何出现以及在哪儿出现等细节如何,语言总是表现为人类一切文化财富的前提条件,表现为获得和积累文化财富的手段。语言缓慢地演化并与智识(源于自然,但通过语言且与语言一起发展)相会,可以被视为人类掌握的最早且最重要的工具。这位德意志地理学家指出,与所有工具一样,语言是不断变化的,因为在几个世纪中,一个词可能具有非常不同的含义;这个词也可能完全消失,或被同一种或另一种语言的其他词所取代。与所有工具一样,一种语言可以遭到放弃,也可以得到重新使用,因为整个的民族可以为了使用另一种语言而排斥自己的母语,就像更换衣服一样。由此,拉采尔得出结论:一些文化成就比语言延续得更久,例如养牛的技能,一旦习得,就不像一门欧洲土著语言那样易于灭绝。因此,拉采尔觉得有必要停止继续纠缠于这一点(对那些知道各民族生活的人而言,这一点不言而喻),因为人们仍有意无意地将语言学分类和人类学-人种学分类混为一谈。① 为了佐证上述区分,他援引语言学权威莱普修斯(Lepsius)的话,后者驳斥人们经常支持的一种认知,即民

---

① 见第2章中拉采尔的国家观,他与那些认为语言是民族性的一项标准的人观点不一致。

族和语言因两者的起源和亲缘关系而重合。

> 民族遵照自己的方式扩散和融合,而语言,即便长期依赖于前者,但遵照自己的方式,常常相当不同。语言尽管是民族的个体构建和直接智识表达,但往往独立于自己的创造者而覆盖大量外族或者灭绝,而之前使用该语言的民族则继续存在,说着完全不同的语言。

拉采尔在此基础上深刻地意识到,一个不言而喻的事实是,像印度日耳曼种族、闪米特种族、班图种族之类的术语不仅缺乏价值,还因具有误导性而应受谴责;同样不言而喻的事实是,语言作为人类智识演化的第一支柱,尽管具有不可估量的价值和影响,但对记录人类内部差异却不可思议地几乎没有价值。①

拉采尔以非洲科伊科因人和桑凯人(Sankai)为例来证明上述观点,两者通常被认为是身材最矮小的民族,而前者在文化上也排在较低水平。据估计,这两个部落使用一种类似的语言,与北非或含米特(Hamitic)语有关,而莱普修斯将其置于含米特语系的库希特(Cushitic)语族中,该语系的最高分支是埃及语和科普特语(Coptic)。一旦这些估计得到证实,就会证明非洲最大、最能干的民族之一与身体和文化上最有限的非洲民族拥有同样的语言;即使最典型的自然民族"桑人"讲一种精致的、词汇丰富的语言,其发展仍需要大量的智识工作。根据演化论者的说法,我们见过的最简单的语言是汉语,没有词形变化,只有450个关键词,可以像石头一样合成和分解,是一种一成不变的、本质上非有机的语言,但讲该语言的民族却发展出亚洲最高级、最持久的文化,它在与欧洲文化相识百年之

---

① Ratzel,Fr,《自然民族在人类中的地位》,前揭,页6–7。

后依旧傲然挺立。按照伏尔泰(Voltaire)的说法,"自然教会这个民族[中国人]直接发现对自己有用之物的方法"。显然,拉采尔不认为语言是一种评价民族优劣的因素,因此他认为,在那些条件下,一种语言谱系可以创造出来,但他不相信这对创造人类谱系有贡献,因为我们在人类中发现,发达的民族会讲条理化极低的语言,而文化上可能最低等的民族会讲高度条理化的语言。其实,拉采尔相信年轻的语言学家似乎并不指望从全球语言谱系中看出什么端倪,不像他们的前辈那样曾将该谱系视为达尔文主义的有力证据。①

语言之后,拉采尔考察了宗教,他既批判只假设性地探讨无语言民族的存在,也批判不带犹豫地、非常热切地探讨非宗教民族并认为这构成原始状态。站在科学的角度,拉采尔完全赞同基于宗教感情而反对这种退化的努力:完全的无宗教、真正的无神论是一种不稳定的、情感上冷漠的过度文化(over-culture)的结果,但绝不是一种原始的、未开化状态的后果。后者哪怕在最终的灭亡状态也仍然需要宗教,这种需要对应于一种类似的宗教可能,即便表达得很不准确且让人困惑(B. v. Strauss)。

拉采尔认为,人种学不承认非宗教民族,只承认处于不同演化阶段的宗教观念,在一些民族的宗教观念尚未完全成熟、小而隐秘的时候,有的民族已创造无数的神话和传说。拉采尔再次诉诸语言的例子,呼吁研究者们注意,不要动辄从不完美的情形中推导出所谓"原始情境",在宗教上尤其如此。针对那些除了从更高的宗教阶段的倒退之外看不到任何东西的人——因为他们无法解释伟大宗教观念的衰落(他提到阿比西尼亚(Abyssinia)的基督教徒、托马斯主义者或者蒙古佛教)、黑人的拜物教以及霍屯督人(Hottentotts)

---

① Ratzel, Fr,《自然民族在人类中的地位》,前揭,页7。

的鬼魂信仰等——拉采尔争辩说：传播宗教观念的能力与这些观念会衰落的确定性成正比——如果将这些观念抛进文化民族纷繁复杂的物质生活的话；因为这些观念会疏离于一个宏大的活的神话或精神理论体系。如今，我们在印第安或波利尼西亚神话中发现基督教态度的衰落残片。如果我们不去怀疑这些残片的转化历史，演化论者便可加以利用，以证明在这些残片中孕育着我们伟大基督教的一些种子。① 甚至近20年来以深厚感情和艰辛努力收集起来的自然民族的民谣诗歌，在某些点上也让人产生疑惑，怀疑欧洲神话、童话等的一个分枝在那里偶然被发现，在异国的土壤中因倍增势头（multiplying momentum）而创造出诸多分枝，而倍增势头正是这些想象出来的创造物的特性。②

为了支持上述看法，拉采尔引用了马克斯·穆勒（Max Müller）的研究，后者在自己的著作《卡拉威的祖鲁人幼儿故事》（*Callaways Nursery Tales of the Zulus*，1866年）一书中承认祖鲁人中有某种更为深刻的思考，并指出他们的神话跟我们的一样，至少也提及精灵、仙子和巨人，这意味着存在一个杳远的文明或至少存在一个漫长的发展过程。在同一方向上，语言的不规则通过其独特性恰恰表明，语言有充裕的时间来吸纳那些明显舶来的结构，而且在某段时间中，当下被视为随机且无意义的东西，是基于服务于某一特定目的的规则创造出来的。上述推理证明了拉采尔的观点，即自然民族的智识生活在衰退，而非以进化为目标。当然，他强调，证成上述观点的前提是详实地掌握埃及、印度、阿拉伯和欧洲文明的源头，这类刺激可能从这些源头产生；他还预测，可见于其他文化财产的埃及传统的

---

① 传播理论，见第5章。
② Ratzel, Fr,《自然民族在人类中的地位》，前揭，页7-8。

踪迹,将在最偏远的非洲民族的精神生活中,即主要在宗教领域,为人所发现(同上,页8)。

4.2 民族评估

拉采尔将一个民族的活动分为"内部"和"外部"两种,前者以自身的可持续性和延续性为目标,后者着重于与其他民族的互动。这两种功能对应于植物(vegetatisch)活动和动物(animalisch)活动的区分,这两种活动存在于每一个有机体中(拉采尔解释说,走路代表一种动物行为,而消化或心跳则是植物功能),二者密切联系,相互依存,因为外部活动依赖于内部的健康条件,对民族和个体而言都是如此。[1]外部活动的执行者主要是个体,而内部活动的执行者主要是家庭。

4.2.1 家庭[2]

拉采尔认为,民族的内部生活以家庭为基础展开,家庭是民族的内部生活的最终单元(ultimate unit,作者注:换句话说,是分析的核心单元),[3]好比是活的、基本的细胞有机体,既组成我们的身体,也构成任何有机实体。

除了核心的生命维持功能外,这些细胞还是整个有机体的生命载体,因为生命的演化和每个单元的繁殖都在促进作为整体的生命的繁衍。每个细胞作为一个单元越完善,每一滴原生质就越好地完

---

[1] Ratzel, F. ,《对诸民族的评估》,前揭,页180。
[2] 原文分为三个没有标题的部分,因此原文中没有这些标题。在此选择目前的分类是为了便于理解。
[3] Ratzel, F. ,《对诸民族的评估》,前揭,页180。

成自己的任务，整个有机体的生命也就越精致。生命在体内运动得越剧烈，整个有机体的心脏跳动得就越有力。细胞增殖促进生命的成长，年轻细胞的分裂则促进生命的增殖，老细胞的消失带来生命的更新，细胞的坏死则意味着生命的死亡。因此，拉采尔相信，家庭对于民族就像细胞对于身体一样，是一个民族更新、繁衍的起点和核心，也是他们经济生活的中心，是他们接受教育的地方（同上）。

建立家庭和保持家庭凝聚力主要是女性的工作，她们对我们文化的发展发挥着关键作用，尤其在女性第一次承认保护茅屋、洞穴或火的角色比猎人或渔夫合适得多之后（同上，页181）。因此，拉采尔认为，我们在评估一个民族时首先考虑女性的地位并不奇怪，因为她们的行为通常由家庭分享，并通过家庭影响及整个民族。

对家庭的评估，必须考虑下列因素：

• 妇女的地位：尊重妇女的民族创造出良好的家庭、教育和经济生活条件。女性地位低下会导致家庭和民族的解体。拉采尔认为，压迫且边缘化女性的男人没有男子气概（同上）。

• 家庭对国家经济的重要性，在德国尤其重要。在德国，节制和储蓄必不可少。拉采尔还认为，获得物质财富是组建家庭的一个动机（同上，页182）。

• 全心全意地投入家庭生活，建立牢固的联系，男女之间的利益和倾向一致。在这一语境中，他相信，妇女参与社会事务、政治或政党的情况只发生在家庭关系松散、妇女地位特别低下的社会（同上）。

• 家庭在维系殖民地方面的重要性。拉采尔认为，由于家庭环境有助于解决实际问题和情感问题，所以举家移民极为有益。他把英格兰和德意志的殖民策略同西班牙和葡萄牙的例子加以比较，前者举家殖民北美，后者则主要将年轻人送到中南美洲去撞大运。当前者在殖民地蓬勃发展时，后者（尽管他们拥有自然优势）却落得政治、经济和文化上的失败（同上，页182–183）。

- 将牢固的家庭纽带作为衡量（当然，要极为谨慎）民族道德的尺度。拉采尔建议慎用这一"尺度"，因为其中隐藏着各种陷阱，比如对外族了解有限、可能的偏见或滥用统计数据。尤其在统计数据上，拉采尔认为，在评估民族时，深入分析家庭生活要比分析婚姻、生育或卖淫等方面的统计数据重要得多（同上，页183）。最后，拉采尔强调，虽然存在统计偏差，但那些火眼金睛的观察家的比较观察一致认为，人在道德领域是相似的，尽管这每每都取决于我们的现代文化如何定义"道德"（同上，页184）。

- 家庭对民族教育的贡献——塑造品性比习得知识更重要。当时的德意志，大部分人能够读写和算数，拉采尔认为这非常重要。但是，拉采尔相信，认为德意志人比那些没有义务教育的民族更优秀的观点（尽管这错误地为人所相信）毫无意义，因为只有经过长期的、不间断的、手段多样的教育，智识训练方能深刻影响到人类的行为，抛却这一点，知识就只是一种有用的工具，除此之外什么都不是。拉采尔认为，唯有家庭方能传承的坚实道德基础的发展，甚至比任何系统的基础教育都重要。在最后一点上，他将纽约或悉尼的德意志移民与同样地方的不列颠移民加以比较，后者虽然没有义务基础教育，但这并不妨碍他们发展出自信的感觉、务实的观点和信心，这些因素不仅帮助他们在有挑战的形势中生存，更将伴其一生。

4.2.2 智识生活和科学生活

作为一名德意志地理学家,拉采尔对一个民族的知识能力和智识水平的重视程度低于人们的预期。他指出,在日常生活中,评估一个人能力的标准不是知识,知识是拿去衡量专业科学家的标准。与知识相比,拉采尔更看重人们应用知识的方法,毋宁说这才是评判一个人能力水平的决定性因素,因而也应该是评估民族的标准(同上,页185)。他认为这件事对德意志人来说特别重要,首先是因为没有哪个民族重视科学本身,其次是因为德意志人由于政治和科学上的贫乏而被其他民族蔑视之后,被迫在科学发展中寻求慰藉(同上)。

拉采尔尤其强调一种民族中心主义观点:一个民族会更大地获益于不需要和他人分享的成果,因为全世界都共享科学成果的益处,而一个主要致力于科学的民族(比如德意志人)只能个别地享受所获荣誉带来的益处。对此,他总结道:只有当学者成为老师,他们的努力才真的有益(同上)。

上述观点表现出一种严格的新教伦理,因为拉采尔认为,与智识的培养相比,物质成就更重要,拉采尔所有的著作中都充斥着这样的观点。①他直接将自己的观点同当时的社会隔阂联系起来,他已看到这种隔阂并秉持一种实用主义的且同样精英主义的方式将其考虑在内,质疑当时的如下说辞:对人类有用的科学、文学和艺术的观念,对人们同样有用。如果这些观念不适用于他们的日常生活呢? 拉采尔坦言:精神之太阳的光芒难以穿透大众,因为只有上层方能追随这些光芒的轨迹进而理解自己的冒险。下层只会随大流,

---

① 新教的影响也表现在他对劳动分工的观点上。见第4.5.3节。

而且一般来说在智识生活上落后一代。余下的是黑暗和虚无。如果可以测量,有能力分享文学和艺术财富的德意志人的数量会多么少?能理解我们的研究成果的人,数量更是会少到什么地步?尽管共同享受文学和艺术的能力显而易见,拉采尔仍相信,这种共享仅停留在享受的层面,没有持续性,只有有限的适用性和传播潜力。①

综上,拉采尔得出结论:一个民族的智识生活无法为他的评估定调(就像国内生活的其他表现一样)。不管怎样,以智识生活来评估一个民族都是错的——如经常发生的那样——如果那就是唯一标准(同上,页186)。

4.2.3 工作与经济

拉采尔将那些伟大心智的智识产物比作不会每年开花的某种被子植物的花朵,这种植物长久地默默生长,只在——除了外部条件——内部力量集中的条件成熟时才会开花。一般来说,这种植物的本质更表现在主干和枝条而非转瞬即逝的花朵上,花朵会误导我们的判断(同上)。

因此,拉采尔认为最可靠的解决办法,是将脚踏实地工作的各个民族的那些表现(expressions)首先放在天平上。他引西班牙为例,这是一个在过去30年中试图实现智识复兴的国家,也确实呈现出自塞万提斯(Miguel de Cervantes,1547—1616)和卡尔德隆(Pedro Calderón de la Barca,1600—1681)的时代以来最伟大的智识突进,不过仍未能产生大师。尽管有着在西班牙"智识已死"的流言蜚语,拉采尔还是认为,[与塞万提斯和卡尔德隆那个时代相比]高达50倍的西班牙出口额足以唤起智识复兴的希望,因为数字无疑表

---

① Ratzel,F.,《对诸民族的评估》,前揭,页185 – 186。

明,西班牙人民还在工作和辛勤劳动,尽管那些饱受文学熏陶和训练的上层在智识上已经死去。因此,拉采尔相信,哪怕身处贫穷,劳动和物质进步也将确保民族的生存,也会促使更新鲜而富有营养的血液从劳动者的肺开始向民族的大脑和肺回流,进而唤醒民族的上层(同上,页187)。为了重新强调经济繁荣对民族发展,尤其对促进国家整合进程的重要作用,拉采尔引用意大利和德意志为例(这两个民族在国家方面发育受阻),两者的历史清晰地表明——这可能不是巧合——经济因素在这两个国家的重生过程中尤其扮演着至关重要的角色。

综上所述,拉采尔认为,由于一个民族的经济工作涉及全部公民,因而在评估该民族的过程中必须严肃考虑经济工作(同上)。他坚信生活或工作的表现构成评估民族的坚实基础,因此他将民族的经济活动(与其他活动相反,民族中的每个人都参与其中)视为评估一个民族的仅次于家庭的第二重要的标准。至于必须考虑的数据范围,他指出:当然不能只从贸易统计的正负数字得出结论,银行统计数据、居住和就业统计数据、酒类消费统计数据等也应予以认真考虑(同上)。

最后,这位德意志地理学家提出一个看似奇怪的问题:那些无须工作的社会阶层有多欣赏劳动?他预测,对劳动的欣赏将造就一个新的群体,劳动贵族。之所以会出现这种情况,是因为[技艺]精湛的劳动行为(通过将其提升至高贵的地位),将把一直飘散的各社会阶层连接起来,胜过历史和法律加在一起的各种共同要素。拉采尔最终断言:各个民族内部的社会冲突必将愈演愈烈,因为社会上层越来越不从事自己分内的劳动,这些劳动的重量便落在全体民众的肩上,而社会下层又认为这是不可承受的重量(同上)。

4.2.4 智识领袖和政治精英

拉采尔以民族的智识生活为出发点，试图去了解各个民族的智识领袖和政治精英在这些民族中的社会地位如何，并想知道一个赋予杰出成员以高贵地位的民族是不是更伟大。这类重要人物之所以获得崇高的地位，是因为他们所作的杰出贡献吗？最后，这些人士的存在，是不是衡量一个民族整体智识成就的标准？（同上）

在这个问题上，拉采尔甚至在其相对早期的作品中就展示出复杂而多面的思考。他建议非常谨慎地对待这个主题，因为俗话说"在瞎子的国度，独眼就是国王"，并认为伟大英雄的出现取决于民族的生存条件（同上，页188）。因此，在某些民族中，从事贸易的人或手工劳动者亦能成为伟大的人，这在那些不需要领导人民或不可能攫取统治地位的民族中尤其如此。拉采尔评论说，伟大人物出现在特定的时代，或者说一个伟人的存在迫使另一个伟人出现；他观察到，伟大的征服者往往被一群杰出的人物包围着，就像星星极少单独发光，而往往会形成星群（同上）。

拉采尔用英格兰过去一百年的发展轨迹来阐述他的上述观点：天将降伟人于民族危难之际。那时，一个自由国家的行政需求孕育出整整一代伟大的政治家。据此，他对"从路德（Luther, 1483—1546）到莱辛（Lessing, 1729—1781）的两个半世纪，德意志没有智识人"的说法嗤之以鼻，因为就在上世纪的最后几十年里，德意志涌现出了大批智识人。对此现象，拉采尔的解释是，当时存在的一些条约不允许录用和提拔杰出人士，尽管杰出人士总是几乎不为人所见地在那里：我无法想象歌德作为路德派教士在16世纪的村庄传播他的智识力量，抑或莱辛作为一个士兵在17世纪的乡下游荡，抑或俾斯麦在18世纪当一个小邦的行政长官（同上）。

拉采尔由此推断，在评估民族的时候，杰出人士的作用不宜高估。另外一个原因在于：智识生活中的领袖并不是某个民族的专属，他们属于受其影响的所有民族（同上，页189）。为此，拉采尔援引亚里士多德作为例证，认为他对中世纪文化的影响可能远大于对希腊人本身的影响；此外他又以莎士比亚为例，认为他对德国古典主义所产生的决定性影响比他对英国文学的影响还要大。尽管如此，拉采尔补充说，那些杰出人士为一个民族带来的声誉或他们的真实价值不容忽视或低估。

考虑到智识人对民族间关系的贡献，拉采尔评论道，尽管不是人人都心存感激，但有不少例子表明人们对希腊或意大利存有感恩之心。这种感恩之心不只是共情，也是人们实实在在地承认古代的希腊和罗马曾经教化人类。因此，他相信智识人之间的良好关系具有广泛的建设性，也认为一个民族（不只是小的、脆弱的民族）得到最好、最高贵的那些民族的实际承认极其重要。拉采尔甚至尝试作一个非常有趣的区分，他把外交政策的执行划分为不同层次，即智识精英、应用政策和大众三个层次，并且好奇这种对其他民族的实际承认的火焰在大众层次的国际关系特有的低下和无知的迷雾当中跳动得有多清楚（同上）。为了强化此观念，拉采尔提到德意志人近来体会到的一些积极感受：与我们在政治和经济领域的实际努力形成对比，德意志的伟大诗人和学者们在莱茵河和海峡之外得到承认。当然，他赶紧把这类反应放入其真正的维度，补充道：不同民族的学者们通过赞美和荣誉表达的这类纽带和最好的联盟，虽然的确真诚而愉悦，但注定转瞬即逝，一旦民族敌对之风吹来，便会轻易消失。但是，这种联盟和纽带的根依旧存在，历史的风暴时期过去后，又会成为民族关系中春天的第一位先行者（同上）。

拉采尔对杰出政治家的评论特别有意思，他从内外事务两个方面来区别这些政治家的贡献:产生杰出政治家的民族将从这些政治家身上获得直接好处,因为他们决定了这个民族在全球舞台中的历史。与伟人对一个成熟民族的内部事务的政治影响相关,在评估民族时,人们可以接受那条共和原理(republican axiom),即对人类未来持更乐观、更自信态度的民族是那些不需要伟人来掌管内部事务的民族,因为那些民族的大众已然展现出足够的奉献精神和灵巧[技艺]来确保最好的结果。一个民族的内部演化需要和平、宁静以及稳健的步伐,这些因素难以与天才的狂乱步伐和急躁相协调(同上,页190)。

4.2.5 "社会归属"的意识

拉采尔在根本上谈到国家的诞生和发展过程时指出:将个体转化为民族的归属感,其深度在所有民族中不尽相同,因为在有的民族中,这种归属感并不强烈且毫无生机,而在另一些地方,人们却洋溢着生机勃勃的家国情怀,这种健康的愉悦之情正是民族的非凡成就的基础(同上)。他强调,这种归属感的生机和活力直接关系到民族诸力量的同质和更强行动能力的获得,这些将有助于发展一个民族最根深蒂固的道德、态度和制度,而这三者可以视为[支撑起]民族躯体的骨干。这种充满生机和活力的归属感当然是一个有机体的黏合剂,但也是其基本成分之一,它让一个民族能够响应伟大的天命,完成伟大的任务。因此,在拉采尔看来:民族的归属意识给我们一种手段来衡量一个民族的耐力和价值。一个民族的凝聚力越松散,其作为一个民族的表现就越差,其预期的未来因而也越短;反之,归属感越强,即通过民族意识而产生的统一越坚实,这个民族表现就会越突出,民族本身显然也会持续得越久(同上)。

在某些情况下,拉采尔把强烈的民族意识的发展归因于地理因素,因为某些民族——尤其岛屿民族和受到天然屏障保护的民族——幸运地享受着由于地理位置而发展出的强烈归属感。例如,不列颠人、挪威人、西班牙人,以及地理优势相对前三者不那么明显的荷兰人和瑞士人,他们都在这种条件下统一并发展出了鲜活的民族意识,那里的自然位置起着遮挡外部世界的作用,大有助于强化民族的内部联系和致力于共同事业的坚定团结。这种条件对英格兰和苏格兰有积极的影响,而自然的馈赠对民族演化的影响显见于日耳曼民族的情况,其中只有那些被天然的地理边界围绕的群体,如瑞士人、挪威人、冰岛人跟荷兰人,才获得了完全的政治自由(同上,页190–191)。

然而,当上述外部驱动力缺失时,为了达到同样的效果[译按:上文所述的那种完全的政治自由],各民族就必须具备各自强大的内部力量。作为这种内部力量在政治不独立民族(比如犹太人和亚美尼亚人)中的一个例子,拉采尔提到发展为一种连接力量的宗教上的同志情谊——尽管这两个民族流散各地,受尽压迫。此外,伟大的历史记忆、共同的语言和习俗以及(在一个狭窄但不断扩大的圈子内)长期以来形成的、想要在一个民族国家内部实现稳定共存的需求,使庞大但碎片化的德意志和意大利民族转变成了具有强烈的归属意识和深刻凝聚力的国家。同样,拉采尔认为,遭遇毁灭的不利前景可能使波兰人团结在一起;而近年来,马扎尔人一直在抵抗自己碎片化的地域周边的各民族(同上,页191)。

4.2.6 语言和"民族认同"

为了避免民族在发展或扩张过程中可能的消失,拉采尔非常重视母语的地位。他认为母语的培养——与民族文学一起——通常是一种清晰的民族意识的标志(同上)。

几十年前,从多瑙河南岸地区的民族大杂烩中分离出一些小民族(马扎尔人、塞尔维亚人、克罗地亚人、罗马尼亚人)。拉采尔认为,对这些小民族的发展有特殊贡献的是为了保存民族方言而建立的一些机构,即科学和文学院、民族剧院、诗人和作家协会等,这些机构的贡献不亚于重大变革或战争胜利的贡献。在衡量共同语言对于各个民族的大小的重要性时,拉采尔认为:对于雄心勃勃的小型族群而言,重要的是要团结起来、仔细审视自己的路线、了解自己的权力的意义。任何讲他们语言的人都在某种程度上带有他们的印记。如果不能在政治上或经济上独立于周围各民族,那他们至少应努力在自己的智识生活层面实现这一点(同上,页 191 – 192)。拉采尔注意到,一个省或一个较小地区的居民都会认为(甚至在大民族的语境中)自己的方言迷人,因为这体现着祖先的民族记忆。当新生民族转向自己独特的语言的时候,拉采尔更加容易地发现了这同一种目的。这些语言往往承载着重要的历史记忆,且已经表明民族文学的滥觞(同上,页 192)。

拉采尔认为,大民族并不像小民族那样以语言的统一为先决条件,因为在大民族当中,使用的是主体民族的语言(例如法兰西、英格兰、德意志、俄罗斯的欧洲部分、意大利、西班牙,奥匈和土耳其是例外)。当这类主体民族存在的时候,便不需要像那些较小民族那样将主体民族的语言强加给少数民族,也不需要对少数民族的语言加以同化。但是,拉采尔紧接着罗列了语言上同质的优势并强调其重要性,因为没有语言认同,既无法实现共同教育,也无法轻松活泼地探讨问题,而且无法唤起共同的历史记忆;没有语言认同,就无法想象一个团结的、具有民族意识的民族。从行政管理机制的顺滑运作这一务实的需要来看,一门共同的语言也是值得拥有的(同上)。

在考察文化和语言的同化过程时,拉采尔对一种达尔文主义的见解作了探讨。根据这一见解,如果一国人口的大部分属于一个具有天赋、活力和潜力的民族,较小民族的同化便会自动发生(如德意志、大不列颠、美国)。他认为,一个强大民族的特质还包括有决定性的能力来吸纳外来要素。因此,这样一个强大民族不必对外来要素的出现感到恐惧,倒会因自己的优越而信心满满,知道自己能悄无声息地消除这些外来因素的影响(同上,页193)。至于暴力同化,拉采尔以沙俄(一个强大的民族)对东部省份的德意志人和波兰人的斗争为例,指出这种斗争正好显示出压迫者一方在文化上的惨败。他举的相反的例子是,在美国,操着英语的绝大多数人口对其他民族体的包容真正显示出主体民族的自信和审慎。事实上,一个真正有能力且强大的民族是(当代和历史上获得的)教育的最佳产物之一,绝不会因这种恐惧而想要压迫他族。这种无望的尝试会瘫痪一个民族的力量,而这些力量本可更有效地用在其他方向(同上)。拉采尔对自己的同胞发出警告(有人也认为这是拉采尔的预言):因对自身力量的无知而产生的对异族施以压迫的努力,会直接削弱这份力量,最终导致不可挽回的恶果。墨西哥经济的崩溃就是一个典型的例子。出于民族嫉妒,墨西哥一再驱逐西班牙裔,致使该国经济处于过去60年以来的最低点。最后,拉采尔提出一个普遍规律:健康且强大的伟大民族,对较小民族发挥出一种自然的吸引力,并且有自然的能力来不带压迫地同化弱小民族(同上)。

4.2.7 血统及其特点

受语言争议的启发,拉采尔也触及那个时代的一个当前问题,即国家的人种构成。他估计,假如没有对各自血统之纯正的过分夸大的理解,一个民族①内部不同族群之间的纷争就会消失。② 他诉诸种族人类学(racial anthropology, Rassenlehre)的科学数据——但没有援引任何具体研究——得出一个基本论点:血统纯正的种族并不存在,所有种族都是混合的(同上)。他把这条规则转移到民族身上,即认为:各个民族的阶层中包含与自己意欲接受的要素截然不同的要素,而民族要素在自己历史上的重要性(只要那种重要性为人所知)以及在当今的重要性误导了他们,使他们在与遥远过去的比较中高估了民族要素(同上)。

拉采尔解释了该现象,但不认为高估民族要素是理性的,因为,追求极端理想化的民族血统以及展示尽可能纯粹的家谱,会导致民族将自己与历史上讨论过的先前居住在同一片国土上的居民联系起来,但实际上,民族的内外特性,尤其与其他民族的混合,对自己有强烈得多的影响(例如法兰西人-高卢人,意大利人拒绝承认自己和凯尔特人混合,意大利人-罗马人,日耳曼人,英格兰人)(同上,页193-194)。

拉采尔相信,有些民族倾向于诉诸纯粹而古老的血统,这不仅是不顾历史,也是错误估计了纯种民族和混种民族之间的差异。首先,他鼓励诉诸过去的事件:人们在此理应感到自豪,并意识到伟大的过去不仅给人以心理上的慰藉,也具有现实意义。由于过去的荣耀,崇高理想才得以强化。同时,他不容置疑地严厉批判种族纯洁的理论,强调这类优势事物中绝不可能包括种族的纯洁。在此语境中,他谴责乱伦,即具有血缘关系的人之间的持续繁殖,如我们所

---

① 显然,这里拉采尔在用民族(people)代指国家(state)。
② Ratzel, F.,《对诸民族的评估》,前揭,页193。

见,近亲繁殖会给智力、身体、家庭……以及民族都带来毁灭性后果。①

他支持民族融合,首先强调民族和人的单系的、自然的倾向会因乱伦而产生疾病,但民族之间相互融合则会使这些疾病减弱甚至消失。更重要的是,至少就短期观察的目的而言,他认为通过民族融合可实现另一种可能更显著的优势,既数量和倾向种类的增加。这些优势在欧洲每个民族中都可观察到。作为例子,他提到居住在法兰西的阿尔萨斯－洛林地区的德意志人的角色,那些人已掌握法语的许多技巧,因此对法兰西而言,失去这一地区就会像失去奥佛涅(Auvergne)或加斯科涅(Gascogne)这类地区一样。②拉采尔说,失去阿尔萨斯和洛林会使法国的人口更为稀疏,也过于单一。拉采尔用这个例子的意图是要和比利时人取得的巨大经济繁荣的例子比较。长期以来,人们都承认,比利时人的经济繁荣主要得益于出色的民族融合。③以此为基础,拉采尔解释了佛兰芒人(海员和贸易专家)和瓦隆人(腼腆且擅长制造)如何分工,前者不太可能做铁匠,而后者永远不会理解前者对海洋和世界贸易的热情。在英格兰也是如此:盎格鲁－撒克逊人是海员和商人,而凯尔特人仍然与铁和煤联系在一起。此类比较不可避免地移到日耳曼民族身上:与那些混合民族相比,斯堪的纳维亚的纯日耳曼民族和尼德兰的居民在多大程度上更单一且不够灵活? 在德意志历史上,难道还没有证明半斯拉夫血统的东部与德意志血统的北部和西部之间的这种对比带来了丰饶且能救命吗? 对于那些疯狂的老条顿人的短视梦想而言,

---

① 同上,页 194。此处是对种族主义理论家的另一种明确批评。
② 法国南部地区。
③ Ratzel, F.,《对诸民族的评估》,前揭,页 195。

所有这些互动是多么耻辱！那些人认为，士瓦本人和巴伐利亚人领导下的易北河对岸的民族是低等的，因为据说他们的血管里流淌着斯拉夫人的血（同上）。

拉采尔认为，人口混合的优势不只是一个历史事实，在年轻国家的形成中更为明显，这些国家正处于更剧烈的转型过程之中。以沙俄为例，拉采尔注意到，虽然该国的德意志民族人口稀疏，但他们在该国的行政管理尤其经济发展领域具有举足轻重的地位；同时，在美国，人们比在其他任何地方都能更清楚地看到，美国人如何得以将不同的社会功能分配给不同的种族或人种，又给每个种族或人种带来益处。作为这种分配（他的著作中经常出现）的一部分，他指出在美国的德意志人以坚定的意志、对土地的奉献、在经济上的勤奋和谨慎来发展农业，而那里的爱尔兰人则比任何人都更适合在工厂中从事非技术工作或打零工。拉采尔相信美国人自己已经认识到，①若没有德意志人和爱尔兰人，美国的农业和制造业都将远远落后于当时的发展阶段。同时，他难以想象，波兰或罗马尼亚的经济生活没有犹太人会如何，或者小亚细亚和黑海（Pontus）各国的经济生活没有亚美尼亚人或希腊人会如何。民族融合的重要性甚至显见于当代文化演化的最高水平、现代世界的大都市……在世界贸易的中心伦敦城，我们发现犹太人和德意志人②是批发市场不可或缺的成员，也是活跃于股票贸易市场的主要人口。③

尽管拉采尔承认融合的优势，但他并不认为一切形式的种族融合都有益（同上）。他对融合的上述好处提出了部分质疑，

---

① 这篇文章写于 1878 年，他论美国的著作也出版于此年，拉采尔在后者中分析了美国和墨西哥的多民族功能。
② 他在同一段中两次正面提到犹太人的特殊经济天赋。
③ Ratzel, F.,《对诸民族的评估》，前揭，页 195。

指出如果一个白人民族与黑人、马来人等无限繁殖，从而退化至如葡萄牙人在其全部海外殖民地所达到的那种程度，那么，这简单来说就是从他们曾经达到的更高水平退化下来，因而是一种遗憾。①

拉采尔认为，一个国家的人口结构呈碎片化状态同样成问题，如欧洲的土耳其和奥匈君主国所呈现的那样，在那里，如此驳杂的民族混合在一起……当然不可取（同上，页196）。与这些情况不同的是德意志帝国境内数以百万计的斯拉夫人、丹麦人和法兰西人：随着时间的推移他们似乎要成为我们纯粹德意志特征的一个受欢迎的补充，因为一方面，只要我们保持自己的内部联系，他们的数量就不足以破坏我们帝国主要的德意志特征，另一方面，他们有助于我们保护这一特征，避免民族的单一和僵化（同上）。事实上，他意识到这些群体可能非常有助于德意志人的发展：因为他们对德意志民族的反对告诫我们，随着时间的推移，仅靠坚定不移的民族感情是不够的，我们还必须靠自己的能力和日益强大的国家机构，才能使他们更加稳定地融入我们的民族，直到永远（同上）。对此，他补充说，将相当一部分异族纳入一个现存的成熟民族，无疑是一个危险的实验，这一实验只有在尽可能自由的条件中方能得到成功测试，像在美国和瑞士。我们其他人不得不将精力集中在保护我们的民族内部凝聚力上，直到最近才因为频繁的民族交往，而虑及大量新鲜血液涌入我们的有机体的血管这个问题。

---

① 同上，页196。拉采尔所说不包含任何生物学上的标准，而是文化上的标准。详见第4.6节。"高等"和"低等"两个术语的含义，见第4.1节。

4.2.8　世界主义时代或即将到来的全球化

最后一节揭示出拉采尔分析的敏锐之处(只要这一节的真实维度得到理解,而不是从所谓生物学的考察角度来理解),因为这位德意志地理学家已经完全意识到变化必然来源于技术进步以及由此而产生的交通。我们可以清楚地看到拉采尔(我们不要忘记,这篇文章来自他写作的早期)如何看待民族之间的距离不断缩短这一问题:他捕捉到即将到来的全球化苗头,并且(忠于从民族视角出发的自由主义原则)寻找一种处理这一新情势的方法——研究当时最具多元文化的社会即美国的运作。因此,通过推演他那个时代最聪明的人就建立一个全球社会所作的提议(始终在一个健康的国家结构这一语境中),拉采尔认为,世界主义①唯一切实可行的形式,就是劳动力在各民族之间的增长、融合和分配。②在勾勒这一新的全球结构的过程中,他不相信未来会带来某种失控的、职责和倾向不适当的世界主义,而认为通过之前的双向交通和各民族间的相互尊重,发生于每个民族文化中的对外来要素缓慢而稳定的整合,不管多么完全,都是一种积极的发展过程(同上)。

在上述段落中我们可以明显看到李斯特的影响,③因为拉采尔提到,由于交通的日益便利,基于民族(而非个人)参与的全球整合势不可挡,并且他从本质上看到了一个按各民族的能力和技能来分配角色的全球体系。

拉采尔认为上述因素比其他东西更重要,因为近年来这些因素

---

① 拉采尔当时使用的"世界主义",就是当今使用的"全球化"。
② Ratzel, F.,《对诸民族的评估》,前揭,页 196。
③ 见第 2.3 节。

已经增进了民族间的融合,而且在未来将产生令人欣慰的、增进人类福利的效果……这些因素从内部充实我们、鼓舞我们,但对我们民族的精神和面貌的改变不会超过我们的和谐扩大所必需的范围和速度。①

拉采尔显然在世界主义与民族利益之间寻求平衡,他完全知道自己在考虑长远的过程,此过程不会激进地改变国家间关系和民族竞争。由此他强调,全面评估这些要素的影响,不可根据战争是否会变得更少或战争是否会完全消失,而要根据下述事实:在和平时期,各民族的行为要更加人道,民族间也会更加亲密、更易于理解,且由此而更包容……当然,朝这个方向仍然大有可为(同上,页197)。

通过从这样一个积极的视角审视"民族融合"这一往往被污名化和完全误解的观念,拉采尔挑战了他那个时代的主流观点,后者倾向于假定各民族之间存在根深蒂固的差异。他问道:民族之间是否可以如此不同,既然因为融合而有那么多共同点?对这个问题,拉采尔给出直截了当的回答,认为学者们记录的民族间差异往往比实际差异深得多:因为他们极端强调语言差异、身体结构的多样性以及道德等外部特征(同上)。他指出,这些差异是一个民族在其历史进程中以及受某一特定时期的环境影响而获得的要素,但是其他一些差异则会潜移默化地影响该民族的内部生活以及他们最重要的表现。在此语境中,他评论道:混种民族的历史似乎由几个特征决定,这取决于不同时期的主导要素。他引不列颠为例:不列颠的古代史就是凯尔特人的历史,后来在英格兰人(English)②和撒克逊人的影响下不列颠成为迁移运动的一部分;在诺曼征服后的头几

---

① Ratzel, F.,《对诸民族的评估》,前揭,页 196–197。
② [校按]原文如此,疑当作"盎格鲁人"(Angles)。

个世纪里不列颠部分地染上了罗曼色彩;而不列颠受到德意志影响最大的时代可能是伊丽莎白时代和革命时期,从这个时候开始不列颠获得了当前的不列颠民族所对应的特征,即一种非凡的人种混合,并越来越多地整合了外来要素(同上)。与之类似,拉采尔在奥地利的政治历史中发现了西班牙—意大利时期、德意志时期、斯拉夫时期和马扎尔时期。在当时的沙俄国家实体中,拉采尔看到了可能比将来50年内更多的德意志特征,而在三百年前这个国家甚至受到蒙古人的影响。拉采尔推测,上述观察结果也应该适用于那些其异质性被共同的语言、历史和公民身份隐藏起来的民族。一个民族在失去自身语言的同时也失去了相当多的东西,其中最重要的便是丧失了自己作为一个民族的"独一无二"的感受,但不会失去自身独有的特征,无论身居何处,这些独有的特征都将长期存在。为此,拉采尔举西班牙北部争取特许状(fueros)①的那些人为例,他们呈现出化石般刚硬的古哥特人的特征。②

深入讨论过融合的结果之后,拉采尔提到相反现象的重要影响,即孤立的小族群对整个民族的影响。抛开分离会导致的人口数量减少这点不谈,拉采尔认为,分离在大多数情况下也会极大地丰富那个被分离的民族。他据此得出结论:德意志人应该感到高兴,因为作为我们民族核心的那些自主行动且富有创造力的成员保存在瑞士、奥地利和沙俄的东海诸省。这些在政治上分离但在智识上与我们联合的成员生活在完全不同的条件下,思想和感受在某些方面不同于我们。他们在政治上的回归未必会让我们

---

① 变成地方法律的西班牙法律纲要,要求特殊的自由和特权,尤其纳瓦尔(Navarre)和巴斯克(Basque)三省据1876年6月22日的法律获得的所有特权和自由。资料来源:《布罗克豪斯百科全书》,前揭。

② Ratzel, F.,《对诸民族的评估》,前揭,页197–198。

的民族更加强大,①但可以肯定,这不会丰富我们德意志人的智识生活,而只会使之更单一。②

为了证明这类民族孤岛(national islets)对整个民族的重要性,他征引了历史上的几个例子,比如蒂罗尔(Tyrol)为自由而战是德意志历史的重要部分,以及瑞士法语区(尤其日内瓦)已成为法兰西的一个国际智识生活中心,理智的法兰西人不会认为吞并这里(50万法语人口)将有益于法兰西的智识生活。他还指出,欧洲殖民地国家在美洲和澳大利亚的迅速发展,使一个民族的分离群体更加重要。此外,他认为英语和部分英语文化在大多数非欧洲国家中占主导地位不仅是因为宗主国大不列颠,而且也同美国(从大英帝国中分离出来的部分)密切相关。同样,在澳大利亚、新西兰和南美洲也已培育出一个讲英语的、在一定程度上具有英语思维的非欧洲殖民地民族的类似成员(同上)。

纵观当时的世界形势,拉采尔最终得出结论:与其他任何民族相比,英语及其衍生出来的英国法律、传统和习俗得到了更好的保护,衰落的可能性更小;我们这些其他民族也许是强壮的树木,但我们只在唯一的树干上发展,而英格兰则像一棵硕大的印度无花果树,同时受到无数根深深根植于全新土地的支柱的支撑(同上,页199)。

4.2.9 人口数量也是国家力量的贡献者

在文章的最后一部分,拉采尔研究了各民族的人口统计。他在一开始就宣称:一个民族当然必须迅速在人口上增长才能创造出附

---

① 拉采尔认为没有必要对这些德语地区进行领土吞并,而强调这些地区在总体的智识和文化方面的重要贡献。
② Ratzel, F.,《对诸民族的评估》,前揭,页198。

属民族,同时一个民族必须有能力殖民(同上)。他认为人口增长是民族生命的最重要因素之一,并强调法兰西的年人口增长率约为普鲁士的三分之一,他还诉诸(未引用任何资料)一位德意志统计学家的计算:预计到2000年,德意志的人口可能会比法兰西多出一倍。他相信,邻国此前并未充分评估这一要素的重要性,不然,法兰西过去几十年的好战态度和无情政治将大为改观(同上)。

除了民族的生长和繁衍,拉采尔还提醒读者注意民族也有可能溃烂、死亡。拉采尔认为,大的民族不可能因年老或残酷的命运打击而灭亡。(古罗马人难道不还生活在意大利人当中?古希腊人难道不还生活在现代希腊人当中?)对于这个问题,他特别提到中国人的例子:这是一个比任何欧洲民族都要古老得多的民族,但依然因人口众多而孔武有力,足以在欧洲民族间引起对"黄祸"的恐惧(同上)。

不同于前面的例子,拉采尔也提到几个民族死亡(即完全灭绝的民族)的例子,例如不列颠群岛上的凯尔特部落、德意志东北部的普鲁士人、和谐之地(Kurland)①的库尔人(the Kurs)以及比利牛斯山脉的巴斯克人,都已几乎完全绝迹。上述民族中有几个在过去几个世纪里被消灭殆尽,不仅肉身被杀,而且失去了灵魂。这些民族失去灵魂的第一表征就是失去自己主要的表达方式——语言,然后又失去自己的其他特性,最后被周边的其他民族整合。一般来说,有些时候灭绝民族的服饰或习俗会残存一些痕迹。而且,就像人生活过的地方依然会萌发某些植物,在这片土地上依然会有一些童话故事讲述着这些灭绝民族的过往。但是,无论如何,这些民族的遗

---

① 库尔兰(Kurland):拉脱维亚历史上的四个地区之一。另外三个分别是瑟米加利亚(Semgallen,Zemgale)、中利沃尼亚(Zentral – Livland,Vidzeme)和莱特加伦(Lettgallen)。

迹都将只存在于故纸堆中。拉采尔认为,幸好这些灭绝民族都是人口较少的族群,他们与其说是民族,不如说是部落,无法凭自己的力量达到值得注意的文化水平。尽管他也提到一些甚至在最艰难的条件下仍保持自主的小民族的例子,诸如犹太人、瑞士人、欧洲土耳其的一些基督教民族,但他仍让读者注意这样一项生存法则:在世界历史的记录中还没有人口众多的民族死亡的案例,而存活到今天的人口更多的民族看起来在生存方面前景最好。

4.2.10 实力和权力

拉采尔在文章最后探讨了获得实力(strength)和权力(power)的需要,将其作为评估民族的价值和效率的因素。他强调:仅仅活着、仅仅存在是不够的。实力(Kraft)和权力(Macht)属于一个民族生命中的荣耀。① 在许多情况下,这是让评估民族的天平倾斜的东西。哪怕一个民族享有最好的声望,但任何认可和赞美,在面对评估过程中的轻微振荡时都是脆弱的,也不会有什么用,除非这个民族通过工作和斗争确立起坚实的受尊崇地位。②

4.3 民族与种族:一项人文地理学分析

4.3.1 民族运动的时代及普遍性

拉采尔在导言中指出,历史事件的连续不会跟人类的时代保持同步,因此根据文化特征来描绘各个世纪是不正确的(例如把18世

---

① 上述分析进一步说明,早在使用"政治地理学"一词之前,拉采尔的系统分析进路就完全符合现代地缘政治学的性质,是一种权力分析工具。
② Ratzel, F.,《对诸民族的评估》,前揭,页200。

纪称为启蒙的世纪,或把19世纪称为民族运动的世纪)。这不仅是因为有些重大历史事件发生在世纪之间,或者说发生在世纪之交(例如1492年至1521年的地理大发现或法国大革命,所以我们得称之为地理大发现时代和革命时代),更是因为考虑到对于人为进步而进行的巨大斗争来说,一个世纪的时间显然太短。①

拉采尔把现代民族运动的爆发及政治表达定在19世纪末,将导致这种情况的责任归给奥匈(由于弗里德里希二世[Frederick II]不恰当的民族团结政策)以及18世纪的某些作家,如珀西(Percy)、赫尔德等人,这些作家研究较小的、历史上不太显著的民族,结果激起这些民族起来争取自己的利益。②这场民族运动是多面的,结果是,在19世纪,希腊人、加泰罗尼亚人、芬兰人以及其他小民族受到政治文献和科学文献的刺激是如此之强烈,以至于人们可以指责科学让诸多小民族对自己的重要性产生了过度认知,同时可以认为有些学者对为每个小民族发现(这种发现存在争议)一种文化语言(cultural language, Kultursprache)负有责任。③

对于语言乃是构成民族认同的一个要素这一问题,拉采尔认为,自1850年以来,各个民族的政治利益诉求激起持续的科学活动以及对语言的范围和边界的研究,正是在这些科研的基础上,我们才开始注意到东南欧小民族的历史(同上,页463)。拉采尔注意到,捷克人的第一次民族运动遵循14世纪以来的中欧文化,奥托卡

---

① Ratzel, F.,《民族与种族》("Nationalitäten und Rassen", *Kleine Schriften*, Bd. 2, R. Oldenbourg, München und Berlin, S. 462 – 487, 1906. First Published: Türmer – Jahrbuch, S. 43 – 77, 1904),页462。

② 显然,拉采尔在19世纪末的特定条件下研究民族运动问题,主要指巴尔干半岛各民族的民族解放斗争。

③ Ratzel, F.,《民族与种族》,前揭,页464。

[二世](Ottokar)死后这一文化在政治、宗教和民族方面都已完全成熟;他还注意到德意志人与斯拉夫人、盎格鲁－撒克逊人与凯尔特人、西班牙人与摩尔人的斗争也都呈现出某种民族特征。他总结道:只要有民族意识到自己的民族性(national status, Volkstum),① 这些民族就会相互攻击,陷入民族竞争。经济和宗教对立的背后实质上隐藏着民族敌对,只有[当我们开始]留意民族的语言、历史、文学和古代史,这层伪装才能剥离,才能在宗教、经济以及纯粹的政治差异之外发现民族对立。②

拉采尔把种族划分的时代定在人从家庭部落的狭小环境中脱离出来的时候,他断定一个不偏不倚的观察家必会看到民族差异以及斗争(甚至在新建立的国家之间)。美国就是一个典型例子,在19世纪已过去的80年里,美国有2000多万移民(700万来自大不列颠和爱尔兰的盎格鲁－凯尔特人,600万来自德意志和其他德语地区的德意志人,150万是斯堪的纳维亚人)在一两代人的时间内便适应了盎格鲁－美利坚人的语言和习惯,形成为一个属于白人种族的、单一的各要素混合体。但是,美国的900万黑人和穆斯林、25万美洲土著和15万远东亚裔的情况恰恰相反,他们极难入乡随俗,也因为他们的独特性,美国人民不希望他们以当前的状态入乡随俗。美国人把他们排除在外,可能想要让他们离开这个国家,总之美国人想要限制他们的繁殖,并给想要进入美国的此类新移民设置重重障碍(同上,页464)。

除了上述例子,拉采尔还观察到,来自欧洲的移民(这类移民是美国人口的主要来源)带来的要素不再像之前的德意志人和凯尔特

---

① "民族性"一词是指一个民族的所有文化表现。
② Ratzel, F.,《民族与种族》,前揭,页463。

人的情况那样,即不再受到美国人的欢迎和接纳。他援引1901年的移民统计数据(当时美国聚集着33.4万来自意大利、奥地利、匈牙利和沙俄的移民,来自英格兰、德意志和斯堪的纳维亚国家的移民则只有10万多人)并评论说,由于担心罗马尼亚人、斯拉夫人、芬兰人和犹太人的血液过度涌入这个尚处于萌芽状态的国家,美国人便给来自东欧和南欧地区的日益增长的移民设置障碍。这些障碍看似与健康和社会参数相关,但实际上主要与民族冲突相关(同上)。

在澳大利亚和新西兰也有类似的情况,来自英格兰的移民得到便利,而来自其他国家的移民则受到阻碍。因此,拉采尔得出结论:新的国家不仅存在种族问题,而且还存在民族问题,即使这些问题是通过无关紧要的事情表现出来的,例如达尔马提亚(Dalmatian)移民在新西兰遇到的困难——他们在从事异常艰苦的树脂收集工作时,也会遇到新西兰当局给他们设置的重重障碍(同上,页465)。

4.3.2 作为民族问题一部分的种族因素

拉采尔估计这些问题在本质上是相关的,因为民族意识的出发点乃是种族层面的意识,即相信我们有共同的起源。①当然,他重申自己根深蒂固的观点:除了美国、澳大利亚和西伯利亚这些地方的极少数偏远殖民社区以外,不可能还存在哪个国家的全部人口同宗同族。只有在规模通常不超过一个村庄大小的古老国家里,居民们才会真实地(bona fide)感到他们都是同宗的血亲。只有在这种情

---

① 拉采尔指的是部落层面,即自然导向型民族的层面,他指出这在当今是不存在的。

况下,国家(Nation)和民族(Nationalität)之间才没有区别。①

拉采尔注意到,与日耳曼诸部落不同,只有拉丁各民族(Romance peoples)保留着这种同宗同族感(尽管没有一贯明确的历史参考资料)。由于与诉诸一位共同的神话祖先关联起来,这种同宗同族感便获得了更重大的政治、文化意义和文献价值。拉采尔指出,那些宣示自己的民族性的人最初规模小,他们通过以下两个因素来解释自己的独特性:

- 不吸收其他民族的部分就无法有效扩张;
- 扩张的过程断断续续。各个民族在历史上时而聚集,时而分裂,并时有[对异族的]暴力迫害(同上)。

上述第二点源于拉采尔的一个一般观点,即人类的演化不一定是正向的,②他在这一点上有别于其同时代的大多数人,后者认为演化即进步。洪堡(Wilhelm von Humboldt)认为,那些所谓的野蛮民族所处的境况与一个演化中的社会不一致,而与一个因诸多曲折和不幸而死气沉沉、支离破碎的衰败民族相一致(同上)。拉采尔在评论洪堡的这种厌恶时相信,上述观点可以有不同的运用,但他注意到,如果一个民族不和其他民族接触、融合,这些衰败的运动便不可能发生。但是,没有出自不同起源、承载最遥远影响的人之间的接触,文化又该如何传播?(同上)

通过比较许多大小民族的演化(从公元前的时代到现代美国),拉采尔得出结论:每个民族的生长和演化都是通过民族融合实现的。大小民族在过去的融合是未来应吸取的一个教训,尽管当前

---

① Ratzel, F.,《民族与种族》,前揭,页465。
② 见第4.1节。

有诸多争论。无论我们回顾多久之前的历史,这一民族融合的过程看起来都是历史发展的必然,不以个别民族的意愿为转移(同上,页466)。

为了特别解释文明的发展,拉采尔运用文化传播理论①指出:在史前时期,文化从不同的文化中心向外辐射传播,如果我们沿着其辐射[传播路径]追溯到欧洲各民族的史前史,我们会发现[欧洲的文明源自]东欧和南欧地区。②因此,拉采尔认为东欧和邻近的西亚和中亚可能是最重要农作物和家畜的故乡,也可能是欧洲人获得[锻造和使用]金属(首先是铜和金,然后是青铜和铁)的基本知识的源头。他相信,一些要素从埃及传播到南欧,并在希腊和意大利形成新的"传送"中心,进而继续向北面和西面撒播。从东欧和南欧进来的文化在西欧和中欧扩张并扎根后,又传播到美洲和澳大利亚。然后,一支东欧移植文化开始经过北亚和中亚向东传播。旧欧洲受到东亚的直接影响非常有限,但拉采尔在德意志发现了通过中亚传播过来的东欧③影响的痕迹。拉采尔总结道:这些传播和接触都不可能在没有融合的情况下持续发生,因为文化要素不会在没有人为传播和引导的情况下在各民族间流转。此外,拉采尔认为人口流动的数量与交通技术有关:交通形式越原始,流动人口的数量就越多。中非的阿拉伯商队即为这类例子(同上)。

拉采尔指出,一种语言中的外来词是操持该语言的民族的血液中的一滴异族血。他举例来说明这种融合:英语一半源自罗曼—凯尔特语,阿尔巴尼亚语部分源自罗曼语,埃及语和希腊语中的闪语

---

① 文化传播理论,见第5.2节。
② Ratzel, F.,《民族与种族》,前揭,页466。
③ [校按]原文如此。疑当作"东亚"。

词,德语和芬兰语词汇中共有某些词汇(除了德意志人和芬兰人共有的金发)。在美洲土著部落身上,这种语言融合可以归因于最强大部落的自然优势,但不排除(在固着于这片土地上的人口密度更大的情形下)外来要素的偶尔入侵(同上,页467)。

根据拉采尔的说法,民族生活中最重要一个事实是,尽管有一些外来要素不断且不可避免地注入一个民族的生活,但只有几个可以忽略不计的要素可识别出来,这样一来,实际上几乎不可能通过把民族的一部分从他们与民族其余部分的关系中抽离来重塑一个[纯粹的]民族,正因为如此,妄图消除民族文化中的异族要素的努力必将失败。因此,正如在1870年法兰西人未能完全驱逐生活在法兰西的德意志人,反犹太主义者也永远无法解释他们希望如何打破犹太人对欧洲各民族的经济生活的密切参与。犹太人是否彻底离开过埃及,这也是一个极为令人怀疑的问题(同上)。

拉采尔以沙俄未能实现以克里米亚的鞑靼人交换土耳其境内的天主教保加利亚人的计划为例,强调哪怕在最理想的情况下,以地理隔绝的方式来消除民族中的对立要素的做法,也只能"削弱"而无法阻止民族间的长期接触。在某些特定情况下,这甚至可能变得比零散的扩张更危险。说完这个,他不禁想到:如果犹太人在叙利亚建立一个纯粹的犹太国家,那么犹太复国主义会给中东政治增加什么新的要素?(同上,页467–468)

事实上,拉采尔将犹太复国主义定义为一种孤立运动(isolating movement),这一运动因对立面[反犹者]驱逐犹太人的举动而得到极大加强。他预言:在如此遥远且不太有利的地区把一个分布如此广泛、生活方式和文化背景各异的民族即犹太人团结起来的努力是民族生活中的一项新试验。该试验如果成功,将在其他混合民族中触发孤立甚至迁居的诉求(同上,页468)。

重申自己的"民族对土地的依赖乃是一种自然要求"这一著名观点后，拉采尔将其与统一的、未受外部影响而发展的民族对比（这些民族正在获得安泰俄斯［Antaeus］①的力量），将其与犹太人、亚美尼亚人和吉卜赛人对比，他们如房客般生活在其他民族中间，没有一个民族安身立命且为之战斗的土地，而一个民族与自身领土联系的结果就是，土地的特性将决定他们自身的民族特性。以美国为例，拉采尔发现黑人和白人生活在一起，尽管各自的居住区域泾渭分明，而美洲原住民则四散各处，没有土地，无法健康地发展。他认为，黑人的发展已经成为迫在眉睫的威胁，因为在从墨西哥湾延伸到南卡罗来纳州的黑人地带内，黑人已经构成了干扰白人和谐发展的外来成分；因此，黑人可能会在空间统一的基础上诞生一种在智识上甚至在政治上统一的观念，即民族的观念，通过一种微妙的民族分离，这可能导致合众国分裂为一个大的白人国和一个小的黑人国，这种危险在血腥的战争期间最显著。②

在欧洲，拉采尔只在东南欧地区发现了这种分裂，因为在西欧，战争一般让民族留在自己原来所在之地；东欧的战争则往往导致追随败军的民族的迁居。他描述了18世纪土耳其人（居住在城市和要塞中）和塞尔维亚人（居住在农村）之间的空间隔离，并认为纯种土耳其人口的消失对塞尔维亚人来说是相对于对手保加利亚的一项优势（保加利亚有57万土耳其人和250万保加利亚人）。作为类似的案例，他还考虑到对立民族之间的争端［问题］，这些民族试图

---

① ［译者注］安泰俄斯是希腊神话中的巨人。根据神话，安泰俄斯是大地女神盖亚和海神波塞冬的儿子，居住于利比亚。安泰俄斯力大无穷，他只要保持与大地的接触，就不可战胜。

② Ratzel, F.,《民族与种族》，前揭，页468。

通过"内部移民"①来划定各自的地区,而敌人则试图割裂这些地区。他预见到,当马扎尔少数民族变得更强大或当外来少数民族分裂时,上述情况将发生在马扎尔人生活的匈牙利,但他估计,同样的情况也有可能发生在波兹南(Posen)和西普鲁士。②

4.3.3 融合与隔离

拉采尔确定了两种类型的民族运动:一种主要是政治性的,目的是吞并异族,由政治力量管理和利用;另一种显然具有种族倾向,目的是驱逐异族,并使他们迁居,这种民族运动更多由感情而非某种政治理由驱动。他认为任何试图将这两种运动类型联系起来的尝试都是矛盾的,并强调,天生具有家族意识的种族情绪不可能为直接反对种族的长期政治目标服务。③就此而言,他指出一个民族不可能在称颂自己的同时以任何方式增加外来血液,哪怕最低等的吉卜赛血液,因为接收民族无法轻易地吸收所有种族上外来的要素。作为创建新民族的典范过程,拉采尔想到正在进行的所有欧洲民族发酵成一个北美民族的过程,他问自己:在南欧和东欧要素大量涌入之后,这个成功的过程是否会持续下去,就像德意志和凯尔特移民的情况那样?④

拉采尔认为,所有这些民族吸收的过程都只能在民族的符号下发生,因为语言被视为亲和力的证据且因而往往被刻意高估。且不

---

① 原文有引号。
② Ratzel,F.,《民族与种族》,前揭,页468–469。
③ 如果我们遵循拉采尔的一般推理,这是一个合乎逻辑的结论,据此,政治进程与文化导向型民族有关。与此相反,种族观念关乎带有内视观点的自然导向型民族,局限于家庭或小部落层面。
④ Ratzel,F.,《民族与种族》,前揭,页469。

管谈到闪米特种族、雅利安种族时经常会出现明显的错误（科学对此负有责任），不能说语言与使用该语言的民族之间的关系比任何其他属性更亲密或更持久。拉采尔举德意志人为例，他们因生活在国外而丧失了全部或部分母语，还有民族放弃了自己的母语而使用外语，但他们仍然保持着其他种族差异（同上，页 469 – 470）。

4.3.4 种族和语言

拉采尔一开始就指出：种族和语言在起源、价值和影响方面是完全不同的要素，混淆两者可能不仅仅是一个失误，还是一个具有可怕的政治和社会意蕴的错误。他批评夸大语言重要性的教育体系，因为这种教育体系主要通过语言学来提及过去。然而，他认为这种优势是短期的，因为实际需求将变得越来越苛刻。他将语言亲和力描述为一种外部特征，种族亲和力则因血缘身份而根深蒂固，不过，他并没有抹杀语言的民族特性及其一般的文化属性。相反，他注意到语言随着文化的发展而丰富和深化，因为语言是与智力互动的一种工具。根据拉采尔的说法，这种互动一方面说明了一个强大的、在文化上占主导地位的民族对传播自己语言的重视，另一方面也说明了一个弱小民族对自己语言的热情固守，因为异族语言的主导地位可能会质疑自己民族的未来，甚至比这更严重（同上，页 470）。

由于所有文化导向型民族都会学习外语以便与其他民族交往，因此出于面向未来的政治和文化考虑，语言主要是一种交往手段。然而，每个国家的行政和军队只需要一种语言。拉采尔引英格兰为例，凯尔特人的习语在这里没有任何政治意义；另外，沙俄和美国尽管由多民族构成，但仍保持着俄语和英语的总体重要性。至于各种德语方言盛行的北美各小微民族，拉采尔认为，支配享有共同家园的民族的那种归属感被有意识地局限于家庭层面,不寻求政治权力或自己语言习语的永恒存在之类的东西。他引美国的德意志移民为例,他们的母语一代一代地被英语同化,但没有引起任何特别的悲伤(同上,页470-471)。

高估语言与追求民族和国家扩张,他认为这两种情形的同时发生是一种不幸,并相信证据指向几种主要语言的盛行和较小众语言的衰落。较小众语言在某种程度上是人为促成的。拉采尔将经济视为能够克服语言差异的一个因素,因为经济迫使各民族合作。实际上,每当语言冲突威胁到稳妥决策的前景时,理性的政治家就会本能地抛出经济问题,以有益于各民族及其国家。在他看来,"全民抵制"①即便在语言冲突中从未产生持久影响,却创造过有利的条件且仅在非常小的范围和很短的时期内使矛盾加剧。在上述语境中,拉采尔认为奥匈帝国的情况不具指示性,因为在那里,一个历史上年轻的民族(匈牙利)试图以牺牲其他民族为代价在政治上发展。②

在科学领域,拉采尔记下了德语、英语、法语和俄语的使用不断增加[的现象],因为在这类情况中,可以设想,任何想向大批受众发言的人都不可能用马扎尔语、荷兰语或丹麦语写作。他预计英语马上将成为跨大西洋贸易和运输中占主导地位的商业语言,并认定各宗教团体之间的语言冲突在空间上超越其所在的语言区域:许多轻易放弃自己语言的人宁可放弃自己的生命,也不愿放弃自己的信仰(同上,页472)。

至于巴尔干地区,拉采尔认为真实的不稳定因素并非语言差

---

① 原文有引号。
② Ratzel, F.,《民族与种族》,前揭,页471。

异,而是基督教派别之间人为加剧的差异。事实上,令他感到遗憾的是,如此广泛分布的塞尔维亚人尽管在语言上是统一的,但由于分散为波斯尼亚(Bosnian)天主教徒、克罗地亚人等以及波斯尼亚的穆斯林贵族、东正教的黑山人和塞尔维亚人,而没有发挥任何决定性的力量。然后,拉采尔以沙俄为例说明东正教的凝聚功能,东正教把一个分散的、文化上和种族上几乎不统一的国家凝聚在一起。就沙俄而言,语言上的统一并不是有效的统一工具,因为俄罗斯人自己强调其间的诸多差异(同上)。

4.3.5 统一民族和混合民族

拉采尔反对将一个民族的权力与其统一性相联系的观点,因为表现最好的国家由非常不同的种族和民族组成,且作为一个整体在政治上,更重要的是在经济上产生结果。他就此推定,假如没有日耳曼人的加入,西罗马帝国曾占领的欧洲各地(western - Romance European countries)都会更弱。他还比较了斯拉夫元素和普鲁士元素在德意志的贡献。他推测,倘若没有德意志居民,沙俄在政治上的表现会逊色;倘若没有犹太人,沙俄在经济上的表现也会更弱。此外,拉采尔强调,各种游牧民族入侵者和霸占者对某些民族的军事力量有重要贡献,并猜测若没有德意志移民和斯拉夫背景,匈牙利会是什么样子(同上)。

至于比利时的佛兰芒人(Flemings),拉采尔指出了他们身上的几个德意志人的外在特征;但他认为,与荷兰人和下德意志(Lower Germany)的居民相比,他们的法兰西血统和法兰西模范使他们更加活跃和生机勃勃得多。荷兰人与下德意志人的差异,相当于瑞士人与其种族近亲北德意志人的差异:荷兰人在艺术和科学方面有天赋,而下德意志人的经济实力超过荷兰人,因为他们不得不白手起家。比利时已成为最大的工商业国家之一。同样,荷兰仍然主要是一个中转国,并且只能设法保留旧殖民地的残余,而比利时(小国中仅有的一个)已成功地在中非建立起一块殖民地(同上,页472-473)。

他随后试图根据人口构成对民族作大致分类,并解释说统计学家基于此划分出三种主要的可能:几乎统一的民族、血统上存在强大的外来要素的民族以及主要人口为外来血统的民族。他将意大利王国(99%由意大利人组成,其中的外来民族消失殆尽)当作几乎统一的民族的例子,只有北欧民族可以超越。在英格兰和爱尔兰说盖尔语(Gaelic)的人占5%,在普鲁士说波兰语的人占10%,他赋予这些人更大的重要性。他将这些案例与奥地利(36%的德意志人,23%的捷克人,16%的波兰人,13%的乌克兰人)或匈牙利(43%的马扎尔人,15%的罗马尼亚人,12%的德意志人,11%的斯洛伐克人,9%的塞尔维亚人,6%的克罗地亚人)的例子作比较,指出这些国家的民族存在巨大的差异。不过,这种差异不一定导致民族分裂和冲突。分裂和冲突发生在瑞士(70%的德意志人,22%的法兰西人,8%的意大利人和列托罗曼人[Rhaeto-Romance people])或比利时(45%的佛兰芒人,41%的法兰西人,0.5%的德意志人和13%的使用其中几种语言的人)。在比利时,这种语言上的分散揭示出佛兰芒人和瓦隆人之间的内部纷争,但这绝不是一种引起瘫痪的民族争端。引起瘫痪的民族争端是奥地利和匈牙利的情况。在这两种情况中,他认为德意志人和法兰西人是他们民族的碎片,他们的民族在德意志和法兰西的领土上自主生长,因此在不考虑其他国民的情况下,不寻求在瑞士或比利时自主生长。拉采尔还强调,这是两个历史悠久的民族,相互影响颇深。

与前面的例子有所不同,他指出,在东欧和苏台德地区,完全受欧洲文化影响或最少受欧洲文化影响的国家,历史悠久的国家与历史短暂的国家,彼此面对。后者试图通过过分强调自己的民族要素来平衡自己晚出现的劣势;但是,他们为确保民族生存所做的一切,不仅同时增强了自己的整体文化,而且在某些情况下甚至促进了经济的蓬勃发展。这就是少数民族(因其小规模和地理位置而依赖于邻人)的激情的根源所在,例如斯洛文尼亚人,他们带着这种激情为自己的学校和报纸、自己的大学和剧院、自己民族的成长和团结的可能性而工作(同上,页473 – 474)。

总体而言,拉采尔相信,民族性是激发此类年轻民族的期待和希望的唯一要素。他还强调,纳入这一要素的一个大的国家实体的主要关切应该是保护自身的利益,而不是让一种短视的民族自私占上风(同上)。

在拉采尔看来,爱尔兰例证了一个民族共同体如何因历史和地理位置而联系在一起,但内部却被一种妨碍团结的永恒仇恨所支配。导致这种情况的基本原因是宗教上的差异(天主教——新教)。塞尔维亚人和克罗地亚人之间的差异亦是出于这个原因,二者属于同一种族,但分别信奉受罗马天主教和拜占庭正教影响的基督教。根据拉采尔的说法,这两个民族生活在欧洲东西方之间的文化边界上,而他相信,西方人是迄今为止(几个世纪以来)的文化领跑者。①

拉采尔试图证明,在所谓的统一民族的内部,长期以来混合的各成分之间一直存在边界。拉采尔以法兰西为例,指出法兰西的一场原本纯粹文学性的运动揭示出(与对这个国家的统一性的主流看

---

① 同上,页474。拉采尔的分析力量的另一个例子,考虑该地区随后的发展[状况]。

法相反)法兰西人中间存在某些古老的差异(凯尔特人－利古里亚人)以及某些新的差异(普罗旺斯人－北方法兰西人),尽管他们有两千年的共同历史。根据德意志人类学研究,德意志人分为两种类型的白人,主要的外在差异是一种人脸宽,另一种人脸长。拉采尔通过描述这两种类型的各种外部特征和差异得出结论:除[与其他种族]融合的情况外,窄脸型与任何其他种族都没有密切关系,构成最近被称为最古老的金发种族(Xantocroe)的德意志类型;短脸型接近蒙古族,类似于蒙古族的混血儿或分支。这些特点也表现在各自的地理分布上,因为在德意志东部面容短[宽]的人逐渐增多,而在东欧此脸型的人到处都是。他们宽阔的脸庞使斯拉夫人更接近东亚人而非欧洲、亚洲和非洲(那里长脸庞占主导地位)的印度日耳曼人、雅利安人或者闪米特人。因此,拉采尔认为中欧地区(与自己的中间位置相称)是两大种族地域相遇的地方。在语言上,他认为斯拉夫人属于印度日耳曼人,后者由于在白人种族的东部边境长期停留,从而与芬兰人、土耳其人和蒙古人融合,大多数具有蒙古族的鲜明特征。他还记下了来自南部和东部的第三个种族的入侵(同上,页474－475)。

至于德意志,拉采尔说,尽管与其他地区相比,德意志南部和西部存在更多德意志要素,但深色皮肤的人显然多于浅色皮肤的人。其中既有与北德意志斯拉夫人的头相似的面孔和头骨,也有像东北部另一种罕见类型即罗马尼亚人的,头窄,有深色的头发和眼睛,并带有意大利人、法兰西人的特征,一直到西巴伐利亚和符腾堡。这些深色的西南部德意志人的聚集区是古老的凯尔特人的土地,在日耳曼部落(Germanen)出现在莱茵河地区和阿尔卑斯山之前,凯尔特人部落曾经在这里居住并被罗马化。拉采尔估计,历史可提供大量有关凯尔特人和日耳曼人之间相互关系的信息。他指出,甚至

"日耳曼人"一词也不是日耳曼人[提出来]的,因为凯尔特人首先用这个词指称下莱茵河的一个日耳曼部落,意思基本上是"邻居",后来这个词又扩展到所有日耳曼部落。同样,日耳曼人把所有凯尔特人和罗马人叫作"韦尔施人"(Welsche)和"瓦伦人"(Walen),就像他们把斯拉夫人叫作"文登人"(Wenden)和"维登人"(Wieden)。除此之外,他补充说,由于受罗马文明的影响,德意志人不同于北方的日耳曼部落和斯拉夫人,因为他们已加入各种外来元素:罗马-凯尔特元素,罗马城市基础设施,村庄和田地的名称,罗马桥梁和道路,农业、葡萄栽培和园艺方面的罗马名称,以及政府和教会使用的法律和法理学方面的罗马名称(同上,页475-476)。

因此,拉采尔把德意志人视为一个民族,他们的外来成分就像花岗岩中的长石和云母晶体一样清晰。将之称为花岗岩,是因为我们将这种岩石与漫长的持续时间联系在一起,但花岗岩永远是一种混合岩石,因此我们可以正确地认为,这种岩石受到的退化影响,往往发生在各种成分之间的裂缝和缝隙中。在此基础上,他批评持有德意志南、北之间存在不可逾越的分歧这一观点的人。当然,他承认地理条件对居民有不同的影响,但他认为,不像许多其他欧洲国家,一种德意志特性让最遥远的部族(genealogical tribes)也可以相互理解。尽管存在语言上的差异(若没有路德的中性标准德语,相互之间的交流会有困难)和不同的习惯,但所有人仍秉持同一种思维和感受方式。在德意志民族中,有许多部族(Stämme)的血管中流淌着更多的凯尔特人和罗马人的血液,其他则流淌着更多的斯拉夫人的血液;然而,相对于普罗旺斯地区的葡萄酒和橄榄油生产商与诺曼底地区的甜菜种植者,粗犷的阿斯图里亚人与优雅的安达卢西亚人,或外利古里亚的皮埃蒙特居民与腓尼基西西里人,他们的天性和生存条件的差别并没有那么大。拉采尔说,与上述情况不同,德意志农民把谷物和土豆从阿尔卑斯山一直种植到北海,而他们的房子、马厩、世界观,甚至他们经常围坐的炉子,在全国各地都差不多。拉采尔认定这正是德意志人的强大力量所在,只有依靠这种力量,德意志人一般而言天生的、持久的、有溶解力的本能才能发挥作用(同上,页476-477)。

4.3.6 民族运动的矛盾及短暂性

拉采尔在本节严厉地批评那些为纯粹起源思想所占据的人,这种思想使他们对民族和国家现实生活中最重要的事件和驱动力视而不见,往往到达神话的地步。科学观察表明,各民族要么通过个体流动要么通过群体流动,都处于不断交往的状态,认为自己起源于一个种族的民族实际上是由非常不同的元素构成的混合体。因此,拉采尔倡导斯拉维奇(Slavici)的观点,后者没有把罗马尼亚人的人种学重要性如他们自己所愿定为他们的罗马起源,也没有定为他们是古老的达西人(old Daci/Darier)的后裔这一事实,而定为他们处在罗马人、希腊人和斯拉夫人中这一现实,并指出在他那个时代,当空间冲突比以往任何时候都更加激烈时,这种谱系上的白日梦不符合现代要求。因此,他相信罗马尼亚人集中在普鲁特(Prut)河和多瑙河下游附近是可能的,而且仍然是有希望的,因为一个有能力的民族不得不在奥匈帝国和沙俄之间找到自己的位置。正是在这一点上,欧洲的一项共同利益被揭示出来:多瑙河下游的自由航行有利于建立一个独立的国家,无论从人口数量还是居住地的统一性来看,任何南欧国家都无法比拟(同上,页477)。

他认为,由分离的要求所表达的过于强烈的种族意识,通常导致政治上死气沉沉的方向,随着时间的推移,这一方向无法抵抗支配国家及民族发展的伟大法则。德意志和意大利已展示出强大的、向前和向上的力量,这种力量反对民族运动,且处于这些法则之中。此外,几百名法兰西人被送往德意志一方,几十万意大利人仍然"未被赎回"(unredeemed),1000万至1100万德意志人被排斥在德意志帝国疆域之外,这些事实表明:伟大的政治家只把民族统一运动视为一种手段而非目的,视为在衰落和衰退阶段进行民族内部强化、外部整合以及民族扩大的一种手段。同样,拉采尔认为,正在迅速发展的年轻民族,如追求民族统一的北美、澳大利亚和南非的盎格鲁—凯尔特人,正在利用民族运动。即使他们实际上把自己语言的传播视为旅行的一种便利,他们也意识到自己正在为国家统一事业提供必要的服务。如果一个北美人在评价欧洲的条件时首先想到英格兰而往往完全忘记欧洲大陆的存在,他便重新陷入了旧欧洲的民族—情感政治。尽管如此,拉采尔认为,英格兰从这种谱系情绪中抽取实际政治资本的尝试屡遭失败,因为北美人想要发展成为盎格鲁—凯尔特之树的一个特殊分枝,甚至引入了"美国语言"这样的术语。由此,他发现一种趋势,该趋势与追求过度扩张和把整个美洲甚至太平洋纳入"美国体系"背道而驰。他认为,在特定的空间条件下,这是对清洗和不加控制的民族融合的健康反应(同上,页477–478)。

4.3.7 重大种族问题

在拉采尔看来,种族问题可预见地排在谱系和民族问题之下,因为空间的扩大必然导致由此引起的矛盾扩大。他将种族定义为"最大的自然血缘关系人群",并指出种族冲突引发(由谱系界定的)种族和民族间的争端,因为(由谱系界定的)种族混合在不同的民族中,且各民族彼此之间越靠越近。拉采尔在记录种族冲突的后果时指出,在美国(种族而非民族彼此遭遇的地方),美洲原住民在北方被打败,而在南方,一种同化进程正在发生;在澳大利亚,原住民趋于灭绝,而在安的列斯群岛(Antilles),原住民消失殆尽。从某种意义上讲,黑人问题、"黄祸"、犹太人或阿拉伯人问题等说法是描述其他种族冲突的术语,这些冲突起于当地,潜伏在别处,以后必定还有许多别的。拉采尔想知道:这些冲突的起因和目标是什么?是必然的还是可避免的?(同上,页478 – 479)

为了回答这些问题,拉采尔首先指出:大自然给人类带来重大的差异,但没有人知道这些差异的影响的深度和广度。这导致在回答诸如以下问题时也存在一定困难:人类中的哪些成员处于较高水平?哪些处于较低水平?正规学习或教育对平衡各民族的德性有何贡献?拉采尔认为,到目前为止,还没有人能够给出明确的答案,这是因为不可能界定所有差异的确切范围。当被问及界定黑人皮肤黑的程度或蒙古人头骨的宽度能否为民族生活或人类历史提供任何解释时,拉采尔回答说:只要黑人大脑的表现或蒙古人性格的深度只能通过表情及外在表现(这取决于一系列的巧合)来推断,人们就无法确切地预测一个黑人或蒙古人在与当今不同的条件下会取得何种成就。①

拉采尔认为,种族的分类不宜深入,应该停留在可见的、最明显的外部特征上,这些特征的整体(而不仅仅是个别特征)定义一个种族。拉采尔相信,正是这一事实让赫尔德在迈出种族分类的第一步时印象深刻,从而惊呼:神圣的自然母亲,你把我们种族的命运和

---

① 拉采尔在《自然民族在人类中的地位》和《对黑人的评估》("Zur Beurteilung der Neger")两篇文章中表达过同样的观点。在后一篇文章中,他期待在一段合理的时间之后评估黑人的表现,即在黑人使用过先进的文化工具之后。

这么多微小的细节联系在一起！一般而言，拉采尔会记录三个始终容易区分的主要种族：(a)黑人，特征是黑色皮肤、卷发和丰满的嘴唇；(b)蒙古人，特征是黄色皮肤、浓密的直发、宽颧骨和眼睑褶皱（内眦褶）；(c)白人，特征是白色皮肤、细卷发和更精致的面部轮廓。① 根据年轻学者增加的类别（红棕色种族，或将澳大利亚人、塔斯马尼亚人[Tasmanians]与黑人一道归为另一黑人种族的趋势），拉采尔相信，解剖学将为进一步分类找到更多的理由，可能会使用比他那个时代的种族科学的标准（主要是皮肤和头发）更深层次的标准。但他强调，这些始终是外部属性，而基于种族分类的外部属性可能得出许多有关内部属性的结论，这些结论当然往往与前者联系在一起（同上，页480）。

拉采尔一般相信黑人比白人低等，② 澳大利亚人比大多数黑人低等。尽管如此，他依然强调：根据一些所谓的"例外"（exceptions），③ 我们意识到某些智力品质并不一定与我们据以划分种族的身体特征有关。因为，在这类情况中，凡是心胸开阔、心底温暖的人都必然会意识到黑人眼中的善良、智慧、礼貌和理想主义，而且，当他们看到黑皮肤人有白种人的特征或白种人有黑人卷曲的头发或宽鼻子后，在评估和批评整个种族时都会退一步考虑。拉采尔强调，这样的发现并不局限于个人，它在仅仅几代人的时间里就改变了对整个民族的判断。他问道：40年前的日本人和今天的日本人在我们看来分别是什么样子？他指出，由于日本人的存在，世界上增添了另一股强大的力量，世界艺术史上增添了新的梦幻篇章，而

---

① Ratzel, F.,《民族与种族》，前揭，页479。
② "高等[民族]"和"低等[民族]"的用法，见第4.1节。
③ 通过使用引号，拉采尔表明自己不同意将解剖学特质以外的其他特质归给各种族。

在科学领域也已见证了一种令人尊敬的表现。根据拉采尔的说法，这个例子（以及日本人结合了东北亚人和马来人的要素及通常归给蒙古人的要素这一解剖学观点）质疑了黄种人或蒙古人这类旧术语的使用，要求人们在使用术语和得出最终判断时格外小心。拉采尔赞扬英格兰和日本之间的密切协作，尽管此前西方人对黄种人的未来持负面看法。他建议在日本人的其他方面的表现展现出来之前保持耐心和专注，这样任何评估都不会基于以下假设而确定：存在重大的智力和心理差异，①这些差异应该与身体和种族的差异相对应。②

拉采尔在种族分类中对解剖学的、外部的特征的独特坚持，源于他的人类学渊源和基于外部的、解剖学的发现的种族分类。这种准确的观点引发了种族主义理论家张伯伦的个人批评，后者引用颅骨测量的混乱结果，指责拉采尔作为人类学家却质疑雅利安种族的存在。③

拉采尔警告不要过度使用"黄祸"一词，因为危险的源头并不可见。这是在影射政治家兼小亚细亚问题的专家冯布兰特（von Brandt）。拉采尔好奇，危险到底在于5亿蒙古人口激起的压力，还是在于因他们的敏锐和手巧造成的竞争，抑或在于巨大的无烟煤储备。因此，他提出需要明确地回答这样一个问题，即这类情况的前提，几大种族的统一性（unity of major races），是否真的存在。在这

---

① 我们不要忘记拉采尔承认所有民族的理性。这是他统一论述人类的出发点。见第 4.4.3 节。

② Ratzel, F.,《民族与种族》，前揭，页 480。

③ Chamberlain, H. S.,《十九世纪的基础》(*Die Grundlagen des neunzehnten Jahrhunderts*, IV. Auflage, 1. & 2. Hälfte, Verlagsanstalt F. Bruckmann A. - G., München, 1903)，页 121 – 122, 脚注 I。

方面,他最初观察到,不可能通过单独研究某个大种族所有成员的外部特征来证明几大种族的统一各自的统一性。由于他们的各种特征似乎是分散的,他相信有些民族呈现出更多的共同特征,但并没有同质化。拉采尔认为,这一观察导致种族解剖学家放弃大规模的加权研究,而采用分析方法,后者的首要要求是在分类过程中考虑(除皮肤、头发、眼睛和头骨以外)所有身体部位。拉采尔在讨论种族解剖学家克拉契(Hermann Klaatsch)的作品时指出:读者得到的印象是,没有任何特征为某单个种族所独有;较高等种族具有较低等种族的某些特征,而最具特色的种族,即蒙古人和黑人,则渐渐单方面发展了某些分散于其他种族中的相当少见的属性。另一方面,他发现了一些巧合,例如欧洲人和日本人都有优美的头骨曲线,他还发现,他在许多部落发现的其他特征显示出一种平行的发展,起源不同但结果相同。拉采尔通过不可避免的融合来解释最不同的种族中出现的共同属性。①

尽管如此,拉采尔认为,共同的身体特征和相似的(当然更难确定得多)智力以及性格构成了血缘关系的证据。他以下述事实支持这一立场,即黑人和毛拉人(mullahs)——不管怎么融合——不可能从单独一个皮肤黝黑、头发卷曲的祖先那里获得他们的身体特征,就像白人不可能从单独一个皮肤白皙、头发卷曲的祖先那里获得他们的身体特征。在这个意义上,他认为所有种族都是一个个大家庭,以共同的家庭特征联系在一起。然而,他避免将这种亲密关系与树的枝条联系起来,而将其比喻成洋流系统的汇入和互联。因此,拉采尔将种族定义为:一群身体上相关的人,他们通过繁殖,在某一特定地区逐步成为多数且相互联系,任何人口汇入和融合都不

---

① Ratzel, F.,《民族与种族》,前揭,页481。

会改变这一大多数的种族类型,在可预见的将来也不会出现这种可能。①

自然,他观察到这种平和的认知常为种族情绪(Rassengefühl)所胜,因为普通白人从未想过为什么自己认为黑人完全是异类。白人甚至不愿了解他们,也无法想象他们有受教育的能力。白人满足于宣布黑人是人类中较低等的成员,并且不希望与之有任何共同之处。根据拉采尔的说法,白人并不试图提升自己的判断[能力],哪怕在个人案例上,他们也相信任何一个属于某个种族的人都必须始终是该种族的一部分,并与这个种族共命运。他认为把某些细节(如眼白中不易察觉的黄色或指甲底部略带红棕色)用作同黑人血液混合的证据是可笑的,而他对那些自认为能闻到种族差异并就民族气味(Smell of Peoples)写文章的人持讽刺态度。总的来说,他观察到这一有名的种族概念支配着所有声称有血缘关系并以祖先为荣的民族,这些民族拒绝与属于不同种族的人有任何共同要素。②

与这些认知相反,拉采尔指出人类物种的统一性绝非虚言。他引用的是赫尔德,赫尔德表达的这一观点在 120 年来一直未被否定,因为它得到了科学的支持,有时甚至在不经意间。他指出,即使今天的许多事情仅仅是对"人类"(humanity)这一大术语的愿景和希望,事实上,属于最不同种族的人还是都可配对并繁衍后代;所有人都享有理性、语言和宗教德性,都拥有一些最重要的文化工具:火、衣服、小屋、船以及最简单的武器和用于捕鱼和狩猎的工具。在文化进步的任何差异背后,拉采尔看到分享文化成就这一共同基

---

① 同上,页 481 – 482。他在论著《地球与生命》的第 626 页中给出了另外一种定义。见第 4.5.1 节。

② Ratzel, F.,《民族与种族》,前揭,页 482。

础,并强调:事实证明没有任何种族无法接受基督教的教义,就像第二个一神论宗教伊斯兰教那样,基督教由一个闪米特族群创造,该族群因几滴黑人血液而得到了丰富。根据拉采尔的说法,共同元素的起源可以追溯到更新世(Pleistocene)①的武器和工具,是数千年前劳动和交流的结果。② 因此,他预言:在未来相距最遥远的人类成员也将相互合作;一个人不会从事另一个人的工作,但是基于每个人的意愿的劳动分工③原则极有可能得到应用,而每个人都将有分于最终的结果。④

刚才描述的人类统一观念是种族主义理论家张伯伦对拉采尔的另一个严厉批评:……民族、种族是一个空洞的词吗?难道我们所有人都必须如同人种学家拉采尔坚持的那样,将所有民族融合为一个整体作为"我们的目标和义务、希望和憧憬"吗?……共同的血统难道毫无意义吗?抽象的理想能取代共同的记忆和共同的信念吗?……我们的判断不应该建立在明确的自然法则之上吗?难道生物科学没有告诉我们,在动植物界,新的纯血统物种——即被赋予非凡的身心力量的物种——只在特定的条件下出现且新个体的产生受到限制吗?……什么是种族?……某些种族的消失对历

---

① 第四纪(Quaternary)通常被视为"人类的时代"。直立人在这个时期的开端在非洲出现。随着时间的推移,原始人演化出更大的大脑和更高的智力。大约19万年前,第一批现代人类在非洲演化出来,并散布到欧洲和亚洲,然后到澳大利亚和美洲。在此过程中,该物种改变了海洋、陆地和空气中生命的组成。现在,科学家们相信,我们正在导致地球变暖。见 http://science.nationalgeographic.com/science/prehistoric-world/quaternary/。

② 拉采尔在此清楚地提到传播理论。见第5.2节。

③ 劳动分工的概念在拉采尔的许多文本中都有。见第4.2.3、4.4.3、4.5.3节。

④ Ratzel,F.,《民族与种族》,前揭,页482-483。

史将意味着什么?……什么是纯粹的种族?来自哪里?有什么历史意义吗?这些概念是广义的还是狭义的?我们是否了解他们?"种族"和"民族"概念有什么关系?①

有这样两种相互矛盾的态度:一方面是所有人都参与其中的人类共同体意识(Gefühl der Gemeischaft mit dieser Menschheit),另一方面是合理的种族情绪。拉采尔在此发现我们的偏好和我们的决定之间存在一种尴尬的矛盾。因此,他一方面指出这一历史学说,即权力属于精神上和身体上的强者,每一个想在未来生存的民族都至少需要必要的权力来捍卫自己的领土并保护自己免受有害影响;另一方面,他也强调,我们取得的文化进步使我们对明确承认需要进行严酷的种族斗争隐约产生反感。但愿地球有更多的空间!拉采尔惊呼,因为地球表面(1.5亿平方公里)与人口(15亿)②的比例没有留下彼此回避的空间。同时,他指出,掩盖下述事实毫无意义:人类各种族在物质装备上的差异阻碍了他们表现和需求的一致。在这种情况下,唯一的解决办法也是职责的优先排序和分配,并结合空间隔离,以减少高等种族的融合风险。③

拉采尔从这个角度出发审视最棘手、最现实的种族问题的例子——美国的黑人问题。他援引当时的人口数据指出,自废除奴隶制(1863年)以来,美国黑人人口已增加一倍多,1900年达到884万,且在南部各州和湾区各州(Gulf states)④大幅增加,那里黑人人

---

① Chamberlain,H. S.,《十九世纪的基础》,前揭,页263-264。

② [校按]原文作"1.5 million"。经查,1900年世界人口约为16.56亿,故此处似当作1.5 billion。

③ Ratzel,F.,《民族与种族》,前揭,页483。

④ [校按]墨西哥湾沿岸地区,由濒临墨西哥湾的美国的5个州组成,包括得克萨斯州、路易斯安那州、密西西比州、亚拉巴马州以及佛罗里达州。

口的平均密度是白人的三倍。尽管南方的大多数黑人居住在农村——因为白人被驱赶到城市,而城市里的黑人不被用作工业工人——但他在1900年仍记录说:有超过100万黑人居住在南方各城(同上,页483–484)。

拉采尔比较了美国黑人、美洲原住民和华裔的情况——尤其在加州,这三个种族都重要地在场——后指出,与美洲原住民和华裔人口的减少不同,黑人在完全陌生的土地上实现了人口的增长。几个事实(即自1810年以来便无值得注意的黑人输入,而与美国以外的移民浪潮配对的是白人出生率下降,以至于不输入新人口的话人口下降的威胁就迫在眉睫)表明,黑人问题多么深刻地触及一个新民族的内部人口增长。因此,他的结论是,除非冒险往有利于黑人的方向改变黑人与白人的比例,否则美国可能无法像那些具有高度影响力的排外党派所希望的那样,限制白人移民的输入(同上,页484)。

此外,拉采尔相信,种族情绪在实践中常常使执行黑人和白人平等政策的政治意愿化为乌有,这种政策是巨大的智识斗争和一场灾难性内战的结果:今天,美国黑人最好的朋友建议他们放弃投票权,因为社会平等基本上已经失效;而且,社会平等永远不可能在广大白人的种族对立情绪面前完全实现。美国总统大可以任命一名黑人外交官,但是他却不能强制推行黑人与白人坐在同一节火车车厢里的权利!(同上)

美国白人的意图是为黑人提供一切必要的手段,以确保他们在农业和体力劳动方面得到适当训练,希望轻松地把黑人训练成一个较低但有用的阶级——换句话说就是促使回到与旧印度的社会体系相同的、以种姓为基础的社会结构。拉采尔评论这一意图说,印度的[种姓制度社会]结构最初主要基于种族差异,而在美国的情况中,白人极不自在地同他们憎恶的一个种族生活在同一块土地上，这种情形会因他们有能力对这一较低阶级展开自由统治而得到缓和。自然地，他估计在这种情况中以下两种风险将无法避免：融合，这会慢慢让民族对立情绪得到缓和；失去与土地的直接联系。随之而来的还有一个健康的农民阶级的一切有益影响，一个民族由此在自己的领土上扎根（同上，页485）。

对拉采尔来说，如果采用这样的解决方案，或许最大的危险是其他利他主义情感可能萎缩，这些情感与种族问题无关。他特别提醒我们，无论黑人人权的最高捍卫者，还是最残暴的种族主义统治者（他们最近表现为私刑的执行者），都是美国白人。与有色民族的接触会产生高贵还是恶劣的情感，拉采尔归之于上层民族，因为从奥地利的人种辩论到新的美国各州的种族冲突，如下规则都得到了证实：这类冲突是否对所有人都有利，取决于占主导地位的民族或主要种族。一个民族包含的强大个体越多，他们将实施的种族政策就越有效，最终也越人道。最弱的民族卷入了最激烈的种族和谱系冲突。我们对"优等民族"（sovereignpeople，Herrenvolk）一词持欢迎态度，条件是我们不仅拥有优等的天赋，而且有能力确保每个人在各自领域享有与总体利益相符的特殊生存权利（同上）。

4.3.7.1　拉采尔对戈比诺和张伯伦的批评[①]

这篇文章的结尾是对种族主义理论家戈比诺和张伯伦长达两页的严厉批评，他们二人讨论过种族问题，并对德意志读者发挥着极大影响。在对他们的意图表示真实的同情后，即让每个人认识到

---

① 原文中没有标题。

历史进程中种族在民族生活中的重要性之后,拉采尔无条件地谴责了他们处理人种学和史学资料的方式。①

拉采尔认为他们两人都是聪明但不具备科学知识的人物:戈比诺在散文方面是雨果(Viktor Hugo)式的人物,误导性不亚于他的修辞;张伯伦更温和,但绝不更明智,因为在证明自己的观点时,他以强势的盎格鲁—凯尔特人的倾向轻率地处理科学真相。注意到这是许多强大人格的本性,他强调通过科学控制事态至关重要,因为两人都试图通过夸大其词来扩大影响,以为通过简单的拒绝即可让"不正确"的真相永远消失。拉采尔将二人的理论总结如下:他们认为黑种人、黄种人、白种人本身是不可改变的,只有通过融合才能变异。前两个人种注定要过低等的生活,只有与第三个人种——雅利安人融合后才能取得更高成就,比如中国文化。在人类历史的进程中,这两个人种一直是最低等的元素,总是威胁要通过融合把雅利安人种拉低。戈比诺认为,未来将出现这种我们不愿看到的发展:他预言在地球人口减少、人类陷入悲惨境地之后,地球将没有矛盾、没有美、没有英雄主义。根据拉采尔的看法,张伯伦并不赞同其老师的观点,而乐观地认为德意志人的灭绝可以避免;他认为德意志人是人类的花朵,当然,只有通过使用一切可用的手段,才能识别出德意志性是启发整个现代历史的要素(同上,页486)。

拉采尔极其苛刻地对待上述理论,他认为:任何人若旨在证明这些理论的哪些部分不对(suffer),或旨在传播(disseminate)和控制只存在于种族狂热分子想象中的迁移和融合,都纯属徒劳。为了只突出二人的关键错误,拉采尔首先反驳种族只有通过融合才能改变的观点(同上,页486–487),并认为人类和任何其他生物都受制于

---

① Ratzel,F.,《民族与种族》,前揭,页485。

自己祖先的可变性。拉采尔以包括犹太人在内的欧洲各民族在美洲和澳大利亚的变化为例,问道:我们还能如何解释哪怕白种雅利安人自身的演化?他接着讨论的是共同评估社会影响的需要,以及因堕落或剥夺导致的退化(同上,页487)。

拉采尔把戈比诺和张伯伦拒绝接受地理条件的影响记为他们的第二个致命的偏执观点(fatal unilateralism)。他提到不列颠人性格中的岛国特征,以及与世隔绝的位置对挪威或西班牙的影响,以此作为不可否认的证据,证明人们的居住地会影响他们的身心。

拉采尔认为,两位种族主义理论家的第三个主要错误是虚构历史。他指责他们不尊重真相,且对自己不可能知道的事情缺乏谦虚的态度。事实上,拉采尔把他们的角色刻画为一部特殊的戏剧(theatre),因为他们通过寻求尽可能广泛的影响力,预设一个广为接受的目标,即使有些人对实现该目标的方法存在异议;他们相当错误地希望通过滥用科学、走上最荒谬的道路来最好地实现该目标。他们不诉诸最简单的人类心智,这种心智认为个人和民族都极大地取决于自己的自然倾向,因此必须采取多种措施来维持自己的积极属性或改善种族;相反,他们在暗淡的过去寻找证据,当找不到任何证据时便炮制证据。因此,拉采尔通过戈比诺和张伯伦的例子,说明了一种过于关注过去的历史世界观(historical worldview)如何造成对现实的扭曲认知。他最后的结论是下述建议:种族理论如果要为民族和国家提供有形的和可测量的服务,就应该放弃一种不是科学的科学的完全不必要的方法,并且用当前的数据回答当前的问题(同上)。

4.4 政治人种学的一些任务

4.4.1 理论人种学和应用人种学

以具有理论和应用要素的科学(数学、化学、地质学、冶金学、动物学和植物学都声称有应用医学的作用)为例,拉采尔想知道为什么不应该存在一门实用的或应用的人种学(Practical and Applied Ethnography),一门处理人类关系以及人之融入社会和国家的科学,并能得出关乎未来的结论。[1]他认为他所处的时代是发展这门科学的绝佳时期,因为他首次能够辨别出民族之间的亲缘关系,并且对过去时代有了更好的了解和理解。然而,除了这些事实之外,对拉采尔来说更重要的是发现民族和当前局势之间的统一因素以及两者之间的联系。拉采尔强调人种学博物馆有大量参观者,尽管自从关注所谓野人的工具和武器以来还不到一百年的时间。他将人种学的进步归因于他那个时代的特殊情况,并将其与自然科学的进步相提并论,估计这可能带来同样重要的实际结果。[2]

在拉采尔看来,人种学是时代和"交通"之子,因为(跟其他任何科学一样)人种学受到时代的影响,而时代设置了与永恒的总体目标平行的新使命。因此,他认为政治人种学(Political Ethnography)处于交通的影响之下,而交通的伟大贡献不在于缩小空间,促进商品交换和丰富各民族的生活,也不在于通过传播更高级的成就直接刺激人口,而更多在于各民族自身的接近。交通比任何其他事

---

[1] 这里我们看到所需的预判能力,这是拉采尔在科学政治地理学中要求的能力。

[2] Ratzel,F.,《政治人种学的一些任务》,前揭,页402-403。

物都更能促进人类所有成员的接近。在拉近所有民族的意义上,人类的转变是神圣天意所命。没有人想要某种同质化。如果消除差异,就会产生可怕的死寂。生活需要差别。裂缝也有必要,但只在自然希望裂缝出现的地方才有必要;我们不想使裂缝比国家历史带至的地步更深(同上,页403)。

拉采尔建议需要从人种学的基础来研究和分析世界形势,不仅要在科学的显微镜下,更要作为从科学中汲取生命理论的最高教育的一部分。他认为,人种学给人类(humanity, Menschheit)一词添上了具有切实可行的世界观的内容,准确地展现了较低等民族的本质。无论丛林人、澳大利亚土著以及火地岛(Land of Fire)的本土美洲人比我们低等多少,他们终究还是人类。估计"人类"一词——就像所有大术语一样——有变成空壳的风险,他相信,科学必须作出反应,抓住机会向人们展示如何实际理解人类的概念,而非简单地跟随发展:唯有了解远离我们且文化上较低的民族的本质和潜力,才能使我们对他们持正确态度。科学的发展尚未削弱60年前一位英格兰旅行家提出的批评:政治科学似乎缺少"基本原则"这一章,这些原则应以尽可能好的方式指导文明民族与未开化民族的交往。[然而,令人遗憾的是]这一章几乎尚未得到任何编辑,不仅在政治科学领域,而且在人种学领域也同样如此(同上,页403-404)。

拉采尔在此基础上得出结论:政治人种学的目标应该是防止对种族和民族潜力的误解,这是造成政治误解和失败的主要原因。低估和高估有色人种对欧洲殖民列强的政策有同样不利的影响。以前,美国历史受到低估黑人的影响,黑人作为奴隶被输入并被征服;但随后,高估黑人给这个年轻国家的政治生活造成了最严重的危机。长期存在的奴隶制随后在几年内就被废除。现在美国的主要且最困难的问题之一,就是如何将黑人整合进白人创造的各州。声称更好地了解各民族将防止一切灾难和不利情况,那将是一种傲慢的观点;但不管怎样,更好地了解各民族可以预先提供后来通过痛苦经历才获得的教训(同上,页404)。

4.4.2 土地和民族

拉采尔要求在评估土地和人民时保持一种健康的平衡(同上),这是他创立政治人种学的主张的一部分,该科学将探讨民族自然属性和文化属性的政治后果及影响,并根据需要钻研社会和政治结构的历史发展(同上)。与这一基本原理相一致,他批评更密切地从各国的地理学方面而非人种学方面来审视各国的普遍趋势。他毫不含糊地警告,不要高估一个民族的地理特征。地理特征可以对民族有各种影响,不过与人类世代的变化相比,这些特征不太会改变。因为,只要一个民族的本性和能力保持不变,地理条件的影响就不变(同上,页405)。在拉采尔看来,"土地的不可改变支配着民族"这种假设具有误导性,是由于人们容易忽视各民族的内部变化,因为历史理论几乎完全是根据对旧世界的各历史民族(即同一种族的、具有极大持久性的各民族)的研究推断出来的(同上)。①

根据拉采尔的说法,另一个不利于把民族与其土地相等同的事实是:民族属性的暂被剥夺,整个民族受到的政治压迫(同上)。该观点是他从罗马尼亚人的例子中得出的。几个世纪以来,描述匈牙利和特兰西瓦尼亚时,罗马尼亚人都没有被考虑在内,因为他们是马扎尔人和德意志人统治下的一个较低社会阶层,毫无政治权利可言。然而,在他那个时代,他们有250多万人之众,是[匈牙利]阿帕

---

① [校按]本节以下部分,比较第1.3.2.2节。

德王朝(Árpád dynasty)的臣民中第三强大的民族,与[罗马尼亚]王国的 500 万罗马尼亚人一起构成南欧最紧凑的民族体(同上)。

拉采尔认为,土地和民族之间的混淆在年轻的国家和殖民地甚至更为严重,在那里,人们通常只考虑和评估土地,就好像土地上没有人,认为土地在后期会随着另一个民族(不同于不受注意的原住民族)的到来而增值。所以,拉采尔指出,许多殖民势力将土著赶出殖民地是不明智的决定。拉采尔赞同鲍曼的观点,因为鲍曼批评德意志官员和军官的妄想——他们低估黑人且希望在没有非洲人的情况下治理非洲(同上,页406)。

作为这一讨论的一部分,拉采尔甚至质疑美国的地理统一性——他曾在许多著作中赞赏这个国家——他检查了居住在该国的不同民族的人种多样性,并认为这个特征在政治上比美国的地理凝聚力重要得多(同上)。北美洲和中美洲之间最大的差异体现在民族的起源和历史上,这种差异导致的结论是:美洲尽管在地理上处于孤立状态,但永远不会变得统一。他从欧洲的视角进一步得出结论:南欧和中欧为欧洲民族的政治和经济创业精神提供了一个与北美完全不同的、更加开放的基础(同上)。

此外,拉采尔指出,有的民族对自己土地的利用优于其面积、位置及景观所允许的程度(例如古代的雅典和现代史上的普鲁士)。他还把黑山呈现为一个政治重要性极低的国家的现时例子,因为黑山的国土面积小(特别就 1878 年的大小而言),因远离海岸而贫瘠,且因地势起伏而不利于运输(同上,页 406-407)。因此,拉采尔认为,有些民族的历史和条件足以导向一种人种学而非地理学进路,还有一些国家则从未与其领土紧密地联系在一起,以至于我们甚至有可能离开领土设想这些国家。土耳其就是一个这样的例子:无论兴衰成败,土耳其的人民都没有与土地紧密相连,以至于使用"土耳其统治"这一术语比"土耳其帝国"更正确。同样,在殖民历史上,许多情况取决于每一次开展工作的人。拉采尔相信,在讨论中出现更多的是以探险家和征服者的身份出现的荷兰人,而不是荷兰这个国家本身(同上,页407)。

这些考量使拉采尔坚信,由于我们最终总是被引向生活在那里的人民,因此了解一个国家不仅仅意味着描述其地理属性(位置、土地和气候)。专注于不断变化的民族比描述土地的自然特征更难。根据拉采尔的观点,地理学和统计学通过记录人口、城市规模、主干道长度以及大量更多可测量的数据,可以有助于这一努力。此外,地理学还可以分析民族和语言的分布,这是地理学的主题在政治运用中开始的地方(同上,页408)。

拉采尔据此得出的结论是:对每个国家的描述都必须记录地理学和人种学特征,而每项政治评估都必须基于两者而展开。土地和水资源的性质和类型,与居住在该土地上的民族的特征同等程度地影响着国家,且这些与土地一起构成国家(同上)。

4.4.3 人类在政治人种学中的统一

拉采尔将人类(human species)的统一界定为地理学的一个关键事实,因为只存在一个地球和一块未分割的地球表面,所以只存在一种人类(同上,页408-409)。但即使有不止一种人类,在时间中他们也会相互接触并杂交。他将这一地理事实与下述人种学事实相提并论:他们(人类)通过无数过渡点在身体上和智力上联系在一起(同上,页409)。

尽管政治、交通和智力将人类的所有部分联系起来,拉采尔仍然区分出几个人种学要素和痕迹,证明此进程在非常古老的时代就开始演化。典型的例子是古代的人类遗迹,例如头骨或骨骼,表明他们受到相当大的影响并[相互]融合。在拉采尔看来,由于古老且深刻的差异仍然存在,无法确定此进程是否会完成,因此唯一稳妥的,就是主张各民族在共同使命中的协同乃是人类的最终目标(同上)。

就政治人种学而言,人类的统一实质上意味着人类各部分为了国家、教会和各文化界而合作的必要性以及可能性。拉采尔认为,合作是必经之路,任何一个成员都不可能排除在外,即使那是他的愿望,因为一切都系于阻止分离的共同基础之上。此外,他认为没有人类的哪个部分与其他部分如此遥远,以至于不用承担任何共同职责——某些更重某些更轻。他补充说:当然,所有民族的职责不可能相同,也不应该相同,因为不同的技能表示不同的点,生命只在于职责的多样化和劳动分工。殖民历史的经验告诉我们,在不同的位置运用不同的技能可以带来许多巨大的好处。俄罗斯民族在亚洲的力量主要建立在以下基础上:俄罗斯定居者对北亚和中亚的居民而言没那么陌生,因此获允以平等要求和平等权利参加重大文化项目。也许一项白人的殖民政策有一天会确保数百万美国黑人在西印度群岛(West Indies)或菲律宾拥有更好的未来,在那里那些黑人可以最好地利用自己的有利条件(同上)。

至于国家与人类的关系,拉采尔认为国家并不是被动地参与后者的演化,而是人类演化最重要的工具之一,是人类演化的驱动力,因为国家通过暴力扩张和整合,与交通通过和平的方式和交换,最终都是去往同一方向(同上,页410)。

拉采尔接下来分析交通对人类的产生的贡献,强调交通首先打破了阻止小民族或部落发展并渐渐融入人类的障碍。人类的产生在交通及其建立的关系出现之后才开始,因为原始人出于恐惧生活在小或极小的孤立群体或孤立的隐蔽部落中。因此,更大的民族由分散的小民族聚合而成，而如今国家继续了这一演化过程。根据政治平衡法则，任何大国的对面都会产生一个更大的国家。拉采尔从交通的传播中得出了有关国家建立的相同结论，因为国家的建立相应地提升了交通的发展或者说[国家的建立]后于交通。当他说政治地理学的研究主题是证明交通所涉及的地区和国家的扩张时，指的是他的《政治地理学》（第 8-10 章），在那里他试图遵循一个本质上简单的过程，从自然导向型民族的村邦（state-villages）开始，到当今的大国。拉采尔认为，非洲地区的情况就是这一过程的一个例子，东至尼亚古埃（Nyaugue）地区，西至卡塞河（river Kassai），北至达伦加王国（kingdom of Dar Runga），南至隆达人（Lunda poeple），这里直到 25 年前还不知道武器和火药。1879 年斯坦利（Henry Morton Stanley）的刚果之旅后不久，欧洲贸易就渗透到这片宁静的绿洲，10 年后刚果这个国家建立。国家在交通之后生长出来（同上）。

从这个意义上说，拉采尔认为交通是文化的载体，而认为交通和贸易直接将较高民族的文化灌输到较低民族的灵魂中去的观念是错误的。交通的外部使命主要是拉近各民族之间的距离。然后各民族就会自己互动。交通本身并没有更深的意图，更像是一种实现目的的手段（同上，页 410-411）。当然，拉采尔评论说，由于不需要任何动机，且可持续地、毫不费力地发挥作用，因此交通作为一种手段或工具无与伦比。当交通带来的商品和货物更有用、更有吸引力时，便可以直接取代其他相对没那么完善的创造物，从而提升一个民族的文化运动。然而，他通常认为这种影响并不有利，因为会破坏经济基础。而且——无论饮酒与否——一个拿着后膛枪的黑人与一个拿着弓箭的黑人相比难道不是更高等级的人吗？只有当贸易出现以及传教士、书籍和报纸随着商人的脚步到来时，他的地位才会上升。贸易会激励热带国家的懒汉去工作和独立表现自己(同上,页411)。

接下来在分析交通与政治的关系时,拉采尔承认后者的效率更高,后者紧随交通,将贸易路线转变为征服者路线,并将交通区域转变为国家。二者的主要区别在于,交通把决定接近和交换程度的权利留给各部落,而国家建立后则对持异见者加以限制,迫使他们对他人和整体有用。因此,伟大的帝国从村邦一步步建立起来,现在地球上每一个可居住的部分,都在政治上被占领或成为争议问题,包括曾经是国家之间天然边界的沙漠和荒地。拉采尔总结道:边界变成虚拟的线,在现实中已经不复存在。因此,各民族之间的交换变得越来越活跃,人类作为一个[整体]的产生本质上成为可能(同上)。

说完这些,拉采尔认为,一个国家的成长过程,要么通过民族要么通过部落,是对人类演化的贡献,他把每个国家表征为这一过程的工具。进入一个国家后,最不同的民族相互之间也变得日益密切,随着时间的推移,这些民族通过融合来平衡差异(同上)。各民族的经济、政治和人种上的接近过程因此内在地联系起来,因为正如经济联系为政治联系做好准备一样,政治统一始终是走向人种统一的第一步。交通允许民族以各种方式混合——政治则使之聚合,并使之在一个特定的地方互动。这就产生了所谓的"政治种族"(political race, politische Rasse)(同上,页412)。拉采尔相信,罗马帝国通过平息希腊人和蛮夷之间的冲突(这种冲突构成希腊历史的一大部分),把这种影响发挥到了极致。拉采尔指出,归给基督教的对各民族和种族差异的世界主义认知,其根源乃是遍及世界的罗马帝国对各民族的统一,舍此基督教永远不会成为世界宗教。这是因为早期的基督徒从其中心开始传播,传教士走的是罗马军队修建的道路。因此,罗马不再是世俗世界的首都时,已经是基督教的首都(同上,页413)。

同样非常令人感兴趣的,是拉采尔如何评论希腊人和蛮夷之间冲突的解决,这是马其顿帝国的结果,而马其顿帝国正是因这场冲突而产生,但就在那时被超越,崛起为一个横跨欧亚大陆的国家构造(同上)。拉采尔在引用柏拉图(他认为希腊人和蛮夷之间的冲突是正常的,因为双方生来就是敌人)和亚里士多德(他认为蛮夷生来就是希腊人的奴隶,而希腊人注定要统治)的话时指出,由于地中海各民族之间存在关键的相似之处,这类傲慢和夸张的观点无法得到证实。他还估计这些观点最初在希腊殖民地间遭到驳斥,主要在西西里岛,随后在马赛(Marseille)和南加利西亚(South Galicia),这些地方的人口极具天赋,很快在各方面赶上希腊人,甚至在希腊的教育方面。最重要的是,罗马为拉近地中海沿岸民族作出了巨大贡献,其中最明显的证据是罗马词汇的使用,从叙利亚的法语到不列颠群岛[的英语],从阿特拉斯山脉(非洲西北部)到北海。同样,拉采尔指出,从比利时扩展到罗马尼亚和希腊的拉丁货币联盟,也建立在罗马各行省的亲缘的基础之上。此外,为了解释法语书籍的大量流通,他诉诸罗马各民族之间的内在共鸣,这种内在共鸣仍然强大到足以克服横亘在法语、意大利语、西班牙语、葡萄牙语、罗马尼亚语之间的语言障碍(同上)。

在整个历史进程中,拉采尔发现一种重新审视和认识边远民族的倾向。在历史视野延伸到人口众多的族群以及人类概念最终采取一种实用的、政治的形式之前,将蛮夷或敌人视为次等人(subhuman)是一种普遍现象。这一进程的重要阶段是希腊人和西亚人之间实现和解——这是亚历山大大王(Alexander the Great)及其继任者建立国家的结果(同上,页412-413)——或者说希腊人和西亚人统一并融合成了遍及世界的罗马帝国的一部分。尽管如此,基督教在这方面发挥的影响最大:当新世界及其全新种族被发现时,牧师们宣称那些明确的多神论者和蛮夷同样配加入教会,那些人因此从奴隶制的威胁中被解救出来。没有什么能更清楚地表明基督教在认识和理解民族方面取得的进步(同上,页413)。估计希腊人绝不会取得这样的认识,国家与教会在涉及其他民族时也不会那么轻易达成一致,拉采尔再次赞扬教会在废除奴隶制方面的作用:世俗机构认为猎杀和贩卖奴隶是一种可允许的商业活动,并使之在跨国协定中得到广泛接受和认可,而教会却通过传教行动证明自己不怀疑黑人的人性(同上)。

从而,拉采尔得出结论说,即使某些民族几个世纪以来都生活在有庇护的地方,基本上未受外界影响,人类总体上仍处于不断变化之中。为了说明人类在过去几个世纪的变化范围,他诉诸地理大发现时代,当时整个美洲和澳大利亚以及非洲大部分地区都没有受到欧洲人的染指,只有土著居住。[然而随着]土著[赖以生存]的地盘被白人或混血人占据,新世界的探险家们[当时]探知的大多数部落都已消失。美洲和澳大利亚的每一次人口普查都为这一持续进程提供了新的证据:土著人口的减少数以千计,而白人却获得了几十万平方公里的自由土地。更多的文化空间,更多的人为文化工作,更多的人享受(文化)带来的福祉(同上)。拉采尔认为,他们的这种不空手站在这场运动面前而试图发挥决定性作用的态度,属于有未来的民族的特征,也是文明国家的使命。然而,政治人种学必须指明这场运动的前进方向以及时代、民族和国家必须坚守的位置(同上)。

4.4.4 民族评估

本节实质上是第4.2节中呈现的同名文本的简编。与他长期以来表达的观点一致,拉采尔指出:对一个民族的评估必须考虑到决定或可能决定其行动的所有内部和外部事实,即考虑到所有地理学、统计学和人种学方面的数据。一个国家的政治地理学可视为建立任何评估的基础(同上,页413–414)。政治人种学的最终目标,也是最高目标在于:实质上创造对民族的积极和审慎的评估,这将指导我们对所有其他民族的行为,从而执行最重要和最富有成果的科学原则。当然,这似乎是高度负责任的[做法],因为交通、政治和各民族之间的文化和宗教互动必须由对各民族的特性和技能的适当评估来决定。他注意到在一个简短段落中讨论如此宏大的话题是一项艰巨的任务,①因此仅限于提出关键的线索,以防止在评估民族时出现的重大且常见的错误(同上,页414)。

首先,他强调需要重新考虑一种观点,即各民族在天赋上的差异是不可避免的巧合,因为这种差异与生活中的其他差异一样必要,是生活的一部分,应当得到承认和利用。就与其他民族的差异而言,一个民族如果首先考察每个民族的偏好方式与其更普遍属性之间的联系,[对待这种差异的态度]就会更加宽容。更重要的是,拉采尔认为,这项研究会导向如下结论:为了避免我们自身力量的锈蚀,其他民族的属性应该挑战我们去模仿他们或捍卫自己以对抗他们。在大多数情况下,他认为一个民族的伟大之处正在于有能力利用一切差异来为自己的好处服务,例如法兰西、俄罗斯曾利用德意志人,以及奥地利曾利用自己多种多样的人口(同上)。拉采尔认为,历史运动的结果将是基本上逐渐消除民族之间的差异,而他发现一种高估这些差异的倾向浮上表面,这是由于人们相信,为强调自己的独立,就不得不强化民族之间的差异。这里可以发现造成重大政治紧张局势的主要倾向,这种倾向对民族关系有致命后果,

---

① 令人惊讶的是,他并没有提及自己在1878年发表的同名论文。

它源于微小的民族差异,既在种族(主要的人类单元)层面,也在民族或族群层面。拉采尔认为,德意志北部和南部之间的微小差异就是一个这样的例证,这些差异足以使德意志分裂几个世纪(同上,页414－415)。为了强化这种大多数情况下纯属想象的差异,有些人热衷于划定地理边界,并过分强调其重要性。拉采尔认为,北方和南方之间的地理差异在美国和德意志都被夸大了。同样,他认为同一国家内部相邻族群的态度差异也被过分强调(同上,页415)。

通过研究几内亚湾那些或多或少有些好战的黑人部落(分别为埃赫尔族[Ehre]和杜亚拉族[Dualla])的例子,或者拉丁美洲果敢的瓜拉尼土著美洲人(Guarani Native Americans)与较冷漠的图皮族(Tupi)部落之间的差异(这种差异在基督教影响下的现代国家中仍然存在),拉采尔得出的结论是:差异的激化导致令人难以置信的强烈偏见,这种广为传播的偏见只有经过漫长的历史进程才能得到纠正。另一个例子是希腊人倾向于将所有邻人、甚至那些使用希腊方言的人都看作蛮夷,这种偏见使希腊人隔断自己和蛮夷的联系,阻止他们通过及时扩大领土来强化自己的任何尝试,从而导致希腊人最终衰落。同样,拉采尔相信欧洲为低估俄罗斯人付出了代价,但另一方面,他认为希腊人被高估了,他们因他们的古代史而被错误解读(同上,页415－416)。拉采尔避免把1897年希腊对土耳其战争的失败全部归咎于他们,以免反过来犯同样的错误(同上,页416)。

至于民族的教育潜力,拉采尔相信只有在特定的时间界限内才能得到实际证明。为了说明这一点,他引塔斯马尼亚人为例:教育他们将需要几个世纪的时间,以期达到与欧洲人相当的水平,然而他们只得到了几十年的时间,然后就突然消失了①——那些参与民

---

① [校按]实则为英国殖民者屠杀殆尽。

族评估的人没有充分考虑时间问题。从所有人的自然禀赋相同这一理论观点出发，他们得出结论，所有人必然在实际上彼此平等。拉采尔认为这些观点导致了严重的误解，并以北美黑人奴隶的解放为例加以说明。北美黑人奴隶通过一个签名获得了美国公民拥有的所有权利，但没有首先获得必要的技能。结果，平等仍然是一个空壳，许多人因此认为黑人在文化上无能。拉采尔明确拒绝这个观点，再次提出应讨论时间问题：我们可以补充一点，你们把黑人评估为在文化上无能，是因为他们在这十年里没有学会你们需要用一千年学会的东西吗？①

除粗心大意和片面（不准确地描述对民族的评估）外，拉采尔还注意到针对民族的蓄意诽谤，参与这些诽谤的主要是较低等民族，他们把自己的邻人描述为食人族或狗头人或会变成野兽的人。同样的现象也见于文化发达的民族中，他们试图在书中相互诽谤（例如德意志人诽谤英格兰人，反之亦然）。拉采尔意识到调查这一现象可能需要汇编好几卷书，因此他仅简单地讨论了一个特别有趣的案例，它出现在早期美洲人种学家的著作中。他们不断地提出这样一个问题：是否可以利用美洲土著的一些扭曲的观念来粉饰[白人到来之后的]野蛮灭绝政策？这一政策把新世界交到白人手中。由此可见，这个案例关乎恶意伪造（同上，页417）。

至于是否应该将智力纳入民族评估，拉采尔认为，仅凭这一标准来评判一个民族是一个错误。典型的例子是希腊人，他们在政治上落后于智力上逊色的罗马人，这表明一个民族像一个人一样，不能仅仅基于自身的智力而繁荣昌盛。在谈及全球历史人物时，应同等考量道德力量和意志力，并且不能忽视身体素质。在此语境中，

---

① 同上。详见第4.1节。

拉采尔认为,民族对战争苦难的忍耐力具有重要的历史意义,哪怕最简单的忍耐力,比如走路。此外,地球上的寒冷地区之子与温暖地区的软弱居民相比,他们的坚毅性格和结实肌肉就是他们的优势(同上)。

拉采尔显然受到典型的新教观念的影响,他强调,一个民族对现实世界的影响只能取决于其现实表现。他解释说,尽管拿破仑世界统治下的德意志诗人或者意大利的音乐家和艺术家给他们的国家带来了极大荣誉,他们也并没有增加自己国家实实在在的权力。希腊在政治上毁灭之后,对罗马发挥出极大的智识和文化影响,但从未通过这种影响在政治上重整旗鼓。相反,没有任何杰出智识成就的民族却对历史有极其重大的影响。不能掌握技能和目不识丁的人对历史产生了巨大影响,他们简单而谨慎的劳作、匮乏和自我牺牲压倒了一切文化上的傲慢,这种现象屡见不鲜。当手持武器发生冲突时,心肌而非大脑才是民族争端的根本决定因素(同上)。

拉采尔估计,在文化水平较低的情况下,除了战争,没有其他手段可以证明一个民族的价值,而战争也是先进文化水平最重要的标准之一。其中的原因总是相同的,由于短期冲突往往对遥远的未来具有决定性作用(例如"七年战争"后的普鲁士或1870—1871年战争后的德意志有完全不同的政治价值观),因此一个民族会使用一切可用资源来抵御外来攻击(同上)。当然,归给这样一种挑战的价值与一个民族带给战争的东西成正比。战争的准备阶段、动员群众的规模、人民的参与程度,这一切都是评估一个民族的决定性标准(同上,页417–418)。在和平时期,各民族的表现在于生命的维持与繁衍,然而,各民族的营养、资质和繁殖,换言之即其力量和成长,都基于这一表现。一场战争结束后,长期隐藏的过程的结果或缓慢衰退的结果会浮出表面,如果不是那场动荡,这种衰退仍不会得到注意(同上,页418)。

拉采尔总结说,评估各民族的最佳学校永远是对那些民族的统治权。他指出,每个政治统治权都是应用政治人种学的一堂课(同上)。他试图解释那些不敢征服希腊的古罗马人如何区别于以惊人的速度使不列颠罗马化的更现代的罗马人,他认为,罗马人在征服加利西亚和瑞士的过程中学会了如何对待凯尔特人。拉采尔以此类推,发现了同样的差异:英格兰和西班牙对殖民地各民族的了解更加透彻。

最后,他对其同胞说:在德意志的殖民政策中,德意志不得不获取越来越多如何以最好的方式统治各个民族的知识。殖民地官员、传教士或商人掌握的人种学知识越深,一个民族作为整体去了解其他民族的能力就越强,从而这个民族就越能在统治权这所学校里更有效地学习统治其他民族的艺术(同上)。

4.4.5 社会学和政治人种学

在本文的最后部分,拉采尔从社会学是否可以提供或倾向于提供我们向政治人种学要求的东西这一问题出发,讨论了社会学与人种学之间的关系。当然,拉采尔承认社会学最初是作为一门应用科学而创立的,并特别提到其创始人孔德(Xavier Comte)。在孔德看来,各门科学的使命都是"必须预见"(avoir pour prevoir),并将社会界定为社会学的研究主题,囊括全人类。更进一步,按照拉采尔的说法,孔德期望从一切形而上学的残余中解脱出来,实现社会的合理转型(同上)。尽管拉采尔认为不可能有任何比实际应用更高的目标,但他指出,孔德由于不了解人种学(他没有将其纳入自己的科学体系),所以主要从历史哲学的角度理解社会学。但他那些活跃在人种学繁盛时期的学生,却转向了完全演绎的道路。

至于斯宾塞,拉采尔认为他对社会学的研究太深,以至于完全忽略了人种学的实际应用。拉采尔厉声说:为了研究社会学,斯宾塞在其著名的同名短篇著作(1873年)[《社会学研究》]①中要求一种心理学和生物学的准备,却没有提到任何人种学的准备。拉采尔又补充说,斯宾塞在其多卷本著作《描述社会学》(*Descriptive Sociology*)中堆积了大量的人种学材料,然而,他使用这些材料的目的更多是理解社会、国家、习俗和传统的演化,而不是探究当今民族的真实本质以及对这些民族的客观评估。尽管拉采尔承认斯宾塞及其继任者的许多论民族、历史和史前史、社会演化、国家和家庭的著作对人种学有用,但他相信其中只有极少部分达到了实施阶段,因为社会学家非常迅速地进入了他们的演绎,而不对大大小小的个体民族进行直接、深入的研究(同上,页419)。

基于此,拉采尔总结时提出应创建一门特殊科学即政治人种学,用于探讨各民族的自然和文化素质的政治后果和影响,并应为此目的尽可能对各民族的社会和政治创造物的演化史作必要的深入干预(同上)。

4.5 种族主义者还是人文主义者? 处于一个大的二律背反中心的拉采尔

就种族主义问题而言,就像几个子问题一样(例如,拉采尔的分析框架是否包括经济和[其他]更广泛的社会参数这个问题,见1.2

---

① [校按]光绪二十三年,严复译有斯宾塞的《社会学研究》,又依《荀子》之言,"人之贵于禽兽者,以其能群也",名为《群学肄言》。

节中魏特夫和奥伯豪姆二人提出的截然不同的进路),存在许多非常不同的进路,其中一部分被舒尔茨收录在专著《拉采尔是种族主义者吗?》一书中。舒尔茨引用巴森(M. Bassin)的观点,后者认为拉采尔具有与生俱来的人文主义特征(舒尔茨认为需要重新审视这一观点);①此外,希尔德布兰特(Hans Jürgen Hildebrandt)和布罗伊尔(Stefan Breuer)认为拉采尔的立场有争议(同上,页37-38)。克里斯托夫·马克思(Christoph Marx)清楚地看到拉采尔对黑人的明显低估,因为拉采尔把意志力(willpower, Wille)作为一种解释因素引入(解释地理学无法解释的东西),把意志力这一参数与种族理论联系起来,证明殖民之所以不可避免是由于更高贵的白人种族的意志力比黑人更强,并企图从理论上为白人及其文化统治世界的普遍要求奠定基础。与此同时,他指责拉采尔试图调和他有关人类的统一与最高贵种族指导下的人类内部种族等级的观点,这种调和想要提升其他种族,但绝不会提升到与白人相同的高度(同上,页37)。

舒尔茨教授本人在这篇文章中总结说,拉采尔的观点并没有免于种族主义,尽管他承认拉采尔没有在种族之间划出基本的生理和智力边界,从而将特定群体排除在大的人类共同体之外。事实上,拉采尔甚至没有赞扬任何现存的差异,恰恰相反,他消除了这些差异。他强调维护种族和民族间的融合,但不是每一种融合都应维护,尤其白人与黑人之间的融合。无论他在种族研究的相关问题上多么坚定地坚持客观和公正(由于存在许多悬而未决的问题,他要求在得出实际结论时保持谨慎),也无论他如何小心地与任何极端态度和虚构创造(他清楚地评论过)保持距离,我们都可以同样确

---

① Schultz, H.-D.,《拉采尔是种族主义者吗?》,前揭,页37。

定地说,他思考的基础是存在一个分级的人类,并且他坚持各种族因其文化潜力而存在素质上的不平等(同上,页38)。

舒尔茨教授指出,这种按等级划分种族的观念,即为了自身利益而针对他者评估差异,是一切生物和文化种族主义的核心。他认为拉采尔把他的种族主义观点隐藏在人类概念的背后,人类概念使每个人,无论统治者还是被压迫者,都成为单一人类的仆人——这些关于全球劳动分工的观点构成了殖民主义者的理论背景,在此背景下,单方面的殖民剥削得到辩护(同上)。

为了进一步证实这一观点,舒尔茨还指责拉采尔意欲采用优生学(eugenics)①的方法,该方法旨在提倡一项"种族提升"(race improvement)政策。因此,舒尔茨指出:(a)拉采尔反感戈比诺和张伯伦试图解释种族对各民族生活的重要性;(b)他建议他们可以简单地诉诸当前的常识,使用下述简单的论点,即个人和民族的发展要大大归功于自己的自然资质,因此需要做大量事情来维持自己的天赋和才能或者说提升种族;②(c)他主张受控制的种族融合,以避免改变统治种族的性质;③(d)拉采尔提到美国黑人大众运动的可能,舒尔茨认为这对一种地理上的种族隔离具有刺激作用。④

必须承认,在本研究的开端,带着舒尔茨的分析(后来才得到研究)阅读这些段落确实令人沮丧,因为零碎地研究或援引这些段落,

---

① 优生学:对提高人类或一部分人口的素质的可能性的研究或信念,尤指通过诸如阻止具有基因缺陷或据信具有可遗传不良性状的人的繁殖(消极优生学)或鼓励据信具有可遗传的理想性状的人的繁殖(积极优生学)等手段。见 http://www.dictionary.com/browse/eugenics。
② 见第4.3.6节。
③ 见第4.2.7节。
④ Schultz, H. -D.,《拉采尔是种族主义者吗?》,前揭,页36。

4 拉采尔国家分析中作为权力贡献因素的社会/文化方面与种族主义问题　**207**

容易使人对拉采尔产生一种负面的种族主义印象。然而,拉采尔的人类统一概念同归给他的种族主义情绪之间的冲突仍然非常明显,以至于需要多次阅读和大量的研究分析,才能解释这一特殊的裂缝,并将这些参数尽可能准确地拼入拉采尔思想的马赛克内。

那些指责拉采尔持种族主义观念的人的主要论点,自然将在接下来的几段中加以讨论,在他的基于以下几个关键层面的整体观点框架内:

- "种族"一词的内容及他对受控制的融合的看法(第4.5.1节)
- 对种族的所谓精英制分类(第4.5.2节)
- 他对全球劳动分工的看法(第4.5.3节)
- 他对引发种族和人种冲突的原因的看法(第4.5.4节)。

4.5.1 "种族"一词的去生物化

拉采尔始终基于一个中心假设:经过许多运动和迁移,许多渗透、分层、扩大和融合后,不可能还存在统一和纯粹的种族。[①]他为"种族"概念给出两种定义。1902年,他在《地球与生命》中给出的定义是:……种族,机械地讲只不过是一群在自然划定的区域内移动的相关人,他们通过完全占领该地区形成了多数,外来要素的到来无法迅速改变其种族类型,因为该类型通过融合产生,并通过内部繁衍越来越成形(同上,页626－627)。两年后,他在《民族与种族》中将"种族"定义为:……一群只在身体上相关的人,他们通

---

① Ratzel, F.,《地球与生命》(*Die Erde und das Leben. Eine vergleichende Erdkunde*, Bibliographisches Institut, Leipzig und Wien, 1902),页626。如第4章中介绍的拉采尔的文章所表明,这一观点贯穿他的全部著作。

过繁殖在某一特定区域内逐步成为多数且具有亲缘关系,任何汇入和融合都不会改变这一大多数的种族类型,在可预见的将来也不会出现任何这类事情。①

从上述定义②可以清楚地看出,拉采尔基于政治和地理参数来定义种族,即一群在某一特定地理区域中数量占主导的相关的人,而没有引入任何智力或道德亲缘关系的标准——而张伯伦在其种族概念中使用了这一标准。③

这两种种族定义都几乎没有任何生物学要素,甚至粗略地提及身体亲缘关系的标准,也仅出现在其中一种定义中,且显然是作为人类学和解剖学假设的一部分,与人的心智能力毫无关系。④ 这就需要赋予"种族"一词以不同的内容,而这正是拉采尔在其成熟时期所作的尝试。

首先,让我们回顾一下,拉采尔建议使用"文化种族"一词,从而把各民族的身体发展与其文化生活标准联系起来。为此目的,他援引解剖学家弗里奇的观点,后者认为只有在文明的影响下,人体的和谐发展才有可能。⑤

此外,拉采尔将"政治种族"界定为政治人种学的基本研究单元,政治种族是各民族在经济、政治和人种上的接近这一不可分解的连接过程的结果,正如经济联系是政治联系的基础一样,政治统

---

① Ratzel,F.,《民族与种族》,前揭,页481–482。
② 当然,这两个定义中可发现两处不一致:第一个定义中提到的"自然划定的区域"在第二个定义中未提及,而第二个定义中提到的"身体上相关的人"未包括在第一个定义中。这是他的术语使用不一致的另一个例子,在他对国家的定义中也有类似情况。
③ Chamberlain,H. S.,《十九世纪的基础》,前揭,页310–311。
④ Ratzel,F.,《民族与种族》,前揭,页480。
⑤ Ratzel,Fr,《自然民族在人类中的地位》,前揭,页4。

一始终是实现人种统一的第一步。交通使不同的民族混合在一起——政治使之聚合,并使之在一个特定的区域内互动(同上,页411-412)。

除文化和政治实体外,拉采尔还赋予"种族"一词明确的社会身份,指出社会差异对种族之间的彼此厌恶负有责任。根据观察,白人与黑人之间的婚姻主要发生在美国的下层社会;在西伯利亚,北蒙古妇女不与俄罗斯上层官员结婚,而与农民结婚。据此,他评论说——结合白人广泛的异族通婚——种族之间的厌恶并非与生俱来。相反,他相信较低种族的社会退化扩大了与较高种族的差距。他援引澳大利亚为例:本土的澳大利亚人沦为了吉卜赛式的无产阶级,没有固定职业和固定住所;与此同时,白人定居者在曾经属于土著的土地上变得更富有。此时,两个阶层的接触停止,双方朝着相反的方向运动。在此情况下,至多只有白人社会的下层成员才会同那些尚未完全欧化的有色人种混在一起。拉采尔认为,上述社会歧视过程直接导致种系发生(phylogeny),因为"社会种族"(social races, soziale Rassen)由此产生,尽管其特点是持续时间短暂,但仍不断地在所有民族内部产生。①

诉诸文化种族、政治种族和社会种族——内含于政治学和人种学论文中——使"种族"一词的内容去生物化(debiologization)了。拉采尔把种族作为从文化上而非生物上定义的群体整合进自己的种族分析。他的典型看法是,在南方众多有色人种中已发展出一种智识上和政治上的亲缘关系(即民族性),这对美国的政治统一有危险;某种政治上的统一再加上领土的连续,可能导致美国分裂为

---

① Ratzel, F.,《地球与生命》,前揭,页628-629。

北部的白人国家和南部的有色人种国家。①

先前的观察无疑是接近拉采尔对受控制的融合的看法的起点,对此零散的阅读可能得出简单且片面的结论,如果忽略下述事实。拉采尔认为需要受控制的融合,以确保其中某个种族仍然占多数,这一观点出现在去生物化的"种族"一词的语境中,由以下三个方面构成:(a)拉采尔对文化种族、政治种族和社会种族的定义,(b)他认为纯粹的种族不存在,②(c)拒绝融合并非与生俱来的倾向。③

基于上述考虑,中肯的读者可以得出一个可靠的结论:拉采尔并非从生物学意义上使用"融合"一词,他所说的"融合"指的是文化、社会、经济、智力以及其他特征和品质的交换,既互补也矛盾,因为这个或那个的主导决定了整体的特征。在这种语境中,舒尔茨教授的判断,即拉采尔要求实施优生学的生物方法,无法通过拉采尔的著作得到证明。例如,拉采尔提到葡萄牙人由于在南美洲同土著融合而退化,④并不是说欧洲人因为与土著的生物接触而变成了低质量和低能力的人,而是说土著文化特征的兴盛已经把欧洲人带向了文化上的倒退。拉采尔将德意志民族和花岗岩并提时,种族的两种定义中都使用的多数这一参数的重要性就变得显而易见:德意志人这一多数构成关键的成分和特征,其他各种岩石/合成物则补充和改善了原材料的性能,但原材料尽管存在杂质,仍然是花岗岩。

4.5.2 关于所谓的等级制种族分类

至于认为拉采尔按等级划分种族(基于注定统治的种族与其他

---

① 见第4.3.6节。
② 见第4.3.3节。
③ 见第4.5.2节。
④ 见第4.2.7节。

注定为仆的种族之间的区别)的观点,除了第4.5.1节中的评论外,还应进一步说明:

- 他绝对明确地指出,"自然导向型民族"这一术语不包含任何人类学和解剖学-生理学的内容,而是一个纯粹的人种学和文化术语,指文化上贫瘠的民族(可以属于任何种族)——无论身体能力如何——即尚未达到某一文化水平的民族或处于文化衰退状态的民族。①
- 他经常提及人类的统一,指出不存在纯一的民族,只有混合的民族,且最不同的种族的人配对最有成果,②与此同时他不认为有对民族融合的天生厌恶。③
- 他承认所有民族都拥有理性、语言和宗教的天赋,并拥有一些最重要的文化工具:火、衣服、小屋、船、简单的武器以及捕鱼和狩猎的工具。④
- 他诉诸黑人具有人的本质这一宗教观念,而当时的世俗团体仍然认为猎奴和奴隶贸易是一项获得许可的商业活动,可以在跨国协定中明确得到承认,也可就此进行谈判。⑤
- 他鼓励废除奴隶制。⑥
- 他认为柏拉图和亚里士多德有关民族间的自然冲突以及各民族自然划分为统治者和奴隶的观点是傲慢和夸大。⑦

---

① 见第4.1节。
② 见第4.3.6节和第4.4.3节。
③ Ratzel, F.,《地球与生命》,前揭,页628。
④ 见第4.3.6节。
⑤ 见第4.4.3节。
⑥ 见第4.1节。
⑦ 见第4.4.3节。

- 在古生物学的推动下,他提出应注意使用"落后"这个词,该词有年代内容,而不像通常使用的"低等"一词有评价性的内容。由于所有人都有理性的天赋,他们能够参与文化成就以便在文化上丰富自己。就黑人而言,拉采尔非常清楚地两次提到同一观点:在与先进的文化工具接触一段时间后,应该给他们时间让他们展现自己的德性。①
- 他反对他那个时代盛行的行话,比如所谓的或据说的上等民族和下等民族等术语。②他甚至对常用的"黄祸"一词提出异议。③
- 他不大重视且几乎取消了种族间的生物差异,甚至包括那些在评估民族时属于文化生活水平的差异。④
- 他仅在"种族"的两个定义的一个中提到身体上的亲缘关系这一标准,并且是作为人类学和解剖学分类的一部分,但这与各民族的心智能力毫无关系。⑤
- 他对种族主义理论家戈比诺和张伯伦表示强烈批评,并且招来了后者同样严厉的批评。

从上面可以清楚地看出,如舒尔茨教授所示,在拉采尔看来,人类的统一并非虚言,这一观点其实始终引导着他的思想和分析方法。此外,拉采尔显然没有对民族和种族作评价性分类,而是发现了不同的文化发展水平。他清楚地意识到,随着时间的推移,文化

---

① Ratzel,F.,《自然民族在人类中的地位》,前揭;Ratzel,F.,《对黑人的评估》("Zur Beurteilung der Neger", *Die Grenzboten*, 51. Jg, Nr. 1, S. 20 – 24, 1892)。
② 见第4.1,4.3.2,4.4.1节。
③ 见第4.3.3节。
④ 见第4.1节。
⑤ Ratzel,F.,《民族与种族》,前揭,页480。

上最落后的民族和种族将达到先进白人的文化水平。这一参数排除了对拉采尔的生物种族主义的指责,也排除了关于他持有任何所谓的文化种族主义的指责。

4.5.3 关于世界范围的劳动分工

在舒尔茨看来,拉采尔通过建议有色人种在地理上的隔离,提议实行一种领土的种族隔离(territorial apartheid)。对此,除了之前得到的结论(即种族的去生物化概念和拉采尔对人类统一的热衷),还应提前注意以下事实:这不是一个建议,而是一个极其抽象的表述,充满可能和假设的元素(白人的一项明智的殖民政策有朝一日可能为数百万美国黑人在西印度群岛或菲律宾创造更好的未来,在那里那些黑人可以最好地利用自己的有利条件),[①]孤立地阅读无疑会导致片面的印象。

此外,相关段落出现在《民族与种族》(1904年)一文的"政治地理学中人类的统一"(The unity of the human species in Political Geography)这一章中(同上,页408)。这一章绝无种族主义倾向,这一事实——联系上述前两节——本身就可以证明,这段话不是试图实施任何优生学政策,而是拉采尔对世界主义和全球生产力分工的理论追求。

只要准确理解"政治地理学中人类的统一"这一说法,上述主张就会得到有力证实。拉采尔该说法的意思是,作为国家、教会和最多元文化圈的部分的最不同的人类片段之间实际上需要合作,并且也有合作的可能。这种合作已然随处可见。任何一部分

---

① Ratzel,F.,《政治人种学的一些任务》,前揭,页409。

都不可能把自己排除在外,即使它意图如此,因为所有部分都依附于不可分割的共同土地。此外,没有人类的哪个部分与其他部分遥远到不能承担任何共同职责。当然,由于不同的技能表示不同的点,且生命只在于职责的多样化和劳动分工,因此这些职责不可能也不应该对所有人都相同(同上,页409)。

以上引述突出了拉采尔政治地理学思想的三个基本方面,即他的分析的世界范围、同样广泛的劳动分工范围以及人与土地的关系。后两者与每种政治形态的文化水平直接相关。仔细阅读拉采尔的著作会发现,拉采尔从多个视角来探讨这些参数:地理学家的视角、德意志殖民扩张的支持者的视角、民族自由主义者的视角和新教徒的视角。

(a)从人文地理学家的视角来看,拉采尔首先指出需要对囊括整个地球的事件作整体(holistic, hologäisch)①观测。② 他的思考范围显然受到该观念的影响,且可解释人类统一的观点。当然,我们不要忘记,作为里德学派(Ritter's school)的继承者,拉采尔把人与自然环境同等地置于地理学和政治地理学研究的核心。③ 他甚至认为,各民族发展出的一般性格和素质,取决于各自生活的地理条件。④

(b)这些地理学观念在他对殖民实践的看法中找到了沃土。

---

① hologäisch:由希腊文单词ὅλον(整个)和γαία(地球)构成的合成词。

② Ratzel, F.,《人文地理学(第一部分):地理学在历史上的应用原则》,前揭,页59。

③ I. Th. Mazis und A. Stogiannos,《拉采尔政治地理学中的土地—国家关系》("Die Boden – Staat Relation in Friedrich Ratzel's politisch – geographischer Lehre", *Zeitschrift für die Regionale Wissenschaft*, Band I (1), S. 11 – 20. Hellenic Association of Regional Scientists, Athens, 2011),页19。

④ 见第1.3.2.1节。

他不把殖民实践看作战争扩张,而主要看作一种经济-商业的力量扩张,分别受到相关国家的保护。更重要的是,他不把殖民扩张看作一个导致原住民流离失所的过程,且批评这样的做法:……在年轻的国家和殖民地……通常的做法是只考虑和评估土地,就好像土地上没有人,认为土地可以在后来因为另一个民族(不同于不受注意的原住民族)的到来而获得价值。① 因此,拉采尔提到许多殖民列强的许多错误决定:决定将原住民从殖民地上赶走。他赞同鲍曼的观点,因为后者批评德意志官员和军官的妄想——他们看不起黑人且希望在没有非洲人的情况下统治非洲(同上,页406)。

(c)作为民族自由主义的支持者,拉采尔接受他那个时代日益增长的世界主义(即全球化)的必然性,不仅在文化意义上,而且在经济意义上。如第2章所述,拉采尔熟知亚当·斯密和李斯特的理论,他采用一种全球化经济的视角,自然而然地关注(如亚当·斯密和李斯特所为)劳动分工问题,将其作为改进生产过程的一个要求。他在欧洲层面更精确地——甚至预见性地——研究了这个问题,认为根据互补原则准确地进行劳动分工是欧洲合作的基石。②

(d)还应该考虑到拉采尔的新教徒世界观。根据该世界观,过为上帝所喜悦的生活的唯一方式,不是通过僧侣式的禁欲主义超越世俗的仁慈,而是履行与你在世界上的地位相对应的职责。③ 在这种语境中,路德认为将人分为不同阶级和不同职业是神圣意志的结果,而一个人在上帝指定的范围内忍耐构成了一种宗教义务(同上,

---

① Ratzel, F.,《政治人种学的一些任务》,前揭,页405。
② 见第6.5节。
③ Weber, M.,《新教伦理与资本主义精神》(Η Προτεσταντική ηθική και το πνεύμα του Καπιταλισμού [Die protestantische Ethik und der Geist des Kapitalismus, 1904, 1905], Εκδ. TO BHMA, 2010),页62。

页118)。清教徒尤其相信劳动分工的意图是上帝的安排。因此,巴克斯特(Richard Baxter)表达的观点,不断使人联想到亚当·斯密著名的劳动分工神化论(apotheosis)。职业的专业化为手工艺的发展开辟道路,使生产的数量和质量得到提高,从而服务于大多数人的共同利益(同上,页119)。

结合上述四种对拉采尔有明显影响的思想流派,可准确地阐释一种世界范围的劳动分工理论模式的发展(我们不要忘记,拉采尔表达的是理论考量,而不是明确提议),这种劳动分工源于提高全球生产力①的需要,而非源于任何种族世界观,亦非旨在实施优生政策。

特别就所谓的地理的种族隔离,应在拉采尔的分析深度和中立性上添加另一种解释性的观察。多次阅读这段话导向的结论是:拉采尔并未建议对有色人种进行任何空间隔离以避免与白人融合,他只不过简单地表达了一种认识,即空间隔离是实现这一目标的先决条件。

4.5.4 种族主义和民族冲突

以上各小节旨在证明拉采尔绝不是种族主义的支持者,更不是种族主义的理论家。当然,作为他的理论-分析进路的一部分,他将他那个时代的种族和人种冲突纳入其思考,将之分别归因于社会学和政治动机。

他观察到,不同种族之间试图相互排斥的原因,既不是他们的生理差异,也不是他们的生理天赋和能力上的冲突,而主要是对一切外来事物的厌恶——后来的这种或那种有关[种族的]低潜能或

---

① 应该指出,拉采尔经常提到的马尔萨斯的思想在当时非常流行。

所谓的生理上没有能力变得文明的理论都试图为此辩护。① 这种观点与种族主义理论家的观点存在明显的具体冲突，后者认为黑人和黄种人不能参与白人的文化。

此外，应当指出，拉采尔认为冲突现象会因交通和文化的贡献而逐渐减少。交通对人类所有成员（或彼此）的接近起着比其他任何事情都重要的作用。人类在一切民族的接近的意义上的转变是一项由神圣的天意规定的使命。② 至于文化，我们达到的文化水平使我们对公开承认需要激烈的种族冲突产生一种隐秘的厌恶。③

除了上述所有内容外，拉采尔没有将"种族"一词用作（在上一段的两处出自拉采尔成熟时期的理论著作的引述中）分析单元，这一事实也可表明他对种族冲突的拒绝。此外，他对"人类成员"一词及政治术语"民族"的一般使用也可以清楚地表明这一点。这一观察极具价值，甚至可进一步澄清拉采尔的分析方法：④拉采尔的分析单元是基于政治/社会标准而非生物标准。

对人类的去生物化认知以及对当时极为流行的种族理论的明确（如上所述）厌恶，并不意味着拉采尔感知或设想的世界不存在冲突。毕竟，他承认"人类统一"一词并不意味着同质化，因为……生命需要矛盾。⑤

作为一名权力分析家，拉采尔考虑了正在发生的冲突，不是从生物学的层面，而是在纯粹民族的/政治的领域。他受到权力和力量意识以及大小权力之间竞争的启发，这种竞争迫使一个民族在经

---

① Ratzel, F.,《地球与生命》，前揭，页627。
② Ratzel, F.,《政治人种学的一些任务》，前揭，页403。
③ Ratzel, F.,《民族与种族》，前揭，页483。
④ 见第2章。
⑤ Ratzel, F.,《政治人种学的一些任务》，前揭，页403。

济上、文化上和政治上变得强大。本章中呈现的所有文章表明,一个民族在国际竞争舞台上的生存及其对其他民族的主导权是拉采尔分析的关键点,同时也是一项[民族的]评估指标,如他本人在1900年指出的那样:评估各民族的最佳学校永远是对其他民族的主导权(同上,页418)。他认定任何政治主导权都是应用政治人种学的一堂课(同上),认为有必要把政治人种学建成为一门科学,这门科学探索各民族的自然和文化素质的政治后果和影响,并为此目的尽可能深入地干预各民族的社会和政治创造物的演化史(同上,页419)。

4.6 本章小结

通过让拉采尔自己说话(经由详细展示他那些较少得到研究的作品),本章试图表明拉采尔的整体理论分析框架绝非由地理决定论所规定,而是(与当时的一元论观点相反)由多因素决定,除地理参数外还囊括社会人类表达的所有维度。

拉采尔认为演化不是一个受永恒定律制约的线性因果进程,[①] 而是一个(也)源于环境因素的过程,能够导致逆向、消极的发展,甚至导致某些民族/国家的灭绝。考虑到生产方式和社会结构的变化,他将各民族的繁荣主要与经济和技术进步联系起来,并在世界主义的新(对他所处的时代而言)环境中寻求平衡,因为交通的发展及其经济维度使广泛的文化交流和互动得以实现,主要随废除奴隶制而带来各项权利。传播理论的运用,意味着拉采尔明确疏远了

---

① 拉采尔的定律的内容,见第5.5节。

社会达尔文主义的视角,①因为他把人类的演化视为一个文化上（精神上和技术上）先进的（从而复杂的）环境中的一种相互依存关系,而非一种生物适应自然环境的过程。

此外,上述观察正好与对拉采尔的种族主义信念的指责相反。如本章和第3章所示,拉采尔从未使用生物因素作为标准来评估人类。问题的关键还在于,拉采尔始终与种族主义的理论家戈比诺和张伯伦存在重大分歧,张伯伦也同样严厉地批评他。可能的研究目标的趋同,即破译历史演化过程中的种族因素,在任何情况下都不构成种族主义观点的证据,其原因有二:(a)拉采尔认为这项研究在科学上不可能实现;(b)他从社会学、文化和宗教而非生物学视角来接近这个问题的核心,从而原则上否定了这个问题,并提出"人类统一"的观念——作为人类的一部分,每个人都有资格接受文化,因此在适当的条件下都有能力获得相同的文化水平。最有趣的是,拉采尔把时间参数当作条件之一。

当然,拉采尔时代的主流精神,即民族层面的竞争和对获得民族权力的渴望,渗透在拉采尔的观点中。对上面分析过的文本的介绍和解释表明,拉采尔在分析权力概念时,并没有利用任何生物因素作为评估民族的标准或获取权力的手段。相反,他谴责种族冲突,认为这在文化上不可接受,并把他的分析聚焦于由民族决定的作用力之间的竞争。

将拉采尔的思想——关于获取权力的需要、他那个时代的民族和殖民地竞争舞台中的主导权等——与任何同时代的种族主义信念混为一谈,在任何情况下都无法得到他的文本的支持,因而是一种武断的概括。不过,导致这种武断看法的原因是多方面的,例如,

---

① 拉采尔对政治传播论的贡献及其与演化论的差异,见第5.2节。

契伦错误地认为①拉采尔支持一种自然主义的/有机主义的国家观;后来,豪斯霍弗称拉采尔的思想被纳入了希特勒的演讲,②并且希特勒的书断章取义地摘录了拉采尔的著作,以服务于纳粹的意识形态。

---

① Kjellen, R. ,《作为生命形式的国家》,前揭,页 21。
② Ratzel, F. ,《大地权力与民族命运》(*Erdenmacht und Völkerschicksal*, Eine Auswahl aus seinen Werken. Herausgegeben und eingeleitet von Generalmajor a. D. Prof. Dr. Karl Haushofer. Zweite Auflage, Alfred Kröner Verlag. Stuttgart, 1941),由豪斯霍夫撰写的引言,页 X。

5 拉采尔的世界观与"莱比锡实证主义者圈子";拉采尔"定律"的含义

5.1 部分地还是完全地脱离达尔文?

第1.4节已经提到,斯坦梅茨勒的作品是分析拉采尔的哲学思想和世界观思想的关键。斯坦梅茨勒把拉采尔的思想发展划分为三个时期,其中第二个时期的特点是拉采尔脱离了达尔文和海克尔的影响。

作为这一时期划分的一部分,斯坦梅茨勒认为,演化的概念,即在有机世界中创造各种物种和在无机世界中创造各种形态(forms)的问题,是拉采尔研究工作的核心。① 首先考虑到无机形态继承自先前形态的演化过程,拉采尔作为年轻科学家主要为有机世界所吸引。1869年之前,作为一名年轻的动物学家,他对达尔文和海克尔的思想着迷,把研究兴趣集中在动物界的演化上,后来将其扩展到人文地理学研究,形成了生命在地球上大体统一的概念(同上,页83)。事实上,在他的第一部专著《有机世界的存在与发展》(*Being and Development of the Organic World*,1869)中,他论述了当时的一个新的演化问题,即从无机到有机的转变。在海克尔的影响下(同上,页89),拉采尔认为两个界[有机和无机]之间没有区别,并认为通

---

① Steinmetzler,J.,《拉采尔的人文地理学及其观念史根源》,前揭,页82。

过自然发生(abiogenesis,generatio aequivoca),①从无机到有机的转变是不争的事实。他认为海洋是世界和生命的起源,②并在这本书中质疑一个更高存在的存在,认为达尔文的物竞天择[理论](natural selection)能更准确地解释自然的目的(同上,页85)。尽管他承认不可能极其精确地、科学地验证上述观点,但从无机到有机的相继发展仍构成了一个基本的科学假设/让步,同时也是他的整体世界观的核心。③

据斯坦梅茨勒说,拉采尔直到1870年都还坚定地将自己归入达尔文主义者之列,然而,他承认需要改进达尔文的理论。自1875年以来,他彻底脱离了达尔文理论中物竞天择的部分。这也是严厉批评海克尔的出发点,因为后者把演化论引向一元论的世界观并以此为基础,对一元论的鼓吹也越来越反科学、越来越教条。④

在接下来的第5.2节,[我们]将尝试更彻底地分析上述观点,即认为拉采尔仅仅脱离了达尔文主义的物竞天择部分,而采纳了演化论,该理论将拉采尔与社会达尔文主义联系起来。但斯坦梅茨勒似乎忽视了拉采尔思想中的人类学面相,该面相导致拉采尔的思想与演化论直接冲突,形成文化传播理论。

随后的第5.3节将探讨拉采尔对他所处时代的一个核心问题——宗教与科学之间的冲突——的回答。他的世界观的马赛克将通过他加入莱比锡实证主义者圈子而变得完整(第5.4节)。最

---

① 自然发生:生物从无机(自生的)或有机实体(细胞质基因)的自然产生。资料来源:Bibliographisches Institut & F. A. Brockhaus AG,2002,Sat_Wolf,Bayern。
② Steinmetzler,J.,《拉采尔的人文地理学及其观念史根源》,前揭,页84。
③ 见第2.4.1节。
④ Steinmetzler,J.,《拉采尔的人文地理学及其观念史根源》,前揭,页90。

后,分析"定律"(law)一词的内容之后(第5.5节),将详细介绍《国家空间的扩张定律:科学政治地理学文稿》一文(第5.6节),因为文献中提及这七条定律时经常只是将其作为名言警句,而极少作为真实文本的一部分。

5.2 传播、演化论和社会达尔文主义

在19世纪,演化论在(古代、中世纪和新古典主义的)对物种不变的形而上学观点中已经明确地标准化(同上,页82)。1866年,当拉采尔开始其科学生涯时,他对社会变革的决定因素的讨论并不是围绕着演化的观念,而是围绕着进步的范围及其阐释。①

在这种占主导地位的意识形态背景中,斯坦梅茨勒将拉采尔归类为有机世界和无机世界中的演化观点②的真正倡导者和坚定支

---

① Timashef, N.,《社会学理论史》,前揭,页96。
② 对"演化"一词的主流解释,指存在物或总体而言的实在逐渐发展成更高级或最完美的形式,这不同于简单变化观,而等同于向更高层次的进步,一种渐进的(而极少一蹴而就的)持续进步。演化论预设,演化是不同形态(无机的、有机的、心理的)分化和出现的关键因素,是各种形态得以丰富和完善的原因。演化论与19世纪盛行于法兰西的进步律(law of progress)或者说人类社会向更高、更好水平的必然发展密切相关,但其根源可追溯到17世纪,当时帕斯卡(Blaise Pascal,1623—1662)声称人类世代的连续可以比喻为一个活着并稳定积累知识的人(Timashef, N.,《社会学理论史》,前揭,页32)。进步的观念为杜尔哥(Jacques Tyrgko,1727—1781)所发展,他在其《人类思想不断进步的哲学回顾》(*A Philosophical Review of the Successive Advances of the Human Mind*,1750)中试图表明,人性的进步伴随着思想逐渐从神人同形的(anthropomorphic)概念中解放出来。进步理论的另一个拥护者,康托塞特侯爵(Marquis de Kontorset,1743—1794),被处决前不久在监狱里撰写了《人类思想进步的历史图景草图》(*Sketch for a Historical Picture of the Progress of the Human Mind*)一书,书中承认有可能创造一门科学来预测人类未来的进步,从而加速和指导人

持者——将演化理解为从较低等形态中创造出更高等形态,①且认为人、民族、人类和整个世界都受制于演化定律(同上,页82)。为了证实这一论点,斯坦梅茨勒引用一些段落,在其中拉采尔认为有可能循着演化的轨迹向后看,从花朵回到种子,从地球回到其所谓的液体形态,从人回到动物世界(同上),或者可以引用某类观察,如我们的地球的所有财富都是演化的结果(同上)。此前已认为拉采尔拒绝物竞天择的斯坦梅茨勒由上述那些段落得出结论:拉采尔根据演化定律来看待人、民族、人类和整个世界(同上)。

类的进步。为了识别出使人得以预测未来的定律,历史应该不再是人的历史,而成为人类大众的历史(Timashef, N.,《社会学理论史》,前揭,页32)。当然,在19世纪的理论家中,也存在相反的观点,即否认演化观点的稳定(stability)和静止(statism)原则,根据这一原则,世界从一开始就是我们今天看到的样子,丝毫没有或者极少改变。进步失败导致退化或灭绝。这种悲观的退化理论认为,人类历史可以概括为一系列的神、英雄的时代,最后是混乱和平庸,在此期间人类社会变成畜群(herds)。主张种族决定论的理论家戈比诺支持这种理论,同时声称种族条件支配着所有历史问题(Timashef, N.,《社会学理论史》,前揭,页88)。俄罗斯博物学家尼坦列夫斯基(Nicholay Ntanylevsky, 1822—1885)也反对朝向进步的线性演化思想,因为他拥护社会变革的循环理论(Timashef, N.,《社会学理论史》,前揭,页92);美国人类学家泰勒(Edward B. Taylor, 1832—1832)不相信进步必然伴随着文化的发展,并且经常援引持悲观主义的法兰西哲学家德迈斯特(Joseph de Maistre, 1753—1821)的观点(Timashef, N.,《社会学理论史》,前揭,页86);法兰西人勒普莱(Frédéric le Play, 1806—1882)持社会变革的循环观,认为没有哪个文明的种族可以摆脱四个要素的恶性循环:简单、复杂、败坏、最后的改革或毁灭(Timashef, N.,《社会学理论史》,前揭,页80);最后,波兰犹太人、社会达尔文主义者龚普洛维奇(Ludwig Gumplowicz, 1838—1909)认为总会存在随时准备破坏已取得的任何进步的蛮夷(Timashef, N.,《社会学理论史》,前揭,页107)。

① Steinmetzler, J.,《拉采尔的人文地理学及其观念史根源》,前揭,页84,脚注442提到拉采尔于1874年出版的《欧洲人的史前史》(*Vorgeschichte des europäischen Menschen*)一书。

在实际评估斯坦梅茨勒的论点之前,应事先注意以下几点:

- 他主要提到拉采尔早期的著作,在这一时期,拉采尔(如斯坦梅茨勒自己所指出的)受到达尔文理论的影响。
- 斯坦梅茨勒提供的段落和例证,在任何情况下都不能概括为拉采尔根据演化定律来看待民族(社会群体)。
- 他从未提到(虽然列在其作品的文献目录中)第4.1节所讨论的文章(《自然导向型民族在人类中的地位》),拉采尔在这篇文章中——已经是1882年——明确地与进化论和退化论保持了距离。
- 然而,最重要的是,斯坦梅茨勒没有考虑拉采尔在《人文地理学》(1892)中对传播①和模仿理论的阐述,这种理论在19世纪末动摇了所有人类社会都必须经历特定的演化阶段这一观点。②

事实上,拉采尔被视为发展和散播文化传播和迁移理论的主要理论家之一,该理论动摇了演化论(同上),并在其对立面上发展起来。③ 该理论引入比较对象的外部的(形式上的)、非功能的特性作

---

① 传播可以简单地定义为一个文化物品(item)从其起源地扩散到其他地方[的过程](Titiev,1959:446)。更广义的定义认为,传播是通过移民、贸易、战争或其他接触方式,将文化的特定特征从一个社会转移到另一个社会的过程(Winthrop,1991:82)。资料来源:King G. - Wright M.,《传播理论与文化适应》("Diffusionism and Acculturation", http://web.as.ua.edu/ant/cultures/cultures.php?culture=Diffusionism%20and%20Acculturation)指示的参考文献,即 Titiev M.,《文化人类学导论》(*Introduction to Cultural Anthropology*, Henry Holt and Co, New York, 1959); Winthrop R. H.,《文化人类学概念词典》(*Dictionary of Concepts in Cultural Anthropology*, Greenwood, New York, 1991)。

② Timashef, N.,《社会学理论史》,前揭,页223。

③ 见 http://www.encyclopedist.gr,词条:传播理论。

为标准,因为这些特性不可能同时被创造出来。①

19世纪末,在彼此相距遥远的部落中观察到的不同文化形式之间的众多相似性,到底应归因于各自独立的创造过程,即一种类似于生物趋同的平行发展,还是应归因于移民、贸易、交通等带来的文化转移(传播),这个问题上的人种学冲突达到了顶峰。[德国人类学家]巴斯蒂安(Bastian)和[英国人类学家]泰勒(Edward Burnett Tylor)都不敢明确回答这个问题:他们在理论上强调平行创造,但在实践中认为两种选择都有可能。作为演化论者和传播论者之间冲突的一部分,拉采尔发展了斯特拉斯堡的教授格兰德(Georg Gerland,1833—1919)的观念:从人类发展的非常早的阶段开始,人类就带着一套共同的创造物,后来获得的一些东西通过传播才成为共同财富。②

应该指出,拉采尔对隐瞒该理论的作者为格兰德完全负有责任(同上,页85),但上述观点使拉采尔与演化论相去甚远。自1892年以来,他就已经发现,在截然不同的环境中发展的文化之间存在文化相似性,这些相似性从而可以解释为民族接触的结果。③ 实际上,他警告说,在将某些跨文化的相似性解释为独立创造之前,应该首先排除每种情况中潜在的迁移现象或其他接触。④

斯特雷克甚至认为,拉采尔对通过传播途径形成的文化潮流的外

---

① King G. – Wright M.,《传播理论与文化适应》,前揭,页8。参考(Barnard 1996:588)。

② Mühlmann,W.,《人类学历史》(Geschichte der Anthropologie,2. Auflage, Athenäum Verlag,Frankfurt am Main – Bonn,1968),页84。

③ Timashef,N.,《社会学理论史》,前揭,页223。

④ King G. – Wright M.,《传播理论与文化适应》,前揭,页8。参考(Harris 1968:383)。

在形式的兴趣,引发了科隆学派、法兰克福学派和维也纳学派在文化层面的著名重构。他注意到,达尔文主义者拉采尔将演化视为距离的创造,通过空间的接近而发生。文化物品因此而得以传播;拉采尔认为这种[文化]传播是反对民族思想(national thinking, Völkergedanke)的主要论据,这种思想在巴斯蒂安的当代人种学中广泛存在。①

此外,拉采尔对德意志文化传播学派的主要代表弗罗贝纽斯(Leo Victor Frobenius)②和格拉布纳(Fritz Graebner)的影响也得到证实,他们认为文化起源于一群有限的文化圈(cultural centres, Kurturkreise)。由此可得出这样的结论:论证在社会上组织起来的群体的事件过程的演化的(即达尔文主义的)进路,至少因为一个客观原因(除上述其他可视为主观分析产物的论点外)而弱化到了被拒绝的程度:拉采尔认可且实质上有助于文化传播理论的发展,而这是一种驳斥演化论的理论!

当然,完全脱离达尔文主义,既在物竞天择方面也在演化方面,显然可弱化对他的任何社会达尔文主义的指责:拉采尔不可能是一个社会达尔文主义者,因为在其学术成熟期,他甚至不是一个达尔文主义者!

5.3 宗教与科学之间

上述内容表明,拉采尔世界观的另一个重要转变是认为存在一

---

① Streck, B.,《拉采尔作品中的传播论与地缘政治学》,前揭,页54。
② 弗罗贝纽斯(1873—1938):人种学家和考古学家,德意志人种学的主要人物。受安德烈(Richard Andree)和他自己的老师拉采尔的影响,他在1897/1898年界定出几个"文化圈",即表现出相似特征的文化,这些特征通过扩散或入侵而得以传播。见https://en.wikipedia.org/wiki/Leo_Frobenius。

种更高的力量,即存在上帝。他作为年轻的达尔文主义科学家曾否认上帝的存在,①但他于1879年②在《为里德一百周年诞辰而作》(*For the 100th anniversary of Ritter's birth*)一文中首次诉诸上帝,并在文中公开承认一种超越此世的终极理性(ultimatereason / ultima ratio),同时试图为里德辩护,因为里德的批评者说宗教人士不具备从事真正科学研究的能力。③

作为一个虔诚的新教徒,同时也作为一个不停歇的研究者,拉采尔试图同时接纳"演化"和"创造"这两个术语。根据斯坦梅茨勒的说法,拉采尔认为二者的含义本质上相同,差异只与时间相关:人的创造对创世记的信徒来说只是几个瞬间内发生的事;而对于演化论者来说,则是一个持续数百万年的过程。因此,在拉采尔看来,下述事实无关紧要:创造的过程涉及一种超越的力量,而演化描述一个纯粹的机械过程。他认为演化论在没有一位创造者存在的情况下是难以立住的。拉采尔的结论是:创造和演化并不相互排斥,创造是一种特殊的演化。④

因此,斯坦梅茨勒的结论是,经过一段质疑期后,作为新教徒的拉采尔已实现了信仰与知识的和谐(同上,页85)。这个结论对理解拉采尔更广泛的思想和解释框架而言切中肯綮且非常有用。在

---

① 另见第5.1节。

② 拉采尔在他的《生存空间》一书中也开始用一种超越的力量来解释有机体的本能运动。另见第3.2节。

③ Ratzel, F.,《为里德一百周年诞辰而作》("Zu Karl Ritters hundertjährigen Geburtstage", *Kleine Schriften*, Bd. 1, S. 377 – 428, R. Oldenbourg, München und Berlin, 1906. Firsttime published: *Beilage zur Allgemeinen Zeitung*. Augsburg (7.,9.,11.,15. und 19. Aug.),1879),页415 – 416。另见Steinmetzler, J.,《拉采尔的人文地理学及其观念史根源》,前揭,页85。

④ Steinmetzler, J.,《拉采尔的人文地理学及其观念史根源》,前揭,页86。

同一篇文章中,这位德意志地理学家将科学的范围界定在宗教(仅由科学包含的终极理性的程度划定)和自然现象(科学要解释自然现象)之间:

> 如果我们年轻人不喜欢(里德的)作品中那些明显带有宗教色彩的观点,那么,我们应该足够公正地认识到,他那个时代以及后来的许多自然学家都表达过同样的信仰。我们是否应该出于这个理由假定他们没有能力从事真正的科学研究?但宗教因素,不管何时进入科学[领域],都只指向终极理性。位于宗教与正在研究的现象之间的任何东西都构成科学的主题。因此,如果里德在一个民族的历史与其居住地之间的关系中看到任何神圣意图的迹象,这绝不意味着对这些关系的研究因此而走上了错误方向。这些关系既然存在,就可以研究,与一个人在其中看到一种巧合还是一种意图无关。一个人顶多只有权认为:若在所有情况下都假定[存在]神圣意图,一个人寻找和感知到的关系会比那些实际存在的更多。但这完全是另一回事。应该承认,这里存在某种错误的源头,其后果确实可以在里德的作品中找到。①

舍弗勒也持同样的观点,即通过明确划分自然科学和宗教来缓解两者之间的冲突,他表示需要将社会学限于经验现象,并使其避开任何为了宣传一种形而上学的体系(无论该体系是唯物主义还是唯心主义)而试图解释物质的"本质"、精神或两者之共存的未知本质的企图。②

---

① Ratzel, F.,《为里德诞辰一百周年而作》,前揭,页 415-416。
② Schäffle, A.,《社会主体的结构和功能》,前揭,页 8。

舍弗勒相信自然科学削弱了庸俗唯物主义的基础,①因它认为物质的终极形式是充满世界但不能进一步研究的能量。把作为整体的物质视为运动的单个基底,把作为整体的运动视为各个质量的能量表达,将把自然科学的终极分析引向一种永恒的力量。到目前为止被视为不可渗透且稳定的物质的本质,本质上是一个量子(大小、力),而不是一(the One)以一种不可摧毁的力的形式、以其所有可能的形式的扩张。②

同时,舍弗勒嘲弄形而上学,因为形而上学试图发现未知和无法辨认的事物,试图解释上帝,赋予其象征意义和人性。假如"形而上学"与自然科学以同样的方式运作,信仰与知识、宗教与经验研究之间现存的裂痕就不会存在了,另一群自然科学家也就不会试图将更具体的唯物主义形而上学与抽象的唯心主义杰作并置。如果经验科学有朝一日相信已经实现自己的科学目标,将外部现象的相互作用提升到那一个(the One)永恒力量的在经验上可感知的关系上,而非徘徊在未知领域的唯物主义的、形而上学的道路上;另一方面,如果神学和形而上学选择停止以解释某个未知实在为目的,不再进行利益驱动的分析,且不再试图用这个喀迈拉(chimera)的结果来处理经验世界的数据——如果这样,那么,就没有人能够预料为何信仰与知识、宗教与经验之间的内在矛盾应该继续。然后,科学将恰好停在信仰领域开始的那一点,而信仰将止于经验以及科学领域开始的地方。一种经验研究的最终结果,即所有关联和表现形式中力的统一和保持,可以准确地界定信仰领域开始的边界,即宗

---

① 拉采尔将自己与唯物主义划清界限的痛楚也体现在他与那些柏林的史学家的冲突中。见第2.4.1节。

② Schäffle, A.,《社会主体的结构和功能》,前揭,页6。

教和形而上学同真实但经验上未知的宇宙物质的接触;而至于宗教,其唯一科学的理论使命就只是捍卫所有经验概念,反对"绝对"和"神圣"等概念(同上,页6-7)。

上述在宗教和科学之间保持平衡的努力不但是拉采尔和舍弗勒之间的另一个共同点,①对于理解拉采尔的世界观也至关重要,因为:

● 这种努力补足了拉采尔作为一个基督徒/人文主义者的真实本性(在前一章中描述过),任何将他呈现为一个社会达尔文主义的自然科学家的企图都与此本性相矛盾。
● 这种努力清楚地将他描绘成一个经验主义者/实证主义者,他接受以自己的感官为知识来源,并在具体科学数据允许的范围内对问题进行彻底分析。

这种世界观在莱比锡找到了沃土,并在拉采尔与一些杰出科学家,即他在莱比锡实证主义者圈子的同仁的合作过程中发展起来。

5.4 "莱比锡实证主义者圈子"的实证主义和跨学科研究

确定拉采尔理论背景的一个重要参数是他在莱比锡大学工作的时期。莱比锡因逐步实现工业化,在19世纪下半叶人口增长迅速(从1872年的10万居民增加到1900年的46万)。在学生和教授人数都不断增加的情况下,这种增长自然有利于莱比锡

---

① 机械论和目的论概念的和谐化,换言之即德意志唯心主义与科学的妥协,是洛策的目的论唯心主义的目标,他显然对舍弗勒和拉采尔都有影响。另见第2.4.1节。

大学。①

莱比锡大学坐落在一座有着丰富的智识和艺术遗产的城市、新教的中心,是德意志最重要的高等教育机构之一。与德意志的其他大学一样,莱比锡大学的扩张和重新调整学科方向,使哲学院更加多样化,而法学院、医学院和神学院则相应地呈现出衰落的趋势。②

从19世纪中期开始,莱比锡的科学家们面临的核心理论问题是:事件与历史、生命与结构的配对,[这是]一般演化定律的文化多样性与将人类文明提升到最终统一的愿景背后的发现。③这些问题是文化和世界史研究所(Institute of Cultural and World History)的核心(也是其所有所长的工作重点,从其创始人兰普雷希特一直到1945年以后的马尔科夫[Walter Markov]和科索克[Manfred Kossok]),促进了社会学作为一门独立科学的分离。因此,莱比锡大学采取的社会历史方向的研究明显不同于其他大学,标志着现代的文化和社会科学的开始(同上)。

产生这种在当时看来独特且真正进步的观点的源头,是一个由具有创新意识的杰出科学家组成的科学小组,被称为"莱比锡实证主义者圈子"。

---

① Middell,M.,《拉采尔、莱比锡大学和诸史学家》,前揭。这是作者在2004年于莱比锡举行的拉采尔逝世100周年国际会议上发表的演讲。由于这是未正式出版的演讲稿,因此本参考文献没有页码。文本由米德尔教授友情提供,特此致谢。

② Middell,M.,《拉采尔、莱比锡大学和诸史学家》,前揭。

③ Üner,E.,《文化理论的时代性:莱比锡社会历史学派的典型发展脉络》(Kulturtheorie an der Schwelle der Zeiten. Exemplarische Entwicklungslinien der Leipziger Schule der Sozial - und Geschichtswissenschaften, Archiv für Kulturgeschichte,80. Bd,Heft2,S. 375 - 415,1998),页2。

作为一个辩论俱乐部,"莱比锡实证主义者圈子"或"莱比锡学派"①出现于19世纪的最后10年,当时莱比锡大学的顶尖科学家每周都会在汉内斯咖啡馆聚会。小组成员包括拉采尔、哲学家和心理学家冯特②(他于1875年作为继任者接替费希纳)、化学家奥斯特瓦尔德、③专注于经济和文化史[研究]的兰普雷希特④以及经济

---

① 乌纳博士(Dr. Elfriede Üner)相信,该群体成员之间的合作、理论上的互动以及共同的哲学思想和世界观,证明以第二次世界大战之前的形式使用"莱比锡学派"一词是恰当的,指一种松散的社会或精神联系,人们可以将其界定为科学共同体(scientific fellow nation)。

② 冯特(1832—1920):德意志医生、生理学家、哲学家和教授,当今被誉为现代心理学的奠基人之一。冯特是第一个称自己为心理学家的人,他将心理学视为哲学和生物学之外的一门独立科学。他被公认为"实验心理学之父"。1879年,冯特在莱比锡大学建立第一个正式的心理学研究实验室,这标志着心理学成为一个独立的研究领域。通过创建该实验室,他得以将心理学建立为一门独立于其他学科的科学。他还创办了第一本心理学研究的学术期刊,《哲学研究》(*Philosophische Studien*,该刊物运作于1881年至1902年之间),用于发表该研究所的成果。见 https://en.wikipedia.org/wiki/Wilhelm_Wundt。

③ 奥斯特瓦尔德(1853—1932):化学家,因在催化、化学平衡和反应速度方面的研究成就而获得1909年诺贝尔化学奖。奥斯特瓦尔德被誉为物理化学领域的现代创始人之一。他采纳海克尔提出的一元论哲学,并于1911年成为一元论联盟(Monistic Alliance)的主席。他利用联盟的论坛宣传社会达尔文主义、优生学和安乐死。奥斯特瓦尔德的一元论思想对荣格(Carl G. Jung)的心理类型鉴别学说有影响。见 https://en.wikipedia.org/wiki/Wilhelm_Ostwald。

④ 兰普雷希特(1856—1915):史学家,先后在马尔堡大学和莱比锡大学任教,并在后一所大学建立了一个致力于比较世界和文化史研究的中心(文化和世界史研究所)。他以其松散的跨学科方法以及对历史中广泛的社会、环境甚至心理学问题的关注,引起相当大的争议。他的颇具雄心的《德意志史》(*Deutsche Geschichte*,共13卷,1891 – 1908),在德意志的学术史建立中引发了一场著名的方法论之争(Methodenstreit, Methodologicaldispute)。见 https://en.wikipedia.org/wiki/Karl_Gotthard_Lamprecht。

学家兼新闻问题专家布希尔。①

莱比锡实证主义者圈子的科学家们围绕跨学科合作和他们的各门科学的综合展开了特别激烈的辩论。尽管柏林存在相反的趋势且[在莱比锡学派]内部有一些异议,但这些科学家没有像他们的许多同事那样,为了证明自己的科学性就回到进一步的专业化,而是试图对他们[所研究]的领域的发展产生长远影响,②且始终处于当时对科学的优越性(因其可证明性)的激烈争论的阴影中。

米德尔教授指出,精神与物质、文化与自然不得不成为联合观察的主题,并强调,实证主义者圈子的特征并不在于孔德和斯宾塞的实证主义,而在于方法论理想。其中的原因在于,这从本质上讲是下述实证主义原理的一种联系(通过理论上自学成才的学者),带有德意志观念论的整体前提:科学进步通过经验研究和中程规律性的制定得以实现(同上)。米德尔认为:这是莱比锡实证主义者圈子的科学家们对科学史的巨大贡献,因为如果没有他们学术上的普遍性倾向,他们的书可能早就被尘封在图书馆里,在观念史衰落之后被遗忘。他们的活动留下了长期的痕迹,这些痕迹有助于重建

---

① 布希尔(1847—1930):经济学家,非市场经济学的奠基人之一,也是新闻学科的创始人。1901 年,他与舍弗勒一起担任创办于 1844 年的《全国家科学杂志》(*Magazine for All Political Sciences*, *Zeitschrift für die gesamte Staatswissenschaft*)的主编,随后自 1904 年开始成为该杂志的唯一主编。该杂志是第一本具备某种学术标准的德语经济学期刊,至今仍以《制度经济学期刊》(*The Journal of Institutional Economics*,缩写为 JOIE)为名发行。1916 年,基于他在第一次世界大战期间糟糕的媒体和宣传体验,布希尔在莱比锡大学(1915 年已经建立一个分部)成立新闻科学研究院(Institute for Newspaper Science, Institut für Zeitungswissenschaften),成为欧洲第一家此类机构。见 https://en.wikipedia.org/wiki/Karl_B%C3%BCcher。

② Middell, M.,《拉采尔、莱比锡大学和诸史学家》,前揭。

他们的科学以及向跨学科合作开放(同上)。

然而,跨学科还有另一个更实际的维度——他们必须弥补财政赤字。兰普雷希特(他与拉采尔共同创办了历史地理研讨会,将制图作为一种证明方法引入史学)曾说,①实验要花钱(experience costs),指的是实验以及数据收集的融资。因此,为了弥补这一赤字,他们搞跨学科合作以节省资源。兰普雷希特还呼吁私人捐款,以资助这一著名研究所的研究活动(同上)。

这些科学家受一种强烈的整体观的影响,更深入地寻找一种实证主义的(而非形而上学的)科学哲学,可以将所有单独的科学联系起来并最终形成一种内在哲学(philosophy of immanence, Immanenzphilosophie),将所有自然对象和文化对象视为人类经验统一的结果。②

至于科学的统一性,可以基于以下假设来总结"莱比锡圈子"的论点:文化形式、制度、社会甚至人格的演化最终可以理解为一种演化定律,即通过持续的经验过程而适应的一种定律。此定律一方面说明人格的恒常因素,另一方面在历史世界中创造出结构上的连续秩序。这种规律性在任何情况下都不应消极地视作静态的或自然的常数,而更应视为一种基于持续的经验而不断演化的"代码"(code)或视为一种"语法"(grammar)(同上,页3)。

在此语境中,乌纳声称,汉内斯咖啡馆的同仁自认为是实证主义者,最初赋予心理学一个更重要的角色,从而取代哲学,因为哲学会转向纯粹的形而上学(同上,页2)。基于从经验中得出的规律

---

① 2010年在莱比锡与米德尔教授的谈话。
② Üner, E.,《文化理论的时代性:莱比锡社会历史学派的典型发展脉络》,前揭,页2。

性/定律,他们并没有从原理上对自然、文化或智力的领域加以划分,认为唯心主义与唯物主义或自然主义的区别,即一般规律的解释与特殊规律的①即精神的解释之间的区别,是个表面问题。自然、人、历史的演化定律可以同时历史地—解释地描述、归纳地研究和决定论地解释。后面的情况由前面的情况通过定律来解释,这些定律应视为一种系统的、概括的后验理解,而不应与定律的形式主义意义混淆。②

这一哲学观应该是拉采尔研究中的一种恒常的解释工具,首先是因为这一哲学观对莱比锡实证主义的定义与孔德和斯宾塞的经典实证主义理论相背,其次是因为这一哲学观突出了与目前占主导地位的保守哲学学派(以柏林的新康德主义者为主)的冲突这一背景。诉诸经验数据导向形成基于经验数据的中程规律性,③这与新康德主义者彻底断绝了关系:他们遵循严格的规制价值论(regulatory axiology),即他们认为价值不是历史发展的结果,而是可能得到

---

① 一般规律(nomothetic)方法和特殊规律(idiographic)方法:一般规律方法是一种研究方法,其分析方向是形成一般原则。从社会学的角度来看,这种方法的应用意味着对个别事件的研究不是为了事件本身,而是为了事件对形成普遍原理的意义。社会学和自然科学,因其主要目标是从特定事件和个别事实中抽象出普遍原理,而被视为一般规律科学。另一方面,特殊规律方法则是一种通过彻底分析个别案例来研究人类行为的技术。这里更强调详细的描述和深入的研究,而非普遍原理。案例研究方法可被视为特殊规律方法,强调对每个案例的完全理解,而非从大量案例的特征中得出分析的普遍原理。史学被视为一门特殊规律学科,因为它更关注对特定事件的研究。见 http://sociologyatglance.blogspot.gr/2012/12/nomothetic－andidiographic－methods.html。

② Üner,E.,《文化理论的时代性:莱比锡社会历史学派的典型发展脉络》,前揭,页2。

③ Middell,M.,《拉采尔、莱比锡大学和诸史学家》,前揭。

公认但从未"设定"的最高定律。①

莱比锡实证主义者圈子的整体解释框架,摒弃了现有哲学流派的既定主题范围,追求基于经验和实证主义的方法来跨学科地解释现状。在我们看来,这一框架理想地浓缩于1907年冯特提出的"新形而上学"②一词。冯特在同名文章中向古典形而上学开火,不仅因为后者诉诸先验的解释,其追随者声称他们的体系绝对有效,也因为人们普遍认为形而上学是一门完全无用的科学。③

因此,冯特建议宣布形而上学已过时(同上),并试图超越现有的特定实证主义(particular positivism, partikularer Positivismus)——源于认为与自己相关的东西更重要这种人类驱动力——以综合两种相互冲突的趋势,即那些认为自然科学"有责任"解决世界之谜的人与那些认为这一责任属于史学或心理学领域的人(同上,页105)。

在这种语境中,冯特谈到一种新形而上学,这种形而上学由一小群专业哲学家提出,但站在科学的核心,站在物理学家、化学家、动物学家、④生理学家、法学家、经济学家、神学家和史学家中间。⑤这种新形而上学的驱动力是把人类理性统一起来的自然倾向,这种

---

① Üner, E.,《文化理论的时代性:莱比锡社会历史学派的典型发展脉络》,前揭,页6。拉采尔对"定律"一词的使用,见接下来的第5.5节。
② Wundt, W.,《形而上学》("Metaphysik", *Systematische Philosophie*, Berlin und Leipzig, B. G. Teubner, pp. 103–137, 1907),页103:冯特解释说,"形而上学"一词本质上指亚里士多德的"自然学之后"的文本;新柏拉图主义者的错误解释,导致这个词有迄今盛行的"超越自然"的超越意义。
③ Wundt, W.,《形而上学》,前揭,页104。
④ 冯特提到动物学这个这么专门的学科显然是为了拉采尔。令人印象深刻的是他没有提到地理学,这可能是因为地理学的科学性存在争议。
⑤ Wundt, W.,《形而上学》,前揭,页105。

倾向不满足于只理解单元并将其与其原来所属的有限范围内的其他单元联系起来,而是试图获得一种世界观,把我们知识中分离的或松散连接的部分统一为一个整体(同上,页106)。

当然,其先决条件是该体系采用的实证的、科学的方法,而非形而上学的(在当前的意义上)方法。因此,冯特警告说:并非源于创建单一体系的统一需求的每一种尝试都可以视为形而上学体系,否则每种宗教或诗歌世界观都应该视为形而上学,作为其中的部分,想象和灵魂寻求满足。基于此,他将新形而上学的范畴限于源自对科学知识的需求而作的努力,新形而上学想要满足的正是科学知识(同上)。

在此基础上,冯特将形而上学定义为基于整体的科学知识或某个时代的特殊性,而努力采用一种将个别知识的各个要素联系起来的世界观。这意味着形而上学既不是一个不变的体系,也不是一个不断演化的体系。更重要的是,形而上学不仅分担科学思想的各种命运,而且反映这种思想最多元的方向,同时,形而上学的历史在不断描绘着吸引公众兴趣的特定科学领域的主导影响力。因此,在一个特定的时代,出现的不只是一个形而上学体系,而是多个,并且一个接着一个。正是通过这些并行体系的差异以及特定实证科学领域的主导影响,一个时代独特的时代精神经由大量努力及其特定特征而得到表达(同上,页106 – 107)。

5.5 定律、规律性、规则

上段提出的观点,尤其考虑到莱比锡的实证主义者们试图借以解释现状的短程或中程定律/规律性的制定,表明需要更详细地了解拉采尔的"定律"(Law,Gesetz)概念,既然拉采尔提出了所谓的国家空间扩大定律。

研究这个问题时,亨特统计出拉采尔在《政治地理学》中37次使用"定律"一词,① 但只有一次(第5页)含糊地提出制定普遍适用的定律,许多例中他是泛泛地提到"定律"而不曾表达什么实际含义。在四例中(第72、133-134、156、557页),拉采尔指现代立法或政治资料;在另外五例中(第97、179-180、206、459、459-460页),拉采尔是在引用其他作者的观点时使用该术语;他两次提及经济学定律(第161、448页),在第103页提及生物学定律,在第223页提及"权力平衡定律"(Law of the Balance of Power)。②

亨特先提出以下三点(我们认为中肯的)评论:

- "定律"一词在德语中具有多种含义,从"绝对法令"或"法规"的概念,到"抽象模范"或"典范";
- 在《国家空间扩大定律》中,拉采尔倾向于使用"规则"(rule,regel)一词;
- "定律"一词在《政治地理学》中(章节标题、小节或索引)没有出现过(同上,页414-415)。

由此,亨特的结论是,拉采尔的政治地理学的主要目标不是为他所在领域的科学家制定定律(同上),而是表述通过研究40多个国家和王国的案例得出的某些共同的普遍结论(同上,页423),只将其视为典范,并不声称其完全有效(同上,页424)。因此,亨特得出结论:拉采尔的文献研究和归纳式的经验方法论清楚表明,他在

---

① Hunter,J.,《透视拉采尔的〈政治地理学〉》,前揭,页400-413。亨特发现该术语见于第一版《政治地理学》的以下页面:1、2、5、25、72、79、80、85、97、103、108、133-134、156、157、161、179-180、189、206、223、248-249、284、298、302、307、361、363、448、456、459、459-460、518、555、557、562、680、718。

② Hunter,J.,《透视拉采尔的〈政治地理学〉》,前揭,页414。他在

为建立科学的政治地理学寻找原则或规范(同上)。

从本质上讲,亨特的解释与第5.4节中呈现的米德尔和乌纳的解释相合,也与冯特的文章相合,因为莱比锡实证主义者圈子的同仁并不打算制定普遍适用的定律,即自然定律。在现代认识论的术语中,可以讨论尝试建立经验关系(empirical relationships),如通过实验数据的统计规范化推导出的公式在科学中就叫经验关系,经验关系并非普遍适用,而仅适用于这些经验关系得以经实验产生的那个特定系统。经验关系并不是对所考虑现象的理论解释,而是对实验数据的简单记录。这一术语的使用与理论关系(theoretical relations)这一术语形成对比,后者既在理论上证明是基本原理,也在实验上构成自然的基本定律。然而,经验公式已经建立得如此牢固,以至于与自然定律的区别往往不明显,而且存在于许多科学领域。①

上述解释模式在拉采尔的思想中当然普遍适用,但在他的工作的这一方面,也有特殊性出现,且没有明确的理论背景和认识论背景。拉采尔在《人文地理学》的第40段中讨论过制定人文地理学定律的可能性这个问题,题为"人文地理学定律"(The anthropogeographical laws)。他在这一段中明确解释道,尽管遵循自然科学的方法论,但人文地理学(从而也包括政治地理学)与其他关于人的科学一样,不能要求它去发现能以数学公式表达的自然定律。②

拉采尔将这一结论与民族的自由意志联系起来,类似于人的自由意志,民族的自由意志只受到地理上的限制,例如地球的大小、极地永恒不化的冰、山脉、沙漠或气候[等因素]。在这些情况下,人

---

① http://el.wikipedia.org/wiki/%CE%95%CE%BC%CF%80%CE%B5%CE%B9%CF%81%CE%B9%CE%BA%CE%AE_%CF%83%CF%87%CE%AD%CF%83%CE%B7.

② Ratzel, F.,《人文地理学》,前揭,页63。

的自由意志的介入可使条件变得较易承受,但永远不能完全消除这些条件。因此,拉采尔认为,每个民族都体现其居住地的特征,而人文地理学只在其居住地内部研究民族,因此人文地理学看到这一特定的土地上各民族的生活的定律,而且只讨论那些可以在地理上制定的定律(同上,页63-64)。

解释在地理上制定的定律这一概念时,拉采尔讨论到联系一个民族所占的范围来衡量人口增加或减少的可能,各国的岛屿或大陆位置的类似影响之间的区别,以及强大的民族获得水道和控制贸易路线的习性。他的结论是,根据一个国家的规模、位置和形式,可以推断出评估民族生活的原则。这些原则在土地方面保持稳定,但有时不起作用——取决于与特定领土接触的民族(同上,页64)。

因此,拉采尔得出一个非常重要的结论:有可能利用人文地理学数据和一个每次都未知的因素即时间,来建立一个历史方程(historical equation, geschichtliche Gleichung)。某个事件将在规模、空间和位置的给定条件下发生,但我们仍不知道何时会发生。如果观察的时间跨度相当长,则反复发生的事件将允许我们赋予整个评估更大的有效性(同上)。

至于处于争议中的问题(即拉采尔是否寻求制定普遍适用的自然定律),必须强调,对拉采尔著作的每种解释都应以拉采尔明确表达的下述一般原则为基础:人的科学不可能用数学公式的方式来制定自然定律。这一陈述足以证实拉采尔不谈论自然法则。鉴于上述情况,必须澄清,定律、历史方程甚至自然定律①等术语都不足以

---

① Ratzel, F.,《思考德意志土地与德意志历史之间的联系》("Betrachtungen über den Zusammenhang zwischen dem deutschen Boden und der deutschen Geschichte", Die Grenzboten, 57. Jahrgang, Nr. 39, S. 591 – 600),页597:最初,我们想提及下述自然定律(natural law, Naturgesetz),即所有的国家都由小规模爆发造成。

解释拉采尔的著作,不应断章取义地使用它们,而应在某种程度上去量化(dequantified),并仅视之为经验观察的结果。

前面的段落说明两个事实:(a)拉采尔的语言和方法论技巧,因为他似乎支持矛盾的东西,(b)由此导致支持矛盾观点时轻而易举。

当然,不应忽略几个参数,例如:

- 拉采尔苦于说服其他人相信人文地理学和政治地理学的科学性,这种科学性在认识论上包括实验和可预测性的观念。
- 广泛使用定律、自然定律、规律性、规则等术语,表明他那支持科学方法的明确意图。
- 他的明确抱负是将地理学与史学融合在一起,他认为——如上所示——有可能用人文地理学数据创造一个历史方程,作为其下述总体认知的一部分:政治地理学的规律性通常应该是史学的规律性的一部分。[①]我们不应忽视,自 1898 年拉采尔和兰普雷希特共同举办那次历史地理学研讨会以来——由此[他们]在历史的展示过程中引入了制图方法——直到今天,萨克森科学院历史委员会(Historische Kommission der Sächsischen Akademie der Wissenschaften)和莱布尼茨区域地理研究所仍延续着这一传统。[②]

上述参数——尤其与拉采尔有关,并被认为与莱比锡实证主义者所认同的自然科学和理论科学共享[研究]方法和兴趣(即在各种现象中发现规律性)这一信念平行[③]——无论如何都说明创建量

[①] Ratzel, F. ,《政治地理学》前揭,页 III。
[②] Middell, M. ,《拉采尔、莱比锡大学和诸史学家》,前揭。
[③] Middell, M. ,《技术化和专业化时代的世界史书写》(*Weltgeschichtss-*

化的解释模型（这在冯特的文章中可能更为明显）不应被视为不重要的伪科学。相反，以上引述表明了一种为解释现状而寻找实证应用的强烈意图。当然，还应该考虑到另一个事实：当时科学还没有足够的分析和综合工具来量化社会数据，不像现在可以应用各种数学和信息技术。综上所述，任何把那个特殊群体的角色投射到现代条件中的尝试，当然都会发现他们处于数学建模、神经网络或类似的旨在量化和解释社会过程的应用的前沿。①

基于上述解释框架，下面将介绍《国家空间扩大定律：科学政治地理学文稿》。

5.6 国家空间扩大定律：科学政治地理学文稿

尽管本研究的第一部分已经引用以下许多引述，那里尝试用一种认识论的进路来研究科学政治地理学，但出于概念流畅的考虑，在此简要重复一些拉采尔的基本思想，例如：

- 将政治地理学从[国际法的]附加条款中剥离出来，通过这些条款，国际法将一国的领土往空域扩大到无限远，或扩大到地球的深处，并延伸到所有船只尤其战舰，战舰被视为战舰悬挂的旗帜

---

chreibung im Zeitalter der Verfachlichung und Professionalisierung. Das Leipziger Institut für Kultur – und Universalgeschichte 1890 – 1990. *Band* 1., 2., 3. *Akademische Verlagsanstalt AVA GmbH*, *Leipzig*, 2005)，页 169。

① 马齐斯教授详细处理过这一问题，为系统地缘政治分析的研究计划提出了一个基于拉卡托斯（Imre Lakatos）的理论进路的结构。见 Mazis, I., 《国际关系和地缘政治的元理论分析：新实证主义框架》(*Analyse metathéorique des relations internationales et de la Géopolitique. Le cadre du neopositivisme*), Géocultures, Papazissi, 2015。

所属的那个国家的浮动部分。①

- 将政治地理学与对国家作描述的或国际法学的分析式科学加以区分,同时阐明政治地理学突出与国家领土扩张到邻近海域以外相关的事实,以及为一国的利益而渗入和穿过另一国领土的各种地役权(同上)。

- 上述情况与各国空间生长之间的关联有两个原因:第一,上述情况通常发生在各地区的边缘,在那里松弛为生长做好了准备;第二,上述情况标志着生长即将发生或生长的势头最近刚结束(同上,页98)。

- 驳斥对国家地理的描述性认识,指出任何观点若将国家领土描述为一个恒定的、完全完成的对象,都会导致这种教条化的和无机的认知,主要原因是这些渗透遭到了忽视(同上,页97)。

所有这些要素都强化拉采尔认为的唯一正确观点,即国家的本质是有机的,此观点[与以往根深蒂固的无机观点]截然相反。国家的有机本质不仅受土地的直接影响,更主要受居住在土地上的人的直接影响。因此,对政治地理学(当然主要关注各民族的运动这一不动的底土)来说,一个永远不可忘记的事实是一个国家的形式和规模取决于其居民,因此政治地理学追踪居民的流动性——一个尤其反映在生长或衰落情形中的事实。国家领土与生活在其上的许多人有联系,这些人以其为生,而且在精神上与其有关联。人和人生活的那片土地一起构成国家(同上)。

据上所述,每个国家在政治地理学上都是一片以静态为主的土地上的一个生物体,在地球表面的一个部分扩张,并通过理想的边

---

① Ratzel,F.,《国家空间扩大定律:科学政治地理学文稿》,前揭,页97。

界线或无人的空间将自己与其他同样扩张的生物体隔离开来。国家保持一种持续的内部运动,当占领一块新的土地或丧失先前的一片土地时,这种内部运动就转变为外部运动,即渗透或倒退。结果,我们得到的印象是,民族像一团慵懒的液体一样来回移动。在历史上,类似运动扩张到无人占领的空间的情况极少;这种运动通常导致的是入侵和驱逐,或使小地区及其人民在不改变其位置的情况下与更大的地区统一(同上,页97-98)。

显然受瓦格纳[1]的迁移理论影响,拉采尔支持(但没有引用瓦格纳或他的理论)大国将再次分裂的观点,这种融合和分解、生长和收缩的过程是历史运动的一个组成部分,在地理上反映为大小国土的交替。然而,这种过程对所有毗邻地区都有不可避免的影响(在欧洲,某些影响甚至达到大陆规模),其从一个区域到另一个区域的传播是历史演化的主要原因之一。在这种空间模式中,拉采尔看出两种趋势:扩大(growth,Vergrößerung)和复制(reproduction,Nachbildung),二者是这一运动的永久推进器。[2]

最后,拉采尔批判了所有关于历史演化的哲学理论,这些理论的缺陷尤其在于忽视国家演化的这些直接要求。所谓的进化论的弱点正在于此,不管进化论预设的是直线式、螺旋式还是别的演化过程。土地与国家的联结(consolidation,Befestigung)或共存模式必须作为第三个动机添加进去,这一点说明生长的过程,尤其该过程的影响的持续(同上)。

---

[1] 读者不应该忘记,拉采尔1899年在人文地理学中放弃了采用迁移理论。见第3.5节。
[2] Ratzel, F.,《国家空间扩大定律:科学政治地理学文稿》,前揭,页98。

5.6.1 第一定律：国家规模随文化发展而增大①

拉采尔最初注意到，通过无数代人的精神和身体努力，地理视野不断扩张，为人民提供了日益扩大的空间扩张领域，从而产生了对新领土进行政治管理的需要。这些领土的同质化和维持需要力量，而力量只能通过文化慢慢发展；文化是凝聚力起点的创造者和维持民族凝聚力的手段——通过逐渐扩大由发展出归属感的那些人所组成的圈子。

观念和物质财富从小的起点和创造点开始传播，找到新途径并扩大其流行范围。拉采尔在讨论宗教扩张与政治扩张之间的紧密关系时说：观念和物质财富由此成为国家发展的先驱，国家沿着相同的途径，在相同的地区扩张。不过，交通的巨大影响超过政治扩张的影响，前者像一个巨大的飞轮，对每项扩张事业都有赋予生机的效果。

这些驱动力当然不会自我限制，而会不断地从因文化发展而增长的人口②中获取营养，并因由此产生的空间需求而导致扩张。这些驱动力先前通过人口的密集化，作为一种促进文化发展的可靠媒介发挥过作用。然而，拉采尔认识到，由于国家建立的过程是在特定条件下壮大的文化力量的落实过程，因此文化的最大代理人并不总是国家的最强大创造者。尽管如此，他指出，历史上和当今所有的主要国家都属于文化导向型民族。回顾当时大国的空间生长，可以清楚地看出这些大国位于欧洲及其殖民地。他由此暗示欧洲文

---

① 同上。由于几条定律连续呈现，仅给出每条定律的标题所在的页码。
② 在这一点上，我们看到政治地理学与生物地理学之间的巨大差异：在政治地理学中，拉采尔将文化视为民族的驱动力，而在生物地理学中，他无法分离出[有机]体的驱动力，而诉诸一个先验因素。见第3.2节。

化的优越性,认为除欧洲国家以外,中国是唯一具有大陆维度的大国,属于非欧洲文化圈。

回顾文明初期,拉采尔发现地中海周围那些更大的国家,因受地形和地理位置限制,无法在大草原地区创建大陆规模的国家结构;他认为,在所有早期的"全球帝国"中,只有波斯帝国有资格在一定程度上扮演该角色,占领整个亚洲大陆尤其伊朗——这块空间的大小是小亚细亚的五倍。① 至于中世纪时期各个帝国的面积,他强调,查理大帝(Charlemagne)的帝国和霍亨斯陶芬家族(the Staufer)②的神圣罗马帝国都只是古罗马帝国的一部分,约占后者领土的四分之一。

接下来,这位德意志地理学家指出,封建制度倾向于通过不断像私有财产那样分割国家以建立一些小国。他相信,向新时代过渡的特征是国家几乎普遍瓦解,古罗马残留的大空间概念全部消失,因为这一概念的两个条件此前已崩溃:科学和交通。拉采尔看到,在均势的统治下,以战争为手段、以平等分配土地为主要目标的新形态正从废墟中起来并在欧洲延伸,而实际权力则分配得不对称。这句话非常重要,因为他对作为平等分配土地的结果的欧洲均势提出挑战,同时反对将土地因素作为国家权力的唯一指标。结果,他证明了(除领土参数之外的)其他参数的存在,这些参数为权力不对称分布创造了条件。准确地说,拉采尔的政治地理学的主题就在

---

① 与其他帝国相比,拉采尔发现,亚历山大的帝国(450万平方公里)和奥古斯丁(Augustine[校按:原文如此,疑当作奥古斯都])死后的罗马帝国(330万平方公里)并没有达到这些真正的大陆维度。

② 霍亨斯陶芬王朝:公元1138年至1254年间在位的德意志王朝,其最后一个男性后裔是施瓦本公爵康拉德(Duke Konrad von Schwaben),1268年在意大利那不勒斯被斩首。资料来源:《布罗克豪斯会话词典》,前揭。

于此:记录和分析权力供给和再分配的因素!

这些政治权力通过贸易、宗教和欧洲文化向美洲和亚洲等非欧洲地区扩张,在大空间中建立国家,规模是迄今为止所有已知国家的两到三倍。根据拉采尔的说法,地理发现的加速进程和对其他民族的了解,对殖民主义起到了决定性的推动作用,这些因素使新的全球帝国能够在不到三百年的时间内扩张到美洲、北亚、南亚和澳大利亚。此外,他认为强国生长的重要参数还有——接受马尔萨斯(Thomas Robert Malthus)极为流行的观念——两百多年来欧洲人口的不断增加,以及新的运输工具的发明,后者不断创造出新的手段和理由来扩张,同时带来世界历史上前所未闻的统一和持续。在此语境中,他将不列颠世界帝国(包括加拿大和澳大利亚)、俄罗斯欧亚帝国、美国、中国和巴西列为规模空前的国家。

在前一段,拉采尔简要描述了促进政治力量增长的参数,这些参数的影响是他整个分析方法的核心对象:贸易、宗教、文化、人口增长、技术演化是空间增长、空间占领和安排的工具。

拉采尔说,由于国家所占的空间随其文化而扩大,较低文明的民族将以小国的形式组织起来。他注意到,文化层次越低,国家越小;国家的规模是衡量文化进步的一种方式,因为没有一个自然导向型民族曾创造出大的国家,甚至与一个中等德意志邦国规模相当的也没有。① 他通过大量来自印度支那和西非的例子来证明这个观点。探险家们记录了这些地方一些自治的微小乡村型国家的情况,其特点是世界观老旧(presbyopic)、几乎没有任何潜力。这种情况

---

① 对文化导向型民族与自然导向型民族加以区分,在拉采尔的分析系统中具有根本的作用,因此已多次指出。在这一点上,拉采尔表明了不同的文化成熟度如何反映对土地价值的不同看法。

类似于罗马人在伊利里亚人、高卢人和日耳曼人地区遇到的分割情况,旧普鲁士、立陶宛、爱沙尼亚和利维亚(Livia)的日耳曼人也是如此。拉采尔写道,甚至在有些组织良好的民族中也只存在小的国家形态,这些民族的可怕外表常常在南美和北美的年轻殖民地激起恐惧。但是这些民族,即使他们赞扬开放空间,也无法维持它并使其得到统一。

拉采尔以非洲①和南美洲②为例得出结论:印加帝国和蒙特佐马(Montezoma)帝国缺乏严格的连贯性,同时也不构成空间意义上的大国。在此语境中,印加帝国在其鼎盛时期,即在皮萨罗(Pizarro)到来时,占有的土地少于奥古斯都(Augustus)统治时期的罗马帝国;该帝国不过是一个由被征服的纳税地区组成的松散联盟,缺乏稳定和持久的联系,还不到一代人的时间且已经衰落不堪,直到西班牙人将其像纸牌屋般推倒。

在拉采尔看来,民族成长和壮大的另一个关键因素是文化的成熟度,这决定了土地的政治重要性得到多深认识。在欧洲人和阿拉伯人通过征服和殖民在美洲、澳大利亚、北亚和中非建立大国之前,这些大片的地区在政治上尚未得到开发。土地的政治价值处于休眠状态。拉采尔观察到,就像农业一样,政治逐渐认识到了土地的潜在力量,每个国家的历史总是讲述着其地理条件逐渐演化的故事。同样,他认为政治权力将小区域统一为一个大区域,而对于那

---

① 即使不与白人混合,巴苏托(Basuto)和祖鲁(Zulu)这些地区也会进一步分裂。
② 阿勒格海(Alleghey)地区的五种族(自1712年以来变成六个)联盟在超过一个世纪的时间里被认为是新大西洋佩兰斯塔顿(Pelanzstaaten)殖民地的最大敌人,因为该联盟占据约5万平方公里部分居住的地区,并(在1712年)配备有2150名战士。

些组织成小国的自然导向型民族的地区而言,这一过程是一项新引入的发明。在此语境中,拉采尔指出自然导向型民族衰落的关键原因(自他们接触文化导向型民族以来):小国和大国视角不同,以及由此产生的不同需求之间的斗争带来了毁灭性的影响。为此,拉采尔援引蒙森(Christian Mommsen)的观点,后者认为政治上发达的民族吸收政治上不成熟的民族是不可避免的事实,或者更准确地说,甚至是一条像万有引力定律那样具有广泛的普遍有效性和实际适用范围的定律。当然,拉采尔认为,土地的广袤并不是民族和国家发展的唯一条件。他通过比较各政治空间以及下述结论来证实上述看法:北美(包括世界上两个最大的国家)在16世纪前都没有产生哪怕一个我们现在所知的中等规模国家。①

根据上述观察,拉采尔证明,国家表现出类似于其历史时代的空间分层。在他认为的大陆规模的国家中,只有中国是一个古老的国度,但他强调,中国最近几个世纪才获得其当前领土一半以上的面积(蒙古、满洲、西藏、云南、川西和台湾)。

5.6.2 第二定律:国家空间发展追随民族的其他扩大现象,且后者必然在先②

拉采尔在他的第一定律中让我们看到了发展得比国家快的那些扩张运动。这些扩张运动在先,为国家发展铺平了道路,但没有自己的政治目标,而与国家生活密切相关,并有超越国家边界的愿望。兰克超越个别民族的历史,在人类的普遍历史中洞悉到人类统

---

① 这是反对那些指责拉采尔持地理决定论观点的人的一个重要论据,因为他认为,没有文化和政治方面的贡献,土地不能确保国家创建过程。

② Ratzel,F.《国家空间扩大定律:科学政治地理学文稿》,前揭,页100。

一生活的原则,这种统一包括并支配了所有民族,但是又没有单独地渗透到每个民族中去。通过引用兰克,拉采尔在民族间观念和商品的交换中看到了生命的统一。拉采尔指出,各国极少能够彼此设置政治界限,且通常都遵循自己创建的道路。怀着相同的扩张热情,走在同一条道路上,观念和商品、传教士和商人经常相遇,把民族拉得更近,使之相似,从而为政治上的接近和联盟奠定了基础。拉采尔以此解释非洲或美洲被荒野完全分隔开的不同国家为何会存在共同的(通常相同)宗教、武器、住房、农作物和家畜。

拉采尔坚定地将自然导向型和文化导向型的民族区分开来。他评论说,所有的古老国家和所有的低层次国家都是神权政体,在那里,精神世界主宰着每个人的生活,统治着整个国家。在这些国家里,所有酋长都有神职,所有部落都有圣所,所有王朝都有一个带有神圣起源的名号。此外,他基于明确的新教徒视角,将豁免和主教制度描述为这种情况的弱化形式。他注意到基督教和伊斯兰教在非洲建立了以大空间观念为中心的国家(不同于以小空间为导向的异教)。他赞扬这两个宗教的作用,因为基督教仍站在导致全体欧洲民族相互对抗的普遍政治退化之上,为建立新的更大国家做准备,而伊斯兰教在西亚和北非承担着同样的使命。保留在想象领域的教会力量的大空间思想,在当时本身就是一份巨大的资产,只要秩序力量(cosmic forces)同意。拉采尔总结道:随着科学进步与贸易发展,基督教传教士为在非洲建立新的欧洲国家铺平了道路。他继续评论说,在欧洲国家逐渐衰落的情况下,教会为国家的创建进程贡献了大空间观念,这一点在德意志的证据就是普鲁士骑士团的作用。

拉采尔相信,原始国家几乎不具有民族特征,但随着时间的推移,逐渐在一种大空间理解的意义上获得了民族特性。自然导向型民族的国家是家族制国家，但甚至这些国家的第一次扩大通常也因外人的到来而实现。宗族亲属只在领土充足的条件下才得到接受，且不发展民族感情，即使共同的语言和习俗通过（非政治的）交通而促进了政治联系。在智识进步更大的时代，这种联系有意识地表现为一种民族情感，并具有统一和凝聚作用。然而，由于宗教和交通的迅速传播并不代表大的智识进步的本质，因此两者会更早地与国家的空间概念（Raumauffassung）发生冲突。自从罗马帝国第一次追求全球帝国以来，国家的空间概念一直胜过种族差异。不过，国家认识到民族意识的联结价值，并试图通过民族融合，人为地将其再造为一种国家意识，用来服务于自身的目的。

拉采尔认为，泛斯拉夫主义的例子说明这一过程是多么耗时，又是多么需要调动所有文化力量，因此更适合那些同时构成了文化区域（Kulturgebiege）的国家。空间广阔但本质上具有民族特征的现代国家便是这些文化力量的成就。在这类国家与真实的、原始型的、有限的国家（即部落）之间，古往今来存在过许多国家，这些国家的文化力量（Kulturkraft）不足以统一其丰富多彩的人种基础。

因此，拉采尔得出的结论是：贸易和交通远远领先于政治，后者在共同道路上跟随前二者，且可能永远不会与之截然分离。和平的交通是国家扩大的首要条件。需要事先创建原始的循环网络。国家一旦进入扩大过程，便与交通共享了对运输网络的兴趣，这甚至早于交通的系统扩张。基于此，我们应该从政治动机而非经济—地理动机的角度来理解伊朗和古代美洲国家那些精心设计的路线。自中国和埃及的传奇统治者出现以来，道路和运河网络不得不为国家统一服务。每个伟大的统治者都渴望修建道路。每条道路都为政治影响力铺路。每个河流网络都是国家演化中的一个自然组织；每个联邦州都将制定交通政策的责任委托给中央政府；每个黑人酋长都是其所在国家的第一个商人,而且可能是唯一的商人。

通过上述内容,拉采尔基本上证实了经济地理学和贸易/运输地理学对国家的政治同质化的贡献——非政治的进程和运动在国家的监督和协助下逐渐获得了政治意义。上述过程显然指向在德意志进行殖民扩张时,俾斯麦将先前散布在非洲的私人利益置于德意志的保护之下。

拉采尔强调这一过程,指出在殖民化过程中,国旗通常跟随贸易。为了说明他的观点,他使用北美各州的历史加以阐释,这些州的历史往往始于商业点的创建,例如,内布拉斯加州(Nebraska)的历史始于美国毛皮公司(American Fur Company)的一块基地的创建。同样的模式也出现在德意志统一的进程中,在此进程中,海关边界的扩展先于政治边界的扩张。换句话说,关税同盟(Zollverein)是德意志帝国的先锋。

在必然先于政治扩张的非政治扩张中,拉采尔最后又纳入地理视野的扩大。这最初由非政治扩张引起,但后来成为一个独立的、科学努力的目标。他认为这种需求显然源自以下事实:一些黑人小国的视野没有达到中等规模的德意志邦国的大小,而希罗多德(Herodotus)时代希腊人的视野不比巴西大。亚历山大大王、凯撒、达伽马(Vasco da Gama)、哥伦布(Columbus)或库克(Cook)[所取得]的成就,清楚地表明地理发现与国家扩张之间的密切联系,这些人拓宽了地理视野,同时也有助于国家的扩大过程。

最后,拉采尔赞扬了地理学在设计和实施殖民政策方面的贡献。他指出,直到那时,扩张政策取得的最大成就都由地理学的发展打下基础,沙俄在中亚的角色可以为此作证。

5.6.3 第三定律:国家的空间扩大通过在合并中吞并较小的部分而演化,由此民族与土地的联系日益紧密①

拉采尔在其第三定律中考察国家与土地间关系的定性特征,确立了土地自动吞并(automatic land annexation)与土地合并(merging of land)之间的根本区别。最初,他注意到,具备任何土地或人口规模且处于任何文化阶段的土地单元的自动统一,都会通过居民的接近、交流和通婚实现有机增长,而在政治扩大的前导因素②已为这种统一做好准备的情况下,自动吞并更快地导向合并。由此可见,拉采尔使用"合并"一词,显然绝不意味着需要通过使用武器来扩张领土——他可能受到此种指责。相反,他提到一个持久的文化过程,并强调,国家的扩大若不超越简单吞并阶段,只会建立一个松散而易于分解的异质联盟,这种联盟由于某个贯彻大空间概念的因素的持续存在而得以暂时维持。

罗马帝国就是一个明显的例子。罗马帝国一直面临解体的威胁,直至公元前1世纪创建军事组织以确保其凝聚力,并代表意大利赢得经济主权,从而使这个处于地中海中心有利位置的半岛成为一个道路便利的中转地区(transit area)。同样,他观察到罗马商人试图在松散的凯尔特地区联盟(reginal Celtic unions, Gauverband)中找到出路,后者在联盟和霸权之间摇摆不定。随之而来的是罗马定居者和罗马士兵,这些都旨在把那些以几乎有机的方式相毗连的要素统一成一个伟大的帝国。

拉采尔分析说,这种地区统一的过程同时意味着民族与土地的

---

① Ratzel,F.《国家空间扩大定律:科学政治地理学文稿》,前揭,页101。
② 即宗教、贸易和交通。

更紧密关系,因为国家在地表的扩大伴随着深度的扩大,从而导向土地上的整合。民族的整合不仅仅是一幅图画,因为民族是有机因素,在历史进程中越来越依附于自己所居住的土地。于是,他对有机国家观作了原创性的诠释,将一个人为使新获得的土地可耕种而付出的努力,与一个民族通过鲜血和汗水夺取越来越多的土地加以比较,这样一来,离开一个特定民族来考虑土地便无法想象。这位地理学家问道:谁能想象没有法兰西人的法兰西或没有德意志人的德意志?他将国家的"有机"观念转化为民族与土地的关系,从而即国家与土地的关系。①

当然,他观察到这种纽带并不总是那么牢固,因此服从于——国家规模的情况也是如此——历史的分类。他专门提到自然导向型民族,并推断在世界上任何地方都找不出一种与土地的完全分离——根据一些理论家的说法,这是一种较早期情形的特征——而当我们回顾更原始的条件时,这种关系变得较为松散。他注意到,在这类原始条件下,人们住得密度较低、较分散,农作物产量较低,便于从一片土地转移到另一片土地,而他们的社会关系却保持得尤为牢固——尤其在基督教出现之前的社会组织(Gentilverfassung)中——因此他们与土地的关系相对较弱。这个阶段的各个国家被荒芜和贫瘠的边境地区(Grenzwildisse)或其他类似地区隔开,在政

---

① 在这一点上,拉采尔捍卫国家的领土概念,即一个国家不可能脱离领土而存在,反对不把土地的存在视为一个国家存在的先决条件的观点(见第二章)。这一维度导致了古典地缘政治学和批判地缘政治学之间的差异,其中的主要分歧在于对领土因素的认识和评估。另参 Mazis, I.,《对批判地缘政治学的批判或"谁对现代地缘政治分析感到害怕?"》("Critique de la Géopolitique Critique ou bien 'Qui a peur de l'analyse géopolitique moderne?'", *Revue d'Études Internationales de l'Association des Relations Internationales*, Tunis, Association des Relations Internationales – Tunis, no. 106, vol. 1/2008)。

治上使许多空间不能发挥作用,并消除了对具有政治价值的土地的开采的竞争。他由此得出结论:无论印第安人还是黑人,都没有利用大河作为边界或道路,而当他们被欧洲人征服时,这些大河不可估量的价值就变得显而易见。

受此影响,从最年轻的国家到最古老的国家,他观察到土地失去了政治价值与政治空间的缩小密切相关。这一观察进一步削弱了对拉采尔持有所谓地理决定论的一切指控,因为自然边界在政治进程中的重要性和作用并未得到高估,甚至在文化欠发达的民族的环境中也并未被高估——他们要么不理解要么不需要划定这种边界。拉采尔从较早的科学论述中推测出文化上不成熟的社会中土地必然贬值,根据这些论述,持续不断的小规模战争并没有带来领土收益,而只带来囚徒,即奴隶。他进一步强调了这对"黑非洲"的历史造成的严重后果,在那里,捕猎奴隶导致人口锐减,并阻碍了国家的演化。然而,他认为最重要的事实是,在这种情况下,一个国家无法休养生息,因为持续不断的征服活动使之成为征服式突袭的起点,周围是一片无人居住的贫瘠土地。其边界之外由不确定性统治,因为边界仅仅取决于侵略活动,侵略活动的受阻导致[边界]再次收缩,既然没有时间巩固在一块特定的土地上。拉采尔据此得出结论:这些作用力通常是短暂的。[1]

他最后指出,土地获取只是过去重大政治变革的衍生物。他主要诉诸亚洲人的战争,其战利品——因而也是传播因素——为奴隶、财富和权力。拉采尔认为,第一次真正的土地获取战是普鲁士

---

[1] 就这些国家的性质,拉采尔认为在非洲东南部,从祖鲁到瓦特赫(Wattehe),可以找到许多例子,同时他还给出其他种族的例子,这些种族的领土无法正确识别,也无法从政治上评估。

(Pyrrhus)的战争,因为他渴望创建帝国的前提在于他凌驾于一个由盟友和敲诈者组成的体系之上。蒙森认为,[公元前]8 世纪的罗马是一堆混乱的国家,没有大规模的占领,也没有固定的边界。拉采尔同意蒙森的观点,发现德意志民族的神圣罗马帝国的情形与此相当,一堆领主-国王、封臣、加冕的牧师和自由城市混杂在一起。他最终向凯撒致敬正是因为如下事实:随着空间的扩大,凯撒成功地建立起稳固的、划定的、戒备森严的边界。

5.6.4 第四定律:边界作为国家的边缘器官,是国家发展和巩固的动因,参与国家有机体的一切变革①

前面描述过国家的动因(agents)和扩大机制以及巩固吞并领土的定性条件之后,拉采尔在第四定律中审查了边界和边界区域在扩大过程中的作用。他首先观察到,空间扩大通过边界的向外重新排列而表现为一种边缘现象,扩大动因必须超过边界。这些动因只要位于边界附近,就更容易参与这一扩大过程。国家边界越长,扩大就越边缘。

拉采尔指出,一个国家把某些地区安排成扩大的前线,在那里创造更多生机,即那里比其余地区扩大更快、人口密度更高、其他可用的权力资源更多。例如,他指出白沙瓦(Peschawar)、小西藏(small Tibet)、梅尔夫(Merw)和果敢(Kokan)的进程,让那些甚至不了解其历史的人也能立即理解,英属印度和沙俄正在相对的方向迅速扩大,试图获得介于中间的那些地区的所有优势;与此几乎相同,罗马曾经通过征服加利西亚来对着前进的日耳曼人发展。于是,他认为,法兰西为了扭转衰落的趋势,在与德意志和意大利的边界上

---

① Ratzel,F.《国家空间扩大定律:科学政治地理学文稿》,前揭,页 102。

积蓄力量,数百年来这些地区的扩大极为强劲。他把这些边境地区的功能归于下述事实:国家的大部分公共生活(common life)都被带到那里。东扩的德意志的边境公国就是如此,这些公国一个接一个地建立起来,吞并后立即殖民。根据拉采尔的说法,这一过程在美国的西端和阿根廷的南端重演,在那里,划定的美洲土著边界内的原始小屋,几年内便发展为大城市。

把这一模式放到欧洲,拉采尔相信在如此受限的条件下,边缘的这些精细部分(fine parts)受到的威胁最大,但同时也最坚固,这些部分可能遭受的创伤比其他部分更可怕。

研究国家领土的某些非常外向的(outwarded-orientated)部分(由与国家一同发展的曾经自治的地区组成)的特性时,拉采尔在每个主要边界地区都发现了早期国家、省份和社区边界的遗迹,其突变较小,并且与因进步或倒退而受到的有限调整以及功能适应(即调整至与地势一致)的程度成正比。他将这些差异比作平缓的迎风海岸与沙质岬角凹凸不平的背风海岸之间的差异,或长达几个世纪的固定边界与不断演化的边界之间的差异,例如萨克森州的西部和南部边界。

拉采尔深信,边界遵循空间的进程,[即]国家的巩固和长存。他回顾古老国家时,只能发现一些模糊的边界,[甚至]到即将消失的地步。他强调在空间不易区分的地方,其边缘可能同样不清晰,他指出:我们将边界视为国家占据地球上某个单一的、未完全划界的地点时的一条明确界定的线,而把我们的这种边界观传达到别处的做法,是产生严重误解的原因——无论美国人对土著的政策,还是欧洲人在非洲的政策。

利希滕斯坦就卡夫拉的边界所说的话可说明拉采尔的主张,即在和平谈判期间,确定固定边界的每一次尝试都以失败告终,因为双方都不能在没有领导人许可的情况下接受边界条款。拉采尔说，根据他们的看法，重要的不是线（lines，Linien），而是位置（locations，Lagen）。他强调，在这种情况下，不再有互动和频繁的接触，国家因被政治上空白的空间包围而收缩。

拉采尔估计，结合对土地的政治理解／评估的不利差距／分歧，模糊的边界观大大加速了这些民族的流离失所。他着重指出，政治谈判以与贸易相同的方式进行，这些民族轻易就提供自己最有价值的财产，因为他们没有丝毫意识到那些东西的价值。将小国与其他国家隔离开来的文化障碍早就变得清楚，这也能解释在欧洲干预后［小国］以衰退的形式出现停滞。

在更高的层次上，在苏丹和印度支那，拉采尔只观察到少数几个边缘地区的边界被适当划定，通常由山脉和分水线界定。如他所说，中国的情况也是如此，中国与朝鲜由一个类似的、明确界定的边界地区（border area，Grenzsaum）隔开，不同于非洲或印度支那的类似地区。

至于甚至连欧洲都尚未完全出现的进一步发展，即科学地划定从大地测量学上界定的、由城堡保护和精心守卫的固定边界，他重提1892年发表的《地理边界等的一般特征》（*On the general characteristics of geographical borders etc.*）一文。①

---

① Ratzel, F.,《地理边界和政治边界的一般特征》("Über allgemeine Eigenschaften der geographischen Grenzen und über diepolitische Grenze", *Berichte über die Verhandlungen der Königlich Sächsischen Gesellschaft der Wissenschaften zu Leipzig, philologisch-historische Klasse*, Bd. XLIV, pp. 53–104)。

5.6.5 第五定律：国家在扩张时寻求占用具有政治价值的位置①

拉采尔在此——总是以完成的事件为基础——考察一个国家或一个民族扩大的地理条件，要么在战争冲突状态下，要么作为占领自由土地进程的一部分。在这条定律中，自然导向型民族与文化导向型民族之间的区别也显而易见。因此，必须结合每个主体（民族或国家）的文化成熟程度来理解有政治价值的位置这个概念。

在此基础上，他预先解释说，国家在扩大和巩固的过程中须确定某种地理优势，并且先占据该地区的有利位置。一个国家的扩张与其他国家的撤退相关联时，它便赢得优势点，而退缩则发生在最糟糕的地区。通过观察新国家（殖民地）的创生，他发现新的政治形态显然优先建立在靠近海洋、河流、湖泊和肥沃平原的地方，而旧的政治形态则被转移到内陆，转移到最初难以进入且几乎不可取的地方，如草原、沙漠、山脉和沼泽等。拉采尔在北美、西伯利亚、澳大利亚和南美洲也观察到同样的现象，在那里，第一批定居者的优势老早就已且长期决定着许多国家的命运。拉采尔指出，即便占领使殖民地发生政治上的变化，最古老的殖民地人口仍然拥有文化优势，从而可解释许多政治上成功的入侵在文化上的失败。这样，拉采尔对扩大的看法就变得非常清楚且容易理解：扩大并不集中于征服性的军事行动，而主要集中于长期的经济、社会和文化进程。②

拉采尔继续强调，具有相同文化的民族对土地价值的认知大体

---

① Ratzel, F.《国家空间扩大定律：科学政治地理学文稿》，前揭，页103。
② 西方人该如何在阿富汗或伊拉克强加西方式的国家形态？看看拉采尔的卓越分析潜力！

相同,因此,所有欧洲殖民地在过去几年以同样的方式演化是说得通的。同时他强调在不同的历史时期(古秘鲁人-古希腊人-土耳其人),[各民族]对土地价值的认知亦不同。当然,除了文化层面,他还提到习惯的力量(power of habit),由于习惯的力量,政治扩大长期发生于具有相同生活和工作条件的地区(腓尼基人、荷兰人等)。

对政治优势的占用也以国家的形式表现出来,我们把国家看作一个本质上动态的有机体的暂时休息。①德意志扩张至波罗的海北部、法兰西侵占色当北边的马亚斯河(Maas River)、奥地利扩张至乌拉尔山脉(几乎横跨整个萨克森—波希米亚边界,南端围绕加塔罗湾[bay of Gattaro])之外,英格兰侵占海峡群岛(Channelisland, Kanalinseln),这些都是典型的例子。根据拉采尔的说法,这种运动会突然改变一些较新的、没准备的国家的形式,比如智利,智利的北部边界沿着看似毫无价值的阿塔卡马(Atacama)沙漠以[南纬]24度为界,一旦在米基隆海岸(coast of Mjilones)发现瓜纳拉格人(Guanolager),②就扩张到23度。在瓦尔河(Vaal River)发现钻石之后,英格兰于1867年扩张到属于奥兰治自由邦(independent state of Oranje)的奥兰治河流域。这正是贝专纳王国(country of Betschuanen)向北扩张的方向。他最后指出,在较低的层次上,国家最好位于公路旁或公路周围,如在苏丹或在大陆非洲(continental Africa)。

---

① 这段文字清楚地表明国家领土与构成公共政策实质的其他力量(经济、宗教、文化等)之间的区别。这些力量在特定土地上的组合功能这一概念构成了拉采尔的有机国家观。

② 马绍尔群岛的居民。资料来源:http://www.ub.bildarchiv-dkg.uni-frankfurt.de/Bildprojekt/Lexikon/php/suche_db.php? suchname = Jaluit-Gesellschaft。

最后,国家扩大的方向往往长期保持稳定,这一事实是占用政治优势的结果。政治扩大是一种运动,或者更确切地说由无数的运动组成,因此与有利于[政治扩大]运动的自然地区保持联系可视为优势。拉采尔据此评论说,我们看到政治扩大向沿海移动,沿河流流动,并涌向平原,而另一部分政治扩大因可进入区域有限而受到挤压。这种抑制不仅是由于各种障碍的存在,还因为需要填充由自然边界划定的区域(国家空间扩张的例子)。

5.6.6 第六定律:国家空间扩大的最初刺激源自外部①

在第六定律中,拉采尔研究大空间观的根源,以及创建大国家的思想根源。

他首先观察到,在原始国家的建立上,一个简单政治体的自我维持的扩大可不断更新并使该政治体的数量成倍增长,而无须创建任何新型的政治体。在家庭层面,更新通过后代和新家庭的建立实现,这些新家庭仍保持着一个家庭的形式。两个家庭遵循完全相同的过程,此时通婚成为流行的做法。种族或部落则产生出不同的家族分支,所有这些团体通过与土地的联系而转变为国家。然而,这些单元的繁衍不会由较小的国家产生较大的国家,而是会产生一堆往往大小相同的国家。在这些国家,人口受到控制,并以各种可能的方式(甚至通过最残暴的传统)控制在特定范围内,阻止国家扩大,以期保持易于监督和管理的国家规模。无人区的存在通常会进一步阻止国家的扩大。

拉采尔坚持自然导向型民族和文化导向型民族之间的差异,评论说:根据我们对自然导向型民族的国家的了解,如果没有外

---

① Ratzel, F.《国家空间扩大定律:科学政治地理学文稿》,前揭,页106。

部影响,这些国家会故步自封。他认为这些国家的起源是广义上的殖民。在这一语境中,他相信,来自具有较大空间观的地区的民族,会把较大国家的思想引入具有较小空间观的地区。在这种关系中,一个重要参数是,至少知道两种国家的外人拥有至上地位,他相对于往往只知道一种国家的土著处于优势地位。因此,地理位置清楚地表明,较古老的国家如何从可到达的外部点(即从海岸线或沙漠边缘)渗入并在小国的领土上扩大——如果我们想到欧洲殖民时代之前的非洲,我们将在黑人与闪米特人和含米特人(Hamites)遭遇的[边界]线上发现较大的国家,而在黑人相互交界或被海隔开的地方则几乎没有任何国家。然而,无论我们在内陆何处发现黑人国家,通常都伴随着一位外来创立者的神话,这个神话在整片大地上传播。游牧猎人的角色[也]经常被提及,这里指基奥科人(Kioko)的历史角色,他们缓慢地迁入(毋宁说散入)新的、重组而成的隆达帝国(Lunda Empire)。所有非洲国家都是被征服的殖民国家。根据这位德意志地理学家的说法,历史用数以百计的案例来说明一个民族的这种无声的迁移和扩张:这个民族一直以来把自己的存在仅仅维持在可为人所容忍的程度,然后突然作为权力掌握者走上前台。拉采尔认为,几乎所有的欧洲殖民运动以及在婆罗洲(Borneo)建立的华人帝国,①都通过这种方式发生。他发现在罗马帝国的开端,即便在神话的阴影中,也有外人定居罗马,他们的位置有利于贸易和航运线,从而使天平向其他拉丁城镇的对面倾斜。拉采尔列举了由外来定居者创建的其他国家的例子后,谈到文化导向型的美洲民族,称一方面古代

---

① [校按]1777年,华人罗芳伯在婆罗洲上(今加里曼丹西部)成立第一个由华人创立的"共和国"——"兰芳共和国"。国家元首称"大总制"。

美洲移民传说的历史内核不容忽视,另一方面,所有传说都把国家的建立归因于外人,这一事实不可能是巧合。所有其他规模可观的美洲国家都始于欧洲人的聚居地,随后扩展到包含一些小国的印第安地区。美洲、澳大利亚和赤道以南的非洲,都是在刺激方面最弱的地区,同时也是在欧洲人入侵之前受原住民控制的地区,这里只有一些最无力的国家形态。

拉采尔相信,欧洲人是需要建立大国这一观点的主要支持者;同时,在没有欧洲人参与的地区,这一观点的支持者是海洋民族、沙漠和草原民族,如含米特人和闪米特人、蒙古人和突厥人。如果我们想进一步知道,对欧洲人中这种观点的来源的研究将导向哪里,我们最终将来到东地中海,在那里,富有创造力的民族位于大草原的中心。埃及和美索不达米亚,叙利亚和波斯,都是大型绿洲地域,有利于居民集中在一个狭窄的区域,周围地区则促使其人口扩大。正是由于这种差异,才产生了丰富的历史生活的源泉。研究埃及由南向北扩张以及中国从沙区向四面八方扩张的例子时,拉采尔注意到,这些扩张提供的大量人力,导致了频现的战争和缓慢的殖民征服。然而,人口快速增长和领土扩大并不是建立大国的充分条件。因此,拉采尔强调:这些民众的政治组织,以及拥有广阔的空间,才是创建源于大草原的独立国家的因素,其创建者来自埃及、美索不达米亚、波斯、印度、中国甚至非洲苏丹等大型地域。事实上,在前欧洲时代,美洲缺少曾在世界上大部分地区盛行的游牧民族,从而使美洲缺乏一种永不停息的政治活力,这在一定程度上可解释美洲无法创建国家的原因。

然而,拉采尔认为,游牧民族对永久定居的农民和商人的影响只表明了更深层次对比的一个方面。同样的对比是涉及航海民族如腓尼基人、诺曼人、印度尼西亚人的国家创建以及更年轻的欧洲人的殖民地创建的关键事实。这一对比也表现于定居民族——尤其农村人口——在全球范围日益增长的政治撤退或自我孤立趋势。他发现所有农村定居地都有这种政治僵化现象,显示为一种想要定居下来的倾向,如希腊的亚该亚人(Achaeans)、特兰西瓦尼亚的德意志人和非洲的布尔人(Boer)等。他指出,罗马的全球成功必须归功于它孕育出了一个粗野的农村民族,带有更强的流动要素,对世界有深刻的了解。

最后,他发现了支配人类的这种历史运动中的不同之处:有些民族在原地不动,有些民族则不断移动,两种情况都由各自居住地的性质决定。故此,国家的创建始于海洋和大草原(流动地区),向森林和耕种地区移动。在不活跃的情形中,会出现虚弱和衰败;相反,运动则推动民族组织——尽管权力极少集中——取得巨大成就(如鞑靼人或维京人的情形)。最极端的情形是,在非洲,某个民族为了战争而组织起来,[甚至]到消灭家庭的地步,如祖鲁人;其次则是某个破碎的民族,许多代以来都奴隶般地不与人往来,如迈耶霍那人(Mayehona)。这两个民族互相补充,前者靠后者生存。当然,把创建国家的民族的民间传统强加于一个政治上被动的民族,拉采尔认为这并非不可避免,譬如巴比伦成为一个闪米特地区,因为民族和国家扩大的定律不同。

5.6.7　第七定律:空间调整和平衡的一般趋势使空间扩大从一国传递到另一国,并不断加剧①

拉采尔在最后一条定律中主要讨论领土竞争,这种竞争始于土地的政治价值的提升,它逐渐将土地转变为衡量政治权力的手段以及

---

① Ratzel, F.《国家空间扩大定律:科学政治地理学文稿》,前揭,页106。

各国为获得更大影响力而发生的冲突中的奖品。他注意到,自政治竞争出现以来,小国就渴望与强国相似,他将这种关系投射到土地层面,作为一种空间调整和平衡的雄心。奥匈帝国与德意志、法兰西和西班牙的领土比例分别为100∶86、100∶84、100∶80,荷兰与比利时的领土比为90∶100,美国与英属北美(包括纽芬兰)的领土比为100∶96,安大略与魁北克的领土比为100∶97。另外,在历史上,在极为多样化的尺度和位置上都存在类似的情况。拉采尔把这些事实视为经过许多斗争后实现的缓慢演化以及空间调整和平衡的结果。拉采尔认为,这一目标是远在16世纪前就有的一条国家空间演化定律:①16世纪时,因为西班牙、奥地利和法兰西争夺欧洲霸权,欧洲平衡的概念才被创造出来,而这种观念的种子已经见于15世纪晚期勃艮第、瑞士和意大利的情形中。在较低的演化层次上,他相信有限的土地控制能力可能起到协同因素的作用(例如在乌干达、乌尼奥罗[Unyoro]、卢旺达或博努[Bornu]、巴吉米[Baghirmi]、瓦代[Wadai]、达福[Darfor])。甚至在较低的层次上,他也强调小部落遭到一个更强大的邻居攻击后展开的合作——这些攻击可以锻造政治统一。

拉采尔发现,从扩大的开端直至如今的巨型国家,存在一种相同的趋势:较小的(国家)渴望与大的国家相似,大的国家也渴望与更大的国家相似。尽管存在摇摆和后退,这一趋势依然鲜活且具有影响,并鼓励着一切扩张主义野心。他认为,[印度]桑德(Sandeh)地区的村邦和占据半个大陆的巨型国家,都可证明这种趋势的有效。当然,他相信这一趋势非常适时,并引起了大陆欧洲的这种意识:统一为(哪怕仅在经济上)一个更大的空间以对抗沙俄、北美和不列颠帝国这样的庞然大物是至关重要的。在新殖民地,他甚至认为这条定律已

---

① 当然,空间参数并不是衡量权力的唯一指标。见第1.3.2.1节。

得到证实:该定律在非洲引发了一场争夺土地的权力之争,而新几内亚的其他地区以 125∶100 的比例由英格兰和德意志分享。

拉采尔认为,可以通过各种方式实现领土调整和平衡的目标:

1. 小国从邻国获得一定数量的土地,使自己与邻国中最大的等同或相似:法兰西和奥地利之间的普鲁士(后来的德意志)。
2. 在共同的土地上平行地依次发展起来的国家,后来国家类似于最初国家的规模:西属美洲、法属北美、美国和英属北美。
3. 一个国家分为两个国家,两者不愿大小不同:荷兰和比利时王国。
4. 诸如汉萨(Hansa)这样破碎的共同体作出精心计算的努力,以阻止北方各国的统一,目的在于使之保持与自己相同的状态。
5. 在意大利南部,腓尼基人和希腊人非常精确地权衡不同事物,因此意大利中部的罗马能够达到两者的权力水平。温朱库夫(Wenjukouw)认为,沙俄和中国将目光转向一片无人能够保持不动的广袤区域并解决相似的问题后,前者解决了突厥人的问题,后者解决了蒙古人的问题,两者将统治中亚。

不出所料,拉采尔指出,对其他国家主动发起行动并不会终止于土地大小的层面,因为邻近国家共享地理位置或自然资源的优势,由此产生若干共同利益和功能。

他随后得出结论说,诸大国最终将在一个小空间内毗邻。与美国的太平洋—大西洋连接并排,加拿大也建立起自己的加拿大太平洋(Canadian Pacific),两者驶入大洋则都使用特殊的运河。在政体和政治生活的组织方面,整个美洲都明显在模仿自由的北美国家。同样,苏丹是所有伊斯兰国家的杰出典范,无论那些国家的创立者是富尔贝人（Fulves）①还是阿拉伯化的努比亚人；波斯帝国和罗马帝国是许多古代国家的典范，一种遥远的相似甚至明显可见于古代美洲高原的国家中，这种相似以精心修建的道路给人留下深刻印象。

最后，他相信，无论和平竞争还是战争，同一条规则一样有效：攻击者必须与对手站在同一地面上。打败对手意味着变得与他相等。在与草原民族的较量中，毗邻草原的国家应该深入地适应，以便从草原的优势中汲取力量。俄罗斯和法兰西分别在中亚和阿尔及利亚体现出这一点。

5.7 本章小结

第五章首先尝试对拉采尔的世界理论（cosmo-theoretical）背景和科学背景作分析和综合的解释。这一背景可归为新教的莱比锡较狭小的智识环境。

作为一个虔诚的新教徒兼科学家，拉采尔跟随莱布尼兹、洛策、费希纳、舍弗勒以及其他人的哲学步伐，这些人试图超越信仰或知识这一终极困境，创造一个科学语境，将自然界可解释的机械表达解释为一个目的论框架的一部分，无法从属于科学研究的那些最终数据可置于那一框架中。典型的例子是不可能解释的有机体的本

---

① ［校按］又称富拉尼人（Fulani），非洲的一个游牧民族，大多聚居于从塞内加尔到北喀麦隆的萨赫勒地区，部分聚居于西部非洲，包括北尼日利亚。他们存在的非洲国家包括毛里塔尼亚、加纳、塞内加尔、几内亚、冈比亚、马里、尼日利亚、塞拉利昂、贝宁、布基纳法索、几内亚比绍、喀麦隆、科特迪瓦、尼日尔、乍得、多哥、刚果共和国、中非共和国、利比亚、苏丹、南苏丹和埃及等。他们在所居住的国家是少数，但在几内亚，他们是最大的族群，占人口的40%。

能运动。

当然,我们并没有期望拉采尔建立一个分析的、完整的哲学体系,但显然,与目的论唯心主义、泛心论或活力论等具体哲学流派的联系,以及与不正确——见第二章中的详尽分析——但广泛传播的所谓有机国家观的联系,在拉采尔身上编织出一张自然主义神秘论的大网,这完全扭曲了他的实证主义分析进路。

莱比锡实证主义者圈子发展出的正是这种实证主义进路。拉采尔和他的同仁试图在更广阔的领域创建一个整合的实证主义体系来解释历史进程,为跨学科合作奠定基础,这在当时(一个极端专业化的时代)极具开创性。

本章着重论述传播理论的运用,它是拉采尔思想的一个重要方面,该理论迄今为止在研究中极少得到考虑。由于该理论,拉采尔可跻身经验主义哲学流派的先驱者之列,且不可避免地与达尔文的物竞天择观和演化论都拉开了距离。

本章最后尝试对拉采尔的"定律"加以概念化。拉采尔的"定律"不能用普遍有效的"自然定律"这一经典观念来解释(这种解释大大强化了那种认为拉采尔特所谓有机国家观的错误看法),因为拉采尔的"定律"侧重于辨别历史之流中的规律性。拉采尔清楚地得出结论:在人文科学中,谁也不能要求发现可以用数学公式来表述的自然定律。尽管如此,但是:

- 他坚持使用定律、规律性、规则、自然定律等术语
- 他想用人文地理学数据来构建一个历史方程,以时间和通过观察功能来预测的可能性(一次一个)为未知变量
- 他努力将人文地理学归为一门与其他科学平等的科学
- 他使用"科学政治地理学"一词

这些都说明,提取科学的(观察—实验—预测)结论以解释历史之流是拉采尔的根本意图。

"国家空间扩大定律"也得到完整呈现,表明——除了将"定律"的严格概念相对化之外——文化因素在拉采尔的分析系统中至关重要,是权力维持和重新分配的一个支柱。

6　拉采尔、中欧与"欧洲联盟"

　　基于每个政治主体的优先级,以统一的经济、政治、文化和运输空间为目标的大中欧的架构,赋予"中欧"概念以生命。在没有明确的地理、政治或文化边界的情况下,这一扩张观念的动机(与殖民动机一样)是经济上的,因此也是地缘战略上的,即经济和政治权力对立而形成的两个主要潮流:泛德意志主义,表现为向东的渴望(Drang nach Osten),以及泛斯拉夫主义,表现为沙俄占领西方的企图(Stremlenije na zapad)。①这两大潮流之间的主要冲突地区是地理和文化意义上的大巴尔干地区和奥地利—匈牙利地区,其人口构成(德意志人、马扎尔人、捷克人、塞尔维亚人、克罗地亚人、罗马尼亚人、意大利人等)常引起内部动乱和争端(同上,页81)。由于人口的多样性,加上经济和行政状况不佳,奥地利-匈牙利无法在欧洲地理区域内演化,得益于德意志人的全力支持,而只可能在东部演化。②因此,根据定义,德俄围绕中欧的争斗关系到奥匈帝国的未来。

---

　　①　Krejčí,O.,《中欧地区的地缘政治》(*Geopolitics of the Central European region*,V E DA,Publishing House of the Slovak Academy of Sciences,Bratislava,2005),页89。
　　②　Kalogeropoulos – Stratis,《从1814年到1914年的外交史》(*Diplomatic history from 1814 to 1914*,Aϑήνα,1959),页142。

6.1 中欧空间的组织模式

克里奇(Oskar Krejčí)在其著作《中欧地区的地缘政治》中记有——除了第6.2节中介绍的泛德意志模式之外的——其他四种中欧的组织模式,简述如下:

• 创建一个泛斯拉夫联邦,1866年由沙俄自然科学家和社会学家达尼列夫斯基(Nikolas Yakovlevich Danilevski)在《俄罗斯和欧洲》(Russia and Europe)一书中提出,他的目的是将斯拉夫世界分裂而成的八个人种地区和群体结合起来:俄罗斯帝国、捷克—摩拉维亚—斯洛伐克王国、塞尔维亚—克罗地亚—斯洛文尼亚王国、保加利亚王国、罗马尼亚王国、希腊王国(包括塞萨利、伊庇鲁斯、马其顿西北部、爱琴海所有岛屿、罗德岛、克里特岛和小亚细亚的爱琴海海岸)、匈牙利王国以及大伊斯坦布尔地区(Czarigrad),后者将成为这个由1.25亿至1.4亿居民组成的联邦的中心。①

1905年日本打败沙皇俄国,结束了让斯拉夫人集中在俄罗斯民族周围的预期,同时引发了由捷克政治家和律师里格尔(František Ladislav Rieger,1818—1903)领导的新斯拉夫主义观念。新斯拉夫人支持促进斯拉夫人在文化和金融领域的合作,尊重斯拉夫各民族平等的原则,并承认各民族独特的身份、传统、历史、语言和宗教(同上,页190),以及解决俄国和波兰之间争端的愿景。②

---

① Krejčí,O.,《中欧地区的地缘政治》,前揭,页177-178。
② 同上,页191。一般而言,捷克泛斯拉夫主义者的领导人对波兰的独立斗争知之甚少,而捷克政客则要求在奥地利背景下自主表达的手段。事实

克拉马日（Karel Kramář,1860—1937）在促进泛斯拉夫观念方面也起着至关重要的作用。他是捷克的政治人物,在 1905 年后将新斯拉夫主义的观念推广为斯拉夫互惠这一演化中的一个新阶段,使其朝着奥匈帝国联邦化的方向发展,同时加强了斯拉夫人的政治作用和经济作用。这一愿景的目的是阻止德意志的扩大,当时奥地利人对此采取越来越顺从的政策。克拉马日认为,增强奥地利—匈牙利治下的斯拉夫人的作用,可让奥地利脱离德意志,终止三国同盟(Triple Alliance),转而与沙俄合作。他的最终秘密计划是创建一个由沙俄领导的斯拉夫帝国（同上,页 192）,这个帝国从太平洋延伸到舒马瓦山脉（波希米亚）,人口超过 2 亿,包括沙俄帝国、波兰帝国、保加利亚帝国、塞尔维亚王国、黑山王国和捷克帝国（同上,页 193－194）。

● 奥地利联邦:将奥地利或奥匈帝国转变为一个包含国家实体的联邦,此观念出现于 19 世纪末 20 世纪初,是对一个不受德意志统治的统一中欧的理性认知（同上,页 198）。此观念的关键支持者是政治家、现代捷克史学奠基人帕拉基（František Palacký,1798—1876）,他被视为现代捷克智识界爱国主义的奠基人（1848 年,他在其《给法兰克福的信》[Letter to Frankfurt]中拒绝了法兰克福前议会的邀请）（同上,页 199－200）。

帕拉基认为,中欧的权力平衡（尽管他本人从未用过该术语）与捷克民族问题的解决和奥地利的存在有关,奥地利的支持可保护捷克人的利益（同上,页 204－205）。帕拉基认识到该地区不断受到俄罗斯人和德意志人分别在东部和西部施加的压力,认为捷克人

上,捷克人认为奥地利君主国的波兰人是政治上得利的民族。

和奥地利人（可能）加入德意志帝国是自杀行为（同上，页205 - 206）。他还认为，奥地利（可能）被分割成小国家是沙皇俄国在世界范围内取得霸权的理想基础（同上，页207）。因此，他提议创建八个地区集团：德意志—奥地利、捷克、波兰、伊利里亚、意大利、南斯拉夫、匈牙利和罗马尼亚（同上，页213 - 214）。联邦成员只交出对中央政府的存在和巩固而言必要的民族独立性，帝国政府则由6个成员组成：总理和负责外交、战争、经济、贸易和政府资助建设的成员（同上，页213）。

自然，该地区的事态发展促使帕拉基的观点发生了转变，他在19世纪60年代中期将保护捷克人的希望寄托在沙俄帝国身上（同上，页211），并预计奥地利的角色会因为三个主要原因而发生变化：普鲁士的影响力不断增强，奥地利从国际政治的一个中心衰落为国际政治的对象，以及奥地利人亲德情绪的上升（同上，页201）。

1867年奥匈继承奥地利帝国时，这些参数对奥匈和解起着决定性的作用。联邦全称为帝国议会代表的王国和土地以及圣斯蒂芬的神圣匈牙利王冠的土地（The Kingdoms and Lands Represented in the Imperial Council and the Lands of the Holy Hungarian Crown of St. Stephen），在地理上以莱塔河（river Leith）为界分为两部分：(a) 内莱塔尼亚（Cislethania），奥匈帝国的奥地利部分，在莱塔河一侧，哈布斯堡皇室作为奥地利的皇帝在那里统治；(b) 外莱塔尼亚（Transleithania），亦称匈牙利王国，奥匈帝国的匈牙利部分，在莱塔河另一侧，包括圣斯蒂芬王冠的所有土地，处于哈布斯堡国王的王冠下。整个联邦形式上是一个统一的国家，承认克罗地亚有更大的独立性（同上，页201 - 202）。

除帕拉基外，主张中欧联邦化的还有匈牙利政治家、律师和作家科苏思（Lájos Kossuth，1802—1894），他将民族主义的、自由主义的和(偶尔)民主的观点结合在一起,是匈牙利激进反对派领导人。多瑙河联邦的愿景是对匈牙利革命失败的反应,那次失败使他相信,只有通过中欧国家和民族的统一才能解决泛斯拉夫人面临的危险,这种危险将对波兰人、捷克人、塞尔维亚人和达尔马提亚人的民族认同造成威胁(同上,页217–218)。在地理上,该联邦将由喀尔巴阡山脉、多瑙河、亚得里亚海和黑海界定,意味着包含匈牙利、特兰西瓦尼亚、罗马尼亚、克罗地亚、塞尔维亚和南斯拉夫各省。这项提案于1862年提出,不包括波兰和捷克两国,但科苏思在1850年曾支持这两个国家加入[该联邦](同上,页218)。

为中欧构想联邦模式的其他作者有:

- 罗马尼亚政治家和作家波波维奇(Aurel Popovic,1863—1917),他支持创建一个多瑙河帝国(Danubian Empire),包含15个半自治州,共同组成大奥地利联合国(United Nations of Great Austria)(同上,页221)。
- 匈牙利社会学家、新闻工作者和政治家雅西(Oszkár Jászi,1875—1957)在君主制内部探索解决方案,君主制首先要转变为民主联盟,此联盟将保留现有的(1918年)民族单元。因此,他提出多瑙河合众国(United Danubian States)的构想,有5个联邦国家参与:不含克罗地亚—斯拉沃尼亚的匈牙利、奥地利、波希米亚、联合的波兰和伊利里亚,不排除罗马尼亚的参与(同上,页222–223)。
- 奥地利马克思主义者伦纳(Karl Renner,1870—1950)和鲍尔(Otto Bauer,1882—1938)在19世纪末20世纪初提出了他们自己的解决奥地利民族问题的建议,依据的是自然权利而非历史权利的观念。考虑到民族是个人与国家之间的中间阶段,他们将民族认同视为文化和语言上的共识问题。每个自治民族的诸成员将构成一个特别的法律单元,即个人联盟(personal union)。通过实行个人文化自治原则,可保障族群的文化自治。独立民族的每个成员不论居住在何地,都将被纳入其中。例如,布拉格的捷克居民与维也纳和布拉迪斯拉发(Bratislava)的捷克居民将是同一联盟的成员。大体上,这些个人联盟的目标是将奥地利转变为一个带有复杂的双重行政体系的民族联邦(federal state of nations)(同上,页224)。

- 民族国家:马萨里克(Tomáś Masaryk,1850—1937),捷克斯洛伐克共和国第一任总统(1918-1935),是制定和实施建立独立的捷克斯洛伐克国家的计划的关键人物(同上,页227)。为了创建一个有国际利益的小的民族国家(同上,页228),马萨里克的分析基于一场激进的泛德意志运动的存在和斯拉夫团结的概念(同上,页230),以期创建一个中欧斯拉夫国家的联盟。

马萨里克的目标是在中欧建立一个斯拉夫国家区:波兰、波希米亚(捷克斯洛伐克)和南斯拉夫。这些国家有四千多万居民,将在东部(巴尔干半岛、伊斯坦布尔、巴格达)创建一条自然边界以对抗德意志的压力。

考虑到塞尔维亚人是捷克人最亲密的天然盟友,他提议通过创建一条从斯洛伐克南部到南斯拉夫的走廊,将捷克斯洛伐克和塞尔维亚人连接起来,该走廊将划定一块从波罗的海延伸到亚得里亚海的中欧紧凑区域(compact zone)。这也将使斯拉夫小国团结起来对抗德意志的压力,并将德意志人与他们的天然盟友、反斯拉夫的国家匈牙利隔开。

- 多瑙河联邦:霍查(Milan Hodža,1878—1944),斯洛伐克和捷克斯洛伐克一名重要的政治家,自1906年起担任斯洛伐克民族党副主席,并于1910年创立农业党,他在对中欧未来的看法上受帕拉基地缘政治思想的影响,在第二次世界大战期间提出建立一个包括波兰、捷克斯洛伐克、奥地利、匈牙利、南斯拉夫、罗马尼亚、保加利亚和希腊的多瑙河联邦。该联邦的领土面积大约为58.2万平方英里,几乎与英格兰、法兰西、德意志和意大利的总面积一样大,拥有约1亿人口。霍查赋予该地区明显的农业特色,估计这里未来可能成为西欧的农产品来源地。

6.2 泛德意志的中欧①

围绕这一地区争论的核心人物代表,在德意志是李斯特,他从19世纪40年代起就坚持要创建一个从亚得里亚海延伸到黑海的强大的德意志—马扎尔东方帝国(German - Magyar Eastern Empire)。通过与英格兰结盟并建立一个共同的经济空间,这个帝国既可成为对抗美国和沙俄这两个新兴庞大帝国的平衡力量,同时也可成为接纳德意志移民的潜在基地。尽管李斯特认为这个德意志—马扎尔中央帝国主要是一种经济伙伴关系,与极端民族主义者的扩张主义野心没有什么共同之处,但极端民族主义者仍然认李斯特为其理论基础的先驱。②

俾斯麦起初似乎低估了欧洲中部的事务,而创建了把奥地利排除在外的小德意志。但是,进一步的行动清楚地表明,他不断努力

---

① 本节内容部分取自下文但有部分改动:Stogiannos, A.,《拉采尔与东方问题:国旗跟随贸易》("Friedrich Ratzel And The Eastern Question: Flag Follows Trade", *Civitas Gentium*, [S. l.], v. 2, n. 1, pp. 79 - 124, Jan 2013. ISSN 1792 - 9474)。

② Walkenhorst, P.,《民族—人民—种族》,前揭,页204。

通过奥地利来加强对中欧的(泛)德意志影响。把奥地利排除在统一的德意志之外后,俾斯麦立即对前对手采取了不同的策略,最终避免和平条约中有任何[对奥地利而言]繁重的条款。他尽量不伤害邻国的自尊心,①同时坚决鼓励奥地利在巴尔干地区的渗透,因为泛德意志的东扩要求保存奥地利境内的斯拉夫民族,并把苏丹统治下的东正教土地吞并入德意志的利益范围。②这位德意志总理在相对较短的时间内就赢得尊重,在全球问题上其地位变得举足轻重,随后他在柏林会议(1878年)上发挥了重要作用。此次会议上通过的条款中,包括把波斯尼亚-黑塞哥维那的行政管辖权以及隔开塞尔维亚与黑山的新帕扎尔(Novi Pazar)穆斯林区割让给奥地利(同上,页157)。这一妥协是德意志对东方的渗透,极为清楚地证明了下述主张:该条约为整个德意志主义打开了通往东方的小亚细亚和波斯湾的道路。同时,这一妥协也引发了德意志主义和斯拉夫主义的利益冲突。③

德俄关系的新危机(1879—1880)使中欧再次成为德意志公共辩论的主题。许多人在重新界定德意志的对外经济政策中看到了应对日益增长的经济全球化挑战的答案。一个德意志霸权下的中欧联盟,引起人们对经济在一个内部市场增长的预期,同时也被视为对抗全球大国(英国、沙俄、美国)的经济和政治平衡力量。④

就极端民族主义者而言,帝国主义在欧洲土地上的目标主要在东部。虽然预期的大德意志包括荷兰、卢森堡和比利时的佛兰德地区,但他们的扩张计划的核心目标仍然是在中欧和东欧获得生存空

---

① Kalogeropoulos – Stratis,《从1814年到1914年的外交史》,前揭,页128。

② Bernstein, Serge – Milza Pierre,《欧洲史2》,前揭,页149。

③ Naltsas, Ch.,《圣斯特凡条约与希腊主义》(*The Treaty of Saint Stefan and Hellenism*, Μακεδονική Λαϊκή Βιβλιοθήκη, 1953),页83。

④ Walkenhorst, P.,《民族-人民-种族》,前揭,页205。

间,主要在德语人口居住的哈布斯堡帝国地区。从极端民族主义的视角来看,"向东的渴望"因而也与中欧民族文化冲突阴影下岌岌可危的奥匈帝国的未来联系在一起(同上,页203)。

考虑到德意志关税协定(German Customs Agreement,1866)是德意志同盟(German Union)的前身,泛德意志联盟(Pan – German League,Alldeutscher Verband)的极端民族主义者可想而知地提倡创建一个德意志影响下的中欧经济区。在奥地利的上述民族冲突的阴影下,同盟主席哈斯(Ernst Hasse)①主张创建一个"中欧关税同盟"(Central European Customs Union),作为德意志世界政治(Weltpolitik)的首要考虑。②

类似的观念后来可见于一些更加温和的出版者的著作,如雅克尔(Ernst Jäckel)和罗尔巴赫(Paul Rohrbach),他们从1914年开始出版一种杂志,它带有一个纲领性的标题《大德意志》(Greater Germany)。通过这本杂志,他们主张在与哈布斯堡帝国合并的基础上,德意志帝国向欧洲东南部和近东进行经济和主权扩张。因此,解决东扩问题的需要不仅仅是泛德意志主义者的特权,而毋宁说是得到了公开辩论的多方面的关注(同上,页220)。这个时代的时代精神的特征体现为东方语言学院(Institute for Eastern Languages)③的建立和运作(1887年8月就建于柏林),外交部的译员和其他专业人员在那里接受汉语、日语、印度语、阿拉伯语、波斯语、土耳其语

---

① 哈斯(1846—1908),莱比锡大学教授,1893年至1903年为民族自由党成员。他曾担任泛德意志联盟的会长,与拉采尔关系密切。
② Walkenhorst,P.,《民族—人民—种族》,前揭,页206。
③ Ruppenthal,J.,《宗主国的殖民政策》(Kolonialpolitik der Metropolen; Hamburg und Berlin im Kampf um koloniale Kompetenz. Historische Mitteilungen, vol. 20. Frany Steiner Verlag,2007),页146。

和斯瓦希里语(Swahili)的培训。在那些由帝国政府和普鲁士政府联合组织的研讨会上,语言培训的同时还提供有关这些地区的宗教、习俗和仪式、地理、统计数据和最近历史的信息。更重要的是,柏林和汉堡之间以殖民为中心的激烈科学竞争逐渐发展起来,由此引发了著名的大学学院和研究所的建立。

6.2.1 德意志政治地理学和地缘政治学中的中欧

中欧是20世纪上半叶德意志政治地理学的研究主题,当时两个基本的空间组织学派在广狭两种规模上发展起来。①

帕奇(J. Partsch,1904)认为中欧的自然边界和政治边界是相同的,德意志各邦在这一区域起主导作用。② 在空间上,他视从北海和波罗的海延伸到黑海和南亚得里亚海的这个地区为中欧。他预计,尽管国家众多,但由于德意志和奥地利的互补性,中欧将获得地理上的秩序。根据帕奇的说法,政治—地理上的中欧应该首先制定经济目标,这将通过军事手段强加给其他竞争对手,即英格兰、俄罗斯和法兰西(同上,页270)。

受第一次世界大战的影响,哈辛格(H. Hassinger)凭借对"中欧的地理本质"(The geographical nature of Mitteleuropa, Das Wesen geographische Mitteleuropas)的研究,从1917年至1945年在中欧文献中留下了自己的印记。他在这一研究中——批评契伦没有充分考虑地理学的参数——将中欧呈现为一个自然地理和政治地理单元,其主要特征不是边界,而是其中心和中间位置(同上,页270 –

---

① 中欧的空间组织乃是德意志政治地理学的一部分。
② Kost, K.,《地缘政治学自创始至1945年对政治地理学研究和理论的影响》,前揭,页269。

271）。把欧洲的自然地理区域与德意志—奥地利的利益区域等同起来,导向德意志在更广泛地区的霸权存在这一观念,以及对作为德意志文化扩张的一个方向的柏林—巴格达轴心的宣传(同上,页271)。

帕奇和哈辛格坚定地主张创建一个扩大的中欧经济集团,与此相对,德意志地理学中也有观点主张在较小的地理规模内组织中欧:南边沿着阿尔卑斯山和喀尔巴阡山脉,东边介于梅梅尔(Memel)河与维塞尔(Weichsel)河之间,西边一直延伸至日内瓦。赫特纳(Alfred Hettner)、布劳恩(Gustav Braun)、克希霍夫(Kirchhoff)和赫尔曼·瓦格纳(他在第一次世界大战后改变立场)都是这一观点的狂热支持者,他们主张——不管基于何种标准——一个小规模的中欧,其边界几乎与德意志的边界重合。

尽管在当时的德意志地缘政治学中没有对中欧的空间上清晰的认知,科斯特仍区分出三种基本观念:

● 基于地理学研究的地缘政治学研究,后者不加改变地采用前者[对中欧的界定]

● 将中欧置于奥地利和德意志帝国的领土内,带有向东扩张的内在趋势,朝着"德意志在语言和文化领域的影响区域"扩张

● "中欧"的概念是地理上不确定的空间意义,没有边界规定,在此德意志将成为霸权中心(同上,页270)。

6.3 中欧经济协会

中欧经济协会(Central European Economic Association, Mitteleuropäischer Wirtschaftsverein)的成立,是构建一个统一的中欧

经济区域的首次尝试。1904年1月21日,在布雷斯劳(Breslau)大学和柏林大学的经济学家沃尔夫(Julius Wolf)的指导下,这个想法得以在柏林实现。类似的协会后来在匈牙利、奥地利和比利时成立,而在瑞士和荷兰,类似的计划无果而终。①

该协会在成立宣言中否认它有任何政治目的,②其成立旨在唤起人民和政府对共同经济利益问题的意识,既不威胁各国的经济独立和主权,也不会引起造成利益冲突的问题。该协会还宣布放弃建立中欧或欧洲关税同盟的任何想法,③宣称其创始人深信中欧各国将能够确保自身的繁荣,只要各国——

- 对金融体系和经济立法的具体方面进行联合调控和比过去更广泛的调控;
- 在边境管制、进出口管制、清关等各个部门相互提供便利;
- 发展与经济、海关协定、铁路关税等具体情况有关的特权或至少特殊关系;
- 不断研究该领域的潜力,而非局限于每十年进行一次仓促的谈判;
- 在不存在利益冲突的情况下,将各国在遥远国家的代表权

---

① Kiesenwetter, H.,《中欧经济协会》("Der Mitteluropäische Wirtschaftsverein. Eine Schweizer Initiative im frühen 20. Jahrhundert". www.europa.clio.online.de,12.04.2005),页2。

② Wolf, J.,《有关中欧经济协会的资料》(*Materialien betreffend den Mitteleuropäischen Wirtschaftsverein*, Zweite Ausgabe, Heft 1. Berlin, Puttkammer & Mühlrecht, Buchhandlung für Staats - und Rechtswissenschaften, 1904),页10－11。

③ 尽管一开始就宣布放弃建立关税同盟的愿景,但据说沃尔夫承认他打算先在德意志和奥地利—匈牙利之间建立一个中欧关税同盟,他最初可能没有公开这一打算。见 Kiesenwettwer, H.,《中欧经济协会》,前揭,页5,脚注14。

委托给集体机构；

● 如果认为有利可图,可与遥远国家达成协议；

● 不断将各国在经济领域尤其海关事务方面的国际争端提交仲裁法院予以解决。①

他们的意图是从德意志、奥地利、匈牙利、瑞士、意大利、比利时和法兰西的政治、制造业和农业部门招募人员,以打击和减少保护性或高额的税,这是在合作国家之间更容易实现的目标。沃尔夫提请注意新兴的美国金融业和工业竞争带来的风险,他说,欧洲面临着夹在东亚和北美两块磨盘之间的危险。②

该协会在 1907 年达到 700 名会员的规模,并越来越多地卷入中欧扩张计划的政治漩涡。第一次世界大战后,该协会停止运作(同上,页 2)。

拉采尔在他最后的论文之一《中欧经济协会》("Central European Economic Association")③中分析过中欧的结构和中欧经济协会的基础。下文将对此论文加以介绍。

6.4 从拉采尔的视角来看中欧

在这篇文章的前几行,拉采尔就强调交通的重要性,以回应 1891 年德皇威廉二世写给斯蒂芬邮局总经理的一封信,那封信中强调:在 19 世纪末,世界已是围绕着交通运转;交通打破了分割民

---

① Wolf,J.,《有关中欧经济协会的资料》,前揭,页 10 – 11。
② Kiesenwetter,H.,《中欧经济协会》,前揭,页 24。
③ Ratzel,F.,《中欧经济协会》("Der Mitteleuropäische Wirtschaftsverein",*Die Grenzboten*,63. Jg,Nr. 5,S. 253 – 259,1904)。

族的边界,建立起新的国家间关系(同上,页253)。考虑到这一陈述的第一部分是最著名的内容之一且经常被引用,拉采尔强调第二部分的结论,其中包含这句引用的实际价值。

鉴于这些观点是在一段围绕新贸易协议而发生冲突的时期内表达的,拉采尔对1892年2月1日这个时间作了回顾性分析,当时德国与欧洲国家签订的大多数贸易协定已过期。议会曾在1891年底被迫制定与奥地利、意大利、瑞士和比利时的协议条款,旨在根据国家不断演化的工业和人口增长的需求,削减俾斯麦的保护性关税措施,并激发其他国家(主要是俄国)实施同等的削减和豁免[政策]。与俄国的关税战争结束于1893年一项对等协议的实施,尽管农民反应激烈。拉采尔认为这一发展几乎是必然的,并指出这样一来,就为长期的贸易协定铺平了道路。这些协定自然会保留每个国家的独立运作,但同时会带来若干便利,这是由交通不可控的增长所要求的(同上)。

奥地利、意大利和瑞士跟随德意志的思维取向,根据拉采尔的说法,这一发展应该会导向(基于12年协议期间欧洲,尤其中欧的主要国家之间在交通和交易上随后发生的事)更多的让步和过渡,因为越来越清楚的是,交通的演化跟随着自然和历史条件的结果,而这些条件使中欧成为一个统一的经济区域。地理位置、气候、自然地形、民族特点和历史等,都指向并引向这个方向。①

此外,拉采尔突出了总理卡普里维(chancellor Leo von Caprivi)1891年12月10日在议会发表的讲话,他在讲话中将大国的存在对破碎的欧洲的影响描述为一种政治上的必要:最近,一个我认为至关重要的全球现象已被铭记于各民族的意识中,这就是创建伟大的

---

① 同上,页253-254。在这段话中,拉采尔的多维分析框架也清晰可见。

帝国,彰显把自己与其他民族区分开来的信心和雄心。世界历史的舞台已经扩大,改变着类比对象;因此,就物质力量而言,一个作为欧洲大国的国家,尽管在历史中发挥过作用,仍有可能在不久的将来被视为小国。欧洲国家如果希望保持强大的全球地位,将无法避免地紧密联系在一起,至少在可行的范围内。①

拉采尔将德皇和总理的言论联系起来,指责那些认为中欧国家协同的观念就在最初着重阐述的地方(显然指德意志)已被遗忘的人缺乏历史知识。当然,他相信实施这些想法需要大的逆转,这种逆转只有完全交给其自身的内部驱动力才会和平地发生(同上)。后文将进一步阐明,这里他主要指经济和文化[因素]。

接下来,拉采尔尝试分析中欧的局势,他先列出②六个独立自主的国家,但这些国家以不同的动态为特征。他还强调,在这一特殊区域,各国缔结过许多协定和中立条约,必须认真考虑巩固政治独立的权力手段方面的差异。

德意志帝国	54.8 万 km^2	人口 5600 万
奥匈帝国	67.6 万 km^2	人口 4700 万
瑞士	4.1 万 km^2	人口 330 万
荷兰	3.8 万 km^2	人口 530 万
比利时	2.9 万 km^2	人口 680 万
卢森堡	0.26 万 km^2	人口 24 万

除去达尔马提亚及其波斯尼亚内陆,拉采尔指出,所有这些国

---

① Ratzel, F.,《中欧经济协会》,前揭,页 254。
② 拉采尔看到超越中欧国家的更广泛的欧洲融合的可能性。稍后将说明这一点。

家在地理上都位于北纬 55°至 45°之间的地带上,形成一个坚固的大块,并因与北海、地中海和莱茵河、多瑙河、易北河的平行连接而富有生机,这些河海是欧洲内部交通的动脉。①

在其中三个国家中,他看到德意志人占多数;在第四个国家中,他认为德意志要素在政治和经济上占主导地位;而在另外两个国家中,他看出大多数居民与下弗兰肯(Lower Franconia, Niederfranken)的民族有关。尽管有 4500 万斯拉夫人、马扎尔人、法兰西人和意大利人,但拉采尔相信,这些国家就历史和结构而言是德意志国家:德意志人占超过总人口的五分之三,他们的语言在贸易和交通中占主导地位(同上,页 255)。此外,据他估计,民族冲突不可能消除生活在地球上这一部分的各民族的共同历史基础。维持不同民族之间的交通绝不会损害各自健康的民族目标,因为说到底,一个经济上繁荣的民族始终可以确信自己的总体生活处在正确的轨道上(同上)。

实际上,他认为该地区的超国家整合在下述意义上几乎确定无疑:拥有那么多共同要素,自然边界和政治边界都无法使中欧各民族长期分裂。当然,他不认为政治边界是界定国家形态和起源的唯一要素。正是在这一点上,他发现了欧洲政治演化的特性和困难:事实上,在大空间时代以及交通迅速增长和充满活力的时代,各国和各民族仍然沿用过去的狭窄边界和部分狭窄视野。然而,对流通和交换的需求正在创造出无处不在的道路。

为此,他指出,有 40 条铁路线连接德意志和奥地利,7 条铁路线连接德意志和瑞士,20 条铁路线通往西北邻近地区;易北河、莱茵河和多瑙河上交通往来繁忙,安特卫普有 1000 艘 200 万吨级的德意志船只,鹿特丹有 1000 艘 120 万吨级的船只(1902 年)。拉采尔

---

① Ratzel, F.,《中欧经济协会》,前揭,页 254。

着重指出,所有这些构成了一些既定事实,例如复杂的海关边界和法律,他以此表明,对流通和交换的需求如何创造出种种机构和新路径。这一点在新的邮政和电信协定以及德意志铁路管理协会(German Railway Administrations Association)的例子中都显而易见,该协会的行动范围从舍尔德河(river Schelde)一直拓展到多瑙河的河口(同上)。

人们带着商品和观念旅行。这是拉采尔对他的 20 世纪新世界主义(cosmopolitanism)①理论模型的浓缩,这种进路使他恰如其分地跻身第一批全球化理论家之列。② 当然,受第二章所述李斯特的影响,拉采尔设想了一种各民族国家试图在其中找到自己角色的全球化经济,从而将经济定义为历史上的主要驱动因素,用地缘政治学的术语说,即占主导地位的地缘政治分母。

在此语境中,拉采尔对该地区的出口贸易作了以下观察:③

- 1902 年德意志的出口贸易高于英格兰、奥匈帝国、荷兰、法兰西、瑞士和比利时。
- 与德意志毗邻的 4 个中欧国家大约接收了德意志对欧洲出口的 2/5。
- 奥匈帝国的出口大部分前往德意志,德意志在 1902 年接收了奥匈帝国 50% 以上的出口。
- 1902 年,瑞士对德意志和奥匈帝国的出口占总出口的 20%,

---

① 从拉采尔使用的该术语后来演变出了现代术语——"全球化"(globalization)。
② Wardenga,U.,《写在 2004 年 8 月 9 日拉采尔逝世 100 周年之际》,前揭,页 50。
③ Ratzel,F.,《中欧经济协会》,前揭,页 255。

而荷兰和比利时对德意志的出口分别占各自总出口的47%和22%。

● 意大利既被视为中欧国家也被视为南欧国家——其铁路按照中欧时间运行——1902年它将43%的出口给了德意志、瑞士和奥地利。

拉采尔认为,这种紧密的经济关系可以称为亲和关系(affinities),它合理地引导有关国家要求发展开放和扩大的关系。他相信,这种关切从未离开德意志和奥地利的公共辩论,且在奥地利和意大利都有特别热心的支持者。1902年,意大利政治家兼经济学家鲁萨蒂(Luigi Luzzatti)①提议召开一次欧洲海关会议,目的是让那些在更广的时间和空间范围内思考的人交流思想,他们将考虑建立一个更紧密的欧洲国家经济联盟的,并将克服议会中可能出现的障碍。②这一要求背后的主要动机是抵御美国的威胁,而意大利表达过建立一个支持欧洲海关联合会的宣传委员会的想法,这与卡内基(Andrew Carnegie)③向德皇提出的创建欧洲合众国(United States of Europe)的著名劝告如出一辙。拉采尔指出,新闻界对这类提议和其他类似提议作过广泛分析,不过是以一种引起怀疑的方式,即以那种处理琐事的方式,要么过于谨慎,要么过于肤浅。拉采尔在

---

① 鲁萨蒂(1841—1927):意大利经济学家、学者和政治家。他曾担任总理(1910—1911),并多次担任财政部部长,在发展意大利合作社方面表现出色。他是意大利的第一位犹太裔总理。

② Ratzel, F. ,《中欧经济协会》,前揭,页256。

③ 拉采尔指出生于苏格兰的美国大亨卡内基(1835—1919),他于1848年移民美国,并创建了一个庞大的商业群,包括钢铁公司、矿山、商船队和铁路线。资料来源:Bibliographisches Institut & F. A. Brockhaus AG, 2002, Sat_Wolf, Bayern。

评论日报如何处理政治问题时说：遗憾的是，新闻界不再有时间检查创新思维，充其量只是给代表创新思维的"理论家"一个专栏。

同样的情况也发生在讨论这一重大问题的个别案例期间，例如按照以前的德意志—奥地利协定设计德意志—荷兰邮政协定。拉采尔最终把接受如下事实记为那些讨论的极小好处：有些计划被识别为不太可行，而且在自律的人眼中，这些计划发生的可能性很低且有限制。①

拉采尔认为，继续具体讨论该问题可能是由于所谓的美国威胁，因为美国是世界上封闭的经济区域中最高效的地区，因此欧洲从事金融事务的政治家必须关注这个地区。考虑到北美经济生活的高涨唤醒了创建中欧关税同盟的想法，拉采尔发现由英国和美国带来的风险存在本质差异，并批评德意志媒体让读者错误地相信，对[欧洲]大陆经济生活的最大威胁必须在张伯伦和大不列颠的政策中寻找：我们的农业几乎没有理由害怕英国殖民地，加拿大和澳大利亚这些殖民地事实上只不过是[英国的]卫星国家，而英国并不是一个足以威胁中欧的工业竞争对手。因此，拉采尔对当时的主流观点不屑一顾，同时指出：来自英国的风险是政治上的而非经济上的（同上）。

拉采尔没有分析来自英国的政治风险，而是分析了美国的经济优势带来的威胁，他指出：美国在各个方面都正在经历一个增长过程，在空间方面、在政治威望方面、在财富和各种经济实力方面。在过去十年里，美国成为一个殖民大国，影响力在太平洋地区不断扩大。农产品出口会由于人口增长而下降的预测，则因更密集的农作物种植被推翻。众所周知，美国是世界上钢铁生产的第一大国，由

---

① Ratzel, F.，《中欧经济协会》，前揭，页256。

此引发了整个工业发展的突飞猛进。美国正系统地、悄无声息地推动和组织工业出口的增长,我们看到其出口在 19 世纪的最后五年增长了一倍以上。我们将看到这个巨大的增长再次出现,并看到(美国)如何超越自己。同时,美国的内部市场在空间上与欧洲的规模一致,但呈现出欧洲永远无法达到的统一性(同上,页 256 - 257)。

这正是消除欧洲狭隘的政治和经济壁垒的努力所在的地方,同时这种努力要认识到分歧不会消失,而只会得到缓解。显然,拉采尔并不认为利害攸关之处(exclusive stake)在于共同抵御这种"美国威胁",①而更在于建立一种旨在劳动分工和资源节约的欧洲合作。②结果,他描述的一种欧洲架构,与大约 50 年后产生的那种欧洲合作有许多共同点:与通过政治经济学的"国家体系"人为操纵工业不同——该体系要求各个国家专门生产某些东西,并将一个国家与另一个国家分开——应该寻求一种符合给定条件的健康的劳动分工。提高竞争力、降低生产成本、增强内部市场的信心,中欧国家应确保大经济空间的所有这些优势,无论对生产者还是对消费者(同上)。

拉采尔注意到,无论市场人士(如戈德伯格[Goldberger])还是诗人(波伦兹[Polenz]),他们在最近所有关于北美的德语著作中都强烈表达了这一观点。拉采尔本人也仔细地分析了美国,之后得出结论说,大空间以及美国公民和企业家的大空间观是如此令人钦佩,以至于所有欧洲的研究者都提出同样的问题:古老的欧洲该如何利用自己的空间? 如何才能纠正这种有害的狭隘空间观(同上)?

---

① 原文有引号。
② Ratzel, F.,《中欧经济协会》,前揭,页 257。

最后,拉采尔赞扬沃尔夫,认为他的不懈且有意识的努力使许多杰出的商人、政治家和学者最终同意一项可以使中欧国家走向更紧密的经济共存的计划(同上)。他还赞赏沃尔夫和其他人在报纸和杂志上(由他自1898年以来出版的《社会科学杂志》[Magazine on the Social Science]领衔),以及在向政治家或其他特别感兴趣的听众发表的演讲中,真诚倡导中欧国家的经济协同。他还提到瓦尔特斯豪森(Sartorius von Waltershausen)对欧洲经济联合的一项彻底研究(但没有准确引用),以及沃尔夫的一部题为《德意志帝国和世界市场》(The German empire and the world market)①的著作。沃尔夫在书中反对不断重新制定但当时从未实现的创建欧洲关税同盟的计划,无论是否有英格兰和沙俄参与;实际上,一些中欧国家,也许还有南欧国家,已经在一定程度上发挥协同作用。一个延伸到地中海地区的经济联盟的前景似乎对拉采尔极具吸引力,他在同一篇文章中分析过意大利参与这一努力的有利条件。

事实上,六年之前(1898年),拉采尔甚至主张让法兰西参与共同的欧洲设计,②作为"法兰西共同参与的中欧"(Mitteleuropa with France)这一雄辩的副标题下一项综合政治地理学回顾的一部分。③该文赞同欧洲需要合作以对抗当时的超级大国,因为中欧的命运几个世纪以来都由三个国家决定,即法兰西、德意志和奥匈帝国,依次从海洋延伸到东欧平原。拉采尔坚信,当欧洲主要的经济和政治利

---

① Wolf,J.,《德意志帝国和世界市场》(Das Deutsche Reich und der Weltmarkt,G. Fischer,1901)。

② 在当前这篇拉采尔评论中欧经济联盟的基础的文章(《中欧经济协会》)中,他没有提到法兰西可能参与,这可能是因为法兰西对该计划的强烈反应。然而,无论如何,拉采尔渴望欧洲经济集团的扩展有目共睹。

③ Ratzel,F.,《政治地理学回顾一》,前揭。

益最终获得亲密无间的、家庭般的特征时,这种利益将凌驾于国家利益之上(同上,页145)。为此他援引人口、经济和运输基础设施方面的大量数据,因为这些有助于建立经济伙伴关系。特别在法兰西问题上,他说:在欧洲主要国家中,法兰西最具海洋位置优势。因此,法兰西作为欧洲大陆最大的海权国,对欧洲的重要性日益提高,随着欧洲大陆越来越着眼于追求共同利益以对抗英格兰,法兰西将变得越发重要(同上,页153)。在此语境中,拉采尔认为法兰西是一个经济上统一的欧洲的重要组成部分,他通过以下内容证明其重要性:

- 法兰西的位置濒临大西洋,而且接近(显然指苏伊士)运河,是英格兰最近的邻居和竞争对手。
- 法兰西及时完成国家整合,这使其在政治和经济上领先于所有其他欧洲大陆国家。他指出,法兰西在军事层面上也较早开发出了自己的辅助资源(ancillary sources),它在荷兰没落后的两个多世纪里一直是英格兰唯一的海上竞争对手。当然,拉采尔将英格兰的优势归因于法兰西不情愿当一个海权国家,至今仍如此,并引用德拉布拉奇(Vidal de La Blache)来支持这个观点。他最后得出结论:就连法兰西这样富裕且成熟的国家,也无法担当海权和陆权的双重角色,在海上占优时,领土就会损失,反之亦然。最后,拉采尔强调,法兰西舰队(拥有36艘5000吨以上的舰艇和83艘800吨以上的巡洋舰)比德意志舰队大三倍,是仅次于英格兰的第二大海军力量,尽管法英之间的距离在扩大(同上,页154)。

以上所有这些都阐明了拉采尔关于欧洲需要合作的观点,欧洲合作将构成各民族国家的战略联盟。他发现(并强调)这一点对沃尔夫的种族中心主义观的态度至关重要。沃尔夫在德意志和奥地利的许多出版物中重申他的"天下联盟"(ecumenical alliances)观念,这种联盟不会限制各国的自决权,也不会为政治目的服务,只会在处理各国利益一致的经济事务时寻求共识。①

在文本的最后一节,拉采尔描述了沃尔夫于1903年在一卷书中发起的创建协会的准备工作,那卷书的标题为《有关中欧经济协会的资料:促进中欧国家共同经济利益的协会》(Material on the Central European Economic Association: An association for the promotion of the common economic interests of the central European states)。②

该方案就是在这一卷书中发展起来的;拉采尔强调了该运动的积极的、非侵略的和非政治的特点,并详尽分析了中欧国家对北美和英格兰的立场。他在总结中欧经济协会的纲领性原则时强调:该协会预先拒绝了任何支持中欧或欧洲关税同盟的宣传,认为这不切实际。不过,该协会始于这样的观点,即通过对称地解决经济和经济法的具体问题,联合提供所有可用的基础设施,例如边境管制、进出口管制、清关和其他类似交易,特别注意任何种类的关税、铁路税等,不断研究该地区的潜力,而非局限于在巨大的时间压力下进行十年一次的谈判,中欧国家本可以比现在更加肯定地确保自身的繁荣。此外,偶尔把各国在遥远外国的利益的代表权委托给联合代表团,或一国有可能将自己的机构开放给另一国,在看起来有利的情况下共同与遥远国家谈判,或创建常设仲裁法院,以解决经济部门尤其海关系统的国际争端,这一前景似乎可行。③最后,拉采尔坚持确保每个国家的自主权这一前景,为此他提到中欧经济协会纲领性

---

① Ratzel, F.,《中欧经济协会》,前揭,页257。
② Wolf, J.,《有关中欧经济协会的资料》,前揭。
③ Ratzel, F.,《中欧经济协会》,前揭,页258。

宣言的结语。该结语指出:从所有这些领域的系统工作中,每个国家都应受益,而且无疑存在许多机会和动机来这么做;但任何情况下都不得通过损害经济和政治主权以及各国的自决权来实现这一点(同上,页257-258)。

评论该协会的成立时(该协会于1904年1月21日生效,施莱斯维格—荷尔斯泰因公爵[Duke Ernst Günther von Schleswig-Holstein]任主席,德意志、奥地利和匈牙利议会的议员、工商界知名人士组成咨询委员会),拉采尔补充说:促成这样一个积极的目的,特别在当今这个支离破碎且缺乏意愿(unwillingless)①的时代,必然受到极为愉快的欢迎。他期待瑞士、荷兰、比利时和意大利会拥护并推动这些目标。他随后承认该项目的直接目标是经济,但他认为,这类欧洲合作——在不考虑无法预料的障碍的情况下——对各国的总体福利以及中欧经济联盟下欧洲种族和国家之间的和平极为有用(同上,页259)。

6.5 本章小结

根据第六章的发现,拉采尔不仅可以跻身第一批全球化的理论家之列,②而且也可以跻身第一批欧洲统一论的理论家之列,因为拉采尔提出的欧洲空间组织模式,包含甚至今天仍主导着关于欧洲未来的辩论的要素:

- 与其他德意志地理学家和地缘政治科学家提出的建议相

---

① [校按]原文如此,当作 unwillingness。
② Wardenga, U.,《写在2004年8月9日拉采尔逝世100周年之际》,前揭,页50。

反,他提到需要将法兰西和意大利纳入传统上视为中欧的地理综合体。

- 他将分配和互补的概念纳入生产过程和基础设施的使用,以期实现规模经济,让每个合作伙伴在特定生产部门专业化,从而提高生产力。但同时也要有一个安全且庞大的内部市场,生产出来的产品将放在这里。
- 他认为——在两场灾难性的世界大战爆发之前——欧洲的经济合作和融合会有助于维护欧洲各民族之间的和平。
- 除了经济合作,他还明确强调需要政治上的统一,因为他认为欧洲力量的汇合是必要的,以便展示其统一性来对抗当时的主要政治力量,尤其美国。
- 他意识到由每个民族的历史进程导致的欧洲民族特性,因此不忘强调,所提出的合作计划还包括维护每个国家的自治权,以及各自的经济和政治主权。
- 作为该经济合作计划的一部分且与上一点一致,他追求一种德意志霸权。

经过两场灾难性的战争,这种合作在50年后得以实现,这一事实进一步证明了拉采尔的分析能力。同时,这一事实还引出另一个论点,以反对任何人把他强行列入国家社会主义意识形态先驱者以及要对20世纪上半叶所犯罪行负责的人之列。

除了他对欧洲架构的看法,他的多因素分析进路和经济因素的主导在本章再次得到揭示。他引用双边商业贸易、运输基础设施的证据,并评估法兰西和意大利的政治、经济和地理条件,以便制定对他的时代而言具有开创性的建议,把中欧国家的合作向南扩展。

7 拉采尔与东方问题:国旗跟随贸易*

7.1 东方问题——进路

"东方问题",是自维罗纳会议(Verona conference)以来在各国外交实践中确立的术语,①在相关参考书目中有两种不同释义:一方面,从广义的历史哲学观剖析,是指东方的野蛮与西方的文化之间的斗争,这种斗争最终转变成了基督教与伊斯兰教之间的斗争;另一方面,从狭义层面剖析,是指西方国家与奥斯曼帝国之间的冲突,前者期望着后者的崩溃瓦解,而对立的欧洲列强各自的主要目标则是违背竞争对手的利益,控制东地中海和中东。②

---

* 本章是下文的更新版:Stogiannos, A.,《拉采尔与东方问题:国旗跟随贸易》,前揭。

19世纪末,德意志商人用格言"国旗跟随贸易"(Dem Handel folgt die Flagge)来表达他们的战略,目的是激发俾斯麦统治下的德国政府的殖民意愿,意指最初建立商业和经济关系的地区,即后来军事占领的地区。但也有相反的观点认为,"贸易跟随国旗"(Der Handel folgt der Flagge),即认为贸易会建立在通过军事手段获得的殖民地。该说法("国旗跟随贸易")在英语的殖民行话中也存在(the flag follows the trade)。

① Λάσκαρις, Μ. Θ.,《东方问题》(Το ανατολικόν ζήτημα, Εκδ. Π. Πουρνάρα. Θεσσαλονίκη, 1978),页11。

② Driault, E.,《东方问题》(Το ανατολικόν ζήτημα [La question d'orient depuis ses origines jusqu'a la paix de sevres, 1920], Νεοελληνική Ιστορική Βιβλιοθήκη. Εκδόσεις Κάτοπτρο, 1997 [1921]), Introduction by I. Aktoglou, 页18–19。

法兰西史学家兼地理学家德里奥(E. Driault)在广义上定义"东方问题"这类术语,因为考虑到埃及问题和非洲问题往往与威胁欧洲和平的第四种风险即穆斯林的风险①密切相关,换句话说即与东方问题密切相关。② 尽管德里奥《东方问题》一书的导论部分有这些评论,这位法兰西史学家兼地理学家仍然承认,该问题最初的文化和宗教特征已经转变为经济特征,成为一种致命的冲突形式,甚至导致兄弟民族相互对抗(同上,页84)。由于东方问题涉及更广的地理范围,他把苏伊士运河描述为旧大陆的商业大道,连接着欧洲与印度、中国,并指出所有欧洲国家都需要在这条商业大动脉上占有一席之地。这是因为那些不愿参与其中的国家似乎不得不放弃在未来的经济活动中发挥主导作用的雄心(同上,页85)。

与之相反,拉斯凯瑞斯(Th. Laskaris)认为德里奥的广义定义是为自己的民族考虑,因其定义中包含叙利亚、黎巴嫩和埃及等问题,这些地方涉及法兰西的巨大利益。因此,他采用米勒(W. Miller)的定义,据此定义,东方问题是填补土耳其帝国从欧洲逐渐撤退时留下的空间的问题,这一定义将问题限制在欧洲部分土耳其的诸地理边界之间。③

克莱顿(G. D. Clayton)从英格兰人的角度认为,土耳其帝国的衰落和可能的崩溃在整段历史期间可以说是外交常数,自1821年以来就已经激起列强之间的竞争野心,④土耳其帝国尚存时,列强就能够利用其虚弱毫无风险地相互竞争,以获得政治影响以及领土

---

① 据作者所说,另外三种分别是美国、中国和非洲的风险。
② Driault, E. ,《东方问题》,前揭, G. Monod, Foreword,页65。
③ Λάσκαρις, Μ. Θ. ,《东方问题》,前揭,页12。
④ Clayton, G. D. ,《不列颠与东方问题》(*Britain and the Eastern Question – Missolonghi to Gallipoli*. University of London Press LTD,1971),页9。

或经济收益。苏丹王权的崩溃意味着帝国的彻底解体,因为没有任何一种力量强大到敢于完全接管该帝国(同上,页10)。

历史唯物主义理论家马克思和恩格斯也详尽而深入地研究过这一就那个时代而言极为即时的问题,当然,他们在自己的意识形态观念和对一场泛欧革命的期望的背景下分析这一复杂的相互关系。马克思注意到东方问题主要是地理和军事问题,但也注意到该问题的商业面相。他还认为,沙俄的政治由地理、历史因素和南下企图(去往水温更高的海域)构成。同时,马克思描述的西方与沙俄之间的竞争并不局限于对立的经济利益之间的冲突,而应定义为体现政治主体行为的文化特征之间的冲突。恩格斯认为,东方问题的关键因素是土耳其海峡和黑海对西方贸易以及英俄商业竞争的重要性。①

马克思和恩格斯的纯粹地缘政治学分析与麦金德和斯皮克曼的分析一致,都把沙俄南下温暖海域视作该地区的决定性问题。麦金德爵士在1904年完成的《历史的地理枢纽》(*Geographical Pivot of History*)一书中提及,围绕沙俄控制的区域轴(枢纽地区),有另外两排自然的权力位置可能成为阻止沙俄南下的障碍:一个巨大的内新月,或者说由大陆边缘地带构成的新月形地带,包括德意志、奥地利、土耳其、印度和中国,以及一个外新月,或者说由岛屿构成的新月形地带,包括不列颠、南非、澳大利亚、美国、加拿大和日本。② 斯皮克曼更

---

① Marx,Engels,《德意志意识形态》(*Η Γερμανική Ιδεολογία* [*Die deutsche Ideologie*],Τομ. 1. *Μετάφραση Κ . Φιλίνη Εκδ* . GUTENBURG, *Αϑήνα*, 1997),Introduction by P. Kondylis,页71–72。

② Mackinder,H. ,《民主的理想与现实》(附三篇),"历史的地理枢纽" (*Δημοκρατικά Ιδεώδη και Πραγματικότητα άλλες Τρείς Εισηγήσεις* [*Democratic Ideals and Reality and Three more essays*], Introduction by I. Th. Mazis),GEOLAB - *Παπαζήσης*, *Αϑήνα*,2006,*Ο Γεωγραφικός Άξονας της Ιστορίας*),页476–483。

准确地提到,沙俄在19世纪的追求就是获得一个通道,以进入由扩张至整个欧亚沿海地区的不列颠海军力量统治的海洋。①

东方问题的上述指示性定义指明该主题(在地理和时间上)的广度和复杂度,由此产生多种进路,它们取决于有关各方的具体情况(民族、宗教、意识形态)。参考书目中录有范围惊人的各主题单元,涉及不同的地区争端和冲突(例如奥地利—波斯尼亚、克利特岛问题),地方主义或民族融合(希腊、塞尔维亚问题),泛意识形态的扩张主义政策(泛突厥主义、泛德意志主义、泛斯拉夫主义),帝国主义的和经济的反唇相讥(殖民列强之间的冲突),宗教和文化冲突,每一种均引起外交斡旋、[签订外交]条约和[召开外交]会议,或者形成以武装冲突为一般结果的短期战略联盟。因此,我们谈论的许多地区冲突可以视作一个更大、更复杂问题即东方问题的组成部分。②

在此我们可以注意到,除了奥斯曼帝国的衰落,有关各方的分析也包括中华帝国可能的崩溃(1894—1895年被日本击败后)。这一期望导致所有强国想获得一个尽可能好的瓜分中国的起点。③

综览现代地缘政治学关于东方问题的研究,可以看出它分为历史、政治和经济三个层次,这三个层次覆盖漫长的历史时期和广泛的地理区域,它们把事实放在一种古老的、始终在反馈且同时极为即时的权力冲突(民族的、超民族的、经济的或另一性质的,取决于时段)的演化框架内,始终以权力的国际(重新)分配为主要关切——这一主要关切在每个历史叙述框架中都会得到考虑。

---

① Spykman, J. N.,《和平地理学》(Η Γεωγραφία της Ειρήνης[The Geography of Peace, 1944], GEOLAB – Παπαζήσης, Αθήνα, 2004),页105及以下。
② 类似地,拉采尔将著作命名为《东方问题》,如下所示。
③ Walkenhorst, P.,《民族—人民—种族》,前揭,页189。

7.1.1 从德意志极端民族主义者的角度来看东方问题

俾斯麦领导下新建立的德意志帝国成功地实现了耽搁许久的民族融合,之后,在这场19世纪末达到顶峰的殖民竞争中,它可预料地落在后面。此外,在那个时期,对非洲的几乎完全占领,导致所有殖民大国转向东方,更具体地说,转向——被认为即将衰落的——奥斯曼帝国、中东和中国的领土。

然而,由于对建立统一的德意志国家及其对德意志民族的意义的评价截然不同,创建统一的德意志国家在德意志引发了一场新的极端民族主义浪潮。1871年后,人们普遍认为,德意志帝国的创建是顶峰,是普鲁士—德意志漫长而艰难的历史进程的终点;与此相反,1890年以来形成的极端民族主义者①则认为,俾斯麦的民族国家不是完成,而是德意志民族发展的开始。②

在这种情况下,新建立的德意志立即开始讨论参与殖民竞争的问题,铁血首相(俾斯麦)强烈抵制这种观点(直到1895年),其目的是与欧洲殖民列强和平共处。俾斯麦是一个现实主义者,他考虑到殖民扩张的经济后果和德意志海军的不足,后者使任何寻求海外殖民地的想法都毫无意义。他对殖民地问题的看法典型地体现在拒绝法兰西提出的将科奇奇纳(Cochichina)殖民地割让给德意志的建议(在1871年的战后谈判期间),理由是德意志人不够富裕,无法

---

① 沃肯霍斯特(P. Walkenhorst)使用激进民族主义(radikaler Nationalismus, radical nationalism)这一表达。本文选择其常规译法极端民族主义("extreme nationalism" or "ultra-nationalism"),而未对那个时期的民族热情加以分级。当然,这种区别重要且必要,因为德意志民族主义经历过许多变化,直到第二次世界大战的悲惨事件发生。

② Walkenhorst, P.,《民族—人民—种族》,前揭,页12。

在经济上维持殖民地的奢侈生活。①

俾斯麦首相于1890年辞职,促成了一场极具政治性和组织性的强大民族主义运动,1891年为其里程碑。此年,随着《赫尔戈兰—桑吉巴尔条约》(Helgoland – Sansibar Treaty)的签订,②德意志总联盟(General German League, Allgemeiner Deutscher Verband)③于4月9日成立,并于1894年更名为"泛德意志联盟"。其创始人中有许多著名的德意志民族主义者,如胡根贝格(Alfred Hugenberg)、克希多夫(Emil Kirchdorf)、拉采尔等。根据其宣布的、纲领性的目标,其目标最初是支持政府。④

虽然当时在德意志有许多民族主义联盟,但泛德联盟在政治上的影响似乎更大,因为其非常强调执行国际政策(international policy, Weltpolitik)的问题,从而也非常强调泛德主义的基础。泛德主义的观点传播得到底有多么广泛,从摩根索(H. Morgenthau, 1913年

---

① Hauke, H. ,《德意志殖民政策的危机》(Die Krise der deutschen Kolonialpolitik. Die großen Aufstände in Deutsch – Südwestafrika und Deutsch – Ostafrika 1904 – 07. http://members. aol. com/haukehaien/),页1。

② 1890年7月1日,德意志与英格兰签订此条约,据此,德意志为英格兰放弃对维图(Witu)、索马里和乌干达的[主权]要求,获得自1815年以来处于不列颠统治下的西南非洲和赫尔戈兰的一片土地作为补偿。极端民族主义者认为这项条约对德意志的利益极为不利。

③ 1886年9月,作为某种上级联盟的德意志海外利益代表总联盟(General German League for the representation of German interests abroad)建立,这是在柏林举行的一次由许多民族主义和殖民组织参与的会议的成果。Walkenhorst, P. ,《民族—人民—种族》,前揭,页67。

④ 该联盟在宣言中把振兴爱国良知、处理和支持德意志海外利益、促进有利于德意志政治利益的有效动力确定为主要目标。泛德计划实际上是在19世纪最后十年创立的,包括:德意志的领土扩张、舰队强化、德意志性(Germandom, Deutschtum)的促进、与德意志少数民族的斗争。最后一条主张主要针对阿尔萨斯 – 洛林的波兰人和法兰西人。

至1916年美国驻土耳其大使)的观点中可见一斑,他一度认为,泛德意志主义作为哲学和政治运动在威廉二世时达到巅峰,并通过纳粹主义得以复兴。①

尽管国际政策这一观念恰巧与威廉的野心不谋而合,但泛德联盟自1903年开始成为一个民族主义反对派,态度逐渐越来越激进,其成员在第一次世界大战后出现了潜在的反犹太主义。

如以下即将分析的,民族主义者与极端民族主义者之间的冲突,是重新定义德国在实现其东方抱负这一方向上的政策的根本原因之一,因为,海军武装计划的延迟实现导致获取充足海外殖民地的前景不明,也不允许同英格兰发生军事冲突。批评者认为德意志政府的态度不够果断,因为足够果断才是建立世界帝国的先决条件。泛德联盟是不满者中的精英层,因此成为德意志外交政策最严格的裁判。②

一支能打仗的海军需要长期的准备,再加上德国政府犹豫不决的态度,这使德意志的扩张计划被迫推迟,许多极端民族主义者认为,这种延迟导致的代价会非常高。因此,许多人甚至要求取消海外扩张主义政策,代之以大陆东扩主义(同上,页239)。的确,在泛德联盟中(1904—1905年)曾爆发激烈对抗,关乎德意志是应该坚持获取海外殖民地,还是该专注于中欧地区。尽管分歧从未结束,但一种观点逐渐占据了主导地位,即至少在德意志没有能够对抗英格兰的海军的情况下,在大陆地区付出努力会有更高的成功可能。对目标的重新定义不仅没有质疑海军武装计划,而且要求建立一支

---

① Morgenthau, H.,《博斯普鲁斯的奥秘》(Τα μυστικά του Βοσπόρου, Εκδόσεις Τροχαλία,1904),页40。

② Walkenhorst, P.,《民族—人民—种族》,前揭,页183。

有能力的陆军,这支陆军被认为在执行国际政策时与海军同样重要(同上,页216)。

除了上述分歧,还存在扩张方式上的质的差异,极端民族主义者把扩张严格地理解为领土扩张,他们不满足于对声索领土的商业和经济渗透。这种不同做法的典型例子是他们对《长江协定》(agreement of *Jaugtse*)的态度。该条约处在瓜分中国的竞赛框架内,主要通过对中国市场的非正式经济渗透来实现瓜分,德意志也参与其中。1900年10月,英德签署该条约,在自由贸易和开放门户这两个原则上达成一致,与此同时,双方有义务尊重和捍卫中华帝国的领土完整,以抵御第三方势力的攻击。实际上,这一协定意味着(在镇压义和团运动及布尔人战争达到高潮之后)划定两个大国的经济影响区域,这尤为不利于沙俄。然而,这种以自由贸易帝国主义为导向的政策遭到支持领土扩张的极端民族主义者的反对(同上,页189)。

德意志极端民族主义者对待殖民竞争的不同做法的另一个典型例子是摩洛哥危机,危机期间,法兰西、英格兰和西班牙的帝国主义利益最初都集中在两个方面:获取海军基地和在经济上渗入摩洛哥的商业中心。与之相反,德意志认为摩洛哥是一个创建殖民地的理想区域,可进行人口转移(同上,页192)。

在以上简要描述的来自极端民族主义势力的压力下(又由于推迟海军武装计划的实现),大约在19世纪末,德意志开始讨论东扩问题,其中隐秘的动机是前往波斯湾这一热海地带,创建一条大陆铁路和汉堡—波斯湾商业轴。计划的实现总体上包括两个阶段:建立德意志统治下统一的中欧(Mitteleuropa);建立柏林—伊斯坦布尔—巴格达铁路轴心(Bagdadbahn),这将把北海(汉堡)、波斯湾和印度洋连接起来。

7.2　巴格达铁路:连接柏林和巴格达的铁路

在"中欧"①领土扩张的同时产生了德意志在整个中东地区占据主导地位的设想,从而引发了修建一条从柏林到巴格达的铁路线的计划。换句话说,德意志在中欧的统治是建立德意志世界帝国的第一步,他们设想把德意志世界帝国的边界延伸到阿拉伯半岛。在这个意义上,哈斯自 1896 年起就提议,一旦奥斯曼帝国灭亡,就将土耳其整个位于亚洲的部分(亚美尼亚除外)租给德意志。②

对奥斯曼帝国即将崩溃的预期也是艾伯特·里德(AlbertRitter)的扩张主义观点的基础。他是一位政治专栏作家,也是泛德联盟的前副主席。1913 年 6 月,他以笔名温特斯泰滕(Karl v. Winterstetten)出版了一本标题为《柏林—巴格达》(Berlin - Baghdad)的小册子,这本书在第一次世界大战爆发前再版 7 次。里德认为,德意志帝国和奥匈帝国的概念由于经济和政治的发展已失去重要性,他要求建立一个包括德意志帝国、东巴尔干国家和土耳其在内的国家联盟。其成员表面上是独立的,事实上均承认德意志的主导地位(同上,页 220)。

实现这个雄心勃勃的计划(其隐秘目标是使整个东方区域成为一个商业和经济空间)需要政治和地理先决条件:一方面是控制巴尔干半岛,奥地利在那里可作为德意志商业扩张的通道;③另一方面是土耳其帝国摆脱英格兰的影响。这种摆脱在埃及脱离英格兰、

---

①　第 6.2 节和第 6.2.1 节介绍德意志民族主义视野下东方问题的第一个轴心。
②　Walkenhorst, P.,《民族 - 人民 - 种族》,前揭,页 210。
③　Driault, E.,《东方问题》,前揭,页 306。

波斯在英俄之间的殖民瓜分①以及不列颠逐渐放弃奥斯曼帝国的领土完整原则之后,变得更容易。

从1888年起,德意志商人和银行家获得许可,去修建一条从伊斯坦布尔经过安纳托利亚到伊科尼翁(Ikonion)的铁路线,自此他们便试图在经济上渗透到奥斯曼帝国的领土内。于是,在奥地利、意大利甚至英格兰投资者的参与下,德意志银行旗下的东方铁路公司(Anatolische Eisenbahn – Gesellschaft joint venture, Eastern Railway Company)②首次在柏林与土耳其的亚洲部分之间建立起现代经济联系。③

在接下来的十年里,威廉二世皇帝一直奉行宽容穆斯林的政策,几乎成了穆斯林国家的保护人。1898年秋,他在伊斯坦布尔访问15天(在亚美尼亚大屠杀之后),激励哈密特二世苏丹(Sultan Abdul Hamit II)在德意志的帮助下积极为伊斯兰教的复兴而努力。与此同时,奥斯曼政府让一个德意志协会负责修建总长3000公里的巴格达铁路,这无疑促进了德意志在汉堡—柏林—维也纳—伊斯坦布尔—巴格达轴心上的扩张。④

德皇和德国政府费尽努力想从英格兰和法兰西得到资金,失败后又强迫德意志银行最终不情愿地承担了巴格达铁路第二阶段即

---

① 在英俄交涉期间,两国在亚洲的争端也得到解决。因此,双方同意:不介入西藏;阿富汗继续处在不列颠的影响下;把波斯分成三个地区,南部地区属于不列颠势力范围,北部地区(包括德黑兰)属于俄罗斯势力范围,西南地区则保持中立。Morgenthau, H.,《博斯普鲁斯的奥秘》,前揭,页77,脚注26。

② www.wasistwas.de/technik/alle – artikel/artikel/link//74d7e0d2f1/article/die – konstantinopel – bagdad – bahn.html.

③ www.jahrbuch2002.studien – vonzeitfragen.net/Weltmacht/Bagdadbahn/bagdadbahn.html.

④ Driault, E.,《东方问题》,前揭,页306 – 307。

最大部分的融资,①因为德意志银行知道自己没有足够的实力为整个项目提供资金。其实早在1899年,威廉二世就前往伦敦去说服他的祖母维多利亚女王,让英格兰银行参与这个项目。英国首相贝尔福(Balfour)勋爵起初同意了,但因他支持的这条铁路线会使德意志势力延伸到巴格达和波斯湾,在下议院和英格兰新闻界尖锐批评的压力下,他很快就不得不反悔。②

最后,由于德意志提供的资金不足,全额支付所承诺的部分逐渐出现困难,最后这一伟大的项目由30%的法兰西基金填补完成。③ 但除了经济方面,列强在该地区的竞争给德意志造成了关乎铁路线安全使用的严重问题,这些问题在1910年11月4日的《波茨坦协议》(Potsdam Agreement)中得以解决。根据这项协议,德意志承认沙俄在波斯北部的政治利益至上(重申1907年的《英俄条约》),并放弃对巴格达—巴索拉(Basora)线的独家开发,同意该线由一家拥有国际资金且处于英德同等影响力下的土耳其公司建造。沙俄承认德意志在沿线地区和整个波斯享有完全的商业自由,宣布不阻碍巴格达铁路的通道。此外,沙俄还致力于连接波斯铁路与巴格达线,建立通往东方的支线。同时,英格兰撤销一切可能阻碍巴格达铁路建设持续进行的否决,以换取土耳其承认其在科威特和穆罕默拉(Mohamerah)的经济和政治利益至上(同上,页312-313)。

在1911年至1920年间,巴格达铁路在德意志成为政客、公共问题演说家甚至科学家们深入讨论的话题,当用战争解决东方问题似乎不可避免时,后者试图用科学证实这个项目的重要性:我们的

---

① www.bagdadbahn.de/.
② www.vorkriegsgeschichte.de/content/view/15/31/.
③ Driault, E.,《东方问题》,前揭,页307。

任务必须是发展东方的工业并为其提供资金支持。例如,1917 年,普鲁士铁路服务工程师、新巴格达线(Nouvelle Ligne de Bagdad)的前工程师穆勒(Karl Hermann Müller)就支持这种看法,不过他同时警告说,只有确保必要的原材料后才可以建立工厂。① 在一份长达 128 页的研究中,他考察了这条铁路在经济层面的重要性,提到——诚然引人注目——土耳其位于亚洲部分的土地、经济和居民等分析要素。

早在 1913 年,弗雷希(F. Frech)教授就把巴格达铁路归入铁路先驱之列,它们在人烟稀少的地区促进了文明发展,显示出一种创造国家的力量。此外,他赋予这条铁路线极大的文化重要性,因为,与穿越没有历史和文化背景之地的美洲铁路和北亚铁路相反,②这条铁路线把古代和中世纪早期各文明民族的部分闭塞的土地——巴比伦、亚述(Assyria)、波斯、北部叙利亚和小亚细亚——包围和连接起来。③

7.3　拉采尔《政治地理学》中的东方问题

拉采尔的《政治地理学》是一部理论著作,这位德意志地理学家在书中分析影响国家发展的各因素,认为国家之间存在持久的权力(重新)分配竞争。因此,在这部基础著作中,他不可能对东方问

---

① Müller, K. - H.,《巴格达铁路的经济意义》(Die wirtschaftliche edeutung der Bagdadbahn, Verlag von Bohsen & Maasch. Hamburg, 1917),页 80。
② 根据当时的帝国主义观点,美洲印第安人的文化不是……文化,也没有任何历史性。
③ Frech, F.,《巴格达铁路及其文化意义》("Die Bagdadbahn und ihre Kulturbedeutung", Die Naturwissenschaften. 1. Jahrgang. Heft 2, 1913),页 29。

题(如在同名研究中那样)进行案例分析,而仅仅将他的观点穿插其中,用实例来证明他的理论。

7.3.1 交通①对政治的重要性及两者的相互依赖性

拉采尔分析的节点概念是交通,交通构成了国家领土扩大的主要前提和驱动力。②

根据拉采尔的观点,人口和生产资料的增加③促使一个民族与其他民族接触,在这个过程中获得更快发展的手段,从而变得更加富裕、更加强大。这种联系通过个体的交通发生,他们跨越实际上不动的国家边界,将国家本身放在自己的行李箱中。

然而,公民从一个地区迁移到另一个地区,会带来政治后果,甚至能够使两个国家统一,这突显了这位德意志地理学家的观点,他指出,一个必要的公路网的发展,哪怕初步的公路网的发展,必然先于国家的扩大。通过这种公路网,经济和政治发展出一种连接定居点和国家的共同利益,超越任何可能的障碍。

拉采尔认为,这一过程导致了国家的创建和发展,因为最初的交通领域(area of circulation, Verkehrsgebiet)渴望变成政治领域。这位德意志教师指出,在殖民化过程中,通常是"国旗跟随贸易",这使人想起美国内部各州的历史,特别是内布拉斯加州,这里源自美国毛皮公司的一块商业用地。他将这一过程(但没有直接提及)与

---

① Verkehr一词的含义包括:(车辆)流通/交通、运输和通讯,甚至关联。在本文中,该词的所有用法均界定拉采尔思想的一个重要参数,即空间管理能力,因此使用时未经翻译。[校按]作者使用这个德语词时直接保留原文,中译本一律译作"交通"。
② Ratzel, F.,《政治地理学》,前揭,页357。
③ 即文化发展! 文化是拉采尔的地理观和世界观的一个核心概念。

德意志统一的过程相提并论,因为推进政治边界的先驱是关税协定。①

尽管交通与政治有着密切的关系,但拉采尔以辩证的方式看待两者,因为前者更多是脱离政治束缚独立出现。考虑到交通手段的发展有利于这种独立性,他指出,交通从创建国家的仆人变成了国家的重要支撑,而且往往变成国家的先驱。交通促进货物运输主要是靠机车和铁路,无须进一步的领土声索,这就提高了运输能力和相关利润,使大型运输公司能够发挥巨大的影响力。主要在南美,这些公司的影响力提升至运输之外,因为其业主拥有大量冶金厂、造船厂、维修厂、商船队、酒店、煤炭企业等(同上,页370)。

这就是交通完全独立于政治的方式,因为贸易干道承担更高层次的政治功能,独立渗透到文化上贫困的地区,有意识地旨在首先从文化和政治上发展那些地区。

根据拉采尔的说法,交通对领土政策产生这种影响的典型例子就是美国的公路和铁路线建设的支付体系——在一定程度上取得沿线两边的土地作为回报,这是一种基于土地价值的增加(通过发展土地)的模式。

更深入地分析交通与政治的关系,即运输地理学(Geography of Transports)与政治的关系时,他甚至毫不犹豫地指出一个支持运输地理学(以及总体而言的经济地理学)的不平衡类比:就像英格兰在苏伊士运河问题上,或在北美的铁路建设和中美洲大陆海峡的运河建设的某些阶段中那样,政治不得不跟随在交通之后,哪怕违背自己的意愿(同上,页371)。他还指出,交通的目标是绝对必要地区的政治孤立,因为这些地区的位置适合长途运输,他提到与这一

---

① Ratzel, F.,《政治地理学》,前揭,页358。

因素相关的典型例子是叙利亚和埃及,后者对于交通是如此重要,以至于不得允许保持独立(同上,页369)。这一观察清楚地表明,经济地理学分析,特别是其分支运输地理学,以何种方式推动我们得出具有科学效力的地缘政治和地缘战略的重要结论。

在国际关系方面,上述观察被解释为,为了满足不断增长的运输需求,大的政治组织将流通集中在从经济地理学的角度看最好的道路上的努力。在这一努力中,整个的国家构成过渡地区,特点是这极大地增加了这些国家的政治价值。为了支持自己的观点,拉采尔提到奥地利和叙利亚的例子,前者为保证通往亚得里亚海和匈牙利的道路畅通无阻,需要占领斯蒂尔马克(Steiermark)地区;后者曾经构成美索不达米亚各国通向地中海,以及伊朗在希腊的马其顿时代迅速希腊化的通道。然而,他把苏伊士运河和中美洲视作极为重要的通道地区,两者分别是大西洋—印度洋和大西洋—太平洋之间最短的连接带,占据着真正的国际位置,因为连接着地球上最大的自然空间。某个单一力量占领两者的努力使"世界统治"一词更具实际意义(同上,页367)。这一重要的地缘政治结论可解释该地区已经发生和将要发生的许多地缘战略事件,是一项特殊的经济地理学分析的结果,这项分析贯穿其地缘政治时期的所有文本。

当然,作为民族主义者和世界政治的捍卫者,拉采尔不能将国家 交通关系定义为一种非严格对抗的关系,从而允许"无国籍"的基金决定世界各地的政治游戏。因此,他设想中交通的自治权——最初为国家服务……并在政治扩张之前创造利益——实际上是一个过渡阶段,因为,有一天,(政治扩张之前的利益)将褪去自己非政治的外衣并立即支持国家(同上,页366)。事实上,拉采尔在这里阐明了地缘政治分析与地缘战略使用和解释之间的区别!因此,他认为国家和交通(如上所述,在其经济方面)从根本上说都是获得权力的组成部分,促进国际政策的实施;但由于实际上每条干道都是地面,即被地面包围的一部分政治空间,无法脱离地面,因此,一项政治—地理因素必然会干扰每个流通环节。线性策略、简单的线性方向政策和力线都不可能存在。力线之间的空间被这个方向上的巨大运动所席卷。这位史学家说,财富、权力和文化遵循国际路线;但他认为权力从国际路线向各个方向延伸,且权力本身具有粘合力,在同一国际路线上占主导地位(同上)。

经济地理条件先于政治条件,但拉采尔将国家—经济关系与国家的年龄联系起来,因为一个国家越新,经济利益在其政治生活中占有的空间就越大。经过对美国历史的深入研究,他认为这一因素对殖民地与宗主国之间的关系至关重要,因为后者往往只不过围绕经济上独立的内容维持着政治形式。此外,这也是宗主国与殖民地之间形成海关边界的原因,抑或是前一阶段交通区域扩张与后一阶段步伐较慢的国家扩张之间产生摩擦的原因。不过,交通在政治之前发展,这一事实并不排除某片地区或海洋的历史价值的顶点先于其交通价值的情况:因为最大的运输价值以一系列条件(主要是各个方向的生产力)为前提,然而生产力并非历史规模的先决条件。地中海的历史价值在古代比现在更大,但现在其运输价值比以往任何时候都大(同上,页359)。在这一点上,我们应该注意到,在马齐斯教授的系统地缘政治学分析中,地缘政治的两大支柱,文化和经济,①在某种程度上已作过比较。

交通除了对国家的发展、经济和扩张过程具有重要意义外,还对国家的内部组织和凝聚起着重要的作用。发展中国家因其组织和各项权威的发展,尤其不断地需要交通。最初,交通把政

---

① 另外两个支柱是防御和政治。

治上破碎的各邦联合起来,此时政治统一随之而来。拉采尔认为,德意志有无数的内部海关边境和运输障碍,这一点同中国相近,后者与自己的政治破碎相对应,是一个运输不发达的国家,因其地方主权者尽可能将自己的领土与陆地隔离,宁愿让边境地区的运输干道遭到破坏,宁愿使用海路。① 在蒙古人统治期间,情况有所不同,马可·波罗(Marco Polo)在中国停留期间面对的是一张非常便利的公路网。根据拉采尔所言,这证明国家权力与运输基础设施之间的密切关系,而中国比任何别的地方都更能表明这一关系(同上,页365)。

最后,拉采尔将交通的重要性,进而将运输地理学的重要性,与每个国家的领土范围直接联系起来,强调国家越小,交通的组织意义越小,在最小的国家则将变得极小,因为这些最小的国家由于缺乏自我保护能力而选择了孤立策略。相反,自然空间、人类空间和商品生产经济空间的扩张,②会立即提升交通的重要性。当涉及一个例如沙俄这样的国家时,这种情况达到了顶峰,对这样的国家而言,运输干道的建立不仅意味着便利的货物交换和人们向内陆、海外的流动,(而且)……无论从经济上还是从政治和军事上来说,这都是一个生存问题。③

---

① Ratzel,F.,《政治地理学》,前揭,页358。
② 有关地理空间的内容,请见 Mazis,《地缘政治学:理论与实践》,前揭,页34-37。
③ Ratzel,F.,《政治地理学》,前揭,页363。在这一点上,与系统地缘政治学(防御、经济和政治支柱)在方法论上的一致显而易见。详见:Mazis,《地缘政治学:理论与实践》,前揭,页140;以及马齐斯教授的论文,《地缘政治学分析的写作方法:结构,概念和术语》("Writing Methodology of a Geopolitical Analysis. Structure, Concepts and Terms")。

这位德意志地理学家评论说:没有运输干道,俄罗斯就是一个处于沉睡状态甚至不能移动的巨人。① 他强调,大运河和铁路的开通在俄罗斯国内外均被视为政治行动。与此同时,他赞赏俄罗斯行政当局在新事物中的良好适应能力,赞赏俄罗斯交通部设立各独立部门,分别负责建设铁路、管理海路和管理贸易权,并且在财政部设立独立的商船部门。他甚至对沙皇尼古拉和这个传言大加赞赏:700公里长的彼得堡—莫斯科铁路线原本设置了许多拐点,面对这个原初计划,沙皇在这两点之间画了一条直线,表示应当用直线连接。拉采尔评论说,这条线不仅表明了强有力的君主意志,还表明更多东西:一个像俄罗斯这样的帝国,对交通有更高、更重的责任。这条线把长距离连接与短距离连接区分开来。前者连接内陆或边缘地带最重要的地方,而后者进行本地运输。国家越大,长距离连接就越重要,因其为管理空间所必需。在欧洲的俄罗斯,如今还有什么能比两个特大城市和首都(历史上的首都和现在的行政中心)之间的连接更重要呢?他补充说,彼得堡是波罗的海最大的海上商业城市,而莫斯科是最大的内陆工商业城市。跨西伯利亚铁路也是一个作为参考和比较的例证,因其连接莫斯科和伊尔库茨克(Irkutsk)大约6000公里的距离,没太多拐点。

同样,奥匈帝国在吞并波斯尼亚和黑塞哥维那之后,首要任务是改善被占领地区与这个君主国的连接,其次是改善与亚得里亚海和爱琴海的连接,因为波斯尼亚和黑塞哥维那没有铁路,甚至连地方公路都没有(同上)。

---

① Ratzel, F. ,《政治地理学》,前揭,页363。

7.3.2 铁路、通讯和军用道路

7.3.2.1 铁路

前一章清楚地说明了拉采尔对铁路发展的重视,作为一种连接手段,铁路不仅可以连接大型商业中心,还可以连接海洋地区。

观察到欧洲铁路网的密度总体而言自东至西呈增加趋势,他认为东欧落后的原因一方面在于空间广度,另一方面在于居民在文化上的年轻(cultural youth,Jugend der Kultur),他们因此不可能建设一个密集的铁路网络(同上,页350)。

他用与铁路网的密度相关的因素来证实上述说法,根据铁路网密度,俄罗斯每1万平方公里有88公里铁路网,西伯利亚119公里,罗马尼亚242公里。北欧包含一些人口稀少从而交通不便的地区,比如:芬兰76公里,瑞典237公里。转向中欧,铁路网密度增加:匈牙利每1万平方公里有550公里铁路网,奥地利673公里。在欧洲列强中,德意志的铁路网发展最快:每1万平方公里有1005公里。因此,在德意志与俄罗斯的边境,铁路网密度的"张力"("intensity" of density of the railway network,„Spannung" in der Dichte des Eisenbahnnetzes)最高(同上)。

拉采尔认为,列强占领一个新地区后的主要关怀是建设一张可用的运输网络。因此,俄罗斯(其广阔空间已证明运输基础设施的政治必要性)扩张至土库曼(Turkmen)大草原并占领盖克特佩(Gök Tepe)和内尔韦(Nerw)之后,就立即开始修建铁路。奥地利人也是一个典型的例子,他们1878年进入波斯尼亚(那里当时几乎没有道路),1901年就已在占领地区修建了760公里长的铁路网(同上,页365)。

在评价英格兰铁路网的发展时,他指出,铁路网清楚地显示出运输地区的扩张,乃是通过最短的途径,朝向运输资源巨大的方向进行。每个公司都在分头寻找通往有大量碳、铁的地区的途径,而尤为致力于找到通往英格兰的道路,这件事上的成功正是这些公司经济增长的原因(同上,页333)。

根据拉采尔的观点,铁路的发展标志着大陆商业大动脉建设的新时代的兴起,这些大动脉在政治上更重要的表现是横贯大陆的大铁路(美洲铁路、跨西伯利亚铁路)。正因如此,太漫长的海上绕行得以减少。长期以来,从多瑙河到爱琴海和黑海的运输动脉一直不活跃,这些动脉的复兴与巴尔干国家的政治崛起息息相关。据拉采尔说,这些大动脉的复兴是该运动在欧洲最雄辩的展示,其结果是:甚至大不列颠本身,为了确保自己与中国南部的联系,尤其在鸦片贸易方面的联系,同时为了使其脱离美国的影响,也在印度与中国南部之间寻找新的陆路(同上)。

7.3.2.2 通讯

通过分析他置于东方问题的地理区域内的那些区域的通讯和邮政标准,拉采尔提到,运输最重要的政治成就是新闻的传播。他在中国发现已有数世纪历史的邮政服务、信使、超过1万个驿站、最低限度的铁路网以及2.3万公里长的电报网络。按照这位德意志地理学家的说法,这种情况对应着政治与运输的这一分支之间尤为密切的联系——当运输的干道和手段远远落在后面时;甚至在那些质疑和否定其他现代运输手段的国家,也建了电报线路。因此,电报先于所有其他的欧洲发明出现在中国,甚至在那些最排外的地区,如湖南(Unan)地区,那里的居民最初完全拒绝这种新事物。

他在波斯也观察到同样的现象,那里的电报网络先于该国其他所有运输干道和手段出现,全长7700公里,是亚洲电报网络最先进的国家之一。

然而,他注意到,超过1800公里的电报线路由两家英格兰公司管理,他还深入分析了英格兰在波斯电报网络中的渗透,并提到一些事实,根据这些事实,依赖英格兰政府的印欧电传局(Indo—European Telegraph Department)在波斯拥有德黑兰—巴希尔线。波斯拥有的德黑兰—马什哈德线也由同一家公司管理,而英格兰的印欧电报公司(Indo‑European Telegraph Cy.)拥有德黑兰—舒夫拉(俄罗斯边境)线。1901年,英格兰和波斯签署一项协议,关乎途经耶尔德(Yerd)、基尔曼(Kirman)和班普尔(Bampur)的卡尚—布什尔(Kashan‑Bushir)电报连接,协议开出的条件与1872年英格兰人建造德黑兰—布什尔线的条件相同。这条线路有三根电线,由波斯政府在英格兰监督下建造,并将由印欧电传局租用。俄罗斯不欢迎这项协议(同上,页351)。

此外,拉采尔认为,通过比较有电报前后的印度政府可以看出,曾经,国王登基或被废黜,或者帝国被征服,世界其他地方的人鲜能得知。现在,他观察到,印度政府、印度事务部和议会之间的关系紧密多了,我们也可迅速了解到印度最重要的事件,就像从爱尔兰获得信息的时效一样。他补充说,只有电报可以使印度事务部目前的组织,各个紧张时期代理人—行政人员与政府中心之间的距离,以及权力的不均匀分布等成为可能(同上,页363)。

7.3.2.3 军用道路

除了以上提到的优势外,控制交通节点可确保对始于那里的道路的控制。这就是各国企图占领这些节点的原因,那里始终是政治上的中心点,失去这些节点往往会导致整场战争的失败(同上,页

336)。

  干线公路的发展也符合军事需要,许多公路专为满足军事需要而修建。拉采尔说,军用道路和战略铁路等术语是这种关系的特征。他指出,在小亚细亚地区,有一些军用道路也供牛车使用,但一般而言,运输工具是马、驴和骡子(同上,页335、345)。

  显然,拉采尔检验并强调了国防对运输和通讯的网络及基础设施安全的贡献。

7.4　支持奥斯曼帝国的需要

  这位德意志地理学家认为,小亚细亚大体上是东西方之间的通道区域(同上,页234),因此,叙利亚、南阿拉伯和小亚细亚的伟大历史地位同,应归功于其作为政治和文化上有效流通的传送带这一角色。出于同样的原因,他认为希伯来人具有巨大的历史价值,考虑到无论过去还是现在,他们都是国际贸易重要干道的邻人,他们在文化传播中可能发挥着最积极的作用(同上,页238)。①

  然而,占据这一道路上的特殊位置的奥斯曼帝国,正受到通往印度和苏伊士运河的古老干道的变动的威胁。拉采尔认为,奥斯曼帝国及其经济价值得以幸存的独特可能性,在于其亚洲部分的道路网络的发展,该部分从地中海延伸到印度洋,亟须发展交通。

  这位德意志地理学家证实了他对土耳其在地理上享有重要地位的看法,他提到以下几点:

---

 ①　与普遍持有的观点相反,在欧洲尤其德意志普遍存在反犹太主义观念的时代,拉采尔与任何反犹太主义态度保持着明显的距离。拉采尔的其他作品中也有相同的观点。

- 从地中海到印度洋的所有道路都要经过土耳其领土或其附近。
- 尽管失去埃及,新月旗仍在整个红海东岸飘扬。
- 塞德港(Port Said)以东沿东南方向通往波斯的道路,起点无论是爱琴海、博斯普鲁斯还是黑海,都只能经由土耳其海岸。这些地区的确是土耳其人口最多的地区,小亚细亚(总共有800至900万居民,其中有500万土耳其人)则是亚洲的土耳其种族的强大后卫。

尽管有那些关于土耳其帝国(东方铁路和巴格达铁路横贯其中,长达2800公里,均在非常肥沃的地区)即将灭亡的讨论,但其存在仍是一个事实。根据拉采尔的说法,对土耳其当局的保护和支持一直是所有这些伟大项目成功的必要前提。他相信,这些新的运输干道将抵消因开通苏伊士运河而对亚洲土耳其造成的不利影响。开通苏伊士运河使一大部分长途运输转而向西,在此之前,长途运输通常都通过小亚细亚和叙利亚进行。苏伊士运河的开通对叙利亚和美索不达米亚意味着一场无休止的倒退,而倒退只能通过与波斯湾的铁路连接来解决。这位德意志地理学家强调了这一点,并补充道,土耳其如果成功建成通往麦加的铁路,将跻身那些完成伟大的现代文化工程的国家之列。[①]

不出所料,拉采尔极为重视苏伊士运河的开通,随后,他开始回顾该地区的局势:从苏伊士运河建造的时期开始,他提到,红海的北半部是一个土耳其海湾,而南半部只有几个小国的模糊声索。只有马萨纳(Massana)属于土耳其,其领土延伸到法里桑群岛(Farisan

---

① Ratzel, F.,《政治地理学》,前揭,页333。

islands)对面的阿拉伯的伊德维特(Idwit)。这只是海岸线上的一块狭长地带——当然包括麦加和麦地那——大约延伸到非洲一侧的萨瓦金(Suakin)上方的地区。当时的埃及是一个在比今天更严格的意义上受保护的国家。只有自1839年起就占领亚丁的英格兰一直觊觎拥有优越位置的索科特拉岛(Socotra),但未能占领。到19世纪末,情况就完全不同了:土耳其将红海边的整个阿拉伯海岸据为己有,直至英格兰在亚丁扩张之后的殖民地边界。尽管被土耳其帝国牢牢占领,它们还是一直动荡不安。在非洲这边,埃及海岸不可能真正地成为土耳其人的海岸,尽管土耳其对克维德(Khevide)的正式占领尚在。然而,如今其北面是意大利的厄立特里亚(Eritrea)地区,一直延伸到政治动荡的拉哈塔王子领地(princedom of Rahaita);接着是法兰西殖民地奥博克和塔茹拉(Obok and Tadschurrah),位于一个位置优越的海湾;之后是位于北部海岸的英格兰殖民地索马里和位于瓜达富伊角(cape Guardafui)的意大利殖民地。除此之外,英格兰人还在红海入口处的佩里姆岛(island of Perim)上定居下来,并占领瓜达富伊角前的双子岛。多年来一直遭到觊觎的索科特拉岛,终于在1886年变成英格兰殖民地,连同亚丁、佩里姆和索马里一起带上,这些地方由印度管理,在军事上亦归入印度(同上,页369)。

7.5 英俄在波斯的地缘战略争端

发现俄英瓜分在波斯的利益的协议后,拉采尔认为沙俄在波斯修建公路和铁路的努力是合理的,这是为了抗衡英国在波斯海上运输中的优势地位。同时他强调,随着土耳其和其他大国对自由航行的兴趣变得越来越强烈,而土耳其在南普罗庞提斯的各个国家内的军事准备得到加强,沙俄通过在亚洲多建一条条铁路线而使黑海变为俄罗斯海的目标变得越来越困难(同上,页333)。

沙俄与波斯的关系显示出利用经济手段促进政治影响的各种可能。最初,沙俄利用里海提供的航运上的优势,偏向于与波斯的贸易,补贴糖和棉织品的出口,并在波斯建立沙俄的银行和通信机构。波斯海关的抵押为1900年的沙俄贷款铺平道路,除了海湾和波斯斯坦港(Gulf and Farsistan ports),沙俄得以对波斯的绝大部分贸易施加影响,这似乎甚至让由比利时官员组织的港口海关当局都感到恐慌。与此同时,英国人也在抗议,声称他们的贸易受到阻碍,而印度商人也面临诸多困难,考虑到从印度经奎达—努施基(Quetta—Nuschki)到锡斯坦(Seistan)的进口茶的新路线。

拉采尔预测,波斯的大部分贸易必定会止于沙俄的控制下,因为与沙俄有商业往来的波斯人认为成为沙俄人的附庸有好处,可以获得保护和优势(同上,页358)。

7.6 苏伊士运河改变了更广大地区的平衡:一种地缘政治学进路

分析过苏伊士运河的价值与保护土耳其的必要性的关系之后,拉采尔将博斯普鲁斯—苏伊士的政治价值作了比较,指出雷赛布(Ferdinand de Lesseps)的说法[①](1854)不证自明。雷赛布说过,博斯普鲁斯的政治重要性将处在苏伊士运河的政治重要性的阴影中,这让当时的外交官们感到惊讶。特别的是,尽管威尼斯人已经知道这个海峡,并发动他们的一切力量去占领各海峡,这一点却没有更

---

① 雷赛布(1805—1894):法国外交官和工程师。1854年,他着手开通苏伊士运河,该工程从1859年持续至1869年。与此相反,他参与建造的巴拿马运河未获成功,导致要约公司破产,而他被判处五年监禁。

早得到发现。他对此表示奇怪,并阐明博斯普鲁斯和苏伊士的前面是相同的海,即地中海和大西洋,不过,最大的不同之处在于,博斯普鲁斯后面只有黑海,而苏伊士后面是印度洋,印度洋后面是太平洋。进入区域海的通道往往是进入大陆国家内陆的大门。[①]

拉采尔认识到,占领波罗的海与黑海之间的土地对沙俄而言是一种地峡类型的政治优势。他在此指的是杜纳—贝雷西纳—丹吉普尔运河(Düna - Beresina - Dnjepr canal)开通后铁路线的发展:在地形不适合通过运河连接的地方,铁路线接手,将海洋连接起来。相对于地峡有相同位置的那些地区,与相对于岛屿有相同位置的那些半岛,往往具有相同的功能(同上,页465)。叙利亚和埃及是印度洋与地中海之间的通道国家。阿拉伯之路经过叙利亚,厄立特里亚之路经过埃及。所以,总有一天,巴格达铁路会与埃及的苏伊士运河一样重要。曾经有一段时间,塞浦路斯和博斯普鲁斯是印度—地中海道路的终点,而这些地区——正是作为与半岛相关的通道国家——是各大邻国政治博弈的战场。埃及、亚述,后来的卡帕多西亚、佩加蒙、亚美尼亚,更后来的威尼斯、法兰西、英格兰,都在叙利亚寻求空间和影响(同上,页466)。

7.7 展示拉采尔的分析:东方问题

7.7.1 欧洲系统中的地中海子系统

拉采尔指出,历史活动不再仅仅发生在中欧,因为现在不可想象有着如此重要目标的战争——如在17和18世纪——如今只会

[①] Ratzel, F.,《政治地理学》,前揭,页498。

发生在德意志、荷兰和匈牙利。注意到中欧与巴尔干之间相互依存的观点变得越来越普遍,他将地中海的国际重要性不仅归因于地中海在国际运输轴心上的位置,还归因于:

- 地中海处于旧世界已知的三大洲的中间位置
- 除德意志外的所有欧洲列强对其海岸和岛屿的控制
- 该地区弱国对这些强国的依赖。

在1897年的希土战争期间,他认为诸如土耳其人可能重新占领塞萨利、爱琴海局势的变化、克里特岛问题的结果和地中海的普遍动荡等问题,将产生泛欧洲和国际的影响。然而,他将苏伊士运河的开通定义为伟大的文化事件,这件事通过为海上运输创造新的条件,通过为列强进入新国家创造最便捷的可能途径,赋予地中海巨大的地缘政治价值:当寻找前往印度的大西洋航线时,地中海被搁置在一边,但当通往印度、东非、东亚和澳大利亚的路线通过苏伊士运河时,地中海再次成为最大政治抱负的奖品。①

7.7.2 巴尔干—地中海子系统中的地缘战略竞争与大国冲突

类比沙俄与法兰西在中欧的地位,拉采尔发现在巴尔干半岛,沙俄与英格兰存在严重的冲突,前者进入地中海与后者利害攸关:沙俄从北部靠近地中海,在寻求自由扩张时撞上英格兰,英格兰则试图阻止沙俄获得进入开放的地中海的自由通道。以此为目标,英格兰做出了巨大牺牲,同时说服其他强国做出了更大牺牲。英格兰

---

① Ratzel, F.,《东方问题》(*Die Orientalischen Fragen*, 1897),页355-356。

成功地使"占领伊斯坦布尔意味着统治世界,而克里米亚战争是这一政策的制高点"的观点得到普遍接受。他指出,这场战争的结束也意味着这一政策的失败。他还估计,沙俄的动机完全不同,可能比欧洲中部强国的那些动机短暂得多。沙俄之所以要维护奥斯曼帝国的统治,是因为经过一段时间的扩张,集权化需求对其而言非常重要。

关于确定中欧在巴尔干的利益,①拉采尔采纳舍弗勒的分析,后者在其著作《德意志当前的核心问题》(German current and central issues, Deutsche Zeit – und Kernfragen, 1894) 中预见到以下需求:

- 满足沙俄的自然欲望
- 孤立英格兰
- 努力使奥斯曼帝国的残余成为欧洲从事共同经济活动和殖民活动的自由区域。②

他还对德意志和奥地利官员在克里特岛谈判中所持的态度表示满意,即与俄国人的态度一致,但与英格兰人的态度完全相反。他还注意到,德意志和奥地利在巴尔干地区有相同的利益。此外,据他估计,随着奥地利的扩张越过萨瓦河(Sava River),其位置也得到改善,因为其周围先前总是遭受灾难威胁的麻烦点被一扫而光,而独立和半独立的巴尔干国家构成一个适合商业和运输网络的地区,德意志和奥地利与该地区的关系越来越密切,越来越有利。在

---

① 对"中欧利益"一词的解释应符合这样一种观点,即需要创造一个经济空间,以抗衡那个时代的各大帝国。拉采尔认为,决定中欧命运的大国是德意志、奥匈帝国和法兰西。

② Ratzel, F.,《东方问题》,前揭,页365。

巴尔干地区,他没有观察到沙俄有什么优先地位,而是观察到英格兰贸易的衰退。过去,英格兰常常从海上无须竞争地占这些国家的便宜。

在这场俄英冲突中,他把中欧国家在东方的使命(联系拿破仑三世繁荣时期的法国的使命)界定为:针对沙俄和英格兰,保护非欧洲的亚洲(non-European Asia)的利益,以保持意大利以东的地中海空间是一个用于西方国家的文化工作的巨大自由空间。

他认为,英格兰的主要地缘政治议题是,确保至少有两条通往印度的道路(尼罗河—苏伊士),以及对上述干道的周围地区的殖民控制——沙俄也在从北部争夺这些干道。

根据上述中欧-巴尔干系统框架内的博弈,他分析了地中海的地缘政治局势,并界定了列强的目的以及该地区各国的局势。他将重点放在质疑该地区的自由航行能力上,并援引法国交通部长蒙托(Pierre Deluns-Montaud)在埃及委员会组成仪式上所说的话:现在的问题是,对陆地和海洋的排他性统治是否应该服务于某个独特民族的排他性利益,或者每个文化上先进的民族是否可以希望通过廉价协议确保在阳光下占有一席之地,并能够一直扩张到相邻帝国的边界,最后,所有国家是否都应该平等地参与国际运输(同上,页356)。

7.7.3 拉采尔的东地中海地缘政治学说:楔点和岛屿

基于以上所述,拉采尔创立了有关东地中海①的地缘政治学说,可以总结如下:

---

① 拉采尔认为东地中海是地中海的"定倾中心"(metacenter),因为法兰西和西班牙已不再是海洋强国,与印度的贸易现在通过地中海进行。

修建苏伊士运河的主要目的是确保通往东方的商业道路,对地中海东部海盆具有重要价值。在此框架内,他在南欧半岛与北非海岸之间地中海变窄的地区找到 4 个战略通道点,即直布罗陀、马耳他、克里特岛和人工修建的苏伊士运河。①

由于其中三个地区都处于不列颠占领之下,因此将克里特岛置于国际控制之下的努力意义重大,其目的显然是为了阻止英格兰的总体控制。克里特岛的重要性由其所处的东地中海中间的位置决定。该位置对水平海轴(horizontal sea axis)上的海上运输非常重要,因其控制着亚得里亚海和爱琴海以及黎凡特海(Mar di Levante)和塞得港的入口。所以,他认为克里特岛②比马耳他重要得多,他还认为苏达湾(Gulf of Souda)的重要性相当于基尔(Kiel)对东海(East Sea)的重要性。③

由于英格兰在经由苏伊士以及经由埃及通往印度的路上占据统治地位,有必要发现通往该地区的替代性大陆通道。

7.7.4 地缘政治玩家与现实政治

显然,拉采尔已经意识到国际关系特有的复杂性,他只承认少

---

① 有关现代的地缘政治影响轴,请见 Mazis,《希腊的新国防学说的地缘政治学进路》(Γεωπολιτική προσέγγιση για ένα νέο Ελληνικό Αμυντικό Δόγμα. Εκδ. Παπαζήσης. Αθήνα,2006),页 17;Mazis,《希腊的新国防学说:一个框架提案》("Greece's new Defence Doctrine – A Framework Proposal",*CRiSSMA – Facolta Di Scienze politiche*,N. 8,2005),页 28。

② 克里特岛问题是这段时期东方问题的首要问题,也是英、法、俄、德在欧洲领土上发生冲突的借口。因为,前三者支持克里特人选择自己的主权者的权利,而德皇威廉二世则强调不妥协的土耳其立场,主张在这里进行土耳其国民的选举。

③ Ratzel,F.,《东方问题》,前揭,页 359。

数几个占主导地位的地缘政治玩家。他将国际关系视为大国之间的竞争关系,而把一些弱小的附庸国家(countries – satellites)当作次要角色。同时,他还把核心国家与附庸国家之间的关系描述为:后者为了生存而将自己的利益附属于那些大国的利益。因此,他认为沙俄和英格兰在地理和历史上是希腊—土耳其战争背后的地中海强权,两者隐秘的目的是控制克里特岛、希腊和土耳其(同上,页357)。他注意到,其他国家通过这两个国家且因为这两个国家而参与进来;接着他继续展示其现实主义:如果外交规则允许,那么其他国家实际上可以把解决无序这件事留给这两个国家。这是国际形势如何支配和瘫痪地方利益的一个令人难以置信的典型案例。地中海不再为自己而存在,而只作为世界的一小部分而重要,有个碰巧重要的位置(同上)。

这些观点显然影响到麦金德和斯皮克曼,他们的"中心地带"和"边缘地带"的提法为创建用于制衡华约的北约创造了基本观点。尤其在20世纪下半叶,美国和苏联通过这两大军事联盟,把地缘政治博弈的规则强加于这个星球的极大部分,使地区冲突或地区需要附属于两极竞争的目标。

拉采尔还认为,中欧列强并不一定只有英格兰媒体提到的经济动机;显然,通过文化优势(cultural predominance, Kulturarbeit),中欧列强也试图在近亚(Nearer Asia)获得与自己的地位相符的利益。出于此原因,他认为土耳其的冷静反应和土耳其人的友谊不证自明:如果土耳其设法制止英俄之间即将达成的妥协,这一妥协可能给德意志带来比俄法可能的结盟更大的风险,那么,土耳其人的政策应该得到两次赞扬。

在此框架内——尽管他同情地提到希腊人强烈的爱国情怀,他们要求通过把克里特岛(也)并入希腊来实现民族整合——他让克里特岛问题从属于那个时期的地缘政治必要性,即那个时期的列强对该岛的控制。

最后,拉采尔认为国家(通过其政治精英和知识精英来体现)是制定和实施外交政策的唯一责任者,并且绝对具有分析和决策的能力。考虑到(在他于此展示的著作以及其他著作中)人民根本没有能力制定外交政策,他试图对人民与精英/当局作出明确区分。

7.7.5 东方问题的经济因素和政治因素

考虑到经济活动的极大重要性,拉采尔赞成英格兰在地中海的政策,因为地中海与其他任何地方一样,都建基于强大的经济利益,这些利益关系到公民并得到他们的理解。这赋予英格兰的政策一种健康有力和下定决心的样子。与英格兰每年在地中海贸易价值超过50亿马克的产品相反,他注意到——提及经济因素——法兰西在该地区的经济活动普遍滞后,① 他认为其原因是法国的地中海政策在宗教、政治和经济动机间摇摆不定,没有持续性:这是法兰西在对抗英格兰和沙俄时犯的最大错误。

拉采尔区分了英格兰的经济主义和法兰西的文化扩张,并发现这两个国家在实施国际政策方面的动机差异:法兰西的地中海政策并不以经济利益的强有力为主导。不过,这些利益仍然重要,但是法兰西的商业关系和投资不如英格兰、德意志和(在一定程度上)奥地利那样发达。

---

① 同上,页356:"……同英格兰相比,法兰西对土耳其的对外贸易明显不足,但与奥地利相比略多一点。1895年穿越苏伊士运河的法兰西船只仅占英格兰的八分之一,而德意志船只的数量比法兰西多。甚至在向土耳其、保加利亚和埃及纳贡的国家中,法兰西的贸易与英格兰相比也相距甚远,而且法兰西在叙利亚港口的轮船比奥地利的轮船还要少。"

根据干尼亚［克里特的首府］总领事馆的年度报告的摘要（出版于费加罗，表明法兰西在这一领域也失去重要阵地），法兰西在克里特岛的贸易不及奥地利、德意志、英格兰、土耳其、希腊和意大利，消息公开后，法兰西人的愤怒爆发，拉采尔认为这种愤怒情有可原。他指出，法兰西和奥地利在 1895 年的出口几乎处于同一水平（而在 1890 年至 1895 年期间，德意志对该地区的出口增长了六倍，对希腊的出口则增长了两倍）。前大使诺伊曼（Neumann）在《现代埃及》（*Modern Egypt*, *Das Moderne Ägypten*, 1893）一书中预言，随着时间推移，德意志将在主要的埃及市场中占据第一位。他批评这个预言过于乐观，因为存在来自英格兰的强大竞争。

自 1878 年以来，[1]他就已将经济因素评价为民族整体发展的条件，它能够缓慢拉动其他领域的活动；这次，他将经济因素当作权力的先决条件以及对从海岸到岛屿的海洋控制的先决条件，并以英格兰为例：英格兰尽管拥有经济上的全能却仍然试图获得更多土地，因而艰难地站稳了脚跟。作为反例，他提到古雅典的衰落，雅典崩溃是由于地理基础有限却仍然试图成为世界强国。由于现代希腊民族缺乏有组织的扩张，他预见到他们基于大观念（Great Idea）的各项政策也将遭遇同样的命运。

除了毫无争议地起主导作用的经济因素外，他还分析了文化因素，先验地明确指出必须将文化问题（cultural issues, Kulturfragen）与政治事件分开。他认为任何政治安排通常都是表面上的平衡和保障，并指出通过文化工作（无论在战争期间，还是在外交谈判期间，文化工作都不能停止）可以绝对巧妙地改变许多事情——因此，在下一次冲突中，完全不同的力量，无论新力量还是旧力量，会来到

---

[1] Ratzel, F.,《对诸民族的评估》，前揭，页 187。

前台,而这些力量在之前没有表现出任何活动。

他认为,土耳其人和希腊人在地中海的地位不可完全由前者的战争成功或后者的失败来判断,因为对于东方各民族来说,一个战败的民族通常会得到其在和平成就上的胜利的补偿。他最后得出结论:在亚洲,希腊人除了进行文化上的统治外别无选择,因为没有一个民族曾将自己的统治长期强加给文化先进的民族。

7.7.6 希腊

在一份有关希腊的特别详尽的报告中,拉采尔以令人印象深刻的方式分析了几乎所有重要的方面:经济、文化、军队、教育、区域发展。甚至连(历时性的)腐败问题也没有逃过他的分析视野。

拉采尔以一种颇为挑衅的语气说:希腊已在其不幸的政府尚未干预的所有领域取得进展。然后,他提到希腊人的经济发展,包括31.2万吨(162艘蒸汽船)的商船队,地中海最大的商船队之一。尽管国家破产、葡萄干价格下跌,但希腊的对外贸易仍高于塞尔维亚和保加利亚。他以希腊葡萄酒和减少谷物进口为例,指出希腊的农业模式已得到改善,同时他提到希腊商人在国外取得的国际知名的成功。[①]

在智识层面,他认为希腊保留了自己的老教师的某些才能(aptitudes)。他认为希腊的基础教育好得超出必要,相比于其他国家结构。雅典不仅是整个希腊的智识中心,还是整个希腊主义的智识中心,而卓越的教育机构和杰出的学者也为雅典的最高(但政治上不稳定的)地位作出了贡献。拉采尔将雅典称作"小巴黎",指出雅典与地方的朴素毫无关系:在地方,除了小学,也缺好的中学。他由

---

① Ratzel, F.,《东方问题》,前揭,页366。

此得出这个可悲的结论：一个教育上的无产阶级像过去那样为当代希腊的政治腐败铺平了道路。他不满于报社记者们的印象，而回到费默雷耶尔（Fallmerayer）、里德、罗斯（Roß）、斯泰布（Steub）等学者以往的论著，以便把一心爱希腊的（philhellene）一代人的印象与他那一代人的印象作比较。根据拉采尔的说法，令人奇怪的是，勤奋工作和领取低工资的希腊人的效率非常高，但随着社会阶层的上升，效率变得越来越低（同上，页 366-367）。

在那之后，他区分了临水城镇的希腊人、艰苦山区的居民与内陆居民之间的文化差异。他认为后两者非常东方化，以至于除了少数例外，他们不接受其他文化：内陆的希腊人不是欧洲人，也不愿意成为欧洲人。他们冲动地害怕西方的影响，认为这将对他们那种简朴的、与世隔绝的生活构成威胁。拉采尔指出，高地农民有意识地破坏政治家们修建的道路，努力（凭借只有动物才能通行的道路）减少可以使民族融合、抹平差异的运输。与此同时，他预言西方精神将凌驾于他们幼稚的观点和迷信之上，并且他注意到，欧洲与雅典、帕特雷（Patras）等城市的趋同就像政治进程、选举造假、新闻界谎言、贿赂、阿谀奉承一样迅速。在此框架内，他意识到：一个具有欧洲精神的希腊已经创造出来，犯着在一种文化中初出茅庐的年轻人的错误，生活在城市里，逐渐对古老的、真正在工作的内陆希腊缺乏了解。这种鸿沟并非新生事物，而对国际历史具有决定性意义：它将雅典从波俄提亚（Boeotia）分离出来，将科林多（Corinth）从亚该亚分离出来（同上，页 367）。

他发现军队中也存在同样的情况：有能力的士兵受到糟糕的训练和引导。他认为英勇是东方各民族（主要是土耳其人）的优势，但与此同时,他对在血统和训练上半欧洲的黎凡特人(Levantines)①持否定态度。他认为,在东方无数的民族和宗教类型中,黎凡特人最糟糕,那些特征连同引起民族和宗教嫉妒的分裂,是目前土耳其势力稳固的基石。②

他完全摒弃了过去有关异族通婚的讨论,强调古希腊人和现代希腊人不是一个纯粹的种族,因为没有人再否认自己的阿尔巴尼亚、斯拉夫和罗马成分。他还作为主要话题指出这个事实,即希腊有22亿③居民认为自己是希腊人,而且除了希腊的居民外,土耳其另有400万人(希腊给出的数据是600万人)将希腊视为自己的精神中心。对于拉采尔来说,这是希腊对抗土耳其的一大优势,而且主要是对抗其强硬对手亚美尼亚人的一大优势。因此,他认为小亚细亚的希腊人利用希腊的影响来保护自己免受土耳其的压迫,是完全可以理解的政治计划。④

此外,拉采尔通过研究希腊领土扩张的雄心,预见希腊的下一个目标应该是吞并希腊人居住的伊庇鲁斯和马其顿地区。关于马其顿,他认为希腊只能吞并比斯特里察(Bistritsa)地区,因为塞萨洛尼卡(Thessalonica)与跟库佐弗拉赫人(Koutsovlachs)有争议的伊庇鲁斯地区没有相似之处。他当然也提到土耳其的反应,指出阿尔巴尼亚对欧洲的土耳其人来说与小亚细亚一样重要。因此,他们既不会离开约阿尼纳(Giannena),也不会允许希腊扩张至塞萨洛尼卡的

---

① 位于意大利东部的地中海国家的居民。
② Ratzel, F.,《东方问题》,前揭,页367-368。
③ [译注]原文是"2.2 billion",此处数字应该是作者笔误。[校按]疑当作220万。据查,1896年希腊人口约为243万。拉采尔的话极有可能基于这一年的希腊人口普查数据。
④ Ratzel, F.,《东方问题》,前揭,页368。

门口。失去东罗米利亚(East Romilia)之后,这些是土耳其人在欧洲的最佳位置(同上,页368-369)。

他认为,在伊斯坦布尔和小亚细亚,目前占统治地位的希腊种族的位置在过去几年发生过重大变化,但对亚美尼亚人的统治由于他们的经济发展而不会给他们带来任何政治利益。因为,对希腊人来说,更大的诱惑是推进至亚美尼亚人作为土耳其统治的政治上怯懦的仆人迄今为止占据的位置,希腊人可能只会在道德上放松这一过程。由于缺乏母国,而且没有欧洲大国对亚美尼亚人真正感兴趣,因此他们在政治上受到怀疑。大量人加入伊斯兰教确保了土耳其不断有新势力涌入,同时叙利亚人、黎凡特人和欧洲人(主要是德意志人)的到来弥补了可能的不足——通过同时考虑这两者,他得出的结论是:希腊人在亚洲也别无选择,只能继续自己更擅长的和平工作,并忘掉任何政治上的乌托邦(同上,页369)。

又考虑到希腊人对巴尔干半岛南部的保加利亚人可能希腊化的希望已化为泡影(同上,页368),他得出结论,希腊应停止任何领土扩张的努力,并用瑞士和比利时的例子来安慰它自己,因为这两个国家不需要太广袤的土地而凭借内部工作就变得伟大(同上)。

最后,他谈到希腊的教会问题时,激励希腊人放弃他们的教会政策,以免斯拉夫教友的仇恨有朝一日泛滥成灾。这位德意志地理学家说,希腊人的未来在于和平的工作,他估计,以这种方式,他们最终将超越土耳其,因为没有一个民族曾将自己的统治长期强加给文化先进的民族。土耳其人似乎不会进步。在这一点上,希腊人与其他文化强国一致,正是由于这一点,那些文化强国——归功于自己的位置和国家结构——与东方产生了联系。在国际史观中,古希腊是古代东方文明与现代西方民族之间的枢纽。具有东方特色的现代希腊必须扮演同样的角色,尽管随着时间推移这个角色不再那么重要(同上,页369-370)。

7.7.7 塞浦路斯

根据拉采尔的观点,塞浦路斯在19世纪末不是地缘政治关节点。

从经济和行政的角度,他认为占领塞浦路斯困难重重。这里有400万马克的收入,其中180万马克要支付给苏丹。英格兰必须支出500万至600万马克的行政费用,与此同时,人们抗议高税收,且在基础设施(改善供水系统、道路和港口)方面的花费极少。此外,拉采尔认为,在英格兰政府的管理下,该岛的经济发展规模太小,因此老格拉德斯通(old Gladstone)可能会敢于提出,要么将该岛让渡给希腊,要么建立一个独立国家,但任何情况下均不可能将其归还给不可容忍的土耳其人。

他还提到其他政府官员,这些官员认为塞浦路斯的价值微乎其微,如哈特库尔特(Hartcourt),他(于1895年2月5日)认为对塞浦路斯的可能获取是个错误。这个不断重复的、自夸的论点,即表面上把这个岛从苏丹的暴政中解放出来,以及可能的归还是个错误,似乎是说给英格兰人的感受听的,但实际上是为了博得希腊人的同情,就像先前是为了博得意大利人的同情。拉采尔如此评论,并认为这种同情具有重大的政治价值,尤其在民族尚未政治成熟的那些地区。然而,他在塞浦路斯没有察觉到这种同情,因为英格兰人在那里面对的是仇恨,从而削弱了这个岛的价值。不过,拉采尔认为塞浦路斯所处的叙利亚—西里西亚拐角之前的位置是造成这一价值削弱的主要因素,因为这里远离对英格兰至关重要的欧洲—印度国际大路。他坚持认为,塞浦路斯荒凉的海岸也没有使其成为理想的煤炭站,并再次提到英格兰官员,迪尔克(Dilke)就是其中之一,他曾在获取塞浦路斯一段时间后将其描述为一个没有任何军事价值的岛。最后,他也没有预见到长期发展的可能,即以亚历山大湾为印度—叙利亚铁路的终点,因为他明白这即便在如今也不确定——由于其毗邻克里特岛的位置。

7.7.8 叙利亚

拉采尔说,叙利亚过去一直是所有贸易民族往来欧亚间最重要的通道国之一,他预计铁路网络的增长将使陆地贸易通道重获因海运的出现而失去的价值。

与克里特岛相比,叙利亚没有大型港口,这降低了其重要性。然而,贝鲁特(Beirut)的发展和人口的成倍增长,以及在6000万马克左右波动的进出口贸易,显示出叙利亚的潜力,叙利亚正逐渐作为丝绸供应商而备受关注。此外,他把巨大的经济价值归因于叙利亚的200万人口(实际上是闪米特人),其中5%是土耳其人。相反,他对叙利亚人的政治和人道德性给予负面评价,因为叙利亚的内部矛盾(如同属基督教人口的马龙派 [Maronites] 与德鲁兹派 [Druzes] 之间的冲突)为土耳其人的统治大开方便之门。

法兰西按照我们的传统是我们在东方的权力这一原则行事,因此非常重视获得叙利亚基督徒的同情,其中只有德鲁兹派给英格兰造成持续不断的   但因礼物而得到缓和的——不安全感。法兰西人通过他们的文化成就默默前行,其中最重要的是贝鲁特的港口和水网建设,同时他们也可能承担叙利亚铁路网扩张的绝大部分工程。

拉采尔认为,与南部的耶路撒冷、海法(Haifa)和死海以及与北部的阿达纳(Adana)建立联系,将使叙利亚恢复其在欧洲与印度之间的古老的国际位置。当然,这种国际位置不是垄断性的,而是作为通往东方的古老运动潮流分入其中的海上干道之一。在叙利亚的当前价值上再加上诸圣地的价值以及良好的未来国际位置,他认为叙利亚与埃及同等重要。

最后,拉采尔提到叙利亚适合殖民,并指出他理解殖民主义的方式:不是通过暴力迫使土著人口迁移,而是一个占领自由空间的过程。因此,注意到那里没有别的自由空间之后,他并没有提出(令他的许多批评者失望)军事解决方案,而提出——还能有什么呢?——经济和商业扩张:在这种情况下,最实际、最可行的解决方案也仅仅是参与这个国家的贸易和经济生活,即[德意志]首先与法兰西竞争,然后与英格兰竞争。①

7.7.9 民族心理学——新闻界的作用

拉采尔涉及舆论形成和新闻界作用的那些观点极其重要。提到民族应用心理学,他认为仔细观察一个民族在冲突中的行为是政治责任,因为这为我们提供了有关该民族的同情和反感以及政治意识程度的要素(同上,页370)。

首先,拉采尔发现了德意志人对希腊—土耳其冲突的态度中的许多显著因素,并且发现爱希腊的情感只存在于一些古典语文学家和狂热的基督徒中,而他们几乎从不公开发表自己的看法。就这一主题提到新闻界的态度时,他描述了当著名的、不可预测的政治家塞普(Sepp)在一次演讲中加入一些有关希腊人的热情洋溢的言辞时(论点是为蔑视国际法的民族辩护不合适),慕尼黑的新闻界如何匆忙地加以劝诫。在大报纸中,只有法兰克福《独立报》(*the independent* of Frankfurt)偶尔会发表一些关于希腊的评论,有勇气批

---

① Ratzel,F.,《东方问题》,前揭,页360-361。

评德意志人对希腊人的不明智行为。此外,他还批评那些据称是为王位和宗教而战的大报纸的态度,因为这些报纸似乎已经忘记了这件事当中的宗教,因为这是伊斯兰教与基督教的冲突。他赞赏中间派报纸对斗争的这一方面的同情大于新教派媒体,尽管不是特别热切。他还提到一些独立的杂志,例如《边境使者》(Die Grenzboten),①这些杂志发表过一些旨在缓和对希腊人的非难的文章,却不为人知:似乎没有多少人认识到这不仅是国际法或银行破产的问题,而且关乎我们从纯粹人文主义角度来考虑的那些重大的文化问题。这位德意志地理学家继续作出出乎意料的批评,指责那些评论德意志的国际政策的报纸对东方的严肃文化问题持轻视态度,好像其新闻编辑是一些不成熟的警察,眼里只有违法和处罚。②

他基于一个热情的爱国者的立场发现,反对希腊的是某种官僚主义的愤怒,大量的、漫无目的的、肤浅的嘲笑,其中没有对一场受害者众多的民族叛乱的温和动机的理解,对伤亡和挫折没有丝毫同情。但是,他穿着现实政治的外衣,将上述言论置于德意志的野心和目的之下,指出国际政策并非一团糟,而且一个民族不合理地挑起对自己的仇恨不是明智之举。此外,他极具创意地区分了官方外交与国家间关系:我们的外交可能有无数个理由支持土耳其,我们的民族即使不完全理解这一政策也有可能会赞成,然而,这并不意味着整个舆论都应该认同这一观点(同上,页371)。

拉采尔指出,人民的观点与其外交持续一致是一种风险,他指责报纸试图吸引读者,以推广哪怕最强硬的外交官也会感到羞耻的现实政治。他警告说,暴力的普及是各个时代的危险标志。因此,

---

① 该杂志的主要撰稿人是拉采尔。
② Ratzel, F.,《东方问题》,前揭,页370–371。

他认为德意志和奥地利新闻界的这一策略无效且短视,因为中欧各国没有理由反对希腊,既然这些国家期待在东方大搞经济远征。他凭借令人钦佩的现实主义以理想的类比作结:为了从我们的外交官的政策中获取成果,例如在小亚细亚,与土耳其人的友谊和与希腊人的非敌对关系同等重要(同上)。

在对其他民族的政策上,他发现德意志与英格兰和法兰西相比存在重大滞后,后两者竭尽所能赢得小国和弱国的同情。他认为向希腊人、亚美尼亚人、保加利亚人、塞尔维亚人和罗马尼亚人提供援助是有计划和有意的行动,尽管显得是充满同情的人道和基督教感情的自然流露。他明白,高级[对外]政策反对报纸和公共集会的这种感情用事的政策。尤其在英格兰,他发现那些在政治上发言、写作和行动的人之间有着大得多的联系和理解,因此,在所有重大事件中,不同的公开声明都是出于英格兰的真实利益这一相同本能。这显然意味着,在重大事件中编辑与国家之间存在某种共识(同上,页 371–372)。

此外,他还发现了英格兰和法兰西的一种有组织的交际政策,因为两国继续发表低强度的爱希腊的声明,从而得以总体监护希腊。剩下的就是希腊人民的感恩的友谊,一旦希腊人民成为自己的主人,在寻求这些朋友的保护时,这种友谊将加倍。拉采尔这么说,并领会到,如果随着时间推移这些声明大多被证明不真诚或完全无效,那么,关于英格兰人和法兰西人的礼貌的看法将广为流传。他还认为,意大利人在战斗中没有全力以赴是他们的一项优势,因为他们没有处于与自己的朋友希腊人交战的不愉快位置(同上,页 372–373)。

他会惊呼:人民是多么不讲道理啊!他实际上在民众与精英之间划出了一条分界线,他会补充说,他们是如此不讲道理,每个没有考虑到这种荒谬的人都没有遵循正确的政策。我们想要对人民中的每个人大喊：让国家跟随自己的政策，你们则跟随你们的。如果你们遵循正确的道路，你们最终会在相同的目的地相遇（同上，页373）。

最后，与德意志相反，拉采尔认为法兰西在赢得大众同情和凭这种同情扩张至各拉丁民族这两件事上无与伦比。因此，基于其艺术和文学宝藏，凭借天主教和巴黎的魅力，法兰西正在政治上和自我意识上寻求（并非没有成功）对并非祖先上而是心灵上的亲戚斯拉夫人和希腊人的新投资。相反，他认为英格兰的吸引力是非政治的，但绝不是微不足道的，因为盎格鲁-撒克逊人在世界各地都有大量支持者和愿意相信他们的人。通过提到歌德的类似批评，他还强调，德意志高层人士中的盎格鲁狂（Anglo-mania）不时发挥巨大的政治影响力，并且他为英格兰官方残酷的政治剥削攻击英格兰人，这种剥削带着面纱误导人。英格兰官方过量的宗教和慈善演讲用这层面纱包裹这一［剥削］政策。为了支持上述说法，他提到反对奴隶贸易的案例，英格兰因此获得极大的同情，同时也获得了经济和政治影响（同上，页373-374）。

7.8 《达达尼尔海峡和尼罗河（1、2）》：地缘政治学进路

拉采尔在中东地图上观察到，从英格兰到印度的直线横贯爱琴海和欧亚间海的各重要海峡，通往印度的最短航线则经过非洲与亚洲之间的一条人工海峡：苏伊士运河。此外，他看到这些政策标线的两个焦点，伊斯坦布尔和开罗，与俄国构成一个三角形的三个角，中间则是土耳其帝国及其主要的亚洲省份。三角形的一个角是土耳其帝国的首都，另一个角是埃及的首都（形式上仍然是土耳其帝

国的一部分),而中亚、叙利亚、亚美尼亚、库尔德斯坦(Kurdistan)和美索不达米亚都位于这个三角形内。这些地方由于位置、财富和人口,构成了土耳其帝国的心脏,其堡垒则是邻近的欧洲土耳其。注意到欧洲与印度之间最短的铁路线路有朝一日将通过这个中心点,他认为,位于印度政治三角形背后的所有地区都已部分属于沙俄。里海也已作为形式与实质领土主权间的另一个冲突案例记录在案,①尽管我们的地图将其标记为中立水域,但事实上,里海在波斯港口的码头属于沙俄,或者像波斯那样处于沙俄的影响之下,或者像在阿富汗的情况一样是英俄的矿场。②

7.8.1 亚美尼亚问题

拉采尔对亚美尼亚问题的解释,不仅涉及英格兰在埃及和印度的地位,还涉及沙俄在亚洲的计划,即沿着通往印度和中国的两条主要道路,试图从印度洋和太平洋一侧包围中亚。除了亚美尼亚问题,拉采尔还在该地区记下其他问题,例如保加利亚—马其顿问题或叙利亚问题,所有这些问题基本上都指向同一个问题:土耳其帝国问题。他还把获取中亚和印度的竞争归入这一语境,认为该地区的后继力量将控制近亚,而从欧洲通往印度和从地中海通往印度洋的道路都经过近亚的中心或边缘。但是,考虑到俄英在中亚和东亚的对抗,拉采尔认为土耳其帝国的所有问题都与亚洲任何其他具有威胁的或潜在的英俄冲突有关。在这场冲突的背景下,他建议德意志人不要低估自己,但不要忘记,与较小的中欧国家(在该地区没有

---

① 法律上确定的地区与实际上控制的地区之间的这种不平衡是政治地理学的重要研究主题。详见第 1.3.2.1 节。
② Ratzel, F.,《达达尼尔海峡和尼罗河(1)》("Dardanellen und Nil I", *Die Grenzboten*,54. Jg,Nr. 50,S. 513 – 522,1895),页 513。

领土占有)相比,那些土地高于(higher)欧洲大陆的大国,在东方问题上应该有非常不同的利益,从爱琴海到死海。为了证实更大地区的运动之间的相互作用,他强调,沙俄突然在阿富汗设立大使馆这件事,使得印度响应英格兰的决定(1878年在斯特凡诺斯谈判[negotiations of Ag. Stefanos]后),向塞浦路斯派出印度军队,以向沙俄施压。拉采尔强调,英格兰人立即让步了,他认为没有人会盲目到看不见近几个月来英格兰在亚美尼亚问题上具有侵略性的、真正革命性的政策已经减少(同上,页513-514)。

由于沙俄趁清朝虚弱想要扩大自己在东亚的势力范围,乃至超过英格兰的利益会允许的程度,拉采尔认为,除了把沙俄的注意力转移到一个比朝鲜或中国东北让沙俄更感兴趣十倍以上的地区,没有更好的手段来限制沙俄的势力或迫使沙俄接受某种势力范围分布。因此,他认为英格兰的分析是正确的,即其他国家会尽一切努力扑灭英格兰自己点燃的火。此外,拉采尔相信,英格兰并不期望奥斯曼帝国分裂,但他把挑战奥斯曼的统治地位及其管理的每一击,例如索尔兹伯里(Salisbury)著名的威胁演讲,比作一场到处散播不安和恐惧的小地震。英格兰人当然知道,这样的震动波会传到邻近地区,除了土耳其,沙俄在其亚美尼亚部分也会感受到这种震动波(同上,页514)。

亚美尼亚人的情况全面介绍如下:亚美尼亚人(在沙俄的亚美尼亚人超过200万,在土耳其略多)由统一的人种组成,是亚洲最封闭(closed)、亲密(confidential)和有远见的民族之一,他们无论在土耳其还是在沙俄,都设法在非常不利的条件下获得特别重要的地位。拉采尔认为,亚美尼亚人对土耳其处于统治地位负有责任,但他们也从中获益,因为直到最近几年,他们根据犹太人的标准一直是土耳其最灵活的民族,似乎除了确保生存的权利——哪怕听命于人——就不再为自己争取什么。与希腊人相比,拉采尔认为亚美尼亚人的优势在于,他们没有使他们感到自豪和充满希望的悠久的历史记忆,这让他们成为最讨土耳其主人喜欢的基督徒仆人,他们与土耳其主人捆绑在一起,在行政管理方面担任较低的职务,但由于他们拥有的金钱业务,他们同时获得了更有影响力的地位。

拉采尔将亚美尼亚人在俄国的成功主要归因于他们的金融技能,尽管他们经常处于较高的行政职位和军事阶层。把亚美尼亚人放在他们的文化环境中,他认为,亚美尼亚人在俄国与民族特点是懒散和追求享乐的人民生活在一起,而他们则承担起高贵的格鲁吉亚游民(noble Georgian loafer)的角色,相当于波兰或罗马尼亚的犹太人的角色,因此,他们甚至比俄国人自己更好地利用着人民的特点。他们与欧洲教育资源的接触,使他们迅速控制了新闻界、文学甚至剧院,从而迫使俄罗斯族停止在这些领域表达民族情感。与衰落的旧都埃尔祖鲁姆(Erzurum)、埃里温(Yerevan)、特拉布宗(Trabzon)和马恩(Man)形成鲜明对比的是,拉采尔看到第比利斯(Tbilisi)有10万亚美尼亚人,正在演化成全体亚美尼亚人的首都,埃奇米阿津(Echmiadzin)则正在演化成他们的精神首都。此外,他还写到俄罗斯族对土耳其亚美尼亚人热情洋溢的民族运动的那种古老的敏感,后者梦想在黑海与里海之间建立一个从高加索山脉到扎尔戈斯(Zargos)山脉的大亚美尼亚。随后,他援引一个亚美尼亚人表达的观点:亚美尼亚人分散在俄罗斯人、土耳其人、波斯人、格鲁吉亚人和库尔德人中,非常难以实现民族统一,但亚美尼亚人的目标是成为古老的亚美尼亚境内公认的受过最好教育和最强大的民族,从那里指导其他人。拉采尔认为,沙俄试图控制其国内的亚美尼亚人,像土耳其那样禁绝许多自由,从而避免一些位于伦敦或雅典的匿名组织的联合。他得出结论:显然,沙俄想要控制自己的发展步伐。因此,英格兰支持下的亚美尼亚民族感情的觉醒对沙俄极其不利,尤其现在沙俄在东亚的义务有所增加。拉采尔在此语境中思考沙俄新闻界对亚美尼亚煽动沙俄入侵土耳其的亚美尼亚所持的消极态度(同上,页515–516)。

拉采尔认为,亚美尼亚的地理位置将使沙俄在近亚、波斯和美索不达米亚占据主导地位,他认为这一地区的价值相当于达达尼尔海峡,因为这里构成与印度洋平行的运输区域,拥有这里将使对达达尼尔海峡的潜在封锁不像英格兰想象的那样困难。至于亚美尼亚人在地理上的分散,他认为俄境内的亚美尼亚族分布区包含前亚美尼亚王国一半以上的领土,包括亚美尼亚人的宗教中心埃奇米阿津宗法修道院(patriarchal monastery Echmiadzin)。这一地区毗邻土耳其的亚美尼亚——亚洲土耳其唯一的纯基督教人口地区,而一大部分亚美尼亚人居住在邻近的波斯行省阿塞拜疆。尽管事实上古老的上美地亚(Upper Medea)和亚美尼亚的某些部分在面积上非常有限,但这位德意志地理学家说,这些部分毫无疑问位于近亚。①沙俄有可能获得哈利斯河(克孜勒河)和幼发拉底河的上游区域——这是库尔德斯坦、波斯和美索不达米亚之间的一片主导地区——这会使沙俄在小亚细亚占据主导地位,因为经过幼发拉底河或底格里斯河的铁路线得从该地区的上方经过,通往印度洋。②

从地理特征转向两个世界大国对该地区各民族的心理操纵,拉采尔认识到,英格兰必须不断监视沙俄的计划,尤其因为从里海一侧对波斯的道德征服使这一地区的左翼在沙俄的统治下崛起。不

---

① Vorderasien[前亚]:亚洲西南部,位于地中海与印度河之间,包括亚洲土耳其、俄罗斯外高加索、波斯、阿富汗、俾路支和阿拉伯。资料来源:Bibliographisches Institut & F. A. Brockhaus AG,2002,Sat_Wolf,Bayern。

② Ratzel,F.,《达达尼尔海峡和尼罗河(1)》,前揭,页516。

过,他认为在该地区的主导地位和直接影响方面英格兰不能与沙俄发生冲突,①这会导致英格兰无望获得中亚各民族的同情。拉采尔认为,俄罗斯民族比这些民族强大,已给予这些民族实实在在的好处,比1000名英格兰传教士、专员和新闻记者可能成就的更多,尽管不列颠人由于印度而非常了解一个民族的声誉在东方意味着什么,因而在世界各个角落都努力成为保护自由的力量和受压迫者的支持者。拉采尔认为这一心理因素极其重要,并称嘲笑这一切都是多愁善感的人为傻瓜。他观察到,英国人有一种对政治"不确定性"的价值的非常实际的理解和某种非凡的自我意识,这使得他们说:在船只无法到达的地方,英格兰应该通过货物、金钱、观念和同情来行动。他抓住的例子是哈考特(Harcourt)的人文主义态度(明显带有讽刺意味),此人在处理塞浦路斯人抗议英格兰税收压力以及要求恢复土耳其统治的诉求时,认为英格兰在任何情况下都不能做出这种政治性的然而却反人文的和反基督的举动。②

从这个角度来看,拉采尔甚至在听土耳其的说法之前,就可解释英格兰的亲亚美尼亚态度。但他相当中立,因为他拒绝将亚美尼亚人等同于羔羊,将土耳其人等同于狼,他也对比讲述了亚美尼亚人的袭击事件。此外,他相信穆斯林库尔德人对奥斯曼人来说是一个巨大的不幸,根据莫尔特克(Moltke)的说法,他们天生就是勇士,正是他们对亚美尼亚人提出了领土要求。他估计土耳其政府无法控制库尔德人与亚美尼亚人的冲突,因为土耳其政府本身存在不足,而且库尔德人有穆斯林血统(同上,页517)。

---

① 拉采尔的多维感知和他的分析能力再次显示出来,这可以驳斥一切认为他持地理决定论的谬说。
② Ratzel,F.,《达达尼尔海峡和尼罗河(1)》,前揭,页516-517。

进入英希关系的领域后,拉采尔写到英格兰人支持亚美尼亚人的一个特别动机,即希腊人在其最强大的竞争对手升级时受到的伤害。总的来说,他相信英格兰在希腊只经历过少许欢乐,因为沙俄和法兰西在雅典共享行政影响力,而且希腊商船队对英格兰人不利,既然希腊船只在叙利亚和小亚细亚的主要港口的地位已经提高到仅次于英格兰船只的程度。最后,他认为希腊在塞浦路斯的"大观念"运动是致命的,以至于塞浦路斯宁愿每年从塞浦路斯人的钱中拿出184万马克给苏丹,也不愿把这个收入微薄但位置优越的岛交给乔治国王(同上,页517-518)。

7.8.2 文化冲突——伊斯兰教作为一种文化

与两个超级大国在近亚地区的冲突相比,更加深刻的是拉采尔思考的一个不可解决的文化问题,这对土耳其帝国来说是一个顽疾,因为世界上没有一个国家可以持久——当其占统治地位的民族的人数、教育和福利在不断减少,而臣属却在从所有这些源头获得政治权力时。在种族和宗教差异的背后,他看到土耳其最为活跃的、似乎总是存在且无处不在的文化差异。为此,他认为这场冲突无法避免,因为伊斯兰教不是宗教,而是文化,不可能把它从这片土地上移走(同上,页518)。

拉采尔认为,尽管土耳其人的某些阶层具有一些积极的品质,但关键区别并没有改变,因为与他们的基督教奴隶相比,土耳其人在文化上是贫穷的,而且他们将服从于这种文化上的优越。他认为在这个地区有一个统治的土耳其族,他们在各个分支使用自己的军事和国家机器,但低估了贸易和大部分商业活动。几乎所有的商业生活、所有的高等教育、所有与欧洲有机且富有成果的关系都属于基督教徒。同时,凡原始、野蛮的土耳其手段——即对基督教徒的残酷剥削,如在欧洲占领下实行改革后的叙利亚发生的情形——中止之处,基督徒都越来越兴旺,与土耳其人的情况形成对比。拉采尔认为,这在很大程度上可解释穆斯林与基督徒之间日益加剧的紧张关系和最近几个月的许多冲突,他将这些直接归因于日益增长的仇恨和嫉妒,由此不可避免地导致需要欧洲从中调停,就像发生在叙利亚和希腊的情形(同上)。

在这一点上,见于拉采尔式分析的地缘政治因素的多样性再次变得清晰——以一种许多人可能想象不到的等级上还原的(hierarchically revert)顺序:文化优势和贸易是可以长期实施的手段,比暴力有效得多。

拉采尔继续在同一政治学和人种学的解释框架下分析基督徒人口的处境,记下叙利亚和小亚细亚的基督教学校的惊人增长,这些学校得到来自欧洲和北美以无偿教学、货物和现金形式提供的数以百万计的补助金。他认为,那些原住民基督徒乐于学习、勤奋工作、拥有天赋,但由于他们只能在较低的行政阶层找到工作,他们被迫维持着一种商业无产阶级的地位。从雅法(Jaffa)到特拉布宗(Trabzon),这使诚实的贸易商尤其欧洲公司生活困难,从而在欧洲商业圈引起声誉丧失的感觉。尽管他在叙利亚发现几家拥有良好声誉和巨大财政能力的当地贸易公司,但他看到,由于过度涌入,贸易部门正在形成一群失足者(shipwrecked)、不能得到满足的人(unmet)和嫌疑犯,他们视任何政治动荡为有利,对[叙利亚的]统治者构成越来越大的威胁。与穆斯林相比,这个阶层并没有培养出对欧洲人更友好的感情,因为他们担心欧洲人会从开明的土耳其雇员那里获得经济利益,超出他们自身的利益需要。鉴于这种情况,拉采尔并不否认,欧洲人对诚实的土耳其人比对奸诈的亚美尼亚人或希腊人更富有同情心(同上,页519)。

当然,拉采尔发现,外国势力介入经济领域的机会与介入政治层面不一样。在政治层面,尽管苏丹和一些官员表现出善意,但外国人不能随心所欲。一个重要因素是基督教徒的宗教分裂和民族分裂,即使在巴勒斯坦的圣地,这也需要土耳其军队的存在以维持和平。拉采尔好奇苏丹是否有能力引进某些机构,类似混合法庭或埃及的国际经济共同体(International Economic Comity)。但他预见到,土耳其人尽管在数量、权力和财产上有所退步,仍将保持自己强大的军事素质和信仰,而且他们不会像软弱的埃及人那样轻易允许《古兰经》失去自身作为法律文本,甚至作为苏丹的所有臣属的法律的权力,既然伊斯兰教也算是一种政治权力(同上,页519-520)。

7.8.3 德意志的政策

拉采尔并不怀疑土耳其政府在经济上振兴小亚细亚的严肃意图,因此他引土耳其在道路和运输基础设施方面取得的进展为证。尽管直到一代人之前,这种基础设施几乎不存在,但此后,5000公里省道的建设以及外国建造的铁路网都记录在案。拉采尔证实了奥斯曼帝国与德意志之间的特权关系,强调如果没有政府的帮助,德意志东部铁路公司(German Eastern Railways Company)不可能在不到三年的时间里建造出全长498公里的伊斯米德—安哥拉(Ismid—Angora)铁路线(同上,页519)。

尽管拉采尔认为小亚细亚土地的肥沃程度为人所高估,但他强调其极其优越的地理位置,这证明他殖民列强对该地区的关注是有道理的。不过,他赞同中亚殖民扩张的支持者罗斯、法布里(Fabri)和舍弗勒的观点,认为只有在能够得到保护和某些特定自由得到保障的情况下,将德意志农业殖民地置于小亚细亚宁静、肥沃地区的目标才有价值。此外,他也同意法布里的观点,即除非宣布德意志在黎凡特存在利益,否则德意志不能从土耳其的遗产中索取更多(如小亚细亚或叙利亚的一部分)。最后,他认为,只要爱琴海港口,甚至多瑙河下游港口的英格兰国旗凌驾于德意志国旗之上,实施大型项目的任何潜在努力都是犯蠢。拉采尔强调,政治影响跟随在其自身的经济和精神影响之后,再次明确了优先考虑地缘政治各支柱的重要性(同上,页520)。

综上所述,拉采尔认为小亚细亚问题对德意志外交政策的制定来说并不简单,因为应首先结合德意志的情况加以考察。从这一层面可以揭示,尽管德法关系有所改善,但由不列颠在叙利亚、埃及、印度尼西亚半岛以及东亚的权力投射和要求(受到法兰西的刺激)导致的威胁感,进一步促进了普鲁士(Prussian)①与法兰西友谊的发展。由于德意志(就在地中海问题上的较少干预而言)相较于其他主要大国处于优势位置,拉采尔相信,在目前的各种影响、目标或预期中,德意志代表着欧洲在土耳其帝国的整体利益,而德意志的经济利益目前与土耳其帝国完全相同。作为一个在民族和领土分配过程中迟到的大国,德意志最初的目标是保存世界各地尚未被殖民划定的开放经济区。拉采尔认为,土耳其、中国、朝鲜、特拉夫斯瓦尔(Travsvaal)等的领土损失,也将对德意志的工业、贸易和移民造成损失。就此,拉采尔声称,德意志对土耳其的政策是一种诚实的政治调解和对某些事物的保护,其优势只在于德意志在欧洲的位置(同上,页520–521)。

其次,他强调英俄合作对抗中欧各国将给德意志带来危险,但他认为这两个大国的利益不可能共存,因为沙俄在小亚细亚和幼发拉底河的资源上占主导地位,这与英格兰在埃及的安全不相容。他相信事

---

① [校按]疑当作俄罗斯(Russian)。

态的发展将导致这两股力量发生冲突,并认为俄法的接近才是决定性的,它长时间以来降低了英俄接近带来的风险。1885年,尽管俄法当时是不共戴天的敌人,但双方在黑山事件上针对土耳其、英格兰和奥地利联手行动,自那时以来法兰西在东方就站在沙俄与英格兰之间。不管拉采尔对俄法接近有何看法或担心,他仍赞扬法兰西取得的成就,即让两个大国无法限制和压迫欧洲。作为地中海大国,法兰西将尽一切努力阻止俄英就土耳其帝国达成协议(同上,页521–522)。

他总结道,德意志正是这样看待东方问题的:德意志不必像奥地利或意大利那样直接受影响,而是通过从容应对土耳其问题与那些国家共享利益,如果可能的话,不采用任何暴力手段加以干预。德意志实行与法兰西拿破仑三世时期类似的东方政策,但值得庆幸的是,德意志的政策更温和且没有廉价的作秀:它在沙俄与英格兰之间代表欧洲的非亚洲国家的利益,即要使黎凡特保持为一个文化导向型民族有朝一日将在此和平竞争的地区。至于将来,众所周知,无论谁在这场战斗中运用强硬手段,①当毁灭来临时,他同样不会幸免于共同的结局。

最后这种厌恶之情概括了拉采尔式的地缘政治学概念——我冒着变得乏味的风险重复一下——这种概念将权力主要解释为经济、文化利益和特征的投射;非常重要的是对经济—地理数据的分析,这些数据曾经(现在仍然)对经济生活具有重要意义,如铁路运输和船舶运输等。

至于该地区的具体情况,似乎清楚的是,拉采尔认为,德意志在中欧国家中扮演着主导大国的角色,并渴望在中亚代表这些国家的利益。令人惊讶的是——但也是客观分析的一个标志——他对奥

---

① [校按]这个动词疑有误。或当作"偷窃"(steals)?

斯曼帝国的明确解体所作的评估,尽管他在所有著作中都持亲土耳其的立场。

7.8.4 埃及问题

拉采尔将自己研究的第二部分专门用于埃及的情况,①发表在《边境使者》下一期(第51期)上。他借导论评论了英格兰对塞浦路斯和埃及的占领,这是英国剥削虚弱的土耳其的结果。拉采尔认为,根据1841年的勒令,埃及在形式上归属苏丹,但实际上处在不列颠的统治之下,这或许为在小亚细亚和叙利亚建立类似的"政府"开创了先例——如果其他利益共享者是博斯普鲁斯而非在埃及陷入虚弱危机的法兰西。然而,沙俄对这种行为尚不怀疑,因为沙俄从土耳其获得的一切都是凭借真正的战争,而英格兰人手中的东西都是通过欺诈拆下来的。因此,土耳其人知道英格兰友谊的价值,因为他们确切地知道,其他不承认英格兰在埃及的地位的大国无力进行调解(同上,页561)。

拉采尔认为,在一个世纪内,埃及第二次催化剂般地介入土耳其的历史,不是直接地而是间接地,经由控制埃及的势力,埃及对法兰西构成了真正的威胁。拉采尔预计,如果埃及掌握在英格兰手中,那么土耳其帝国的解体进程将是板上钉钉的事(typically sealed),并估计土耳其不存在任何重振埃及的希望,而应希望受益于英格兰的行为造成的地中海各种势力之间的冲突。因此,拉采尔将埃及放回东方问题的核心,与奥斯曼帝国的问题总体相互依存,但这也是因为埃及作为中转国的位置。

---

① Ratzel, F.,《达达尼尔海峡和尼罗河(2)》("Dardanellen und Nil II", *Die Grenzboten*, 54. Jg, Nr. 51, S. 561 – 568, 1895)。

拉采尔说,英格兰对这个一流的中转国的征服,比土耳其自身的形势更让欧洲难过,他认为这是过去三五十年的发展的结果。因此,他试图全面分析发生在该地区的权力再分配问题。起初,他回忆起旧英格兰如何极其重视通往印度的中转地区苏伊士海峡,重视——甚至在没有奥斯曼帝国同意的情况下——修建亚历山大城—苏伊士—亚历山大城铁路线,当时埃及与宗主国的联系要紧密得多。这个事实值得提醒,不仅因为该事实表明英格兰试图说服奥斯曼人阻止法兰西人修建已经开工的运河,也因为该事实还表明克里米亚战争后不久,在与自己的利益发生冲突时,英格兰人如何几乎不考虑土耳其的利益。他提及一些英格兰重要人物的言论,比如帕默斯顿(Palmerston)和斯蒂文斯(Stievens),他们在 1856 年宣称运河不可能建成,尽管在欧洲其他地区无人怀疑这件事能实现,他们甚至因赛义德帕夏(Said Pascha)在雷赛布那里表现出的信心而威胁他。运河成为全球交通的大动脉,1894 年共有 3352 艘轮船从运河经过,平均每 20 小时载重 800 万吨,载客 10 万人,其中 71% 是英格兰船只,此外德意志船只(296 艘)和荷兰船只(191 艘)比法兰西船只(185 艘,即 5.5%)多。根据拉采尔的说法,运河使英格兰的地位发生了根本改变(同上,页 562–563)。

这项让法兰西知识分子引以为傲的工程,但也以自身的实际容纳能力为傲的工程,却成了英格兰的囊中之物,英格兰对其在政治上包围、军事上控制得如此之深,以至于任何中立的想法都显得可笑;在财政上该工程则依赖于埃及的摄政王购买的股份。在上述段落中,拉采尔雄辩地表达了德意志人对苏伊士运河事态发展的不满和关切,①并考虑到了法兰西方面违背埃及政府的意愿寻求一场司

---

① 详见第 7.6 节。

法斗争的意图,但法兰西方面继续认为运河是一桩注定失败的法兰西生意。拉采尔警告说,追寻过去的记忆并不是一种政治行为,他建议法兰西人根据下述哲学采取更强有力的行动:要么完全放手,要么赢回来。他将重新夺回运河与法兰西在东方的伟大目标——即重新夺回埃及并将其重新布置在叙利亚旁边——联系在一起,同时也与法兰西作为土耳其帝国内天主教徒的保护力量的使命联系在一起。但同时,他相信,法兰西要实现其目标,就需要纠正其在商业领域的错误,因为法兰西对埃及外贸的参与度已下降至6%,而英格兰却高达50%,后者因而极大地影响着埃及的国内经济。

接下来,拉采尔强调经济支柱在国家间关系中的重要性,并分析英格兰在埃及经济中的影响力。埃及的经济性质完全是农业的,因为尼罗河水是埃及稳定的食物来源。根据拉采尔的说法,除少数例外,埃及的出口皆为农产品(棉花、豆、糖、洋葱、小麦、大麦、大米和玉米),而工业几乎为零,这种情况导致埃及财政依赖于少数产品在世界上的价格。此外,他强调了英格兰的应对方式:尽管棉花价格下跌(从1889年到1894年下跌50%),英格兰还是通过相应的增产来平衡埃及经济,这是通过各种技术干预和改进实现的,基于一个本文撰写时仍在进行的计划(同上,页563)。

使埃及参与大型经济计划,旨在加强英埃两国的关系,从而吸引更多的不列颠人前往埃及从业,这符合英国利益而非其他势力的利益。拉采尔强调这一点,并认为埃及自1887年以来经济上摆脱了绝望的赤字,而英格兰对埃及经济的改善功不可没。贷款调整之后,一些埃及贷款有所增长,但欧洲并没有放松公共债务委员会(Commision de la Dette publique)的监管力度,该组织基于1880年的流动性委员会(liquidity commission)而成立。拉采尔回忆说,尽管英格兰和亲英的亚美尼亚财政部部长努巴尔(Nubar)反对,但由于奥地利和意大利的忠诚,一名德意志代表和一名沙俄代表最终加入委员会。当然,他着重指出,英格兰之所以能够宣称在管理埃及金融时享有特权地位,是因为 1890 年的重大调整表明,埃及 65% 的债务是英格兰的,25% 是法兰西的,而德意志的占比只有 7%。此外,英格兰在苏伊士运河的股份也要算在内,大概占总成本的 40%(同上,页 564)。

讨论完不列颠在埃及的经济渗透程度——这种渗透在很大程度上确保了对更大地区的控制——拉采尔提到心理技巧和英国政府在该地区的执行能力,认为英国从印度学会了最好的东方式行政管理,因此英国是所有欧洲国家中最有能力统治埃及的国家。英国人懂得有条不紊地剥削人民的技巧,无须使用极端残酷的手段,在这一事实上他又补充说,英国行政部门拥有许多雇员和官员,他们非常善于与东方那些已经转向科学的专制君主打交道,为帕夏和苏丹的孩子提供教育,他们就像懂得用手铐那样懂得微笑。英国非常了解如何成功利用土耳其人与阿拉伯人的差异,而在埃及,英国对土著奉行善意政策,最终导致土耳其人与其他外国人的冲突。拉采尔认为,英国行政部门尽管有自私的利益和裙带关系,但可能比当地行政部门更好,因此在民众中受欢迎。这恰好是法兰西感到恐惧的地方,法兰西(也由于传统)站在想要像从前那样榨干农民的血的帕夏和阿凡提(Effendi)①的一边,而对英国的严厉反对批评就来自这个方向(同上)。

英国未能强加西方统治模式的典型例子,是德费伦勋爵(Lord Dufferin)把伊斯梅尔帕夏(Ismail Pasha)的名人委员会(Council of Notables)改造成欧洲标准的立法委员会(Legislative Council)。这一

---

① [校按]先生,阁下;老爷,长官(土耳其语的一种尊称,1934 年废除)。

行为使英国走上不归路,因为该机构通过展示埃及受到悲惨的血腥统治,成为指责和反对英国的急先锋(同上,页565)。

在这种情况下,拉采尔认为有关埃及的报告(尤其英国的报告)和文章极其不可靠,因为这些报告呈现一些令人愉悦的东西,而这取决于英国及其值得信赖的仆人努巴尔是否对总督及其朋友们感到满意。但法兰西的报告同样不可靠,经评估,在那些报告中,对俄国的威胁占据重要位置,而法兰西在这一问题上的看法总体上涉及许多不确定性和令人生厌的修辞,与一贯、谨慎和有计划的英国政策相比这是一个劣势。由于存在这些弊端,拉采尔感到非常痛心,并对这样一个事实感到遗憾:这个从本质上看在文化上如此坚定的民族是针对英国的大陆欧洲利益的糟糕代表!法兰西在埃及的政治和经济上的退缩显而易见。法兰西外交上的错误是英国扩大影响力的阶梯。只有土耳其的外交行动比法兰西更加笨拙。实际上,拉采尔不仅批评法兰西的领导层,还对整个法兰西人民作了负面评价,法兰西人民使法兰西的政策失去了在经济和殖民上高度活跃的人民的支持。法兰西可能受到机智且非常聪明地领导,但血管里却缺少人民这种健康的汁液,这种汁液随着身体的驱动而增加,并创造适当的土地条件。比较法兰西与德意志的数据,拉采尔证明,在过去15年中,德意志在埃及的经济和运输利益正在迅速增长(1882年,德意志在苏伊士有109次海上过境记录,1891年为318次,而法兰西分别为165次和171次),而德意志人在政治上却保持着绝对冷静的行为!拉采尔将以纲领文式的风格宣布:德意志永远不会接受英世界帝国对埃及的统治,相比于法兰西,德意志在全球运输中的位置更加不允许这件事。但他同时又强调:德意志不能参与法兰西草率瞎忙的地中海政策,对于这一政策的实际目标,大多数法兰西政客除了说法兰西应该重新获得尼罗河上应有的影响力之外,不知道还有什么别的可说(同上,页565–566)。

拉采尔拒绝法兰西对英国所谓的德意志在上尼罗河为英国提供道义支持这一指控,指出德意志和法兰西的利益显然不仅在那里是一致的。而且在整个非洲都是一致的,他说法兰西和德意志在两者都参与的地方为欧洲提供过许多共同的服务,比如1885年在柏林会议上,当时创建刚果就是为了让不列颠人远离刚果河和上尼罗河。此外,1890年以来英国在非洲的举动表明,德意志并不指望从这方面得到任何形式的回报。

拉采尔说,从欧洲与埃及关系的历史来看,没有丝毫理由假定德意志会支持法兰西在该地区为英国的利益而退缩。他解释说,这种退缩是1870年以来法兰西影响力全面下降的结果,而只有在这个意义上,法兰西人才可以指责德意志人负有共同责任。他宣称:德意志既不希望看到一个法兰西人的埃及,也不希望看到一个英国人的埃及。他带着强烈的现实主义色彩警告说,法兰西介入埃及国内政治,以及在外交政策问题上提出过多要求,都会潜在地使与英国达成合作更具吸引力(同上,页566)。

拉采尔预言,中非未来的事态发展将使埃及问题越来越重要,这一潜在的发展将减少从尼罗河三角洲把英国排除出去的需要;然而,同样可能的是,英国可能会通过介入中非问题而获得新的权力,以此面对其在埃及的位置引发的抗议。因此,拉采尔预计:埃及将成为包围并垄断整个尼罗河以支持英国贸易这一努力的起点,就像已经发生在尼日尔河和维诺河(Venuo)的情形那样。拉采尔认为,在1895年3月5日的《泰晤士报》和一次城市商人会议(《泰晤士报》出版后4天)中均表达过这一观点,时任政府声明,由于英国人和埃及人的要求,英国的势力范围要包括整个尼罗河的海上航线。这项声明得到热烈的掌声,与此相伴的是,鼓励认真对待蒙巴萨—

乌干达铁路的实施计划。

拉采尔说,宣布一项范围超过30个纬度、位于有着几乎不为人知的国家和民族的那些地区的政治计划,对德意志人来说似乎是危险的,但对不列颠人来说则不然,因为后者采取完全不同的措施,唯一关注的问题是这种冒险的正确性。因此,拉采尔引用一位英国传教士的话,此人在13年前(当时德意志甚至还没有涉足非洲)说过,尼罗河拥有巨大的政治和经济前景,因为尼罗河是通往非洲大陆的最佳途径。当然,一项殖民政策的成功可以让德意志提出反对英国野心的主张——但是1890年的客观条件迫使德意志不能越过南纬1度。意大利的情况也是如此,因为意大利出于不同的状况在尼罗河源头的阿比西尼亚地区停滞不前。因此,德意志和意大利处于相同的境地,只能眼巴巴地从黑白尼罗河(Black and White Nile)的源头看即将完工的尼罗河通航工程(同上,页567)。

拉采尔说,尼罗河的通航能力对非洲的状况至关重要,这条河除了封闭的汉扎海(sea of Rhanza)外还有3000公里长的通航路线。这条路线的天然入口位于开罗和萨瓦金,这两个城市几乎都掌握在英国手中,而对乌干达的占领则意味着控制这条路线的上游各点。

最后,他相信,对这条大河的整个可通航长度的声索和回收,对英国而言最初意味着确保红海以及通往印度的道路免受法兰西和沙俄的可能袭击,后来才加上对英国贸易的自然优势的开发(同上,页567–568)。

7.9 本章小结

对拉采尔有关东方问题的观点的分析,证实了前几章提出的理论进路。这种分析阐明了经济、文化、人口、历史等事实以及大众心理学的要素,甚至还阐明了新闻界的作用。拉采尔把这些考虑进去,试图定义领土因素之外其他构成他的大地理观的地缘政治影响支柱。①

拉采尔并未对地缘政治影响因素进行单义的分类。他宁愿从相互依存的角度来研究,即使这以一种不太系统的、不明了的方式实现。然而,从他的上述文本以及其他著作中可以肯定地得出结论:他的思考围绕"经济的主导作用"展开。这一点通过交通和贸易表达出来,这两者的强烈扩张趋势为国家的扩张创造了条件。同时,拉采尔也考虑了以下两个突出经济—地理分析工具在科学上的主要作用的参数:

- 陆地扩张与海洋扩张的条件截然不同,因为在海洋扩张时,由于对武装保护需求的增加,贸易与国旗不可避免地会合。②
- 随着各地区的同质化,共同的经济利益消磨殆尽,与此同时,任何进一步扩张的潜力都只能由有组织的国家实体来实现。③

由于长期致力于人文地理学和人种学研究,拉采尔认为文明(智识的和技术的)在地区内部冲突中扮演着核心角色,其次才是政治,后者主要旨在强加非本质的、表面的解决办法。财富与一个民族的文化水平有不可逆转的联系。因此,文化表达和技术进步是一个重要的评估标准,也是对技术上较不先进的民族实施中长期征

---

① Ratzel, F.,《政治地理学》,前揭,页112。
② Ratzel, F.,《未来的大国》("Die Großmächte der Zukunft", *Die Woche*, Nr. 6, 1900),页45。
③ 同上,页44。他提到德意志关税同盟的例子,该组织曾为创建一个统一的国家作出贡献,但没有通过创建殖民地来实现扩张。

服的一个因素。正是在这一语境中,他提及特别不相关的基督教与伊斯兰教的冲突(由希腊—土耳其战争推动),可见,这位德意志地理学家也考虑到东西方之间的文化差异,但没有将其视为一个原因,而将其视为参与任何冲突的一个媒介(工具)。

拉采尔以相当广泛的地理范围(包括远东和澳大利亚这样的遥远地方)将东方问题定义为几大势力在一片经济上原始、政治上毫无准备的土地上的冲突。从地缘战略上讲,他公开支持德意志通过陆路下到温暖的海洋,支持汉堡与波斯湾之间通过陆路连接,以促进更大地区的泛德意志利益。出于同样的考虑,他强调巴尔干国家作为著名的巴格达铁路的中转地区的商业和运输价值。

尽管如此,对小亚细亚和印度之间以大陆为主的地区的管理——该地区通往海洋的点均由英国人绝对控制——需要一种陆上的工具来组织该地区,这种工具别无其他,就是铁路。他预测,铁路的发展将使陆地区域变得重要,而东地中海将随着远东的每一步发展获得价值。因此,鉴于苏伊士运河所有权的变更,拉采尔实际上敦促德意志人①寻求进入印度的陆地通道。当然,他不仅为巴格达铁路的建设辩护,还分析了更大地区的现状,并指出需要建设许多高质量的运输网络——公路、铁路甚至电报——作为有效管理该地区的前提条件。

陆路交通的系统发展理念(铁路是最关键的)在晚些时候(1900年)以一种更完整的方式制定出来。更具体地讲,当他革新长期以来(长达4个世纪)广为人所接受的陆上势力与海军势力之

---

① 苏伊士运河的建设资金来源于埃及人(占比44%)和法兰西人,但自1895年以来由英国人控制,这是由于埃及的代理人伊斯梅尔在1895年经济危机期间,被迫以400万英镑的不可思议的低价,直接从罗斯柴尔德的银行将其股份出售给了英国人。

间的主导冲突这一政治理念时,他相信新的强大势力在海上和陆上应该同样强大,因为:海上势力与陆上势力之间的鲜明对比正在减弱,既然各陆上势力已经承认,仅靠陆军无法履行一支强大势力的职责。新的各海军势力在陆地上都是强大的。① 作为这个想法的一部分,他试图证明,对大规模陆地的控制是陆上势力相对于海上势力的优势,这些陆地不仅可用作船只的出发点和到达点,②还可用作借以控制各大海洋尤其狭窄的海上通道的关节点。③

除此之外,显然为了证明对土耳其的友好立场(包括德国政府官方的以及他自己的)是合理的,他将国家的外交行动与各国人民之间的文化同情或反感区分开来。拉采尔认为,首要的优先考虑是国家利益,这规定了具体的政策,那些政策甚至可能损害较小势力的"权利"。显然,受俾斯麦外交政策的影响,他描述了一块由潜在的盟友和关系组成的复杂拼图,他认为这能够为德意志和奥地利在巴尔干半岛以及亚洲更大地区的发展创造沃土。同时,他以(对当时的极端民族主义者而言典型的)明显的精英姿态强调,大众没有能力为设计国家政治的进程作出贡献。

认识到其他大国在近东地区拥有更多的历史权利,他设想创造一个在金融上竞争的环境,并最终确定影响力范围,以取代武装冲突。尽管他认为当时的好战气氛是危险的,但他显然支持德俄陆上联盟的前景,以此作为对抗英国海洋扩张的平衡力量。

---

① Ratzel, F. ,《未来的大国》,前揭。
② Ratzel, F. ,《地理条件与交通和海洋战略的定律》("Die geographischen Bedingungen und Gesetze des Verkehrs und der Seestrategik", *Geographische Zeitschrift*, IX, S. 489 – 513, 1903),页 512。
③ Ratzel, F. ,《海洋作为民族伟大之源》(*Das Meer als Quelle der Völkergröße*, R. Oldenburg, München und Leipzig, 1900),页 31。

总而言之,拉采尔支持德意志根据需要积极参与在东方(重新)分配权力的国际竞争,这并不能坐实拉采尔的观点与当时的极端民族主义思想的全然合拍,因为他公开主张选择经济渗透和文化渗透,反对他那个时代提倡暴力和激进方案的军国主义扩张逻辑。

8 结论

本项研究的发现可以表述如下：

认为拉采尔持地理决定论是一种谬说

我们已经相当仔细地分析了拉采尔的下述观点：

- 他认为文化、经济、商业和流通是历史的推动力；
- 他将国家视为新的社会生活(new social life)的一种现象；
- 他坚持界定人类活动的社会因素并将人类置于地理研究的核心；
- 他分析东方问题等外围问题时采用跨学科和多因素的分析进路。

显然，拉采尔不能被指责为任何类型的决定论者，更不用说地理决定论。

特别是，之所以可以无条件地驳斥有些人所谓拉采尔持地理决定论这一指责，不仅是基于上述观察，也是基于一个明确的地理视角：根据他的思路，人类与土地有联系，但不由土地来界定。相反，人类以文化为武器与土地斗争，利用文化获得技术技能以克服自然障碍。因此，地理环境对原始民族(primitive peoples, Naturvölker)的影响更加直接，并且随着文化的出现而减弱。拉采尔在其《人文地理学》中说到,就像人一样,各民族也有自由意志。① 他同时指出,这种意志应该始终考虑到地球上的诸条件。然而,这一表述并没有超越显而易见的、迄今为止有效的那些地理事实,例如沙漠、两极的永久冰层、高山山脉,那里的生活对人类是不利的,对国家也是如此。

更具体地说,在政治地理学方面,拉采尔明确地解构了当时流行的领土扩张确保权力的观点,并在他的分析中引入了更多地缘政治影响因素,如经济、文化、政治、人口等。

权力分析的跨学科先驱

他坚信权力不是通过领土来表达的,而是不对称分配的,这引导他寻求对世界的更复杂的——与他那个时代存在的一元论体系相比——解释模式,从而当然导向与其他科学领域的跨学科合作。那些复杂的问题,例如试图解释世界的演化,需要多维的进路。由此,我们方得概括拉采尔的核心研究视角,这一视角雄辩地印在《人文地理学》和《政治地理学》的目录中。

上述结论在任何情况下都不构成一种理论进路,但在拉采尔的研究工作及其与"莱比锡实证主义者圈子"其他杰出的创新型科学家的合作中都得到了实践的验证。从本质上讲,后者是当时的一个后现代科学圈子,在理解新出现的复杂问题时,形成了一种早期的、在方法论上仍然晦涩难懂的跨学科合作形式。尽管短暂,但应该承认那个圈子已进入当时的科学议程,即特别当代的,根本的,同时也极为紧迫的跨学科合作。这种合作一方面受到细分的科学分支的大杂烩的阻碍,另一方面又受到区分各个科学分支的要求的阻碍,

---

① Ratzel, F.,《人文地理学》,前揭,页63。

一种由职业生存的需要引发的要求。

本研究证明,拉采尔的政治地理或地缘政治观绝不局限于对地理参数的分析。因此,应该重新审视那种简单的(最终会产生误导的)观点:拉采尔式政治地理学只研究国家与土地的关系。这种观点导致了对他所谓的地理决定论的单义结论和错误评估。

对拉采尔思想的更公平、更符合科学准确性理想的说法应该是:在他看来,除领土因素外,地缘政治的理解和分析也是借着文化、经济学、人口统计学、史学、社会学、政治学、个人和大众心理学甚至新闻界的作用,以各自的表达方式共同塑造的。拉采尔认为,所有这些参数(地缘政治影响因素)在分析权力时都应考虑在内,权力则可以视为拉采尔政治地理学的主题。

科学方法论在国际关系领域的应用

对承认政治地理学的科学性的要求、对收集和利用可计算数据的需求,以及对定律(在规则的意义上)的频繁表述,使拉采尔成为试图将权力分析及国际现实整合进科学的/实证主义的方法论的先驱研究者之一。莱比锡实证主义者的贡献再次证明对这一研究方向具有影响。

同样有意思的是,尽管只是肤浅地审视,他还是从哲学上论证了科学地解释现实的需求;他尝试在知识与信仰之间做出妥协,目的是弥合他当时两个相互冲突的身份,即"基督徒"与"科学家"。

地缘政治学分析中的连续—不连续问题

基于上述事实,即我们已消除了契伦使用的"地缘政治学"一词造成的误解,并基于将拉采尔、契伦、斯皮克曼和马齐斯的分析系统并置,可以得出,拉采尔的分析方法论尽管从未以连贯一致的方式表述出来,但从那时起就在现代地缘政治学分析中得到了广泛应用。

全球化的早期理论家

拉采尔受到当代世界主义观念(全球化的早期形式)的启发,及时地意识到主要由技术和流通的发展引起的即将到来的世界变化。他强调社会从封闭到多元文化的逐步变化,并分析了工业和技术繁荣所带来的新条件,这些条件使人、观念、货物和资本有可能在给定的时间和空间内转移。

欧洲统一及其架构的早期理论家

早在两场灾难性的战争爆发之前,在国家争端最尖锐的时候,拉采尔就支持欧洲国家经济合作的观念,他把意大利和法兰西也包括在内,以此作为维护欧洲和平的先决条件。

在经济层面上,欧洲的合作将使欧洲人能够对抗其他强大势力,较小的欧洲国家无法单独遏制这些势力。更具体地说,拉采尔描述了一种在他的时代具有前瞻性的经济合作——利用共同的基础设施、内部市场的安全、共同的代表和共同的谈判(例如,当内部产品仍未售出时,欧盟从海外进口货物背后的逻辑是什么?)——基于互补(complementarity)的概念,而非基于内部竞争,从而接近了政治联盟的观念。

当然,他并没有提出建立政治联盟的观念,因为他清楚欧洲因其特殊情况,不能获得像他欣赏的美国那样的结果。毕竟,他面对欧洲经济合作时所持的以民族为导向的特殊观点显而易见,德意志将在这种合作中获得霸权地位。

可以肯定,在他的[学术研究]活动在此期间达到巅峰的那段(整个欧洲以及德意志的)过渡时期,他的行为乃是基于自由主义观念,即基于对一种全球经济的期望,同时旨在实现经济繁荣和保护这个新成立的国家——以便作为一个国家实体以最佳条件参与全球化进程。

关于种族主义

拉采尔认为,技术的发展和获得技术的途径构成了自然导向型民族与文化导向型民族的本质区别。同时,这两者是(绝非生物学意义上的)人类和各民族的评估标准的最具说服力的证据。本研究还分析了拉采尔与张伯伦之间先前从未得到充分讨论的激烈争论,并证明拉采尔与他的盎格鲁-撒克逊(碰巧也是德意志公民)种族主义对手之间存在正好相反的观点。

拉采尔认为,没有非历史的或——按照生物学标准——文化上无能的民族,毋宁说只有(从质量上和时间上)界定每个民族的演化的条件。特别有趣的是,他试图将种族(Rasse)一词"去生物化",他在分析中把种族从文化上而非生物学上界定为文化种族、政治种族和社会种族。

关于所谓的有机国家观

把"有机国家观"归给拉采尔乃是一种根本的解释谬误,除了对原著没有进行彻底的研究之外,契伦对此负有主要责任,因为他把国家是一种自然有机体这个观念归给拉采尔。

与上述随着时间推移而占主导地位的观点相反,拉采尔遵循社会学家舍弗勒的思路,将国家视为一个有组织的社会团体、一套社会进程和联系。他严格拒绝一切将国家等同于活的有机体或将国家与之比较的尝试,并没有留下任何曲解的余地。与此同时,他显而易见在使用的社会学、人种学和地理学工具,皆有助于分析控制着历史、社会现实和国家间关系演化的各种关系。

参考文献

拉采尔的著作及文章

RATZEL, FRIEDRICH[1]., *Politische Geographie*. R. Oldenburg, München und Berlin, 1923.

RATZEL, FRIEDRICH[2]., «Die Orientalischen Fragen», Kleine Schriften, Bd. 2, pp. 355–374, R. Oldenbourg, München und Berlin, 1906. First Published: *Das Leben*, I, pp. 230–245, 1897.

RATZEL, FRIEDRICH[3]., «Die Großmächte der Zukunft», *Die Woche*, Nr. 6, 1900.

RATZEL, FRIEDRICH[4]., *Das Meer als Quelle der Völkergröße*. R. Oldenburg, München und Leipzig, 1900.

RATZEL, FRIEDRICH[5]., «Die Stellung der Naturvölker in der Menschheit», *Das Ausland*, Nr. 1, S. 3–8; Nr. 2, S. 21–25; Nr. 4, S. 61–64, ohne Namen, 1882.

RATZEL, FRIEDRICH[6]., «Die geographischen Bedingungen und Gesetze des Verkehrs und der Seestrategik», *Geographische Zeitschrift*, IX, S. 489–513, 1903.

RATZEL, FRIEDRICH[7]., «Einige Aufgaben einer politischen Ethnographie», *Kleine Schriften*, Bd. 2, R. Oldenbourg, München und Berlin, S. 402–419, 1906. First Publication: *Zeitschrift für Socialwissenschaft*. 3. Jahrgang, Nr. 1, S. 1–19, 1900.

RATZEL, FRIEDRICH[8]., «Die Gesetze des räumlichen Wachstums der Staaten. Ein Beitrag zur wissenschaftlichen Politischen Geographie», Petermanns Mitteilungen, XLII, S. 97–107, 1896.

RATZEL, FRIEDRICH[9]., «Die Beurteilung der Völker», *Nord und Süd*, Bd. VI, S. 177–200, 1878.

RATZEL, FRIEDRICH[10]., «Nationalitäten und Rassen», *Kleine Schriften*, Bd. 2, R. Oldenbourg, München und Berlin, S. 462–487, 1906. First Published: Türmer-Jahrbuch, S. 43–77, 1904.

RATZEL, FRIEDRICH[11]., *Anthropogeographie. Erster Teil: Grundzüge der Anwendung der Geographie auf die Geschichte*. Dritte Edition, Verlag von J. Engelhorn, Stuttgart, 1909.

RATZEL, FRIEDRICH[11a]., *Anthropogeographie. Zweiter Teil: Die geographische Verbreitung des Menschen*. Verlag von J. Engelhorn, Stuttgart, 1891.

RATZEL, FRIEDRICH[12]., *Der Lebensraum – eine biogeographische Studie*. Verlag der Laupp'schen Buchhandlung, Tübingen, 1901.

RATZEL, FRIEDRICH[12α]., *Der Lebensraum – eine biogeographische Studie, Festgaben für Albert Schäffle, zur siebenzigsten Wiederkehr seines Geburtstages*: Verlag der Laupp'schen Buchhandlung, pp. 104–181, Tübingen, 1901.

RATZEL, FRIEDRICH[13]., «Politisch- und wirtschaftsgeographische Rückblicke auf das Jahr 1881», *Das Ausland*, Nr. 1, S. 8–11, 1882.

RATZEL, FRIEDRICH[14]., «Politisch- und wirtschaftsgeographische Rückblicke auf das Jahr 1881». *DasAusland*, Nr. 5, S. 81–84, 1882.

RATZEL, FRIEDRICH[15]., «Politisch- und wirtschaftsgeographische Rückblicke auf das Jahr 1881». *Das Ausland*, Nr. 6, S. 109–112, 1882.

RATZEL, FRIEDRICH[16]., «Politisch- und wirtschaftsgeographische Rückblicke», *Das Ausland*, Nr. 1, S. 8–11, 1883.

RATZEL, FRIEDRICH[17]., «Politisch- und wirtschaftsgeographische Rückblicke», *Das Ausland*, Nr. 2, S. 27–31, 1883.

RATZEL, FRIEDRICH[18]., «Politisch- und wirtschaftsgeographische Rückblicke», *Das Ausland*, Nr. 5, S. 81–84, 1883.

RATZEL, FRIEDRICH[19]., «Politisch- und wirtschaftsgeographische Rückblicke», *Das Ausland*, Nr. 13, S. 247–254, 1883.

RATZEL, FRIEDRICH[20]., «Politisch- und wirtschaftsgeographische Rückblicke», *Das Ausland*, Nr. 14, S. 266–271, 1883.

RATZEL, FRIEDRICH[21]., «Politisch- und wirtschaftsgeographische Rückblicke», *Das Ausland*, Nr. 15, S. 286–292, 1883.

RATZEL, FRIEDRICH[22]., «Politisch- und wirtschaftsgeographische Rückblicke, *Das Ausland*, Nr. 18, S. 341–347, 1883.

RATZEL, FRIEDRICH[23]., «Entwurf einer neuen politischen Karte von Afrika. Nebst einigen allgemeinen Bemerkungen über die Grundsätze der politischen Geographie», Petermanns Mitteilungen, XXXI, S. 245–250, 1885.

RATZEL, FRIEDRICH[24]., «Die Entfernungen in der Geschichte», *Die Grenzboten*, 47. Jg, Nr. 37, S. 493–501, 1888.

RATZEL, FRIEDRICH[25]., «Zur Beurteilung der Neger», *Die Grenzboten*, 51. Jg, Nr. 1, S. 20–24, 1892.

RATZEL, FRIEDRICH[26]., «Die Aussichten unsers südwestafrikanischen Schutzgebietes». *Die Grenzboten*, 51. Jg, Nr. 4, S. 171–175, 1892.

RATZEL, FRIEDRICH[27]., «Nicht schielen!», *Die Grenzboten*, 51. Jg, Nr. 8, S. 411–412, 1892.

RATZEL, FRIEDRICH[28]., «Afrikanische Gefechte». *Die Grenzboten*, 51. Jg, Nr. 34, S. 373, 1892.

RATZEL, FRIEDRICH[29]., «Verkehrter Bismarckkultus», *Die Grenzboten*, 52. Jg, Nr. 29, S. 141–142, 1893.

RATZEL, FRIEDRICH[30]., «Der Verschönerungsverein», *Die Grenzboten*, 52. Jg, Nr. 38, S. 574–575, 1893.

RATZEL, FRIEDRICH[31]., «Deutschland und das Mittelmeer», *Die Grenzboten*, 52. Jg, Nr. 44, S. 196–206, 1893.

RATZEL, FRIEDRICH[32]., «Deutschland und Frankreich», *Die Grenzboten*, 52. Jg, Nr. 46, S. 289–294, 1893.

RATZEL, FRIEDRICH[33]., «Deutschland und Frankreich», *Die Grenzboten*, 53. Jg, Nr. 2, S. 57–61, 1894.

RATZEL, FRIEDRICH[34]., «Völker und Räume». *Die Grenzboten*, 53. Jg, Nr. 14, S. 1–10, 1894.

RATZEL, FRIEDRICH[35]., «Die Maske ab», *Die Grenzboten*, 53. Jg, Nr. 21, S. 337–340, 1894.

RATZEL, FRIEDRICH[36]., «Deutschostafrika in hellerem Lichte», *Die Grenzboten*, 53. Jg, Nr. 43, S. 167–177, 1894.

RATZEL, FRIEDRICH[37]., «1860 er Antisemitismus», *Die Grenzboten*, 53. Jg, Nr. 45, S. 282–283, 1894.

RATZEL, FRIEDRICH[38]., «Zur Kenntnis der englischen Weltpolitik», *Die Grenzboten*, 54. Jg, Nr. 2, S. 49–59, 1895.

RATZEL, FRIEDRICH[39]., «Zur Kenntnis der englischen Weltpolitik», *Die Grenzboten*, 54. Jg, Nr. 5, S. 199–204, 1895.

RATZEL, FRIEDRICH[40]., «Zur Kenntnis der englischen Weltpolitik», *Die Grenzboten*, 54. Jg, Nr. 9, S. 393–400, 1895.

RATZEL, FRIEDRICH[41]., «Zur Kenntnis der englischen Weltpolitik», *Die Grenzboten*, 54. Jg, Nr. 15, S. 62–71, 1895.

RATZEL, FRIEDRICH[42]., «Zur Kenntnis der englischen Weltpolitik», *Die Grenzboten*, 54. Jg, Nr. 20, S. 302–313, 1895.

RATZEL, FRIEDRICH[43]., «Zur Kenntnis der englischen Weltpolitik», *Die Grenzboten*, 54. Jg, Nr. 23, S. 449–457, 1895.

RATZEL, FRIEDRICH[44]., «Zur Kenntnis der englischen Weltpolitik», *Die Grenzboten*, 54. Jg, Nr. 27, S. 7–21, 1895.

RATZEL, FRIEDRICH[45]., «Zur Kenntnis der englischen Weltpolitik», *Die Grenzboten*, 54. Jg, Nr. 37, S. 489–505, 1895.

RATZEL, FRIEDRICH[46]., «Zur Kenntnis der englischen Weltpolitik», *Die Grenzboten*, 54. Jg, Nr. 42, pp. 105–111, 1895.

RATZEL, FRIEDRICH[47]., «Zur Kenntnis der englischen Weltpolitik», *Die Grenzboten*, 54. Jg, Nr. 43, S. 153–160, 1895.

RATZEL, FRIEDRICH[48]., «Koloniale Biergespräche», *Die Grenzboten*, 54. Jg, Nr. 44, S. 246–247, 1895.

RATZEL, FRIEDRICH[49]., «Aus Deutschamerika», *Die Grenzboten*, 54. Jg, Nr. 47, S. 403–404, 1895.

RATZEL, FRIEDRICH[50]., «Dardanellen und Nil I», *Die Grenzboten*, 54. Jg, Nr. 50, S. 513–522, 1895.

RATZEL, FRIEDRICH[51]., «Dardanellen und Nil II», *Die Grenzboten*, 54. Jg, Nr. 51, S. 561–568, 1895.

RATZEL, FRIEDRICH[52]., «Studien über politische Räume», *Geographische Zeitzschrift*, I, S. 163–182, 1895.

RATZEL, FRIEDRICH[53]., «Studien über politische Räume», *Geographische Zeitzschrift*, Nr. 43, S. 286–302, 1895.

RATZEL, FRIEDRICH[54]., «Unsere Pflicht in Transvaal», *Die Grenzboten*, 55. Jg, Nr. 2, S. 83–86, 1896.

RATZEL, FRIEDRICH[55]., «Deutscher Kolonien- und Zeitungsklatsch», *Die Grenzboten*, 55. Jg, Nr. 24, S. 527, 1896.

RATZEL, FRIEDRICH[56]., «Deutsch - Chinesisch». *Die Grenzboten*, 55. Jg, Nr. 26, S. 622–623, 1896.

RATZEL, FRIEDRICH[57]., «Deutschlands Lage», *Die Grenzboten*, 55. Jg, Nr. 42, S. 105–109, 1896.

RATZEL, FRIEDRICH[58]., «Der Staat als Organismus», *Die Grenzboten*, 55. Jg, Nr. 52, pp. 614–623, 1896.

RATZEL, FRIEDRICH[59]., *Die chinesische Auswanderung. Ein Beitrag zur Cultur- und Handelsgeographie*, J. U. Kern's Verlag, Breslau, 1876.

RATZEL, FRIEDRICH[60]., «Dr. Carl Peters». *Die Grenzboten*, 56. Jg, Nr. 18, S. 252–256, 1897.

RATZEL, FRIEDRICH[61]., «Die griechische Frage», *Die Gegenwart*, Bd. LII, Nr. 40, S. 112, 1897.

RATZEL, FRIEDRICH[63]., «Betrachtungen über den Zusammenhang zwischen dem deutschen Boden und der deutschen Geschichte», *Die Grenzboten*, 57. Jahrgang, Nr. 39, S. 591-600, 1898.

RATZEL, FRIEDRICH[64]., «Politisch- geographische Rückblicke. I. Allgemeines. Mitteleuropa mit Frankreich», *Geographische Zeitschrift*, IV, S. 143–156, 1898.

RATZEL, FRIEDRICH[65]., «Politisch- geographische Rückblicke. II. Das englische Weltreich», *Geographische Zeitschrift*, IV, S. 211–224, 1898.

RATZEL, FRIEDRICH[66]., «Politisch- geographische Rückblicke. III. Das russische Reich», *Geographische Zeitschrift*, IV, S. 268–274, 1898.

RATZEL, FRIEDRICH[67]., «Die deutsch-englischen Beziehungen», *Die Gegenwart*, Bd. LIV, Nr. 27, S. 1-2, 1898.

RATZEL, FRIEDRICH[68]., «Der Mitteleuropäische Wirtschaftsverein», *Die Grenzboten*, 63. Jg, Nr. 5, S. 253–259, 1904.

RATZEL, FRIEDRICH[69]., *Die Vereinigten Staaten von Amerika. Erster Band. Physikalische Geographie und Naturcharakter*, R. Oldenbourg, München, 1878.

RATZEL, FRIEDRICH[70]., *Die Vereinigten Staaten von Amerika. Zweiter Band. Politische und Wirtschafts-*

Geographie, Second Edition, R. Oldenbourg, München, 1893.
RATZEL, FRIEDRICH[71]., «Zu Karl Ritters hundertjährigen Geburtstage», Kleine Schriften, Bd. 1, S. 377–428, R. Oldenbourg, München und Berlin, 1906. Fist time published: Beilage zur Allgemeinen Zeitung. Augsburg (7., 9., 11., 15. und 19. Aug.) 1879.
RATZEL, FRIEDRICH[72]., Städte- und Kulturbilder aus Nordamerika. 2 Teile, F. A. Brockhaus, Leipzig, 1876.
RATZEL, FRIEDRICH[73]., Die chinesische Auswanderung. Ein Beitrag zur Kultur- und Handelsgeographie, J. LT. Kerns Verlag, Breslau, 1876.
RATZEL, FRIEDRICH[74], Die Erde und das Leben. Eine vergleichende Erdkunde, Bibliographisches Institut, Leipzig und Wien, 1902.
RATZEL, FRIEDRICH[75]., Erdenmacht und Völkerschicksal. Eine Auswahl aus seinen Werken. Herausgegeben und eingeleitet von Generalmajor a.D. Prof. Dr. Karl Haushofer».Zweite Auflage, Alfred Kröner Verlag. Stuttgart, 1941.
RATZEL, FRIEDRICH[76]., «Geschichte, Völkerkunde und historische Perspektive». Kleine Schriften, Bd. 2, S. 488–525, R. Oldenbourg, München und Berlin, 1906. Fist time published: Historische Zeitschrift. Band 93 (NF. Band LVII), Heft 1. München (Mai) 1904. S. 1-46.

德文及英文文献

AGNEW, JOHN[1], «Is geopolititcs' a word that should be endowed only with the meaning it acquired in thw early twentieth century?». Forum – Is there a politics to geopolitics? Progress in Human Geography, 28,5, pp. 619–640, 2004.
AGNEW, JOHN[2], Geopolitics. Revisioning the world. Taylor & Francis e-Library, 1998.
ASTER, ERNST von, Geschichte der Philosophie. 17. erg. Auflage, Stuttgart, 1980.
BALFOUR, MICHAEL, Kaiser Wilhelm II. Und seine Zeit. Ullstein. Frankfurt/Berlin/Wien, 1979.
BASSIN, MARK, «Diffusionism and geopolitics in the work of Friedrich Ratzel». Πρακτικά συνεδρίου: "Europe between political geography and geopolitics. On the centenary of Ratzel's Politische Geographie', Roma, Societa' Geografica Italiana, pp. 51–66, 2001.
BASSIN, MARK, «The two faces of contemporary geopolitics». Forum – Is there a politics to geopolitics? Progress in Human Geography, 28,5, pp. 619–640, 2004.
BORN, KARL ERICH (1978): Kathedersozialisten. Handwörterbuch der Wirtschaftswissenschaft Band 4, pp. 463–465.
BUCH, FLORIAN, Große Politik im neuen Reich. Gesellschaft und Außenpolitik in Deutschland 2867 – 1882. Kassel University Press GmbH, Kassel, 2004.
BUTTMANN, GÜNTHER, Friedrich Ratzel. Leben und Werk eines deutschen Geographen. Wissenschaftliche Verlagsgesellschaft, Stuttgart, 1977.
CHAMBERLAIN, HOUSTON STEWART, Die Grundlagen des neunzehnten Jahrhunderts. IV. Auflage, 1. & 2. Hälfte, Verlagsanstalt F. Bruckmann A.-G., München, 1903.
CHURCHILL SEMPLE, ELLEN, Influences of geographic environment on the basis of Ratzel's system of anthropo-geography. Henry Holt and Company, New York, 1911.
CLAYTON, G.D., Britain and the Eastern Question – Missolonghi to Gallipoli. University of Londron Press LTD, 1971.
DUSSOUY, JERARD, «Die neue Attraktivität der Geopolitik in Frankreich». Geopolitik. Grenzgänge im Zeitgeist, Verlag für Berlin – Brandenburg Potsdam, pp. 507–519, 2000.
FAHLBUSCH, MICHAEL, «Grundlegung, Kontext und Erfolg der Geo- und Ethnopolitik vor 1933». Geopolitik. Grenzgänge im Zeitgeist. Band 1.1., pp. 103–146. Verlag für Berlin – Brandenburg Potsdam, 2000.
FENSKE, H., Im Bismarrckschen Reich: 1871 – 1890. Quellen zum politischen Denken der Deutschen im 19. und 20. Jahrhundert. Band 6. Wissenschagtliche Buchgesellschaft, Darmstadt, 1978.
FRECH, F., Die Bagdadbahn und ihre Kulturbedeutung. Περιoδικό Die Naturwissenschaften. 1. Jahrgang. Heft 2, 1913.
GÖRTEMAKER, MANFRED, «Politischer Zeitgeist und Geopolitik – Über die zeitbedingten Voraussetzungen anwendungsorientierter Wissenschaft». Geopolitik. Grenzgänge im Zeitgeist. Verlag für Berlin – Brandenburg Potsdam, τoμ. 1, pp. 15–36, 2000.
HARDACH, GERD, «Nation building in Germany: the economic dimension. Nation, state and the economy in history». Cambridge University Press, pp. 56–79, 2003.
HAUKE, HAIEN., Die Krise der deutschen Kolonialpolitik. Die großen Aufstände in Deutsch-Südwestafrika und Deutsch-Ostafrika 1904-07. http://members.aol.com/haukehaien/.
HÄUSSLER, JOHANN N., «Lotze, Hermann», in: Neue Deutsche Biographie 15 (1987), S. 255–256 [Onlinefassung]; URL: http://www.deutsche-biographie.de/pnd118574574.html.
HELMIG, JAN, «Geopolitik – Annäherung an ein schwieriges Konzept». Apuz 20-21-2007, pp. 31–37, 2007.
HENNEMANN, GERHARD : Fechner, Gustav Theodor. In: Neue Deutsche Biographie 5 (1961), S. 37–38 [Onlinefassung]; URL: http://www.deutsche-biographie.de/pnd118532154.html.
HUNTER, JAMES, Perspective on Ratzel's Political Geography. University Press of Amerika, 1983.
KREJČÍ, OSKAR, Geopolitics of the central european region. V E DA, Publishing House of the Slovak Academy of Sciences, Bratislava, 2005.
KIESENWETTER, HUBERT: «Der Mitteleuropäische Wirtschaftsverein. Eine Schweizer Initiative im frühen

20. Jahrhundert». www.europa.clio.online.de (12.04. 2005).
KING G. - WRIGHT M.: «Diffusionism and Acculturation». http://web.as.ua.edu/ant/cultures/cultures.php? culture=Diffusionism%20and%20Acculturation.
KJELLEN, RUDOLF, *Der Staat als Lebensform*. S. Hirzel Verlag. Leipzig, 1917.
KJELLEN, RUDOLF, *Grundriss zu einem System der Politik*. S. Hirzel Verlag, Leipzig, 1920.
KOST, KLAUS[1], *Die Einflüsse der Geopolitik auf Forschung und Theorie der Politischen Geographie von ihren Anfängen bis 1945*. Bonner geographische Abhandlungen, Heft 76, 1988.
KOST, KLAUS[2], «Begriffe und Macht». Die Funktion der Geopoltik als Ideologie». *GeographischeZeitschrift*, Jg. 74, Heft 1, 1986.
KOST, KLAUS[3]., «Großstadtfeindlichkeit im Rahmen deutscher Geopolitik bis 1945». *Geopolitik. Grenzgänge im Zeitgeist*. Verlag für Berlin – Brandenburg Potsdam, S. 169–188, 2000.
KOST, KLAUS[4]., *Friedrich Ratzel: Vater der Geopolitik? Rede und Gegenrede*. Περίληψη διάλεξης στο συνέδριο για τα 100 χρόνια από το θάνατό του, Λειψία, 2004.
KRADOLFER, CARLA AUBRY., «Evolution gleich Fortschritt?» http://socio.ch/evo/t_aubry.pdf, 2004.
LIST, FRIEDRICH., *Das nationale System der politischen Oekonomie*. Friedrich List's gesammelte Schriften. Dritter Teil. J.F. Gotta'scher Verlag, Stuttgart und Tübingen, 1851.
MAMADOUH, V. & DIJKING, G. (2006): «Geopolitics, International relations and Political Geography: The Politics of Geopolitical Discourse». *Geopolitics*, 11, 349–366, Routledge, Taylor and Francis Group, 2006.
MAZIS IOANNIS[4]., «Writing Methodology of a Geopolitical Analysis. Structure, Concepts and Terms». [Chinise Institute of International & Stategic Studies & Defence Analyses Institute]. Defencor Pacis, May 2008, no 23, Special Issue. Defence Analyses Institute, 2008.
MAZIS IOANNIS[5]., «Greece's new Defence Doctrine - A Framework Proposal». *CRiSSMA - Facolta Di Scienze politiche*, N.8, 2005.
MAZIS, I. & STOGIANNOS, A. ., «Die Boden – Staat Relation in Friedrich Ratzel's politisch-geographischer Lehre». *Zeitschrift für die Regionale Wissenschaft*, Band I (1), S. 11–20. Hellenic Association of Regional Scientists, Athen, 2011.
MAZIS, I. & STOGIANNOS, A., «Der Staat als Erscheinung des neuartigen sozialen Lebens in Friedrich Ratzels politisch-geographischer Analytik». *Zeitschrift für die Regionale Wissenschaft*, Bdl II (2), S. 11–19. Hellenic Association of Regional Scientists, Athen, 2011.
MERCIER, G., *The Geography of Friedrich Ratzel and Paul Vidal de la Blache: A comparative Analysis*. www.siue.edu/GEOGRAPHY/ONLINE/mercier.htm (2000).
MIDDELL, MATTHIAS., *Friedrich Ratzel, die Universität Leipzig und die Historiker*. Αδημοσίευτο χειρόγραφο από διάλεξη στο πλαίσιο του διεθνούς συνεδρίου για τα 100 χρόνια από το θάνατο του Ratzel. Λειψία, 2004.
MIDDELL, MATTHIAS., *Weltgeschichtsschreibung im Zeitalter der Verfachlichung und Professionalisierung. Das Leipziger Institut für Kultur- und Universalgeschichte 1890-1990*. Band 1., 2., 3. Akademische Verlagsanstalt AVA GmbH, Leipzig, 2005.
MÜHLMANN, WILHELM., *Geschichte der Anthropologie*. 2. Auflage, Athenäum Verlag, Frankfurt am Main – Bonn, 1968.
MÜLLER – MAHN, DETLEF., «*Der Suezkanal – Brennpunkt der Geopolitik*.» *Geographische Rundschau*, Jg. 58, Bd. 11, S. 4–11, 2006.
MÜLLER, G. H., *Friedrich Ratzel (1844 - 1904): Naturwissenschaftler, Geograph, Gelehrter*. Verlag für Geschichte der Naturwissenschaften und der Technik. Stuttgart, 1996.
MÜLLER, KARL HERMANN., *Die wirtschaftliche Bedeutung der Bagdadbahn*. Verlag von Bohsen & Maasch. Hamburg., 1917.
MUSCARA, LUCA., «Understanding Ratzel and the challenge of complexity». ¨*Europe between political geography and geopolitics. On the centenary of Ratzel's Politische Geographie*', Roma, Societa' Geografica Italiana, p. 88, 2001.
NATTER, WOLFGANG., «*Friedrich Ratzel's Spatial Turn. Identities of Disciplinary Space and its Borders between the Anthropo- and Political Geography of Germany and the United Staates*.» In: *B/ORDERING SPACE*, pp. 171–188. Henk von Houtum, Olivier Kramsch and Wolfgang Zierhofer, 2005.
NEWMANN, DAVID., «An informed and proactive geopolitics.» *Forum = Is there a politics to geopolitics? Organizing editor: Alexander Murphy*. Progress in Human Geography, 28, 5, pp. 619–640, 2004.
OESTERREICH, T.K., «*Die Philosophischen Strömungen der Gegenwart*». *Systematische Philosophie*. B. G. Teubner. Berlin und Leipzig, 1921.
OSSENBRÜGGE, JÜRGEN (2000): *Entwicklungslinien der Politischen Geographie nach 1945. Konzeptionen der internationalen und globalen Maßebene*. *Geopolitik. Grenzgänge im Zeitgeist*. Verlag für Berlin – Brandenburg Potsdam, S. 383–402.
OVERBECK, HERMANN., «*Das politischgeographische Lehrgebäude von Friedrich Ratzel in der Sicht unserer Zeit.*» *Die Erde*, S. 170–192, 1978.
PAGNINI, PAOLA., «Theory and praxis: From Anthropogeographie to politische Geographie.» ¨*Europe between political geography and geopolitics. On the centenary of Ratzel's Politische Geographie*¨, Roma, Societa' Geografica Italiana, pp. 19–27, 2001.
PETERSEN, JENS (2000): «*Die neue Attraktivität der Geopolitik in Italien.*» Geopolitik. Grenzgänge im Zeitgeist. Verlag für Berlin – Brandenburg Potsdam, S. 481–505, 2000.
PICHLER, G. J., «Volk, Nation und Staat in Herders Europa-Utopie». www.edu.uni-klu.ac.at/~jpichler/herder.html, 1998.

REUBER, PAUL (2004): The political representation of space after the cold war in the new millenium. *Forum – Is there a politics to geopolitics?* Organizing editor: Alexander Murphy. Progress in Human Geography, 28,5 (2004) pp. 619–640.
RUPPENTHAL, JENS (2007): *Kolonialpolitik der Metropolen? Berlin und Hamburg im Kampf um koloniale Kompetenz.* Historische Mitteilungen, τομ. 20. Frany Steiner Verlag.
SALEWSKI, MICHAEL (2000): «Geopolitik und Ideologie». *Geopolitik. Grenzgänge im Zeitgeist.* Verlag für Berlin – Brandenburg Potsdam, pp. 357–380.
SCHÄFFLE, ALBERT., *Bau und Leben der sozialen Körpers*. 2. Auflage. Verlag der G. Laupp'schen Buchhandlung, Tübingen, 1896.
SCHULTZ, HANS – DIETRICH., «Die deutsche Geographie im 19. Jahrhundert und die Lehre Friedrich Ratzels.» *Geopolitik. Grenzgänge im Zeitgeist.* Verlag für Berlin – Brandenburg Potsdam, S. 39–84, 2000.
SCHULTZ, HANS – DIETRICH., *Friedrich Ratzel: (k) ein Rassist?* Geographische Hochschulmanuskripte, N.F.2, Geographische Revue e.V., Flensburg, 2006.
SCHULTZ, HANS – DIETRICH., *«„Hätte doch die Erde mehr Raum!" Friedrich Ratzel und sein (politisch-) geographisches Weltbild.»* Mitteilungen der Geographischen Gesellschaft München. Bd. 89, München, 2007.
SMITH, WOODRUFF., *Politics and sciences of culture in Germany 1840 – 1920.* Oxford University Press, 1991.
STEINMETZLER, JOHANNES., *Die Anthropogeographie Friedrich Ratzels und ihre ideengeschichtlichen Wurzeln.* Bonner Geographische Abhandlungen, Bd. 19, 1956.
STRECK, BERNHARD., «Diffusionism and geopolitics in the work of Friedrich Ratzel.» *Europe between political geography and geopolitics. On the centenary of Ratzel's Politische Geographie.* Rom: Societa' Geografica Italiana, pp. 51–66, 2001.
ÜNER, ELFRIEDE (1998): *Kulturtheorie an der Schwelle der Zeiten. Exemplarische Entwicklungslinien der Leipziger Schule der Sozial- und Geschichtswissenschaften.* Archiv für Kulturgeschichte, 80. Bd, Heft 2, S. 375–415.
van der WUSTEN, HERMANN., «Geopolitik und staatliche Ordnung.» *Geopolitik. Grenzgänge im Zeitgeist.* Verlag für Berlin – Brandenburg Potsdam, S. 419–432.
WALKENHORST, PETER., *Nation – Volk – Rasse. Radikaler Nationalismus im Deutschen Kaiserreich 1890 – 1914.* Vandenhoeck & Ruprecht, 2007.
WARDENGA, UTE[1]., *Friedrich Ratzel. Zum 100. Todestag am 9. August 2004.* Jubiläen 2004 Personen – Ereignisse. Universität Leipzig. . S. 47–51, 2004.
WARDENGA, UTE[2]., «„Kultur" und historische Perspektive in der Geographie». *Geographische Zeitschrift*, 93. Jg. Heft 1, S. 17–32, 2005.

WEHLER, HANS – ULRICH., *Nationalismus: Geschichte – Formen – Folgen.* Beck, München, 2001.
WOLF, JULIUS., *Materialien betreffend den Mitteleuropäischen Wirtschaftsverein.* Zweite Ausgabe, Heft 1. Berlin, Puttkammer & Mühlrecht, Buchhandlung für Staats- und Rechtswissenschaften, 1904.
WOLFF - POWESKA, ANNA., «Das Zeitalter des Imperialismus: Die Rolle geistiger Strömungen und Ideologien bei der Herausbildung einer imperialistischen Politik.» Geopolitik. Grenzgänge im Zeitgeist, S. 85–102. Verlag für Berlin, Brandenburg – Potsdam, 2000.
WUNDT, WILHELM., «Metaphysik.» *Systematische Philosophie*, Berlin und Leipzig, B.G. Teubner, pp. 103–137, 1907.
ZIMMERMANN, ANDREW., *Anthropology and Antihumanism in Imperial German.* The University of Chicago Press, Chicago and London, 2001.

希腊文或译入希腊文的文献

ΒΕΡΓΟΣ, ΚΩΣΤΑΣ., *Γεωπολιτική των κρατών και παγκοσμιοποίηση.* Παπαζήσης, Αθήνα, 2004.
ΓΚΙΚΑΣ, ΣΩΚΡΑΤΗΣ., *Φιλοσοφικό Λεξικό*, Αθήνα, 1988.
ΚΑΛΟΓΕΡΟΠΟΥΛΟΣ – ΣΤΡΑΤΗΣ, ΣΠΥΡΙΔΩΝ (1959): *Διπλωματική ιστορία 1814 – 1914.* Αθήνα.
ΚΟΝΔΥΛΗΣ, ΠΑΝΑΓΙΩΤΗΣ (1988): *Θεωρία του πολέμου*. ΘΕΜΕΛΙΟ, 1999.
ΛΑΖΟΣ, Χ., «"Γλώσσα και Έθνος'». "Ισχυρές' και ΅ασθενείς' γλώσσες στην Ευρωπαϊκή Ένωση;. Όψεις του γλωσσικού ηγεμονισμού (Πρακτικά Διεθνούς Συνεδρίου, Θεσσαλονίκη 26–28 Μαρτίου 1997), επιμ. Α.-Φ. Χριστίδης. Θεσσαλονίκη: Κέντρο Ελληνικής Γλώσσας, pp. 914–918, 1997.
ΛΑΣΚΑΡΙΣ, Μ.Θ., *Το ανατολικόν ζήτημα*. Εκδ. Π. Πουρνάρα. Θεσσαλονίκη, 1978.
ΜΑΖΗΣ ΙΩΑΝΝΗΣ[1]., *Γεωπολιτική. Θεωρία και πράξη.* ΕΛΙΑΜΕΠ & Εκδόσεις Παπαζήση, Αθήνα, 2002.
ΜΑΖΗΣ ΙΩΑΝΝΗΣ[2]., *Γεωπολιτική προσέγγιση για ένα νέο Ελληνικό Αμυντικό Δόγμα.* Εκδ. Παπαζήσης. Αθήνα, 2006.
ΜΑΖΗΣ ΙΩΑΝΝΗΣ[3]., *«Μεθοδολογία Συγγραφής μίας Γεωπολιτικής Ανάλυσης. Δομή, Έννοιες και όροι».* Γεωστρατηγική, Σεπ – Δεκ 2007, τεύχ. vo 12, pp. 151–155, 2002.
ΜΑΖΗΣ ΙΩΑΝΝΗΣ[4]., «Κριτική στην Κριτική Γεωπολιτική ή ποιος φοβάται τη σύγχρονη Γεωπολιτική ανάλυση;» Επιθεώρηση Γεωπολιτική, τεύχ. vo 12, pp. 139–160, 2004.
ΜΑΖΗΣ ΙΩΑΝΝΗΣ[6]., *Εισαγωγή στην Οικονομική Γεωγραφία και στις Διεθνείς Οικονομικές Σχέσεις.* Ελληνικές Πανεπιστημιακές Εκδόσεις. Αθήνα,

参考文献 371

1989.
ΜΑΖΗΣ ΙΩΑΝΝΗΣ[7]., «Γεωγραφικός Χρόνος και Οικονομικός Χώρος», Spoudai-Σπουδαί, τευχ. 37, vo 4, pp. 774–787, 1987.
ΜΑΖΗΣ ΙΩΑΝΝΗΣ[8]., Μεταθεωρητική Κριτική Διεθνών Σχέσεων και Γεωπολιτικής. Εκδ. Παπαζήσης, Αθήνα, 2012.
ΝΑΛΤΣΑΣ, ΧΡΙΣΤΟΦΟΡΟΣ., *Η συνθήκη του Αγίου Στεφάνου και ο ελληνισμός*. Μακεδονική Λαϊκή Βιβλιοθήκη, 1953.
ΠΑΝΟΥ, ΣΤΑΥΡΟΣ., *Μεταφυσική και Λογικός Θετικισμός*. Νέα Σύνορα, Αθήνα, 1980.
ΣΤΟΓΙΑΝΝΟΣ, ΑΛΕΞΑΝΔΡΟΣ., «Βιογεωγραφικοί και (γεω)πολιτικοί παράγοντες στο Ζωτικό Χώρο του Ratzel». *Γεωστρατηγική*, τευχ. No. 11, pp. 75–88, Ινστιτούτο Αμυντικών Αναλύσεων, 2007.
ΧΟΥΜΑΝΙΔΗΣ, Λ.Θ. ., *Οικονομική ιστορία της Ευρώπης*. Εκδόσεις Παπαζήση, 1991..
ARON, RAYMOND., *Η εξέλιξη της κοινωνιολογικής σκέψης*. Εκδ. Γνώση, 1984, [1967].
BERNSTEIN, SERGE – MILZA PIERRE., *Ιστορία της Ευρώπης 2. Η Ευρωπαϊκή συμφωνία και η Ευρώπη των εθνών*. Εκδόσεις Αλεξάνδρεια, 1997, [1997].
BOTTOMORE, T.B. ., *Κοινωνιολογία. Κεντρικά προβλήματα και βασική βιβλιογραφία*, [Sociology: a guide to problems and literature, 1971], Κοινωνιολογική βιβλιοθήκη – Εκδ. GUTENBERG, 1983.
BRZEZINSKI, ZBIGNIEW., *Η μεγάλη σκακιέρα*, [The Grand Chessboard, 1997], Νέα Σύνορα – Α.Α. Λιβάνη, Αθήνα, 1998.
CARDWELL, DONALD., *Ιστορία της Τεχνολογίας*, [A History of Technology, 1994], Εκδ. Μεταίχμιο, Αθήνα, 2000.
CIPOLLA, CARLO., *Η Ευρώπη πριν από τη βιομηχανική επανάσταση*, [Before the industrial revolution - European Society and economy, 1000 – 1700, 1981], ΘΕΜΕΛΙΟ, 1988.
CLOUGH, SHEPARD – RAPP, RICHARD., *Ευρωπαϊκή οικονομική ιστορία*, [European Economic History, 1977] Εκδόσεις Παπαζήση, 1980.
DERRUAU, MAX., *Ανθρωπογεωγραφία*. [Géographie humaine, 1976], Μορφωτικό Ίδρυμα Εθνικής Τραπέζης, Αθήνα, 1987.
DRIAULT, EDUARD., *Το Ανατολικό ζήτημα*. [La question d' orient depuis ses origines jusqu' a la paix de sevres, 1920], Νεοελληνική Ιστορική Βιβλιοθήκη. Εκδόσεις Κάτοπτρο, 1997, [1921].
GELLNER, ERNEST., *Έθνη και εθνικισμός*. [Nations and nationalism, 1983] Β' έκδοση, Εκδ. ΑΛΕΞΑΝΔΡΕΙΑ, 1992.
HOBSBAWM, ERIK JOHN., *Έθνη και εθνικισμός από το 1780 μέχρι σήμερα. Πρόγραμμα, μύθος, πραγματικότητα*. [Nations and Nationalism since 1780: Programme, Myth, Reality, 1990], Εκδ. Καρδαμίτσα, Αθήνα, 1994.
MARX, KARL – ENGELS, FRIEDRICH., *Η Γερμανική Ιδεολογία*, [Die deutsche Ideologie], Τομ. 1[ος]. Μετάφραση Κ. Φιλίνη Εκδ. GUTENBERG, Αθήνα,

1997.
MACKINDER, HALFORD Sir., *Δημοκρατικά Ιδεώδη και Πραγματικότητα & άλλες Τρείς Εισηγήσεις*, [Democratic Ideals and Reality and tree more essays], (Introduction by I. Th. Mazis), GEOLAB-Παπαζήσης, Αθήνα, 2006.
MARX, KARL – ENGELS, FRIEDRICH., *Η Ελλάδα, η Τουρκία και το Ανατολικό ζήτημα. Εισαγωγή – μετάφραση – υπομνηματισμός* Παναγιώτης Κονδύλης. Εκδ. Γνώση, Αθήνα, 1985.
MORGENTHAU, HENRY., *Τα μυστικά του Βοσπόρου*. Εκδόσεις Τροχαλία, 1994.
RATZEL, FRIEDRICH., *Ο Ζωτικός Χώρος*. [Der Lebensraum, 1901], Ελληνική Μετάφραση με εισαγωγή του καθ. Ι.Θ. Μάζη. Εκδόσεις Προσκήνιο, 2001.
SAVATER, FERNANDO., *Μιλώντας στον γιο μου για την πολιτική και τη δημοκρατία*, [Politica para Amador, 1992], Εκδόσεις Πατάκη, Αθήνα, 2010.
SPYKMAN, J. NICHOLAS., *Η γεωγραφία της ειρήνης*, [The Geography of Peace, 1944], GEOLAB & Εκδόσεις Παπαζήση, 2004.
TIMASHEF, NICOLAS & THEODORSON A. GEORGE., *Ιστορία κοινωνιολογικών θεωριών*, [Sociological theory - Its nature and growth, 1976], Κοινωνιολογική βιβλιοθήκη – Εκδ. GUTENBERG, 2005.
TUMA, ELIAS., *Ευρωπαϊκή Οικονομική Ιστορία από το 10[ο]αιώνα ως σήμερα*, [European economic history: tenth century to the present; theory and history of economic change, 1971], Εκδ. GUTENBERG, Αθήνα, 1971.
WEBER, MAX., *Η Προτεσταντική ηθική και το πνεύμα του Καπιταλισμού*, [Die protestantische Ethik und der Geist des Kapitalismus, 1904,1905], Εκδ. ΤΟ ΒΗΜΑ, 2010.
WIGHT, MARTIN., *Διεθνής Θεωρία. Τρία ρεύματα σκέψης*, [International Theory: The Three Traditions, 1991], Εκδόσεις Ποιότητα. Αθήνα, 1991.

网站资源

www.xn–mikrokonomie-8ib.de/Alldeutscher_Verband.html.
www.bankgeschichte.de
www.vorkriegsgeschichte.de
www.bagdadbahn.de
www.jahrbuch2002.studien-von-zeitfragen.net
www.xn–mikrokonomie-8ib.de/Alldeutscher_Verband.html.
www.geo-mazis.gr.
http://science.nationalgeographic.com/science/prehistoric-world/quaternary/.

图书在版编目(CIP)数据

地缘政治学的起源与拉采尔:驳拉采尔持地理决定论之谬说/(希)斯托杨诺斯著;金海波,方旭译. -- 北京:华夏出版社有限公司,2022.11
(西方传统:经典与解释)
书名原文:The Genesis of Geopolitics and Friedrich Ratzel: Dismissing the Myth of the Ratzelian Geodeterminism, edition:1
ISBN 978-7-5080-8546-3

Ⅰ.①地… Ⅱ.①斯… ②金… ③方… Ⅲ.①地缘政治学-研究 Ⅳ.①D5

中国版本图书馆 CIP 数据核字(2022)第 054733 号

First published in English under the title
The Genesis of Geopolitics and Friedrich Ratzel: Dismissing the Myth of the Ratzelian Geodeterminism
by Alexandros Stogiannos, edition:1
Copyright Springer Nature Switzerland AG, 2019
This edition has been translated and published under licence from
Springer Nature Switzerland AG.
Springer Nature Switzerland AG takes no responsibility and shall not be made liable for the accuracy of the translation.

版权所有 翻印必究
北京市版权局著作权合同登记号:图字 01-2022-2736 号

地缘政治学的起源与拉采尔

作　　者	[希]斯托扬诺斯
译　　者	金海波　方　旭
责任编辑	李安琴
责任印制	刘　洋
出版发行	华夏出版社有限公司
经　　销	新华书店
印　　装	北京汇林印务有限公司
版　　次	2022 年 11 月北京第 1 版 2022 年 11 月北京第 1 次印刷
开　　本	880×1230　1/32
印　　张	12.5
字　　数	289 千字
定　　价	98.00 元

华夏出版社有限公司 地址:北京市东直门外香河园北里 4 号 邮编:100028
网址:www.hxph.com.cn 电话:(010)64663331(转)
若发现本版图书有印装质量问题,请与我社营销中心联系调换。

西方传统：经典与解释
Classici et Commentarii
HERMES
刘小枫○主编

古今丛编

欧洲中世纪诗学选译　宋旭红 编译
克尔凯郭尔　[美]江思图 著
货币哲学　[德]西美尔 著
孟德斯鸠的自由主义哲学　[美]潘戈 著
莫尔及其乌托邦　[德]考茨基 著
试论古今革命　[法]夏多布里昂 著
但丁：皈依的诗学　[美]弗里切罗 著
在西方的目光下　[英]康拉德 著
大学与博雅教育　董成龙 编
探究哲学与信仰　[美]郝岚 著
民主的本性　[法]马南 著
梅尔维尔的政治哲学　李小均 编/译
席勒美学的哲学背景　[美]维塞尔 著
果戈里与鬼　[俄]梅列日科夫斯基 著
自传性反思　[美]沃格林 著
黑格尔与普世秩序　[美]希克斯 等著
新的方式与制度　[美]曼斯菲尔德 著
科耶夫的新拉丁帝国　[法]科耶夫 等著
《利维坦》附录　[英]霍布斯 著
或此或彼（上、下）　[丹麦]基尔克果 著
海德格尔式的现代神学　刘小枫 选编
双重束缚　[法]基拉尔 著
古今之争中的核心问题　[德]迈尔 著
论永恒的智慧　[德]苏索 著
宗教经验种种　[美]詹姆斯 著
尼采反卢梭　[美]凯斯·安塞尔-皮尔逊 著
舍勒思想评述　[美]弗林斯 著
诗与哲学之争　[美]罗森 著

神圣与世俗　[罗]伊利亚德 著
但丁的圣约书　[美]霍金斯 著

古典学丛编

赫西俄德的宇宙　[美]珍妮·施特劳斯·克莱 著
论王政　[古罗马]金嘴狄翁 著
论希罗多德　[古罗马]卢里叶 著
探究希腊人的灵魂　[美]戴维斯 著
尤利安文选　马勇 编/译
论月面　[古罗马]普鲁塔克 著
雅典诺剧与逻各斯　[美]奥里根 著
菜园哲人伊壁鸠鲁　罗晓颖 选编
《劳作与时日》笺释　吴雅凌 撰
希腊古风时期的真理大师　[法]德蒂安 著
古罗马的教育　[英]葛怀恩 著
古典学与现代性　刘小枫 编
表演文化与雅典民主政制
[英]戈尔德希尔、奥斯本 编
西方古典文献学发凡　刘小枫 编
古典语文学常谈　[德]克拉夫特 著
古希腊文学常谈　[英]多佛 等著
撒路斯特与政治史学　刘小枫 编
希罗多德的王霸之辨　吴小锋 编/译
第二代智术师　[英]安德森 著
英雄诗系笺释　[古希腊]荷马 著
统治的热望　[美]福特 著
论埃及神学与哲学　[古希腊]普鲁塔克 著
凯撒的剑与笔　李世祥 编/译
伊壁鸠鲁主义的政治哲学
[意]詹姆斯·尼古拉斯 著
修昔底德笔下的人性　[美]欧文 著
修昔底德笔下的演说　[美]斯塔特 著
古希腊政治理论　[美]格雷纳 著
神谱笺释　吴雅凌 撰
赫西俄德：神话之艺　[法]居代·德拉孔波 编

赫拉克勒斯之盾笺释　罗逍然 译笺
《埃涅阿斯纪》章义　王承教 选编
维吉尔的帝国　[美]阿德勒 著
塔西佗的政治史学　曾维术 编

古希腊诗歌丛编
古希腊早期诉歌诗人　[英]鲍勒 著
诗歌与城邦　[美]费拉格、纳吉 主编
阿尔戈英雄纪（上、下）
[古希腊]阿波罗尼俄斯 著
俄耳甫斯教祷歌　吴雅凌 编译
俄耳甫斯教辑语　吴雅凌 编译

古希腊肃剧注疏
欧里庇得斯的现代性　[法]德·罗米伊 著
自由与僭越　罗峰 编译
希腊肃剧与政治哲学　[美]阿伦斯多夫 著

古希腊礼法研究
宙斯的正义　[英]劳埃德-琼斯 著
希腊人的正义观　[英]哈夫洛克 著

廊下派集
剑桥廊下派指南　[加]英伍德 编
廊下派的苏格拉底　程志敏 徐健 选编
廊下派的神和宇宙　[墨]里卡多·萨勒斯 编
廊下派的城邦观　[英]斯科菲尔德 著

希伯莱圣经历代注疏
希腊化世界中的犹太人　[英]威廉逊 著
第一亚当和第二亚当　[德]朋霍费尔 著

新约历代经解
属灵的寓意　[古罗马]俄里根 著

基督教与古典传统
保罗与马克安　[德]文森 著
加尔文与现代政治的基础　[美]汉考克 著
无执之道　[德]文森 著
恐惧与战栗　[丹麦]基尔克果 著

托尔斯泰与陀思妥耶夫斯基
[俄]梅列日科夫斯基 著
论宗教大法官的传说　[俄]罗赞诺夫 著
海德格尔与有限性思想（重订版）
刘小枫 选编
上帝国的信息　[德]拉加茨 著
基督教理论与现代　[德]特洛尔奇 著
亚历山大的克雷芒　[意]塞尔瓦托·利拉 著
中世纪的心灵之旅　[意]圣·波纳文图拉 著

德意志古典传统丛编
黑格尔论自我意识　[美]皮平 著
克劳塞维茨论现代战争　[澳]休·史密斯 著
《浮士德》发微　谷裕 选编
尼伯龙人　[德]黑贝尔 著
论荷尔德林　[德]沃尔夫冈·宾德尔 著
彭忒西勒亚　[德]克莱斯特 著
穆佐书简　[奥]里尔克 著
纪念苏格拉底——哈曼文选　刘新利 选编
夜颂中的革命和宗教　[德]诺瓦利斯 著
大革命与诗化小说　[德]诺瓦利斯 著
黑格尔的观念论　[美]皮平 著
浪漫派风格——施勒格尔批评文集　[德]施勒格尔 著

巴洛克戏剧丛编
克里奥帕特拉　[德]罗恩施坦 著
君士坦丁大帝　[德]阿旺西尼 著
被弑的国王　[德]格吕菲乌斯 著

美国宪政与古典传统
美国1787年宪法讲疏　[美]阿纳斯塔普罗 著

启蒙研究丛编
论古今学问　[英]坦普尔 著
历史主义与民族精神　冯庆 编
浪漫的律令　[美]拜泽尔 著
现实与理性　[法]科维纲 著
论古人的智慧　[英]培根 著

托兰德与激进启蒙　刘小枫 编
图书馆里的古今之战　[英]斯威夫特 著

政治史学丛编

驳马基雅维利　[普鲁士]弗里德里希二世 著
现代欧洲的基础　[英]赖希 著
克服历史主义　[德]特洛尔奇 等著
胡克与英国保守主义　姚啸宇 编
古希腊传记的嬗变　[意]莫米利亚诺 著
伊丽莎白时代的世界图景　[英]蒂利亚德 著
西方古代的天下观　刘小枫 编
从普遍历史到历史主义　刘小枫 编
自然科学史与玫瑰　[法]雷比瑟 著

地缘政治学丛编

地缘政治学的起源与拉采尔　[希腊]斯托杨诺斯 著
施米特的国际政治思想　[英]欧迪瑟乌斯·佩蒂托 编
克劳塞维茨之谜　[英]赫伯格-罗特 著
太平洋地缘政治学　[德]卡尔·豪斯霍弗 著

荷马注疏集

不为人知的奥德修斯　[美]诺特维克 著
模仿荷马　[美]丹尼斯·麦克唐纳 著

品达注疏集

幽暗的诱惑　[美]汉密尔顿 著

阿里斯托芬集

《阿卡奈人》笺释　[古希腊]阿里斯托芬 著

色诺芬注疏集

居鲁士的教育　[古希腊]色诺芬 著
色诺芬的《会饮》　[古希腊]色诺芬 著

柏拉图注疏集

挑战戈尔戈　李致远 选编
论柏拉图《高尔吉亚》的统一性　[美]斯托弗 著
立法与德性——柏拉图《法义》发微　林志猛 编
柏拉图的灵魂学　[加]罗宾逊 著
柏拉图书简　彭磊 译注

克力同章句　程志敏 郑兴凤 撰
哲学的奥德赛——《王制》引论　[美]郝兰 著
爱欲与启蒙的迷醉　[美]贝尔格 著
为哲学的写作技艺一辩　[美]伯格 著
柏拉图式的迷宫——《斐多》义疏　[美]伯格 著
苏格拉底与希琵阿斯　王江涛 编译
理想国　[古希腊]柏拉图 著
谁来教育老师　刘小枫 编
立法者的神学　林志猛 编
柏拉图对话中的神　[法]薇依 著
厄庇诺米斯　[古希腊]柏拉图 著
智慧与幸福　程志敏 选编
论柏拉图对话　[德]施莱尔马赫 著
柏拉图《美诺》疏证　[美]克莱因 著
政治哲学的悖论　[美]郝岚 著
神话诗人柏拉图　张文涛 选编
阿尔喀比亚德　[古希腊]柏拉图 著
叙拉古的雅典异乡人　彭磊 选编
阿威罗伊论《王制》　[阿拉伯]阿威罗伊 著
《王制》要义　刘小枫 选编
柏拉图的《会饮》　[古希腊]柏拉图 等著
苏格拉底的申辩（修订版）　[古希腊]柏拉图 著
苏格拉底与政治共同体　[美]尼柯尔斯 著
政制与美德——柏拉图《法义》疏解　[美]潘戈 著
《法义》导读　[法]卡斯代尔·布舒奇 著
论真理的本质　[德]海德格尔 著
哲人的无知　[德]费勃 著
米诺斯　[古希腊]柏拉图 著
情敌　[古希腊]柏拉图 著

亚里士多德注疏集

《诗术》译笺与通绎　陈明珠 撰
亚里士多德《政治学》中的教诲　[美]潘戈 著
品格的技艺　[美]加佛 著
亚里士多德哲学的基本概念　[德]海德格尔 著

《政治学》疏证 [意]托马斯·阿奎那 著
尼各马可伦理学义疏 [美]伯格 著
哲学之诗 [美]戴维斯 著
对亚里士多德的现象学解释 [德]海德格尔 著
城邦与自然——亚里士多德与现代性 刘小枫 编
论诗术中篇义疏 [阿拉伯]阿威罗伊 著
哲学的政治 [美]戴维斯 著

普鲁塔克集
普鲁塔克的《对比列传》 [英]达夫 著
普鲁塔克的实践伦理学 [比利时]胡芙 著

阿尔法拉比集
政治制度与政治箴言 阿尔法拉比 著

马基雅维利集
解读马基雅维利 [美]麦考米克 著
君主及其战争技艺 娄林 选编

莎士比亚绎读
莎士比亚的罗马 [美]坎托 著
莎士比亚的政治智慧 [美]伯恩斯 著
脱节的时代 [匈]阿格尼斯·赫勒 著
莎士比亚的历史剧 [英]蒂利亚德 著
莎士比亚戏剧与政治哲学 彭磊 选编
莎士比亚的政治盛典 [美]阿鲁里斯/苏利文 编
丹麦王子与马基雅维利 罗峰 选编

洛克集
上帝、洛克与平等 [美]沃尔德伦 著

卢梭集
致博蒙书 [法]卢梭 著
政治制度论 [法]卢梭 著
哲学的自传 [美]戴维斯 著
文学与道德杂篇 [法]卢梭 著
设计论 [美]吉尔丁 著
卢梭的自然状态 [美]普拉特纳 等著
卢梭的榜样人生 [美]凯利 著

莱辛注疏集
汉堡剧评 [德]莱辛 著
关于悲剧的通信 [德]莱辛 著
智者纳坦（研究版） [德]莱辛 等著
启蒙运动的内在问题 [美]维塞尔 著
莱辛剧作七种 [德]莱辛 著
历史与启示——莱辛神学文选 [德]莱辛 著
论人类的教育 [德]莱辛 著

尼采注疏集
尼采引论 [德]施特格迈尔 著
尼采与基督教 刘小枫 编
尼采眼中的苏格拉底 [美]丹豪瑟 著
动物与超人之间的绳索 [德]A.彼珀 著

施特劳斯集
苏格拉底与阿里斯托芬
论僭政（重订本） [美]施特劳斯 [法]科耶夫 著
苏格拉底问题与现代性（第三版）
犹太哲人与启蒙（增订本）
霍布斯的宗教批判
斯宾诺莎的宗教批判
门德尔松与莱辛
哲学与律法——论迈蒙尼德及其先驱
迫害与写作艺术
柏拉图式政治哲学研究
论柏拉图的《会饮》
柏拉图《法义》的论辩与情节
什么是政治哲学
古典政治理性主义的重生（重订本）
回归古典政治哲学——施特劳斯通信集
　　　　　　***
论源初遗忘 [美]维克利 著
阅读施特劳斯 [美]斯密什 著
施特劳斯与流亡政治学 [美]谢帕德 著
驯服欲望 [法]科耶夫 等著

施特劳斯讲学录
斯宾诺莎的政治哲学

施米特集
宪法专政 [美]罗斯托 著
施米特对自由主义的批判 [美]约翰·麦考米克 著

伯纳德特集
古典诗学之路（第二版） [美]伯格 编
弓与琴（重订本） [美]伯纳德特 著
神圣的罪业 [美]伯纳德特 著

布鲁姆集
巨人与侏儒（1960-1990）
人应该如何生活——柏拉图《王制》释义
爱的设计——卢梭与浪漫派
爱的戏剧——莎士比亚与自然
爱的阶梯——柏拉图的《会饮》
伊索克拉底的政治哲学

沃格林集
自传体反思录

朗佩特集
哲学与哲学之诗
尼采与现时代
尼采的使命
哲学如何成为苏格拉底式的
施特劳斯的持久重要性

迈尔集
施米特的教训
何为尼采的扎拉图斯特拉
政治哲学与启示宗教的挑战
隐匿的对话
论哲学生活的幸福

大学素质教育读本
古典诗文绎读 西学卷·古代编（上、下）
古典诗文绎读 西学卷·现代编（上、下）